Die Suche nach einem *Dritten Weg*

Europäische Hochschulschriften

Publications Universitaires Européennes
European University Studies

Reihe V
Volks- und Betriebswirtschaft

Série V Series V
Sciences économiques, gestion d'entreprise
Economics and Management

Bd./Vol. 3037

PETER LANG
Frankfurt am Main · Berlin · Bern · Bruxelles · New York · Oxford · Wien

Marc Lüdders

Die Suche nach einem *Dritten Weg*

Beiträge der deutschen Nationalökonomie in der Zeit der Weimarer Republik

PETER LANG
Europäischer Verlag der Wissenschaften

Bibliografische Information Der Deutschen Bibliothek
Die Deutsche Bibliothek verzeichnet diese Publikation in der Deutschen Nationalbibliografie; detaillierte bibliografische Daten sind im Internet über <http://dnb.ddb.de> abrufbar.

Zugl.: Hamburg, Univ., Diss., 2003

D 18
ISSN 0531-7339
ISBN 3-631-52068-9

www.peterlang.de

Meiner Frau Beate-Sophie zugeeignet

„Zugleich aber wehrt man sich
gegen die Alternative hie Gulag – hie Mafia.
Hat man wirklich nur die Wahl zwischen fanatischer Prinzipienreiterei auf der einen Seite und einer durch Zufall, Laune und Schlampigkeit gebremsten Gewalttätigkeit auf der anderen Seite? Tun sich nur zwei Wege vor uns auf: links die Straße zur genormten Zukunftsstadt mit den am Horizont einander treffenden Fluchtlinie der Balkone – rechts der Trampelpfad zu einer unterirdischen Wolfshöhle, wo man sich damit zufrieden gibt, wenigstens, den anderen' die Suppe versalzen zu haben?
Oder gibt es einen dritten Weg?"
Armin Mohler

Inhaltsverzeichnis

A. Von *Anthony Giddens* zurück in die Weimarer Republik

In den westlichen Staaten gibt es einen Diskussionsbedarf über den weiteren Weg von Gesellschaft und Wirtschaft angesichts der durch die Globalisierung zunehmenden ökonomischen Konkurrenz und des Wandels von einer Industrie- zu einer Informationsgesellschaft.[1] Es wird darüber gestritten, ob die Globalisierung einen weltweiten Harmonisierungsprozeß darstellt oder ob das Wirtschaftsleben auch zukünftig von nationalen Denkmustern geprägt bleibt.[2] Bei WTO- und G7-Treffen machen Globalisierungsgegner gewaltsam auf sich aufmerksam, da sie die internationalen Finanzverflechtungen für die Armut in der Dritten Welt verantwortlich machen. In den USA wehren sich seit mehreren Jahren kommunitaristische Soziologen und Politologen gegen den „Liberalismus der Gier“, der in Amerika Fuß gefaßt haben soll.[3] Mit „L'horreur économique“,[4] „Zivilisiert den Kapitalismus“[5] und dem Bestseller „Die Globalisierungsfalle“[6] seien nur drei Werke aus der gesellschaftlichen Diskussion in Frankreich und Deutschland genannt, die sich mit der zukünftigen Entwicklung der Wirtschaft und den Möglichkeiten sowie Grenzen ökonomischer Ordnungen aus populärwissenschaftlicher Perspektive befassen. Die Spaltung der bundesdeutschen Gesellschaft in „Wissensarbeiter“ und „Nicht-Wissende“, Reformstau, relativ hohe (dauerhafte) Arbeitslosigkeit, Budgetdefizite, Einkommensunterschiede und andere gesellschaftliche Probleme lassen die Grenzen des „alten“ Wohlfahrtsstaates erkennen und in der Wirtschaftswissenschaft eine Diskussion über den weiteren Weg im Spannungsfeld zwischen ökonomisch notwendiger Deregulierung und sozialstaatlichem Engagement entstehen.[7] Es wird über die Vorzüge diskutiert, die das amerikanische, das rheinische oder das asiatische Modell des Kapitalismus besitzen. Es finden international besetzte Symposien statt, um zu untersuchen, warum es die Liberalisierung in Deutschland so schwer hat.[8] *Die Grünen* fordern maßvolle Marktregulierung zur „Erneuerung der Grünen-Bewegung in Europa“, womit sie einerseits die Fähigkeiten des Marktes anerkennen und gleichzeitig die „Notwendigkeit seiner Regulierung“ hervorheben.[9] Wissen-

---

[1] Vgl. *Schmidt-Klingenberg* 1997, S. 76-90. Sämtliche in der Arbeit kursiv gesetzten Wörter oder Sätze gehen auf mich zurück. Original gesperrte oder kursiv geschriebene Abschnitte aus der verwendeten Literatur wurden nicht übernommen.

[2] *Hank* 1999, S. 17

[3] Vgl. *Reese-Schäfer* 1995.

[4] *Forrester* 1997.

[5] *Dönhoff* 1997.

[6] *Martin / Schumann* 1997.

[7] Als Beispiel für die erneute Diskussion um den Inhalt von Kapitalismus und „Sozialer Marktwirtschaft" vgl. *Hase* 1997.

[8] *Hank* 1999, S. 17.

[9] *Hehn* 2000, S. 6.

schaftler debattieren über Alternativen „zu Dirigismus und Laissez-faire“[10] und analysieren die „faktisch verbliebene[n] Gestaltungsräume für politisches Handeln“ in einer sich wandelnden ökonomischen Welt. Eine Vielzahl weiterer Diskussionsfelder ließe sich finden.

In den Debatten über die zukünftige sozioökonomische Entwicklung wird wieder das alte Schlagwort des *Dritten Weges* aufgebracht. Die schillernde Zahl *drei*, die darin vorkommt, hat in der Geschichte bereits häufig „Heilserwartungen“ geweckt: Von *Augustinus* über *Hegel* bis zu *Marx* bedienten sich Geschichtsphilosophen des dreitaktigen Schemas, wobei die *dritte* Phase Erlösung oder dialektisch Synthese bedeutete.[11] In der politischen Theologie wurde ausgehend von der christlichen Dreieinigkeit bis zu *Moeller van den Bruck* auf das *Dritte Reich*, das Endreich gewartet,[12] und auch in der Ökonomik stellt der *Dritte Weg* häufig eine Wirtschaftsordnung mit einem besonders positiven Klang dar[13] – eine Wirtschaftsordnung, mit welcher Kollektivismus und Individualismus, private Initiative und staatliche Lenkung ausgeglichen werden sollen.[14] In dieser Diskussion hat kaum ein anderes politisches Werk der letzten Jahre soviel Aufsehen, Kritik und Polemik hervorgerufen wie „The Third Way“ des *Tony-Blair*-Beraters *Anthony Giddens*.[15] Daß der Begriff zumeist äußerst vage gebraucht und daher politisch leicht angreifbar ist, offenbart auch die Debatte um *Giddens*. „It is a third way“, so *Giddens*, „in the sense that it is an attempt to transcend both old-style social democracy and neoliberalism“.[16] *Giddens* stellt ein Konzept eines *Dritten Weges* vor, welches sich bereits öffentlich seitens liberalistischer Politiker und Wissenschaftler des Verdachtes des verdeckten Sozialismus und seitens keynesianisch orientierter Sozialdemokraten des Verdachtes des (reinen) Kapitalismus erwehren mußte.[17] Entweder stellt für die Rezen-

---

[10] *Wegner* 1993, S. 269ff.

[11] Vgl. *Löwith* 1953 und 1986 sowie *Taubes* 1947.

[12] Vgl. *Dempf* 1929, *Hertel* 1943 und *Schwierskott* 1962, S. 103ff.

[13] Der Begriff *Dritter Weg* besitzt nicht nur im Deutschen einen besonderen Klang. Das schwedische Gesellschaftssystem wird seit den 30er Jahren als „Middle Way” bezeichnet. (*Meidner* 1979, S. 263.) In England und Frankreich gibt es Zeitschriften mit dem Titel „The Third Way” bzw. „La troisième Voie”. Auch wird immer wieder ein „Dritter Weg für die Dritte Welt” gefordert. Vgl. *Wöhlke* 1984.

[14] Neben dem ordnungspolitischen *Dritten Weg* wird innerhalb der Wirtschaftswissenschaft auch von einem methodologischen *Dritten Weg* gesprochen, der die „große Antinomie” zwischen historischer und theoretischer Nationalökonomie aufheben möchte. Letzterem gilt das Interesse dieser Arbeit nicht. Vgl. dazu z. B. *Eucken* 1947, S. 25ff.

[15] *Giddens* 1998.

[16] Ebd., S. 26.

[17] Viele Autoren beschäftigten sich mit *Giddens'* Werk, so daß es unmöglich ist, sie alle zu erwähnen, geschweige denn, auf sie einzugehen. Zu den verschiedenen Positionen, die in dieser Debatte eingenommen werden, vgl. *Funk* 1999, S. 1ff. *Giddens* selbst, den weniger die Ökonomie als die politischen Werte und Weltanschauungen interessieren, offenbarte in seiner Antwort an die Kritiker und Rezensenten in gewohnt akademischer Sprachregelung, daß er

senten *Giddens'* Konzeption nicht den „wahren" *Dritten Weg* dar oder sie können grundsätzlich nichts mit einem solchen Weg anfangen.[18]

Die erste Form der Kritik ist eine explizit politisch motivierte Abgrenzung, die sich bis zum erstmaligen Auftauchen des Begriffes *Dritter Weg* zurückverfolgen läßt. *Franz Oppenheimer* wie *Wilhelm Röpke* und *Alexander Rüstow* mußten mit einer solchen Kritik umgehen. *Oppenheimer* bezeichnete als erster im Deutschland der 20er und 30er Jahre seine ordnungspolitischen Reformvorschläge als einen *Dritten Weg*, der „weder Kapitalismus noch Kommunismus" sein sollte. *Röpke* und *Rüstow* taten es ihm in den 40er Jahren nach und suchten nach einem *Dritten Weg*, den sie gleich weit vom „historischen Liberalismus" und „Kollektivismus" entfernt wähnten. Ihnen wurde seitens politischer Gegner vorgeworfen, nicht für einen *Dritten Weg* einzutreten, sondern im Gegensatz einen verdeckten ersten oder zweiten Weg zu wollen. Die politische Kritik basiert vornehmlich auf einer unterschiedlichen Auffassung über die beiden Pole, denen der jeweilige *Dritte Weg* zugrunde liegt. So können die Begriffspaare des ersten und zweiten Weges auf verschiedenen Ebenen liegen. Mit ihnen können Gesellschaftsordnungen wie Kapitalismus und Sozialismus oder Wirtschaftsordnungen mit „strengen" Koordinationsverfahren wie „ordnungspolitikfreie (bzw. monopoldurchsetzte) Verkehrswirtschaft" oder „marktfreie zentrale Planwirtschaft" beschrieben werden.

Mit „Kapitalismus" und „Sozialismus" soll in der Regel ein (scheinbar) unüberbrückbarer Gegensatz zweier antagonistische Ordnungen herausgestellt werden, die durch vielfältige Merkmale charakterisiert sind.[19] Beide Begriffe

---

den Begriff *Dritter Weg* in erster Linie wegen seines Schlagwortcharakters gewählt hatte. Warum er ihn inhaltlich gewählt hat, d.h. wie konkret sein *Dritter Weg* aussehen soll, erläutert er weder in „The Third Way" noch in seiner Replik genügend. Seine Rechtfertigung, „[d]ie Politik des *Dritten Weges* ist ein Versuch zu entdecken, wie man die links von der Mitte vertretenen Wertorientierungen auf diese in fundamentaler Veränderung begriffenen Welt anwenden kann", erscheint doch etwas dürftig. *Giddens* 2000, S. 16f.

[18] Ein Beispiel zum Pro und Kontra vor dem Hintergrund der Entwicklung in Osteuropa liefert eine Diskussion in der *Neuen Zürcher Zeitung* zwischen *Lutz*, der den *Dritten Weg* bejaht, und *Starbatty*, der eine entgegengesetzte Meinung vertritt. Vgl. *Lutz* 1990, S. 9, und *Starbatty* 1990, S. 14.

[19] Im Anschluß an *Passow* gibt *Dobretsberger* einen schönen, wenn auch etwas ungenauen Überblick darüber, wie vielschichtig z.B. der Kapitalismusbegriff – teilweise widerwillig – verwendet wurde: „Die Wissenschaft sucht den Begriff, der mit *Sombarts* Werk Eingang in die Erörterung gefunden hat, zu bestimmen: 1. Ökonomisch: Kapitalismus ist jene Wirtschaftsart, in der die Anlagewerte nach dem kapitalisierten Ertrag bewertet werden (*Plenge, Liefmann*); Kapitalismus ist die entwickelte Geld- und Kreditwirtschaft *(Mises)*; die freie Verkehrswirtschaft unter den Gesetzen des Wettbewerbes (*Ad. Weber*, *Sieveking, Pesch*); kapitalistisch ist eine Wirtschaft, in der das ‚rechnerisch kontrollierte Kapital' die übrigen Produktionsfaktoren ‚innerviert' (v. *Zwiedineck*); die kapitalistische Wirtschaft beginnt mit der Schaffung von Produktionsmittelmärkten (*Lexis*). 2. Soziologisch: Das Wesen des Kapitalismus liegt in der Ausbeutung der Arbeitskraft durch die kapitalistische Organisation der Erzeugung (*Marx*); in der Klassenspaltung im Industriesystem (*Hohoff*), in der Abschichtung

findet man mehr in der Umgangssprache und politischen Rhetorik, denn in der Wissenschaft. So wurde und wird z. B.

- Kapitalismus als ein vom (realen oder monetären) „Kapital“ dominiertes System verstanden oder
- Kapitalismus als Wirtschaft der Großunternehmer definiert oder
- Kapitalismus vom Privateigentum an den Produktionsmitteln abgeleitet oder
- Kapitalismus als Funktion eines spezifischen Unternehmerverhaltens (kapitalistischer Geist: Gewinnstreben, kalkulatorischer Sinn, ökonomischer Realismus) gesehen oder
- Kapitalismus durch mehrere Merkmalskombinationen, die u.a. auch die obigen Punkte beinhalten und neue hinzugefügt bekamen (Verkehrswirtschaft), definiert (vgl. *Sombart*).[20]

Die Ordnung des Sozialismus wurde, an die Definition des Kapitalismus anschließend, zumeist mit den entgegengesetzten Attributen versehen, z. B. statt Privateigentum Gemeineigentum oder statt Gewinnstreben „preußisches Dienen am Ganzen“.

Mit dem Gegensatz der „ordnungspolitikfreien Verkehrswirtschaft“ und der „marktfreien zentralen Planwirtschaft“ wird die Ebene einer Ordnungstheorie betreten, die in den 40er Jahre entstand und bis in die 60er Jahre hinein die Diskussion über Wirtschaftsordnungen beherrscht hatte.[21] Zwar spielt die Kategorisierung, die auf die Koordinationsverfahren einer Wirtschaft zielt, auch in dem Versuch eine Rolle, Kapitalismus durch eine Kombination von Merkmalen zu beschreiben oder zu verstehen. Es handelt sich aber nur um ein Merkmal unter mehreren. Dagegen ist in der Ordnungstheorie der 40er, 50er und 60er Jahre das Koordinationsverfahren das Merkmal, welches eine Ordnung essentiell ausmacht. Der eine Pol stellt auf dieser Ebene die „ordnungspolitikfreie Verkehrswirtschaft“ dar. Sie ist durch das Marktverfahren, also die dezentrale Koordination des Wirtschaftsablaufes gekennzeichnet. Die Wirtschaftsordnung ent-

---

des Kleingewerbes (*Roscher*); in der Tatsache, daß einige Wenige über das Schicksal der vielen Abhängigen entscheiden (*Schmoller*), in der Übermacht der Kapitalinteressen über die Produktion (*Schäffle*, *Wieder*), im Klassenmonopol des Grundbesitzes (*Oppenheimer*), in der Wirtschaftsgesinnung des Eigennutzes und des Gewinnstrebens (*Max Weber*, *Brentano*, *Schultze-Gaevernitz*), im Rentabilitätsstreben, in der freien Initiative des Einzelnen, und im Primat des Wirtschaftlichen über das Politische (*Sombart*). 3. Historisch: Der Kapitalismus beginnt mit dem Aufkommen kapitalintensiv erzeugender Gewerbe (*Strieder*); mit der Verwendung von ‚Mehr Kapital' als früher (*Below*); mit dem Anwachsen des stehenden Kapitals (*Pohle*) usw.“ (*Dobretsberger* 1932a, S. 130f.) Vgl. auch *Passow* 1927. Vgl. zu den verschiedenen damals im Umlauf befindlichen Theorien über den „Ausgang des Kapitalismus” *Jostock* 1928.

[20] *Borg* 1978, S. 418ff.

[21] Die Begriffe „Wirtschaftsordnung” und „Wirtschaftssystem” werden hier synonym verwendet.

faltet „sich von unten her aus den spontanen Kräften der Gesellschaft".[22] Es gibt keine dauerhafte staatliche Gestaltung der Wirtschaftsordnung und des Wirtschaftsablaufs. In einer „marktfreien zentralen Planwirtschaft" wird der gesamte Wirtschaftsablauf durch eine Zentralstelle determiniert. „In einer reinen zentralgeleiteten Wirtschaft erreicht sowohl die wirtschaftliche als auch die politische Macht ihr größtes Ausmaß."[23] Das Marktverfahren spielt keine wesentliche Rolle im Rahmen der Koordination des Wirtschaftslebens.

Wenn die politischen Kontrahenten von verschiedenen ideologischen und ordnungspolitischen „Meßlatten" für ihre *Dritten Wege* ausgehen, kommt es automatisch zu unterschiedlichen Beurteilungen. Eine Konzeption/Ordnung, die für den einen einen *Dritten Weg* darstellt, kann für einen anderen z. B. unzweideutig mit Sozialismus oder Kapitalismus verbunden sein.

Die zweite Form der Kritik, die Kritik, daß es gar keinen stabilen *Dritten Weg* geben könne, ist relativ neu. Sie kam erst auf, nachdem *Walter Eucken* seine beiden „Idealtypen", „freie Verkehrswirtschaft" und „Zentralverwaltungswirtschaft", konstruiert hatte. *Eucken* selbst hatte in seiner ordnungspolitischen Konzeption noch explizit einen „dritten Weg" gesehen, den er vom realhistorischen Laissez-faire und von der realhistorischen Zentralverwaltungswirtschaft abgrenzte. Viele seiner Epigonen verbinden den Begriff aber mit der – von *Eucken* so genannten – „Politik der Mittelwege", d.h. einer instabilen Mischung von Elementen beider „Idealtypen" in der Realität. Sie beurteilen die Ordnungen nur aus Sicht ihrer beiden Pole. Obwohl die „Idealtypen" so konstruiert sind, daß sie sich rein *logisch* vollkommen ausschließen,[24] werden die realen Gesamtordnungen für *Euckens* Nachfolger durch einen der beiden „Idealtypen" dominiert. Jeder gegen den dominierenden „Idealtypus" gerichtete Eingriff (wodurch in ihrem Sinn eine Art *Dritte Weg* entsteht) führt ihnen zufolge *langfristig* zu Ineffizienz und Instabilität, so daß eine Transformation in Richtung des einen oder anderen „Idealtyps" unausweichlich wird.[25] Seit 1945 sind viele Konzeptionen, die sich des Begriffes *Dritter Weg* bedienten – die der Neutralisten[26] wie die *Ota Šiks* und nun auch die von *Giddens* – einer solchen Kritik unterzogen worden.[27] Wenn die verschiedenen Konzeptionen des *Dritten Weges* nicht mit

---

[22] *Eucken* 1952, S. 26f.

[23] *Kloten* 1955, S. 130.

[24] Dem Ansatz *Euckens* zufolge stellen entweder viele Wirtschaftssubjekte jeweils eigene Wirtschaftspläne auf, so daß der Wirtschaftsprozeß als Ganzes spontan und dezentral koordiniert wird (Verkehrswirtschaft), oder nur eine Zentralstelle plant oder koordiniert den Prozeß (Zentralverwaltungswirtschaft). Eine Mischung kann es demnach eigentlich gar nicht geben.

[25] Vgl. dazu *Klein* 1995, S. 44f und S. 55ff.

[26] Vgl. *Dohse* 1974.

[27] Seit 1950 gibt die durch *Silvio Gesell* geprägte *Freisoziale Union* die Zeitschrift „Der 3. Weg" heraus. Den gleichen Titel führte eine Zeitschrift in den 60er Jahren, die von in den Westen übergesiedelten Antistalinisten aus der DDR herausgegeben wurde. Zu den vielen Werken, die zwischen Ende der 50er und Ende der 70er Jahre den Begriff des *Dritten Weges*

Hilfe der „Idealtypen“ *Euckens* abgelehnt werden, so tun es seine selbsternannten Nachfolger mit anders konstruierten Gegensätzen, wie z.B. *Schüller* mit den angeblich sich ausschließenden wirtschaftspolitischen Bezugspunkten des „Kollektiv-“ und des „Individualprinzips“.[28] Wenn Konzeptionen, die sich als *Dritter Weg* bezeichnen – basierend auf solchen konstruierten Gegensätze –, aus Sicht einer solchen Ordnungstheorie bewertet werden, tritt häufig das Problem auf, daß im Vorfelde festgelegt wird, was ein *Dritter Weg* ist. Ein *Dritter Weg* ist danach meist ein Mischsystem beider nur in ihrer „Reinheit“ reibungslos funktionierender Ordnungskriterien. Wenn die Konzeption diese Definition nicht erfüllt, gehört sie entweder nicht in die Kategorie *Dritter Weg* oder es wird aufgrund der Inanspruchnahme des Begriffes so getan, als ob diese Konzeption einem Mischsystem entsprechen würde. Die weiteren Ableitungen basieren dann nur noch auf der vorangestellten Definition, nicht aber auf der eigentlich zu untersuchenden Konzeption. Ebenso wird durch die Definition bereits das Ergebnis der Untersuchung a priori festgelegt. Wenn eine Ordnung der Definition des *Dritten Weges* genügt, kann es, da sie nicht dem „Reinheitsgebot“ entspricht, nur ein ineffizientes, zu Verkrustung tendierendes System sein. Diese Vorgehensweise wird den wirtschaftlichen und konzeptionellen „Tatsachen“ nur wenig gerecht. Mitte der 50er Jahre wurde nachgewiesen, daß die Unterscheidung *Euc??kens* in ihrer ursprünglichen Form nicht aufrecht gehalten werden kann.[29] Mit dem Gegensatz „Individualprinzip versus Kollektivprinzip“ sieht es nicht anders aus. Dieser besteht nur bei bestimmten Formen beider Prinzipien. Wie für den Gegensatz zwischen „Holismus“ und „Individualismus“ gilt hier,

---

im Titel führten und die hier nicht behandelt werden können, vgl. *Flechtheim* 1979, S. 245, FN. 1.

[28] Bevor *Schüller* sich überhaupt seinem Untersuchungsobjekt, *Giddens' Drittem Weg*, nähert, legt er anhand des Indiviudal- und Kollektivprinzips erst einmal fest, was überhaupt ein *Dritter Weg* ist. Während dem „Ersten Weg” die freie und die „Soziale Marktwirtschaft” angehören, umfaßt der „Zweite Weg” die „Zentral geplante Sozialverwaltungswirtschaft” und „sozialistische Varianten”. Wird nun in der „Sozialen Marktwirtschaft” Politik entsprechend des Kollektivprinzips betrieben, entsteht als *Dritter Weg* der „schleichende Marktsozialismus”. Werden in den „sozialistischen Varianten” Elemente entsprechend des Individualprinzip eingeführt, entsteht als *Dritter Weg* der „konstruktivistische Marktsozialismus”. Der Übergang vom *Dritten Weg* des „schleichenden Marktsozialismus“ zu dem des „konstruktivistischen Marktsozialismus“ nicht mehr schwer. (*Schüller* 2000, S. 170 und 176f.) Im Anschluß daran versucht er *Giddens* Konzeption mit aller Macht in sein abstraktes Schema einzuordnen. Er belehrt entsprechend seiner Definition auch *Röpke* darüber, daß dessen Konzeption, die dieser selbst als *Dritten Weg* bezeichnet hatte, kein *Dritter Weg* sei. Einen betont begriffsrealistischen Weg geht auch *Utz* 1975.

[29] *Kloten* sieht in *Euckens* Ansatz einen „Bruch zwischen geschichtlicher Erfahrung und theoretischer Forschung”. Er weist darauf hin, daß selbst eine Zentralverwaltungswirtschaft mit Konsumfreiheit gemäß der *Euckenschen* Definition der „Idealtypen” der „freien Verkehrswirtschaft” zuzurechnen ist, ein paradoxes Ergebnis. Auch können einige reale Wirtschaftsordnungen, er führt die „gelenkte Marktwirtschaft” an, nicht ausreichend mit den beiden „Typen” erfaßt werden. *Kloten* 1955, S. 125f.

daß beide Prinzipien sich in weiten Bereichen ihrer Bedeutung keineswegs ausschließen.[30]

Die Vorgehensweise, im Vorfelde abstrakt zu definieren, was eine Wirtschaftsordnung konzeptionell zu einem *Dritten Weg* macht, ist wissenschaftlich unfruchtbar und zumeist vom Begriffsrealismus nicht weit entfernt. *Eucken* selbst weist den Weg, wie es anders gemacht werden kann. Indem er die Wettbewerbsordnung als einen „dritten Weg“ zwischen „Zentralverwaltungswirtschaft“ und „gruppenanarchistischer ‚freien‘ Wirtschaft“ begreift, geht er, was den Begriff *Dritter Weg* betrifft, unabhängig von seinen zwei „Idealtypen“ vor.[31] Entsprechend wird im folgenden der Begriff des *Dritten Weges* nur als rhetorischer Platzhalter für ordnungspolitische Entwürfe angesehen, die nach Meinung ihrer Vertreter zwischen den Wirtschaftsordnungen des „Kapitalismus“ und des „Sozialismus“ oder der „ordnungspolitikfreien bzw. monopoldurchsetzten Verkehrswirtschaft“ und der „marktfreien zentralen Planwirtschaft“ liegen sollen. Erst wenn geklärt ist, aus welchem Grund es sich laut der einzelnen Autoren bei ihrer Konzeption um einen *Dritten Weg* handeln soll, und erst wenn man weiß, wie sie diesen von den beiden anderen Wegen abgrenzen, kann untersucht werden, ob es sich um sinnvolle Abgrenzungen handelt. Erst dann kann auch auf eventuelle Probleme der einzelnen Konzeptionen eingegangen werden.

Bereits die Namen *Oppenheimer*, *Röpke*, *Rüstow* und *Eucken* deuten an, daß die Suche nach einem *Dritten Weg* im ausgehenden 20. und beginnenden 21. Jahrhundert nicht neu ist. Auch *Giddens* ist sich dessen bewußt. Er selbst skizziert kurz den Traditionsstrang, welcher von der Diskussion um *Ota Šiks* Marktsozialismus über die SPD-Programme der 50er Jahre geradewegs zurück in die zwanziger Jahre, besonders in das damalige Deutschland führt, wo sich „right-wing groups“ und Sozialdemokraten um eine solche Zwischenordnung bemühten.[32] Nun läßt sich darüber streiten, ob sich der Strang nicht noch weiter in die Vergangenheit verfolgen läßt. *Gustav von Schmoller* und *Adolph Wagner* stellen Paradebeispiele dafür dar, daß zumindest auch im Kaiserreich nach einem Ausgleich von staatlicher und privater Initiative gesucht wurde, um Manchester-Liberalismus und Marxismus zugleich abzuwehren.[33] Dennoch ist die Epoche der Weimarer Republik besonders geeignet, sich mit diesen ordnungspolitischen Konzeptionen zu beschäftigen:

- Wegen der Erfahrungen mit den zwei bis dato real existierenden „sozialistischen“ Ordnungen, der deutschen Kriegswirtschaft und dem Bolschewismus in der Sowjetunion, und den enormen ökonomischen und politi-

[30] Vgl. zum Verhältnis von Holismus und Individualismus *Rutherford* 1996, S. 27ff.
[31] *Eucken* 1942, S. 37.
[32] *Giddens* 1998, S. 25.
[33] Vgl. zu *Schmoller*: *Schmidt* 1997, S. 43ff., und zu *Wagner*: *Heilmann* 1980, S. 22ff.

schen Krisen der Weimarer Republik besaß die Suche nach einem *Dritten Weg* damals große Aktualität.[34]

- Die Diskussion, die in der Zwischenkriegszeit über Ordnungspolitik und *Dritter Weg* entbrannte, darf als historisch bislang einmalig in ihrer Breite und engen Verbindung zwischen Theorie und Praxis angesehen werden. Sie wurde mit sich ändernden Schwerpunkten über die gesamte Zeit der Weimarer Republik geführt: „Sozialisierungsdebatte", „Wirtschaftsrechnungsdebatte" und die „Planwirtschaftsdebatte" gaben Anlaß, über Vor- und Nachteile von Kapitalismus und Sozialismus zu diskutieren.[35]
- Aufgrund des geistigen Vakuums, das nach dem Zusammenbruch des Kaiserreichs entstanden war, gab es während der Weimarer Republik eine große Spannbreite an ideologischen Richtungen, methodologischen Positionen und wirtschaftspolitischen Standpunkten, die die Diskussionen auch im ordnungspolitischen Bereich recht heftig, aber dafür fruchtbar werden ließen.[36]

Es ist vor diesem Hintergrund mit Interesse zu beobachten, daß viele ordnungspolitische Konzeptionen nach 1945 ihre Wurzeln in der Epoche der Weimarer Republik haben[37], und daß in der Diskussion über die Entwicklung der Gesellschaft der Bundesrepublik Deutschland immer wieder auf solche Ordnungstheoretiker und -politiker zurückgegriffen wird, deren ordnungspolitische Konzeptionen sich erst nach 1945 voll entwickelt haben, die aber (bereits) in der Weimarer Republik auf der Suche nach einem *Dritten Weg* waren.[38] In diese

---

[34] Die deutsche Kriegswirtschaft („Kriegssozialismus") im ersten Weltkrieg machte vielen Wissenschaftler bewußt, daß der Staat ein Steuerungspotential besitzt und ihm somit eine große wirtschafts- und ordnungspolitische Bedeutung zukommt. Am Bolschewismus in der Sowjetunion konnten im Vergleich zu den europäischen oder amerikanischen Wirtschaftsordnungen die Vor- und Nachteile des Sozialismus bzw. sozialistischer Elemente deutlich gemacht werden.

[35] *Novy* 1978, S. 18ff. Nicht umsonst bezeichnete *Eucken* die Phase „Weimarer Republik" als Zeit der „wirtschaftspolitischen Experimente". Dies kann durchaus auch auf die damalige ordnungspolitische Diskussion bezogen werden. „Vor dem Ersten Weltkrieg kam die Diskussion noch nicht richtig auf, nach dem Zweiten Weltkrieg wurden in verschiedenen Ländern gesamtwirtschaftliche Planungsmodelle aus dem Boden gestampft, ohne daß dort eine tiefgehende theoretische Basis vorhanden gewesen wäre". *Höltschi/ Rockstroh* 1985, S. 40.

[36] Bemerkenswert ist z.B., wie der Liberale *Gustav Stolper* gemeinsam mit dem Sozialisten *Carl Landauer* für eine menschenwürdige Wirtschaftsordnung eintrat (*Rieter* 1998, S. 95ff.), wie *Alexander Rüstow* und *Franz Oppenheimer* zwar in der Diagnose der gesellschaftlichen und ökonomischen Zustände und deren Entwicklungen konform gingen, in ihren Lösungsmöglichkeiten jedoch zu anderen ordnungspolitischen Ergebnissen kamen, wie *Röpke* sich mit dem konservativen Wirtschaftsjournalisten *Ferdinand Fried* auseinandersetzte, ohne zu sehen, daß die Vorstellungen hinter den verwendeten Schlagworten und Begriffen in gewissem Maße konvergierten (*Haselbach* 1985, S. 138-142 und ders. 1991, S. 68f.).

[37] Vgl. *Abelshauser* 1991, S. 28.

[38] Vgl. als Beispiele unter vielen *Bossle* (Hrsg.) 1987, *Bremer* 1996 oder *Hegner* 2000. Aber nicht nur die ordoliberalen Wurzeln reichen in die Zeit der Weimarer Republik zurück, son-

Zeit reichen z. B. die Wurzeln des „Ordoliberalismus“ und des Konzeptes der „Sozialen Marktwirtschaft“ zurück, welche für die Bundesrepublik Deutschland von großer Bedeutung sind. Zwar reiften sie während des Krieges und danach erst zu einem kohärenten Weltbild, sie stehen aber im sozioökonomischen Kontext der Weimarer Republik sowie der vielfältigen wirtschaftspolitischen Positionen, die damals als Alternative zur bestehenden Ordnung angesehen wurden. Auch die „Soziale Marktwirtschaft“ wurde vielerseits als ein Versuch angesehen, den „Paläoliberalismus“ und den Kollektivismus zu überwinden.

An der ordnungspolitischen Diskussion in der Weimarer Republik beteiligten sich viele Publizisten, Politiker, Praktiker und Wissenschaftler. Sie philosophierten über die metaphysischen Grundlagen des Kapitalismus und des Sozialismus, sie beurteilten beide aus ästhetischer Sicht oder überlegten, ob (und wie) mit ihnen bestimmte ethische, politische oder ökonomische Ziele zu erreichen sind. Wie kaum zuvor und nachher setzte man sich mit der Funktionsweise und den institutionellen Rahmenbedingungen des Kapitalismus und des Sozialismus auseinander;[39] viele Bücher erschienen zu diesen Themen; keine politi-

---

dern z.B. auch die Vorstellung des „Freien Sozialismus“ nach 1945. Vgl. *Nutzinger* 1996, S. 88.

[39] Hervorzuheben ist, daß die Epoche der Weimarer Republik den einzigen Zeitraum darstellt, in dem der heute umstrittene Begriff *Kapitalismus* seitens der Wissenschaft fast ausnahms- und widerspruchslos verwendet wurde. Vor Beginn der Weimarer Republik tat sich die durch die *Schmoller-Schule* (jüngere Historische Schule) beherrschte Wirtschaftswissenschaft in Deutschland schwer, diesen Ausdruck zu akzeptieren. Während die - um die Jahrhundertwende - ältere Generation der historischen Schule es größtenteils unter ihrer Würde empfand, sich wissenschaftlich mit *Karl Marx* und seiner Problemstellung auseinanderzusetzen, beschäftigten sich dagegen die jüngeren Kathedersozialisten (Neohistoristen), wie *M. Weber*, *Sombart*, *Tönnies*, *Troeltsch* und *Michels*, intensiv mit *Marx* und dessen Geschichtstheorie, griffen seinen Kapitalismusbegriff auf (*Lindenlaub* 1967. S. 174ff.), interpretierten ihn um oder entwickelten ihn weiter. Zusammenfassend nennt *Lindenlaub* folgende Gründe für die ablehnende Haltung der älteren Generation (Ebd., S. 282ff.): (1) Die Intention, Genese wie Wesen des europäisch-amerikanischen Kapitalismus zu erforschen, widersprach ihrem relativistischen Wissenschaftsverständnis, dessen Schwerpunkt im Detailstudium der einzelnen Volkswirtschaften lag. (2) Es widersprach ihrer differentialistischen Anschauung, eine Epoche mit nur einem Begriff kennzeichnen zu wollen. *Schmoller* bezeichnete die herrschende Wirtschaftsordnung „lieber als die modernen, geldwirtschaftlichen, unter dem System der Gewerbefreiheit, der freien Konkurrenz und des unbeschränkten Erwerbstriebes ausgebildeten Betriebsformen". (Zitiert nach ebd., S. 287.) (3) Die eben genannten Punkte basierten auf dem extrem induktiven Wissenschaftsverständnis, erst durch reichhaltiges, empirisches Tatsachenmaterial zur Theoriebildung vorzustoßen, wobei die *Schmoller*-Schule am letzteren bekanntlich scheiterte. Mit anderen Worten: Der Ausdruck *Kapitalismus* war für die ältere Generation ein zu abstrakter, voreilig gebildeter Begriff, um die herrschende Gesellschafts- und Wirtschaftsordnung theoretisch erfassen zu können.

Den größten Anteil an der Popularisierung des Begriffs besitzt zweifelsohne *Werner Sombart*, was ihm auch bewußt war (vgl. *Sombart* 1927a, S. XI.). Seit seinem 1896 erschienenen Werk „Sozialismus und soziale Bewegung“ wird in der akademischen Welt die Gegenwartsgesellschaft als *kapitalistisch* bezeichnet (*Kruse* 1994, S. 379, FN 8). Es gab selbstverständlich auch

sche Richtung konnte sich dieser Diskussion entziehen, wobei das qualitative Niveau der Schriften seit Mitte der Weimarer Epoche anstieg und die ordnungspolitische Diskussion ihren Höhepunkt zur Zeit der Weltwirtschaftskrise fand. In den folgenden Betrachtungen werden mich nur diejenigen (akademischen) Nationalökonomen und Juristen sowie einige Wirtschaftler, Politiker oder Literaten interessieren, sofern sie sich zu der ökonomischen Seite der Themen *Kapitalismus*, *Sozialismus* und *Dritter Weg* derart geäußert hatten, daß daraufhin entweder eine breite öffentliche oder akademische Diskussion einsetzte oder diese Meinung als wichtiger Beitrag zu diesen Diskussionen gewertet wurde.

In den letzten Jahren sind mehrere Schriften erschienen, die eine Übersicht über die Wirtschaftswissenschaft der 20er und 30er Jahre geben und zwangsläufig auch die damaligen ordnungspolitischen Debatten streifen,[40] sowie über einzelne Persönlichkeiten, die für einen *Dritten Weg* in der Weimarer Republik stritten. Die Schriften sind häufig biographischer Natur,[41] andere setzen sich mit den wissenschaftlichen Methoden oder Zeitdiagnosen dieser Personen auseinander.[42] Nicht wenige von ihnen beziehen sich aber auch explizit auf deren Suche nach einem *Dritten Weg*.[43] Ebenso sind einzelne Denkschulen und Gruppierungen, die in unserem Zusammenhang interessieren, aus soziologischer, politologischer oder geschichtswissenschaftlicher Sicht betrachtet worden.[44] Auch mit ökonomischen Teilaspekten des *Dritten Weges* beschäftigte man sich.[45] Untersuchungen zu einigen Zeitschriften und Kreisen, die sich an der Suche nach einem *Dritten Weg* beteiligten, liegen ebenfalls vor.[46] Vernachlässigt wurden dabei – wenn nicht sogar der ökonomische Aspekt überhaupt – meistens die diskursiven Verbindungen zwischen diesen ordnungspolitischen Denkschulen bzw. Gruppierungen vor dem Hintergrund ihrer ordnungspolitischen Vorstellungen. Es fehlt bisher sowohl eine konkrete Gesamtdarstellung

---

Kritik am Schlagwortcharakter und der damit fehlenden wissenschaftlichen Objektivierbarkeit des Begriffes. So erklärt beispielsweise *Pohle*: „In die Gruppe der solchermaßen mit reichem Gefühlsinhalt durchtränkten Bezeichnungen für soziale Gebilde gehört auch der Ausdruck Kapitalismus. (...) So läßt sich der Kapitalismus seinem Ursprung nach geradezu definieren als 'die bestehende Wirtschaftsverfassung, gesehen durch die Brille des Sozialismus'." (*Pohle* 1923, S. 584.) Das hinderte *Pohle* jedoch nicht daran, selbst diesen Begriff zu verwenden.

[40] Vgl. *Krohn* 1981 und *Janssen* 1998.

[41] Vgl. *Krohn* 1996 oder *Lenger* 1995.

[42] Vgl. z.B. *Appel* 1992 oder *Kruse* 1990 oder ders. 1994.

[43] Vgl. *Backhaus* 1989, *Ebinger* 1988, *Haselbach* 1985, *Könke* 1990, *Rieter* 1999, *Rieter/ Schlüter-Ahrens* 1999, *Skwiercz* 1988, *Weinzen* 1982, um nur einige zu nennen. Viele weitere Artikel über Nationalökonomen, die nach *Dritten Wegen* suchten, finden sich in *Hagemann/ Krohn* (Hrsg.) 1999.

[44] Vgl. z.B. *Moreau* 1989, *Haselbach* 1991, *Heimann / Walter* 1993, *Schneller* 1970, *Weißmann* 1998.

[45] Vgl. z.B. *Becker* 1965, *Blaich* 1970, *Grotkopp* 1954, *Hock* 1960, *Hornung* 1990, *Krohn* 1978, *Novy* 1978, *Rieter* 1993, *Schneider* 1975, *Wulff* 1990.

[46] Vgl. z.B. *Fritzsche* 1976 und *Rieter* 1998.

der verschiedenen (ökonomischen) Konzeptionen des *Dritten Weges* in der Weimarer Republik als auch eine Untersuchung über die Entstehung solcher Ideen. Die Aufgabe der Arbeit ist es, die reichhaltige Literatur zu diesem Thema auszuwerten und zu systematisieren. Es ist die Suche vieler Zeitgenossen unterschiedlichster Couleur nach einem *Dritten Weg* vor dem Hintergrund ihrer Zeitdiagnose zur Zeit der Weimarer Republik zu analysieren, um Transparenz und (ggf.) Operationalität für den Gebrauch des vagen Begriffs *Dritter Weg* zu bringen. Damit verbunden soll ein Rückblick in die ordnungs- und wirtschaftspolitische Diskussion der Weimarer Republik gewagt werden, um so die Traditionsstränge der dogmengeschichtlichen sowie ordnungstheoretischen Hintergründe der verschiedenen Ideen des *Dritten Weges* offenzulegen. Die Arbeit beginnt daher mit einer Übersicht über die damaligen „Ordnungstheorien" bzw. „Typologisierungsversuche von Wirtschaftsordnungen" gegeben werden (Kapitel B.), um eine erste Übersicht über die vielfältigen Methodologien zu gewinnen.

Deutsche Nationalökonomen und Publizisten suchten nach ordnungspolitischen Alternativen, da sie mit der Wirtschaftsordnung, die zur Zeit der Weimarer Republik bestand, unzufrieden waren. Die ehemals „freie Wirtschaft" hatte sich in eine durch verschiedene privatwirtschaftliche und politische Bindungen charakterisierte Ordnung gewandelt. Diese Tendenz nahmen Nationalökonomen und Publizisten zum Anlaß, schon damals eine „Interdependenz der Ordnungen" zu diagnostizieren. (Abschnitt C.I.). Neben explizit allgemeinpolitischen Einflüssen wie der außenpolitischen Isolation Deutschlands machten sie den vermeintlich unheilvollen Zusammenhang zwischen der konkreten Staatsform und der konkreten Wirtschaftsform für die politischen und ökonomischen Probleme verantwortlich, einen Zusammenhang zwischen pluralistischem Parteienstaat, „planlosen" Interventionen und der nach keiner Leitidee geordneten und (daher) „vermachteten" privaten Wirtschaft. Politische Krisen galten zugleich als wirtschaftliche Krisen und wirtschaftliche Krisen auch als politische. Die ordnungspolitischen Konzeptionen, die die Nationalökonomen damals entwarfen, sind vornehmlich als Ausweg aus diesem Kreislauf zu verstehen. Die Nationalökonomen, die nach einem *Dritten Wege* suchten, beabsichtigten mit ihren Konzeptionen, die Träger der Wirtschaftspolitik, an die sie ihre ordnungspolitischen Vorschläge naturgemäß richten, von partei- und interessenpolitischen Einflüssen zu befreien. Gemeinsam war ihnen die Vorstellung, daß nur solche Träger dazu in der Lage sind, die Wirtschaft entsprechend eines Leitbildes zu ordnen und ggf. planvoll zu intervenieren. Die Meinungen, wie diese „Neutralisierung" der wirtschaftspolitischen Träger gegenüber Parteien und Lobbyisten erreicht werden könnte und welche Wirtschaftsordnung angestrebt werden sollte, waren äußerst verschieden. Die Wirtschaftsordnungen, die angestrebt wurden, sollten sich von der reinen sozialistischen Planwirtschaft genauso abheben wie vom überkommenen Kapitalismus.

Die Nationalökonomen und Publizisten begriffen die Wirtschaft der Weimarer Republik als eine Misch- oder Übergangsordnung, in der sich mehrere Prinzipien kreuzten. Je nach politischer Weltanschauung und wissenschaftlicher Vorstellung, was eine Wirtschaftsordnung ausmacht, bewerteten sie die bestehende Wirtschaftsordnung unterschiedlich (Abschnitt C.II.). Sie legten in ihren Interpretationen das Schwergewicht auf Faktoren, die ihrer Meinung nach wichtigen Ursachen des Transformationsprozesses vom ehemals freien Kapitalismus des 19. Jahrhunderts zum gebundenen Kapitalismus der Weimarer Republik waren. Je nach Interpretation hatte der Staat dann einige ökonomische Tendenzen zu unterstützen und andere zu bekämpfen. Auf diese Weise bildeten sich verschiedene Vorstellungen von *Dritten Wegen* heraus (Kapitel D.). Den meines Erachtens für diesen Zweck nach wie vor überzeugendsten Ansatz, Wirtschaftsordnungen entsprechend einer solchen Synthese zu typisieren, hat *Nobert Kloten* geliefert. Er bestimmt die „wirtschaftlichen Grundtatbestände", die eine Wirtschaftsordnung kennzeichnen, „1. [i]n dem Vorwalten (der Dominanz) der öffentlichen oder privaten Wirtschaftsführung," und „2. [i]n der Ordnung des Eigentums."[47] Während *Kloten* die realen Wirtschaftsordnungen typisieren möchte, versuche ich, die ordnungspolitische Literatur zu systematisieren. Gemäß *Klotens* Originärkriterium werden im folgenden die Konzeptionen unterschieden in *Dritte Wege mit liberaler, mit korporativistischer und mit interventionistischer Ausrichtung*. Nachdem die ordnungspolitischen Konzeptionen, die die Nationalökonomen zwischen 1918/1919 und 1932/1933 schufen, jeweils kritisch dargestellt werden, wird beispielhaft die Wirkungen der unterschiedlichen Konzeptionen auf die Zeit nach 1933/1934 bis in die Gegenwart analysiert. Mit einem Fazit und einer erneuten Bezugnahme auf *Klotens* Kategorisierung wird die Arbeit mit Kapitel E. abgeschlossen.

[47] *Kloten* 1955, S. 127.

B. Ein Überblick über damalige Ordnungstheorien

Innerhalb der deutschen Volkswirtschaftslehre besitzt die „Typisierung von Wirtschaftssystemen“ eine lange Tradition. Zumeist ging sie jedoch über das, was heute als Ordnungstheorie verstanden wird, hinaus.[48] Um dies besser zu verstehen, bedarf es eines kurzen Rückblickes auf die verschiedenen Richtungen der Nationalökonomie zur Zeit der Weimarer Republik.[49] In Anbetracht dessen, daß die Historische Schule jahrzehntelang die deutsche Nationalökonomie dominiert hatte, mehrten sich in der Weimarer Republik die Klagen, nach dem Tode ihres „Schulmeisters“ *Gustav von Schmoller* 1917 hätte sich keine neue Hauptrichtung in der Volkswirtschaftslehre durchgesetzt. Die Wirtschaftswissenschaft stelle eine „zerstrittene Gesellschaft von Vertretern unterschiedlicher Auffassungen, Methoden und Zielrichtungen“ dar.[50] Einig waren sich die Nationalökonomen lediglich in ihrem Urteil, *Schmoller* habe sein Ziel, aus empirischer Detailforschung Theorien abzuleiten, nicht erreicht. Die „Faktenhuberei“ habe nicht zu einer Theorie hin-, sondern von ihr weggeführt. Kaum ein Nationalökonom wollte sich daraufhin noch zur Historischen Schule bekennen. Drängende ökonomische Probleme der Weimarer Republik, wie Hyperinflation und Weltwirtschaftskrise, trugen ein übriges dazu bei, daß die Nationalökonomen mehr nach theoretisch fundierten Lösungen suchten, als sich mit wirtschaftshistorischen Entwicklungen zu beschäftigen.[51] Die methodologische Basis, auf der das erfolgte, war sehr unterschiedlich. In Anlehnung an *Rieter/Schmolz* können die Gelehrten während der Weimarer Republik in der Weise geordnet werden, wie es in Abbildung 1 dargestellt ist.[52]

Bei dieser Zuordnung wurde eine Auswahl von Hochschullehrern, Publizisten und Vertretern der ökonomischen Praxis berücksichtigt, die im Rahmen meiner Arbeit von besonderem Interesse sind. Es sind ebenfalls solche Nationalökonomen aufgeführt, die erst im Dritten Reich (z. B. *Heinrich von Stackelberg*) eine besondere Rolle in der ordnungspolitischen Diskussion zu spielen begannen. Da die Wurzeln ihrer Konzeptionen eines *Dritten Weges* aber in der Weimarer Republik liegen, gilt auch ihnen mein Interesse. Entgegen dem Standpunkt vieler dogmenhistorischer Lehrbücher wird hier die Position vertreten, daß es sich beim Sozialismus um keinen eigenen Strang handelt. Die sozialistischen Nationalökonomen unterschiedlicher Couleur (*Eduard Heimann*, *Franz*

[48] Vgl. *Peters* 1997, S. 51ff. Als „Ordnungstheorien“ gelten in dieser Arbeit alle Ansätze, mit denen Wirtschaftsordnungen typisiert werden sollen. Ordnungspolitik sind die praktischen Ableitungen aus diesen „Theorien“.

[49] *Janssen* gibt einen ausführlichen Überblick über die verschiedenen damaligen Richtungen der Volkwirtschaftslehre: *Janssen* 1998, S. 38ff.

[50] *Häuser* 1994, S. 67.

[51] Ebd., S. 56.

[52] *Rieter* und *Schmolz* systematisieren die Nationalökonomie für die Zeit von 1933 bis 1945: vgl. *Rieter/Schmolz* 1993, S. 91ff.

Oppenheimer, *Carl Landauer*) sind daher, sofern sie für diese Arbeit relevant sind, daher entsprechend ihres wissenschaftlichen Standortes den drei Strängen zugeordnet worden. Grundsätzlich spiegeln sich die Positionen auch in den „Ordnungstheorien" wider.

Abbildung 1

Historistisch-holistischer Strang			**Historistisch-theoretischer Strang**	**Individualistisch-theoretische Strang**	
Neo-Historismus	*Universalistische Schule*	*Ontologische Schule*	A. Müller-Armack E. v. Beckerath W. Weddigen J. Jessen E. Heimann G. Colm E. Lederer F. Oppenheimer M. J. Bonn J. Dobretsberger O. v. Nell-Breuning W. Rathenau C. Schmitt	*Deutsche Vertreter*	*Österreichische Schule*
W. Sombart A. Spiethoff C. Brinkmann H. Ritschl G. Albrecht W. Mitscherlich F. Fried	O. Spann W. Heinrich W. Andreae J. Baxa	F. v. Gottl-Ottlilienfeld G. Weippert Th. Pütz B. Egner		Ad. Weber F. Böhm G. Halm L. Pohle A. Lampe W. Eucken L. Miksch E. Preiser H. Peter C. Landauer G. Stolper H. v. Stackelberg W. Röpke A. Rüstow	L. v. Mises O. Morgenstern F.A. Hayek

Besonders eng mit der Tradition der Historischen Schule blieb der Neo-Historismus verbunden.[53] Seine Vertreter versuchten, idealtypisch das Tatsachenmaterial auf ein Erkenntnisziel auszurichten. Dabei waren sie in unterschiedlichem Maße von der empirischen Arbeit entfernt. Hatte die Historische Schule um *Schmoller* in der Wirtschaftsstufenlehre das „Kopfstück" der Volkswirtschaftslehre erblickt, um „Entwicklungsgesetze" zu erfassen, so trat der Evolutionsgedanke in den Werken seiner Weimarer Nachfolger zurück, und Versuche, das Wirtschaftsleben zu systematisieren und zu erklären, traten in Form der Wirtschaftsstil- bzw. Wirtschaftssystemansätze hervor. Der damals renommierte Nationalökonom *Werner Sombart* unterscheidet „Wirtschaftssysteme" wie „Eigenwirtschaft", „Handwerk", „Kapitalismus" und „Sozialismus". Um

[53] Zum Neo-Historismus vgl. *Rieter* 1994, S. 150ff.

diese Systeme zu typisieren, gebraucht er Merkmale, die er in allen diesen Wirtschaftssystemen in unterschiedlicher Weise anzutreffen glaubt:[54]

A. Geist (Wirtschaftsgesinnung):
I. Bedarfsdeckungsprinzip – *Erwerbsprinzip*
II. Traditionalismus – *Rationalismus*
III. Solidarismus – *Individualismus*
B. Form (Regelung und Organisation):
I. Gebundenheit – *Freiheit*
II. *Privatwirtschaft* – Gemeinwirtschaft
III. *Demokratie* – Aristokratie
IV. Geschlossenheit – *Aufgelöstheit*
V. Bedarfsdeckungswirtschaft – *Verkehrswirtschaft*
VI. *Individualbetriebe* – gesellschaftliche Betriebe
C. Technik (Verfahren):
I. Empirisch – *wissenschaftlich*
II. Stationär – *revolutionär*
III. Organisch – *nichtorganisch* (mechanisch – anorganisch)“

Jedes der oben genannten Wirtschaftssysteme ist durch eine ganz bestimmte Kombination dieser Merkmale gekennzeichnet. Wenn die reale Wirtschaftsordnung den vorher von *Sombart* bestimmten Merkmalen eines dieser Systeme entspricht, befindet sich dieses System in dessen Hochphase.[55] Obwohl er ursprünglich nicht beabsichtigte, mit seinem Wirtschaftssystemansatz einen Beitrag zur „praxisorientierten politischen Ökonomie“ zu leisten, sondern „nur“ zum Verstehen der „realistisch-empirischen Wirtschaftsepoche“ als „Zeitspanne, in der die einem bestimmten Wirtschaftssystem gemäße Wirtschaftsweise vorgeherrscht hat“,[56] beitragen will, bleibt seine spätere ordnungspolitische Konzeption ohne seine „Theorie“ unverständlich.

Ist in *Sombarts* Ansatz noch der historistische Ursprung zu spüren, gingen andere Vertreter und Schulen des „historistisch-holistischen Stranges“ schon deutlich andere Wege. Sie traten vollkommen aus dem (empirisch-realistisch geprägten) Schatten *Schmollers* heraus, um deduktiv zu arbeiten.[57] Die Universalistische Schule bediente sich idealistischer und romantischer Ideen für ihre „Wirtschaftstheorie“, während die Ontologische Schule durch Phänomenologie und Existenzphilosophie beeinflußt war. Auch ihre „Ordnungstheorien“ blieben

---

[54] *Sombart* 1930, S. 299ff. Kursiv gedruckt sind die Merkmale, die er dem Hochkapitalismus zuschreibt.

[55] *Spiethoff* knüpfte an *Sombart* an, indem er mittels seiner anschaulichen Theorie fünf Merkmale zur Kennzeichnung der sog. Wirtschaftsstile bildete: (1) Wirtschaftsgeist, (2) natürliche und technische Grundlagen, (3) Gesellschaftsverfassung, (4) Wirtschaftsverfassung (5) Wirtschaftslauf. Die Gesamtheit der gebildeten Stile sollte die historische Vielfalt in ihrer grundsätzlichen Verschiedenheit zum Ausdruck bringen. *Rieter* 1994, S. 154f.

[56] *Sombart* 1927a, S. 22.

[57] *Rieter* 1994, S. 149f.

davon nicht unberührt. Begründer der Universalistischen Schule war *Othmar Spann*, damals einer der meistgelesenen deutschsprachigen Nationalökonomen. Er verfolgt das Ziel, mittels eines „geschlossenen und straff gegliederten Systems“ sowohl dem methodologischen als auch dem politischen „Universalismus“ zum Durchbruch zu verhelfen.[58] Nach ihm liegt jeder Wirtschaftsordnung „Kapital höherer Ordnung“ zugrunde. Darunter versteht er Institutionen, Regeln, „Organisierungen“, „die von allen zusammen für alle zur Verfügung gestellt werden“.[59] Auf diesem Fundament bildet sich weiter durch den „Verkehr“ der Einzelwirtschaften und durch „Planwirtschaft“ die „Einheit“ der Wirtschaftsordnung.[60] Die Richtung, die die Produktion innerhalb der Wirtschaftsordnung einschlägt, wird demgegenüber von den Präferenzen der Abnehmer, die er „Einheit der Ziele“ nennt, bestimmt.[61] Jede konkrete Wirtschaftsordnung muß diese vier Elemente besitzen. Jede konkrete Wirtschaftsordnung unterscheidet sich aber auch in der Ausprägung dieser vier Elemente. Der „vollkommenen freien Verkehrswirtschaft“ und der „durchgängigen Planwirtschaft“ werden daher, da sie mindestens eines dieser Elemente nicht berücksichtigen, keine Realisierungschancen zugestanden. Nur die „Mischformen“ des „gemäßigten Kapitalismus“ und der „ständischen Ordnungen“ sind nach *Spann* in der historischen Wirklichkeit anzufinden.[62] Die Ontologische Schule wollte eine Theorie entwickeln, die die „Wirtschaft als Leben“ betrachtet. Ihr Interesse galt den Wechselwirkungen zwischen den Ganzheiten und deren Gliedern. Der Exponent dieser historistischen Seitenlinie war der Berliner Professor für Theoretische Nationalökonomie *Friedrich von Gottl-Ottlilienfeld*. Nach seiner „ontologischen Gebildetheorie“ wird das Wirtschaftsleben in dreifacher Weise geregelt, damit ein „Umgebilde“, so bezeichnet er die Wirtschaftsordnung, entsteht. Die „Brauchregelung“, d.h. Brauch, Sitte und Gewohnheit, macht die Aktivitäten jedes Gliedes für das andere berechenbar. Unter „Selbstregelung“ versteht *Gottl* den Ausgleich von Angebot und Nachfrage über den Preis. Beide Regelungen faßt *Gottl* unter „Selbstgestaltung“ der Wirtschaft zusammen.[63] Eine dritte Ordnungsmöglichkeit

---

[58] Der Begriff „Universalismus” wurde von dieser Schule, wie damals allgemein üblich, mit einem etwas anderen Inhalt versehen, als es heute getan wird. Während heute „Universalismus” gleichbedeutend mit einem Prinzip ist, das für die ganze Menschheit im gleichen Maße gilt und erdumfassend ist, wurde damals unter „Universalismus” Ganzheitlichkeit bzw. Holismus (Motto: „Das Ganze ist mehr als die Summe seiner Teile”), zumeist mit einem organizistischen Unterton, verstanden. Während heute mit dem Begriff „Universalismus” eine egalisierende Wirkung verbunden wird, stand damals eine differentialistische, Hierarchien bejahende Sicht dahinter. Zu den verschiedenen Bedeutungen des (methodologischen) Holismus in der Nationalökonomie vgl. *Rutherford* 1996, S. 28ff.

[59] *Spann* 1918, S. 103. Vgl. dazu auch den Abschnitt über die universalistische Ständeordnung.

[60] Ebd., S. 156, 158ff. und S. 165f.

[61] Ebd. 162ff.

[62] *Spann* 1921, S. 323ff.

[63] *Gottl-Ottlilienfeld* 1932, S. 11f, 14, 15ff.

erkennt er in der staatlichen Wirtschaftspolitik im weiten Sinn, der „Leitregelung“ mittels „Zwangseingriffen“. Sie wirke direkt auf das „Umgebilde“, die Wirtschaftsordnung, was jedoch wiederum Einfluß auf die Glieder habe.[64] Einen solchen Eingriff charakterisiert *Gottl* im Gegensatz zur „Selbstgestaltung“ als „Gestaltungszwang“. Jede dieser Regelungen kann ihm zufolge in den konkreten historischen Situationen die Vormacht gewinnen.

Die theoretisch-individualistische Richtung erlebte einen beträchtlichen Aufschwung während der Weimarer Republik.[65] Sie „operierte im logischen Raum.“[66] Sie interessierte nicht das Singuläre. Ihre Vertreter wollten mit ihrer „reinen, rationalen Theorie“ generelle, sich wiederholende Erscheinungen erfassen. Ihr Ziel war es, „aus bestimmten gesetzten Annahmen mit Mitteln der formalen Logik allgemeine Sätze“ zu deduzieren.[67] Unterschiede gab es hinsichtlich der Frage, ob sie der subjektiven Wertlehre anhingen oder nicht, ob sie sich eher „literarisch“ oder mathematisch ausdrückten und ob sie eher statische oder dynamische Ansätze verfolgten.

Damalige Vertreter eines extremen methodologischen und politischen Individualismus und Subjektivismus waren *Friedrich A. Hayek*, *Oskar Morgenstern* und vor allem *Ludwig von Mises*. Der in Wien lebende *Mises* war einer der streitbarsten Nationalökonomen der 20er Jahre. Er scheute keine wissenschaftliche und politische Auseinandersetzung und griff in regelmäßigen Abständen seinen Lieblingsfeind, den Sozialismus, an, unter dem er sämtliche politischen Richtungen faßte, die dem Staat eine mehr oder minder große, eigenständige ökonomische Rolle zukommen lassen wollten. Seine Ansicht, diese verschiedenen Strömungen als sozialistisch zu bezeichnen, wird verständlich, wenn man sich folgendes vor Augen führt. Nach *Mises* sind Wirtschaftsordnungen ausschließlich durch die Frage geschieden, ob private oder staatliche Verfügungsbefugnisse über die Produktionsfaktoren, ob private Freiwilligkeit oder staatlicher Zwang das Wirtschaftsleben bestimmen.[68] Um diese beiden Formen gruppiert sich jeweils eine Wirtschaftsordnung, Kapitalismus oder Sozialismus, „ein Mitteldding gibt es nicht.“[69]. Ein staatlich gelenkter Kapitalismus ist für ihn bereits ein Schritt in Richtung Staatseigentum. Der Schluß, den er daraus zieht, lautet entsprechend: „Es gibt eben keine andere Wahl als die: entweder von isolierten Eingriffen abzusehen oder aber die gesamte Leitung der Produktion und der Verteilung der Obrigkeit zu übertragen.“

---

[64] Ebd., S. 22.

[65] Vgl. *Häuser* 1994, S. 47ff. und *Janssen* 1998, S. 20ff.

[66] *Janssen* 1998, S. 39.

[67] Ebd.

[68] Sein Buch „Die Gemeinwirtschaft – Untersuchungen über den Sozialismus” basiert auf dieser Unterscheidung. *Mises* 1932a.

[69] *Mises* 1929, S.12.

Zu den deutschen Vertretern dieses Stranges gehörten Nationalökonomen wie *Adolf Weber*, *Georg Halm*, *Ludwig Pohle*, *Walter Eucken*, *Alexander Rüstow* und *Wilhelm Röpke*. Auch sie beschäftigten sich u.a. mit der Preis- und Markttheorie. Ihre Untersuchungen waren aber mit mehr empirisches Material angereichert als die der Österreicher.[70] Später (während des Dritten Reiches) betrieben auch *Hans Peter* oder *Heinrich von Stackelberg* neoklassische Nationalökonomie. Sie unterschieden sich aber von den o.g. Volkswirten durch eine mathematische Herangehensweise. Während der Weimarer Republik nehmen bereits der Münchener Professor *Adolf Weber* und sein Schüler *Halm* die seit *Euckens* 1940 erschienenem Werk „Die Grundlagen der Nationalökonomie" gängige Ordnungstheorie im Ansatz vorweg. Ihrer Meinung nach ist eine Wirtschaftsordnung durch das „Prinzip der Bedürfniswahl" bzw. „Auswahl der wirtschaftlich zulässigen Güterverwendung" bestimmt.[71] Dies bedeutet nichts anderes, als nach der Koordination des Wirtschaftsprozesses zu fragen. Der „Produktionsaufbau" wird entweder „durch das Einspielen" der dezentralen Wirtschaftssubjekte bestimmt, oder „der Einzelne oder die Verbände [erhalten] von einer Zentrale der Volkswirtschaftspolitik aus die mittelbare oder unmittelbare Weisung über Ausdehnung und Richtung der Erzeugung."[72] Diese Alternativen nennen sie „Planwirtschaft" und „Verkehrswirtschaft". Der erste deutsche Nationalökonom, der einen solchen ordnungstheoretischen Ansatz verfolgte, war der Leipziger Hochschullehrer *Ludwig Pohle*. Er bestimmt entsprechend die „individualistische Wirtschaftsordnung" als eine von privater Initiative getragene Wirtschaftsordnung, deren Fundament die Freiheit des Konsums, der Produktion und der Arbeit ist.[73] Während in einem solchen System Angebot und Nachfrage durch den Preis ausgeglichen werden, übernimmt in einer „kollektivistischen Wirtschaftsordnung" der Staat die Verantwortung für den Wirtschaftsprozeß. Er verfügt über die Produktionsfaktoren und weist ihnen ihren Einsatz zu. Aber auch bei *Eucken* lassen sich schon Anfang der 30er Jahre ähnliche Ansichten finden. Das läßt sich daraus schließen, daß er in Hinblick auf *Sombarts* These, mit einem Abflauen der wirtschaftlichen Dynamik gehe die Wirtschaftsordnung des Kapitalismus zugrunde, erwidert: Mit dem Erlahmen der innovativen Kraft des Unternehmertums folge lediglich der dynamischen eine stationäre Form des Kapitalismus.[74] Er ist wohl bereits damals der Meinung gewesen, daß das Koordinationsverfahren das entscheidende Merkmal einer Wirtschaftsordnung ist. Er verwendet für das Koordinationsverfahren „Markt" den alten Begriff des Kapitalismus. Geht die Wirtschaft von einer dynamischen zu einer stationären Form

---

[70] Zu den weiteren Unterschieden, z. B. bzgl. der Wertlehre zwischen der *Weber*-Schule und den Österreichern vgl. *Janssen* 1998, S. 53f.

[71] So beschrieb *Dobretsberger* ihre Auffassung, die er sich selbst in modifizierter Weise zu eigen machte. *Dobretsberger* 1932b, S. 21.

[72] Ders. 1932a, S. 135.

[73] *Pohle* 1931, S. 1ff. und S. 4ff. Dazu auch *Heuss* 1994, S. 147.

[74] *Eucken* 1932a, S. 8.

über und bleibt das Marktverfahren als Kern bestehen, so würde danach weiterhin der Kapitalismus herrschen. Elemente dieser Typisierung lassen sich aber auch bei den Vertretern des dritten Stranges finden, der nun kurz untersucht werden soll.

Zwischen den Polen des historistisch-holistischen und des individualistisch-(neo)klassischen Stranges waren viele Nationalökonomen angesiedelt, die in ihren Arbeiten versuchten, historisch-soziologische Komponenten mit theoretischen Aspekten zu verbinden. Dies geschah auf sehr unterschiedliche Weise. *Alfred Müller-Armack* integrierte *Joseph Schumpeters* „Theorie der wirtschaftlichen Entwicklung" in den Wirtschaftsstilansatz und fundierte diesen mit den Erkenntnissen der *philosophischen Anthropologie*;[75] *Eduard Heimann* fügte religiöse und soziologische Aspekte mit denen der österreichischen Schule zu einer „Theorie der sozialen Dynamik" zusammen;[76] *Erwin von Beckerath* reicherte die neoklassische Markttheorie mit politologischen und staatsrechtlichen Gedanken an, wenn es darum ging, ordnungspolitische Erfordernisse aus der sozioökonomischen Lage abzuleiten;[77] *Walter Weddigen* versuchte, in seiner Wirtschaftstheorie historistische Elemente, wie die Wirtschaftsgesinnung, durch eine formalistische, teilweise sogar mathematische Herangehensweise zu ergänzen, um zu einer „Lehre von der Produktivität der Sozialpolitik" zu gelangen;[78] *Gerhard Colm* schaffte es, einerseits *Sombarts* Wirtschaftssystemansatz und andererseits die moderne Finanz- und Konjunkturtheorie in seinem wissenschaftlichen Gesamtwerk zu vereinen.[79]

Die Einordnung der Nationalökonomen in die drei Stränge darf aber nicht allzu starr gesehen werden. Während *Colm* nach 1933 immer mehr der klassisch-neoklassischen Richtung zuzuordnen ist, gehen *Alexander Rüstow* und *Wilhelm Röpke* den umgekehrten Weg. Ihr Interesse galt während der Weimarer Republik der theoretischen Arbeit, nach ihrer Emigration 1933 arbeiteten sie jedoch zunehmend mit soziologischen Versatzstücken.[80]

So verschieden jeweils die spezielle Synthese war, so unterschiedlich waren auch die „Ordnungstheorien". Es sollen hier nur zwei erwähnt werden: Der in München, Innsbruck und später in Rostock lehrende *Walter Weddigen* stellt in seiner Ordnungstheorie die gegen unendlich konvergierenden Pole des „Individualgedankens" und des „Kollektivgedankens" gegenüber, deren Kombination

[75] Vgl. *Kowitz* 1998, S. 21ff.
[76] Vgl. *Rieter* 1999, S.242 und 244f.
[77] Vgl. *Beckerath* 1933.
[78] Vgl. *Weddigen* 1933a.
[79] Vgl. *Hagemann* 1999, S. 104f. Vgl. auch *Beckmann* 2000, S. 110.
[80] Vgl. u.a. *Röpke* 1942 und *Rüstow* 1950. Anderer Auffassung ist *Starbatty* 1994, S. 243. *Peukert* ist dagegen der Meinung, daß *Röpkes* Methodologie bereits in der Weimarer Republik durch eine Synthese historisch-soziologischer und neoklassischer Elemente gekennzeichnet ist. (*Peukert* 1992, S. 10, S. 14 und S. 16) Zu *Rüstow* vgl. *Meier-Rust* 1993, S. 45.

die realen Wirtschaftsordnungen charakterisieren. Damals schätzte er die real existierenden Ordnungen folgendermaßen ein:[81]

Abbildung 2

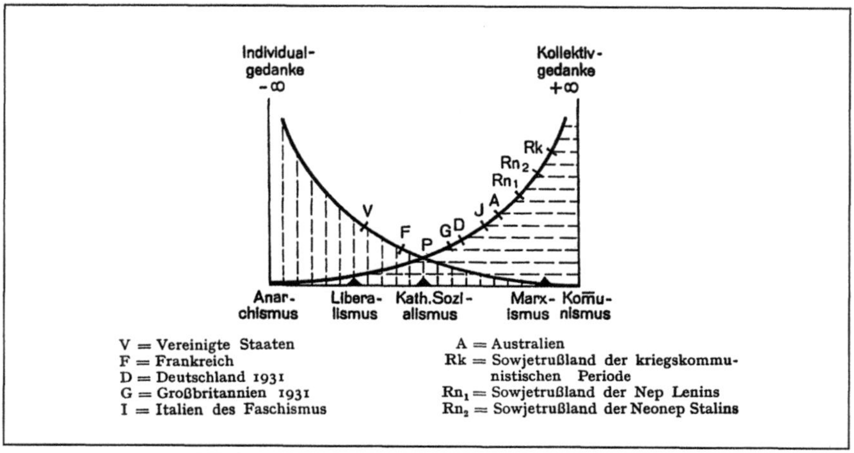

„Individualistische Merkmale“ sind für *Weddigen*

- ein „hoher Stand“ der privaten Initiative,
- die „spekulative Befähigung der Bevölkerung“
- eine hohe Ausdifferenziertheit,
- Elastizität und Mobilität des Wirtschaftsapparats,
- geringer Produktionsaufwand sowie
- wenige Monopole.[82]

„Kollektivistische Merkmale“ sind für ihn in

- einem „hohe[n] Stand des Gemeinsinns”,
- einem nicht zu differenzierten Wirtschaftsapparat,
- einem „hochgebildete[n] (...) Fachbeamtentum“ und
- im „Vorhandensein von Verkehrs- und Nachrichtenmitteln“ zu finden.[83]

Der Pol, welchem die jeweilige konkrete Wirtschaftsordnung zuneigt, so *Weddigen*, ist der Maßstab, an dem sich die staatlichen Eingriffe zu orientieren hätten, um sogenannte „Produktivitätsvorteile“ der beiden „Gedanken“ zu verwirklichen. Überwiegen z. B. die „individualistischen Elemente“, dann würden sich „Produktivitätsvorteile“ des „Individualgedankens“ wie hohe Flexibilität, rationale „Wirtschaftsrechnung“ und hohe Leistungsbereitschaft entfalten, soweit der staatliche Interventionismus die „individualistischen Elemente“ stärkt. Wenn er dies nicht tue, dann entstünden in erster Linie die „Produktivitäts-

[81] *Weddigen* 1933a, S. 36.
[82] Ebd., S. 50ff. und ders. 1934, S. 81ff.
[83] Ders. 1933, S. 57 und 1934, S. 92.

nachteile“ des „Kollektivgedankens“ wie geringe Leistungsbereitschaft, Trittbrettfahrerprobleme und Unflexibilität der Wirtschaftssubjekte.[84]

Gerhard Colm, Kieler Professor und Mitarbeiter des *Instituts für Seeverkehr und Weltwirtschaft*, typisiert Wirtschaftsordnungen bereits durch eine Kombination zweier Merkmale, die den heutigen Prinzipien des Koordinationsverfahrens und der Eigentumsform sehr nahe kommen. Nach ihm ist die Wirtschaftsordnung durch marktwirtschaftliche und nichtmarktwirtschaftliche Elemente bestimmt. Neben diesem Faktor bedarf es seiner Meinung nach noch einer weiteren, wesentlichen Kategorie, um Wirtschaftsordnungen charakterisieren und erklären zu können. Er fügt der ökonomischen eine, wie er sie selbst nennt, „soziologische Kategorie“ hinzu.[85] Darunter versteht er den Tatbestand, ob das zur Produktion notwendige Kapital von privaten „Kapitalisten“ oder vom Staat bereitgestellt wird. Als „vorkapitalistisch“ bezeichnet er wirtschaftliche Einheiten, die noch eine (marktlose) Einheit von Produktion und Verbrauch darstellen.[86] Im „kapitalistischen“ Bereich wird die Produktion durch den Markt gelenkt. Das Kapital wird von privaten Kapitalisten zur Verfügung gestellt, die Arbeitnehmer engagieren.[87] Als „nachkapitalistische Gebilde“ sieht *Colm* Genossenschaften, öffentliche Unternehmen, die „Leistungswirtschaft der öffentlichen Verwaltung“, die „wirtschafts- und sozialpolitischen Regulierungen der Marktwirtschaft“ sowie Subventionen, Zölle, Renten, Arbeitslosenversicherung u.dgl. an.[88] Die reale Wirtschaftsordnung bezeichnet *Colm* nach dem sie dominierenden Bereich.

Es zeigt sich, daß in vielen „Theorien“ das Koordinationsverfahren für die Typisierung der Wirtschaftsordnungen eine Rolle spielte. Zwar wurde es als das entscheidende Kriterium nur von den deutschen Vertretern der (Neo)Klassik betont. Es war aber sowohl bei Historisten wie vor allem auch bei Anhängern einer historistisch-(neo)klassischen Synthese ebenfalls von Bedeutung. Mitte der 30er Jahre hat sich dann diese Auffassung auch weitgehend durchgesetzt. Die Debatte um die Wirtschaftslenkung Ende der 30er und Anfang der 40er Jahre vollzog sich dann fast ausschließlich in diesen Bahnen.[89] Wie gesehen, gab es dennoch genügend viele Unterschiede, die das Gemeinsame zwischen den einzelnen „Theorien“ überkompensierten. Die grundlegenden Differenzen zwischen dem Neo-Historismus und der (Neo)Klassik konnten nicht aufgehoben werden. Der Versuch, das Wirtschaftsleben ordnungstheoretisch zu durchdringen, stellte aber zumeist keinen Selbstzweck dar. Es stellt sich daher die Frage, warum sich so viele Nationalökonomen damals dennoch mit der Wirtschaftsordnung beschäftigten.

---

[84] Ders. 1933a, S. 53f. und 1934, S. 93ff.
[85] *Colm* 1931, S. 106f.
[86] Ebd., S. 110ff.
[87] Ebd., S. 107.
[88] Ebd., S. 117ff.
[89] Vgl. *Janssen* 1998, S. 502.

C. Diagnosen zur Lage und Zukunft des Kapitalismus

Die Suche nach einem *Dritten Weg* zur Zeit der Weimarer Republik war das Ergebnis der Kritik an der bestehenden Wirtschaftsordnung. Um dies zu verstehen, muß kurz auf das damalige politische und wirtschaftliche Umfeld eingegangen werden.

Weltanschaulich gesehen, war die Weimarer Republik stark polarisiert. Nachdem der Kaiser nach seiner Abdankung als gesellschaftlicher Bezugspunkt und die (konstitutionelle) Monarchie als eine von breiten Bevölkerungsschichten akzeptierte Gesellschaftsordnung nicht mehr vorhanden war, gab es über das Gefühl des Interregnums hinaus keinerlei Konsens, welche Gesinnung anstelle des entstandenen weltanschaulich-politischen Vakuums positiv treten sollte. Dieses Problem wurde damals noch durch die weit verbreitete Meinung verstärkt, daß es sich bei der parlamentarischen Demokratie weniger um ein Wertesystem als um eine Verfahrensweise handelt. Fast alle Gruppen wollten diesen Zustand zwar verändern, sie setzten aber häufig genug ihre Weltsicht absolut, huldigten so dem, was *Arnold Gehlen* „Subjektivismus" nennt, so daß zwischen den einzelnen gesellschaftlichen Gruppen keine Kommunikation zustande kam.[90] Neue, die Republik stützende Normen, welche die überwältigende Mehrheit der Bevölkerung teilen konnte, entstanden erst gar nicht.[91]

Neben internalisierten weltanschaulichen Faktoren beruhte die Kritik an der bestehenden Ordnung auf *realökonomischen* Problemen, wie dem Übergang von der Kriegs- zur Nachkriegswirtschaft, der Inflation und besonders der Weltwirtschaftskrise am Ende der Weimarer Republik. Es gab hier selbstverständlich Rückkopplungsprozesse auf die mentale Ebene, welche die allgemeine Tendenz der Unzufriedenheit erst auslösten oder noch verstärkten. Zwischen Staats- und Wirtschaftsordnung wurde kaum unterschieden. In der Weltwirtschaftskrise, nach der fehlgeschlagenen deflationistischen Wirtschaftspolitik *Brünings*, sprach der Großteil der Bevölkerung und der Nationalökonomen nicht mehr nur von einem „Versagen der Wirtschaftspolitik", sondern konstatierten ein „Versagen der parlamentarischen Demokratie" und „der Wirtschaftsordnung".[92] Und sofern konkrete Fehler der Wirtschaftspolitik gesehen wurden, war man der Meinung, daß diese nur zu vermeiden seien, wenn die (politischen) Rahmenbedingungen der Wirtschaftsordnung modifiziert würden. Der Großteil der Zeitgenossen empfand den Zustand innerhalb der existierenden Wirtschafts-

---

[90] *Gehlen* versteht unter Subjektivismus eine „Ichverhaftetheit derart, daß der einzelne seine zufälligen inneren Vereigenschaftungen, seine gerade ihm zugewachsenen Überzeugungen und Gedanken und seine Gefühlsreaktionen ohne weiteres und unmittelbar so erlebt, als ob sie überpersönlich belangvoll wären." *Gehlen* 1993, S. 74.

[91] Vgl. auch *Sontheimer* 1978, S. 41ff. und 141ff.

[92] *Blaich* 1970, S. 43. Vgl. zum Verhältnis des „Versagens der Wirtschaftspolitik" und des „Versagens der Wirtschaftsordnung" *Cassel* 1984, S. 1ff.

ordnung als derart unbefriedigend, daß sie nicht daran glaubten, ihre Situation innerhalb der bestehenden Ordnung verbessern zu können und sich daher nicht mehr mit dieser oder – was häufig geschah – mit dem Leitbild („der Kapitalismus", „die Verkehrswirtschaft"), mit dem die Ordnung verbunden wurde, identifizierten. Grundsätzlich galt: Umso eher man vom Kommen einer „neuen historischen Epoche" überzeugt war[93] oder umso eher man aus politisch-ethischen Gründen die bestehende Ordnung ablehnte, desto eher war man auch dazu bereit, deren politisch-ökonomische Probleme besonders intensiv wahrzunehmen und eine Krise zu diagnostizieren.

Und tatsächlich ist auch die damalige Suche nach einem *Dritten Weg*, nach einer neuen Wirtschaftsordnung nicht ohne die damals diagnostizierten Wechselwirkungen beider Ordnungen zu verstehen. Die Kritik an der Republik betraf gleichzeitig auch immer die bestehende Wirtschaftsordnung, und umgekehrt schlug die Kritik an der Wirtschaftsordnung schnell in Kritik an der parlamentarischen Demokratie um. *Walter Eucken* bezeichnete später diese Erkenntnis als „Interdependenz der Ordnungen".[94] Er verwies sein Leben lang auf den engen Zusammenhang zwischen Rechts- und Wirtschaftsordnung. Die eine Ordnung könne nicht ohne Kenntnis der anderen Ordnung genügend erklärt werden. Und soll die Wirtschaftsordnung reformiert werden, so bedarf es seiner Meinung nach auch einer Reform der Staatsordnung. *Eucken* zog diesen Schluß nicht zuletzt aus seinen Erfahrungen mit dem „Zeitalter der wirtschaftspolitischen Experimente", wie er die Epoche der Weimarer Republik rückblickend zu bezeichnen pflegte. Er wie seine Zeitgenossen in der Weimarer Republik deuteten als verbindende Phänomene zwischen beiden Sphären die „wildgewachsene", von Großorganisationen und Monopolen durchsetzte Wirtschaft und den planlosen „interventionistischen Parteienstaat". Die beiden Erscheinungen galten als zwei Seiten der gleichen Medaille. Wenn die Unzufriedenheit über den (zeitgenössischen) „Kapitalismus" auch unterschiedlich begründet und unterschiedlich intensiv empfunden wurde, waren sich weite Kreise der Wissenschaft und der „Medien" einig, daß in der mangelnden politischen Konsequenz, die aus der „vermachteten Wirtschaft" und dem „pluralistischen Interventionsstaat" gezogen wurde, eine entscheidende Ursache für die ökonomische Misere zu suchen war.

Zunächst werden diejenigen diagnostizierten Strukturwandlungen des Kapitalismus dargelegt und erklärt, über welche weitgehende Einigkeit herrschte (Abschnitt I). Hier wird den wirtschaftspolitischen und marktlichen Auswirkungen der „vermachteten Wirtschaft" und des „Parteienstaates", wie sie damals empfunden wurden, nachgegangen. „Vermachtete Wirtschaft" wie „Parteien-

[93] Beispiele optimistischer Ansichten über die kommende Epoche waren der Universalismus *Spanns* und der Kairosgedanke der religiösen Sozialisten um *Paul Tillich*. Beispiele pessimistischer Ansichten waren Zyklentheorien von *Oswald Spengler* oder *Leopold Ziegler*.

[94] Vgl. *Eucken* 1952, S. 13ff. und S. 332ff.

staat“ lieferten den Anlaß, um nach *Dritten Wegen* zu suchen. Abschließend werden die zeitgenössischen Interpretationen der Wandlungen dargestellt, um erklären zu können, in welche verschiedenen ordnungspolitischen Richtungen Wirtschafts- und Staatswissenschaftler nach einem *Dritten Weg* suchten (Abschnitt II).

I. Die diagnostizierten Wandlungen des Kapitalismus

Für *Hans Ritschl,* damals Professor für Finanzwissenschaft in Basel, beruht jede Wirtschaftsordnung auf einer dualistischen „Herrschaft zweier Systeme, des gemeinwirtschaftlichen Systems, das von der Staatswirtschaft getragen wird, und des Systems der kapitalistischen Marktwirtschaft, das von der Tauschgesellschaft getragen wird."[95] Die Staatswirtschaft, so *Ritschl*, ist in ihrer Produktion „reiner" oder „anteiliger Gemeinschaftsgüter" dem Prinzip des Politischen untergeordnet, während in der kapitalistischen Marktwirtschaft der Egoismus als leitendes Motiv das Gewinnprinzip realisiert.[96] Die konkrete „Mischung" beider „Systeme" als geschichtliches Produkt hatte sich laut *Ritschl* im Vergleich zum 19. Jahrhundert verändert. Man befinde sich an einem Übergang vom „Hochkapitalismus" zum „Spätkapitalismus". Dies begründet er damit, daß sich zum einen die „einzelwirtschaftlichen Gebilde" innerhalb der kapitalistischen Marktwirtschaft den öffentlichen angenähert hätten, indem sie Trusts und Kartelle bilden und so Konzentrationsprozesse am Markt einleiten.[97] Zum anderen glaubt er, dieses Fazit aus der Diagnose ziehen zu können, daß sich die „Staatsmacht", das „Gemeineigentum", das „Beamtentum", die „Regelungs- und Eingriffswirtschaft" im Verhältnis zum Hochkapitalismus stark ausgedehnt hätten.[98]

Mit seiner Feststellung bewegte sich *Ritschl* ganz auf der Linie der meisten zeitgenössischen Beobachter. Unabhängig davon, ob Historisten oder „Theoretiker", ob Sozialisten oder Konservative, für alle waren die zweiseitigen Tendenzen der Bindung, – Bindungen, die einerseits von den Marktkräften und andererseits vom Staat ausgegangen waren – „zum Thema aller grundsätzlichen wirtschaftspolitischen Diskussionen geworden."[99] *Ritschl* stellte wie viele seiner Kollegen der damaligen Wirtschaftsordnung (Weimarer Republik) die des aus-

---

[95] *Ritschl* 1931, S. 1.

[96] Ebd., S. 36ff., S. 38ff., S. 43ff. und S. 52ff.

[97] Ebd., S. 146f.

[98] Ebd., S. 72.

[99] *Landauer* 1931a, S. 1. Bis heute ist es bei dieser Diagnose geblieben. So zeichnet *Nörr* 1994 folgendes Bild vom damaligen, gebundenen Kapitalismus: „Erstens die neuen Dimensionen auf der Ebene der Unternehmungen, also die Unternehmenskonzentration, die Fusionierung, Konzernierung, Kartellierung, Vertrustung und wie die verschiedenen Begriffe für diese Erscheinungen lauten; zweitens die zunehmende wirtschaftsgestaltende Tätigkeit des Staates, die über bloße Schutz- und Hilfestellungen hinausgeht und sich aller rechtsstaatlich denkbaren Instrumenten bedient, ohne aber die gesamte Wirtschaft auf ein übergeordnetes Ziel verpflichten zu wollen oder zu können; drittens die sozialpolitische Orientierung und Akzentuierung der wirtschaftlichen Beziehungen, die sich in wachsendem Maße an den Gewerkschaften als den Trägern der Sozialpolitik und des Arbeitsrechts orientieren, womit zum individualistischen und etatistischen als drittes das kollektive Element in der organisierten Wirtschaft hinzutritt; viertens schließlich die Wirksamkeit der großen Interessenverbände zur Verfolgung wirtschaftspolitischer Ziele, die den ‚pluralistischen' Wesenszug der organisierten Wirtschaft deutlich hervortreten lassen." *Nörr* 1994, S. 436.

gehenden 18. und des 19. Jahrhunderts gegenüber.[100] Wie er beschrieben oder analysierten die zeitgenössischen Beobachter den konkreten Zustand der bestehenden Wirtschaftsordnung unter Zuhilfenahme eines ordnungspolitischen Referenz- oder Vergleichssystems, das den „funktionsfähigen" Kapitalismus gewährleistete oder gewährleisten sollte. Auf diese Weise konnten Unterschiede und Wandlungen zwischen diesem Referenzsystem und der bestehenden Wirtschaftsordnung ausgemacht werden. Differenzen bestanden bei der Frage, ob der „funktionsfähige" Kapitalismus eine tatsächliche, dem gegenwärtigen Zustand des Kapitalismus vorausgegangene Phase war oder eher ein Bezugssystem idealer oder idealtypischer Natur sei.[101] Unabhängig von der Vorgehensweise, bestand ein breiter Konsens, daß der ökonomische Zustand der Weimarer Republik als gebundener Kapitalismus beschrieben werden kann. Die Übereinstimmung ist dadurch begründet, daß viele Ökonomen den jeweiligen historischen Epochen theoretische Modelle zuordneten. Das „Modell" der „freien Konkurrenz" bildete danach die konkrete Phase des „freien Kapitalismus", das „Monopolmodell" die des „gebundenen Kapitalismus" (vorwiegend) theoretisch ab.

Ritschls „dualistischer" Ansatz soll im folgenden die Vorgabe sein, um den damals diagnostizierten Wandel näher zu untersuchen, über den weitgehend Einigkeit herrschte. Es soll ersichtlich werden, welche große Bedeutung damals der „Monopolwirtschaft" und dem „Parteienstaat" für den Wandel beigemessen wurde. Ein allgemeiner Konsens bestand darüber, daß (1) sich die Marktmorphologie vom freien zum organisierten Wettbewerb (Kartelle, Konzerne, Gewerkschaften) verändert und daß (2) sich das Verhältnis zwischen Staat und Wirtschaft vom Laissez-faire zum Interventionismus gewandelt hat. Auf diese zwei Punkte soll nun näher eingegangen werden.

---

[100] Vgl. auch *Ritschl* 1932.

[101] *Heimann* überprüfte die konkreten Marktstrukturen der 20er und 30er Jahre auf ihre Stimmigkeit mit den ursprünglichen liberalen Idealen. *Carl Landauer* zog das Modell der „idealtypischen Verkehrswirtschaft" heran, derweil *Georg Halm* die Weimarer Wirtschaft mit dem Prinzip der Wettbewerbsfreiheit verglich. Andere Nationalökonomen, unter ihnen Nachfahren der *Historischen Schule*, folgten *Sombart* und verglichen die bestehende Wirtschaftsordnung mit der dieser vorausgegangenen konkreten kapitalistischen Phase. Zumeist stellte sich die Frage aber als relativ unerheblich heraus. Es lassen sich in der zeitgenössischen Literatur keine allzu große Diskrepanzen zwischen den Eigenschaften ausmachen, die der angeblich vorangegangen realen, „freien Wirtschaft" zugewiesen wurden und denen ihrer Ideale oder Prinzipien. Beide Ebenen deckten sich weitgehend in der Literatur oder wurden bewußt zueinander in Deckung gebracht. *Adolph Löwe* geht 1968 immer noch so vor, indem er den Epochen Modelle zuordnet: vgl. *Löwe* 1968, S. 88ff.

1. Der Weg zur Wirtschaftsunordnung

Nach der „ersten Etappe" der Industrialisierung begann in Deutschland ungefähr seit Mitte der 1870er Jahre die erste Konzentrationswelle, der weitere Organisierungstendenzen folgten:

1. Infolge der nach dem wirtschaftlichen Boom der „Gründerjahre" einsetzenden Rezession reagierten viele Unternehmer auf die nachlassende Nachfrage, indem sie Kartelle bildeten oder schwächere Unternehmen übernahmen, um auf diese Weise Preis- und Mengenpolitik betreiben zu können und sich damit vor sinkenden Wettbewerbspreisen zu schützen. Nach Angaben eines zeitgenössischen Berichts waren Ende der 20er Jahre etwa 50% der Preise der Rohstoff- und Halbwarenversorgung „gebunden".[102] Die Preisbindungen in der Verbrauchsgüterindustrie spielten dagegen „eine wesentlich geringere Rolle". Laut dieses Berichtes waren bis zu 20% „aller Umsätze (...), aller gezahlten Preise" geregelt.
   - Die Zahl der Kartelle stieg von 4 im Jahr 1865 bis auf 600 im Jahr 1911 an.[103] Während und nach dem Kriege beschleunigte sich der Kartellierungsprozeß erneut. Gab es 1922 über 1.000 Kartelle, so erreichten die Kartelle 1930 die stattliche Anzahl von 3.000.[104] Die Kartelle erwiesen sich zudem als recht stabil, da sie zumeist von einem Konzern beherrscht wurden.[105]
   - Die wirtschaftliche Beherrschung rechtlich selbständiger Unternehmen in Form von Trusts bzw. Konzernen und die Verschmelzung zweier vormals selbständiger Unternehmen nahm zu. Die Schwerindustrie versuchte, zum einen durch vertikale Konzentrationsprozesse die verarbeitende Industrie unter ihre Kontrolle zu bringen, um schneller an neue Technologien heranzukommen und das wirtschaftliche Risiko gleichmäßiger zu verteilen,[106] Damit verbunden war die Absicht, durch Kapazitätsvergrößerung die Stückpreise eines Gutes zu verringern (Economies of Scale) sowie Kostensynergieeffekte bei der simultanen Produktion verschiedener Güter zu erzielen (Economies of Scope).[107]

---

[102] *Bychelberg* 1932, S. 1388 und 1391.

[103] *Sombart* 1927b, S. 696. 1893 entstand das *Rheinisch-Westfälische Kohlen-Syndikat*, das das „erste rechtlich durchkonstruierte Kartell in Deutschland mit umfassender Marktaufsicht" war. *Fischer* 1954, S. 442.

[104] *König* 1960, S. 304. *Ambrosius* spricht von 50%-Anteil der „Kartellproduktion Mitte der 1930er Jahre" an der „gewerblichen Gesamtproduktion". *Ambrosius* 2000, S. 292.

[105] Vgl. *James* 1988, S. 159. Diese Tendenzen wurden durch die Kriegswirtschaft und Inflation zusätzlich verstärkt. Vgl. *Bonn* 1926, S. 16.

[106] *James* 1988, S. 124f., und *Ziegler* 2000, S. 243.

[107] *Ziegler* 2000, S. 243.

- Die Anzahl der Großunternehmen – in Bezug auf die Beschäftigungszahl – wuchs in beträchtlichem Maße an. So gab es 1907 „im Deutschen Reich 478 Industriebetriebe mit mehr als 1.000 Beschäftigten, viermal mehr als 1882. Sie hatten zusammen 880.000 Beschäftigte; das waren 8,1 % aller Erwerbstätigen in Industrie und Handwerk.“[108]

2. Aber nicht nur auf Seite der Unternehmen kam es zu Zusammenschlüssen.
   - Auf dem Arbeitsmarkt schlossen sich Arbeiter zu Gewerkschaften zusammen. Jede politische Richtung besaß ihre eigene Gewerkschaft. Ihre Auseinandersetzungen mit den Arbeitgebern wurden schärfer. 1921 bis 1922 zählte man mehr als 4.000 Streiks und ca. 400 Aussperrungen.[109] Bei Nichteinigung der Tarifparteien griff zunehmend der Staat als Schlichter ein (1924: 18.000 Schlichtungsverfahren).
   - Aus der Zeit des Kaiserreichs reichte ein vielfältiges Verbändewesen in die Weimarer Republik hinein. Der größte von ihnen, der *Reichsverband der Deutschen Industrie* (RDI) umfaßte mehr als 28 Fachgruppen mit 15.000 Fachverbänden.[110]

Im Reichstag war 1879 zum ersten Mal ein Kartell Gegenstand der Debatte.[111] Das Reichsgericht entschied am 4. Februar 1897, daß Absprachen, Kartellverträge, Sperren gegen Außenseiter und Schädigungskämpfe zulässig sind. Die erste offizielle Aussprache im Reichstag über das Kartellproblem fand Ende 1900 statt. Von 1903 bis 1906 wurde daraufhin eine umfassende Enquete zur gleichen Frage durchgeführt. Wurden zunächst Unternehmenszusammenschlüsse vom Staat eher unterstützt, nahm die Reichsregierung 1923 einen (halbherzigen) Politikwechsel vor und erließ die „Verordnung gegen den Mißbrauch wirtschaftlicher Machtstellungen“.[112]

Die deutsche Nationalökonomie nahm sich 1883 dieses Themas an; *Friedrich Kleinewächter* prophezeite, daß Großorganisationen die zukünftige Wirtschaft entscheidend prägen werden.[113] *Schäffle* war 1885 meines Wissens der erste, der einen Übergang von der „freien Verkehrswirtschaft zur Kollektivwirtschaft“ durch Monopole zu erkennen glaubte. Und 1894 beschäftigte sich der *Verein für Socialpolitik* mit dem Kartellproblem.[114] Allerdings wurde erst

---

[108] *Jaeger* 1988, S. 109f. Vgl. auch *Ziegler* 2000, S. 242.
[109] *Jaeger* 1988, S. 162.
[110] Ebd., S. 157. Laut *Ziegler* gab es 1907 „nicht weniger als 522 Wirtschaftsverbände mit mehr als 5000 Zwangsverbänden“. *Ziegler* 2000, S. 246.
[111] *Fischer* 1954, S. 442.
[112] Ebd., S. 452ff.
[113] Vgl. *Wolfers* 1931, S. 4.
[114] Vgl. Schriften des *Vereins f. Socialpolitik* 1894. Zu den einzelnen Positionen der Wissenschaftler vor dem ersten Weltkrieg, wie diese den Wandel einschätzten, vgl. auch *Dobretsberger* 1932a, S. 4ff. Zur „Kartelldebatte“ bis 1914 vgl. *Schütze* 1998.

nach 1919 die Konzentration auf den Märkten und die Zusammenschluß der Wirtschaftssubjekte zu Großorganisationen zum viel diskutierten Thema der Volkswirtschaftslehre. *Robert Liefmanns* Buch „Kartelle und Trusts", das sich umfassend mit dem Thema beschäftigte, erlebte eine weite Verbreitung und entwickelte sich zum Standardwerk.[115] Eine intensive Debatte entstand nach *Sombarts* im Rahmen einer Tagung des *Vereins für Socialpolitik* gehaltenem Vortrag zu den „Wandlungen des Kapitalismus"[116] und nach *Eugen Schmalenbachs* Vortrag „Die Betriebswirtschaftslehre an der Schwelle der neuen Wirtschaftsverfassung".[117] Allgemeingut der Nationalökonomie und Publizistik war damals die Feststellung, Markt- und Unternehmensstrukturen hätten sich – verglichen mit den Verhältnissen des 19. Jahrhunderts – verändert:

(1) Die reale Ordnung der „freien Wirtschaft" oder des „Hochkapitalismus" ist in der zeitgenössischen Literatur durch ein „Vorwiegen des Konkurrenzprinzips" gekennzeichnet, dessen „nötige[r] Spielraum" durch relativ offene Märkte gesichert wurde. Die Nationalökonomen konstatieren, daß in dieser Phase „alle Rücksichten, die (...) bei der Preisbildung auf außerökonomische Kräfte genommen [worden] waren", beseitigt wurden.[118] „Das ‚ökonomische Gesetz'", wie *Sombart* schreibt, „(...) herrscht allein."[119] Die Theorie der „freien Verkehrswirtschaft" gilt als das dieser Epoche adäquate Modell. Flexible Preise führten Angebot und Nachfrage zusammen und sicherten die Elastizität der Wirtschaft. Freihandel, Gewerbefreiheit und freie Arbeitsplatzwahl garantierten nach Meinung der Neoklassiker „effiziente Allokationen", nach Meinung der Anhänger *Schumpeters* hohe Innovationsfähigkeit und nach Meinung *Sombarts,* „Objektivierung" und „Nivellierung". Weitgehend alle Nationalökonomen und Publizisten erkennen den *wirtschaftlichen* Erfolg des freien Kapitalismus an, weil er den Lebensstandard trotz Bevölkerungswachstums erhöht hatte.

Die Analyse des Hamburger Professors *Eduard Heimann*, die dieser speziell in seinem Werk „Die soziale Theorie des Kapitalismus" durchgeführt hat, kann in diesem Zusammenhang als repräsentativ gelten. Er möchte primär das im freien Kapitalismus herrschende liberale Ideal herausarbeiten. *Heimann* wird an dieser Stelle herangezogen, da er die entscheidenden Merkmale der Phase des

---

[115] *Liefmann* 1927.
[116] *Sombart* 1928, S. 243ff.
[117] *Schmalenbach* 1929, S. 241ff. Aus der Vielzahl weiterer Schriften sei nur genannt *Somary* 1929, S. 149ff. Im Gegensatz zu den meisten seiner Kollegen, hält *Herbert von Beckerath* die Konzernentwicklung für bedeutsamer als die der Kartelle. Er glaubt gar, einen Übergang „aus dem Zeitalter der Kartellwirtschaft in das der Trustwirtschaft" zu erkennen. *Beckerath, H.* 1924, S. 27. Er begründet seine Meinung auf die im Gegensatz zum Kaiserreich größeren Leistungsunterschiede zwischen den Wettbewerbern. Ruinöser Wettbewerb, der zu Absprachen verleitet, sei kaum noch möglich, nur noch Verdrängung oder Verschmelzung. Ebd., S. 34ff. Einen gegenteiligen Standpunkt vertreten *Halm* und *Weber* vgl. unten.
[118] *Sombart* 1927b, S. 666.
[119] Ebd.

freien Kapitalismus pointiert. Die Merkmale, mit denen er das liberale Ideal charakterisiert, werden von anderen Nationalökonomen dem real existierenden freien Kapitalismus zugesprochen.

a) In der freien Wirtschaft befanden sich laut *Heimann* die Produktionsfaktoren im (privaten) Eigentum der Konsumenten. Jeder Verbraucher war gleichzeitig auch Unternehmer und daher Erzeuger eines Produktes.[120] Die Unternehmensverfassung der „freien Wirtschaft" war durch die Einheit von dispositiver Aufgabe mit dem Eigentum an der Unternehmung charakterisiert.

b) Kleine Einzelunternehmen, die nur geringe Expansionsmöglichkeiten besaßen, dominierten *Heimann* zufolge die Wirtschaft.[121] Er beschreibt, auf der Unternehmensverfassung aufbauend, eine Marktstruktur, in der die Marktteilnehmer – sowohl auf der Angebots- als auch auf der Nachfrageseite – eine Vielzahl kleiner, atomisierter Einheiten darstellten, die nur über geringe Marktmacht verfügten.

Nach dem liberalen Ideal, so *Heimann*, sollten mit einer solchen Marktform „[s]tatisch (...) Anpassung der Produktion an den Bedarf" und „dynamisch allgemeine Ausweitung der Versorgung" realisiert werden.[122] Die Produzenten und Produktionsfaktoren seien ausschließlich zu den Märkten gewandert, auf denen hohe Preise und Löhne zu erzielen waren, d. h. wo es eine besonders große Nachfrage gab.[123] Um möglichst hohe Gewinn zu erwirtschaften, mußte die Nachfrage optimal befriedigt werden. „Die (...) Verkehrswirtschaft", erklärt *Landauer* daran anschließend, „kennt nur solche Vorgänge, die der möglichst vollkommenen Befriedigung der Konsumentenwünsche dienen."[124] *Heimann* sieht darin „Individualismus" und „Holismus" zusammengeführt. Indem die vielen kleinen Einzelwirtschaften ihrem individuellen Nutzen nachgingen und dadurch die Nachfrage der Konsumenten optimal befriedigten, sei gleichzeitig auch das Allgemeinwohl optimal hergestellt worden.[125] *Heimann* bezeichnet abschließend diese Marktstruktur treffend als „kleinbetriebliche Demokratie" und sieht die normative Idee dieser Epoche wie folgt: „Man braucht nur Freiheit zu schaffen, um wahre Harmonie, wahre Gesetzmäßigkeit zu erreichen. Das Gesetz des Marktes sollte [nach Ansicht der Liberalen im 19. Jahrhundert, d. V.] dem Gewimmel der selbständigen kleinen Existenzen Ordnung verleihen und die so-

---

[120] *Heimann* 1929a, S, 26.
[121] Ebd., S. 27 und S. 36ff.
[122] Ebd. , S. 26.
[123] Ebd., S. 21ff.
[124] *Landauer* 1931a, S. 15. Und *Heimann* schreibt: „[D]er Wert seiner Teilnahme [die des Wirtschaftssubjektes] an der Produktion entscheidet über die Kraft seiner Teilnahme am Verbrauch". (*Heimann* 1929a, S. 27.) D.h. umso besser das Wirtschaftssubjekt die kaufkräftige Nachfrage befriedigt, desto höher wird sein Einkommen sein und desto mehr kann er konsumieren.
[125] Ebd., S. 15f., S. 19 und S. 21.

ziale Freiheit mit der wirtschaftlichen Harmonie vereinen."[126] Die Wirtschaftsordnung der Weimarer Republik entsprach aber alles andere als diesem Bild einer „freien Wirtschaft".

(2) Über die Merkmale der damaligen, wie *Joseph Schumpeter* sie nannte, „vertrusteten Wirtschaft", waren sich die zeitgenössischen Nationalökonomen ebenfalls weitgehend einig.[127] Die Betriebe wachsen zu Großbetrieben, die immer kapitalintensiver arbeiten. Viele Transaktionen werden nicht mehr über den Markt abgewickelt, sondern sind in die Großorganisationen integriert. Der innerhalb dieser Wirtschaftsordnung dominierende Unternehmenstyp ist nicht mehr die (kleine) Personengesellschaft, sondern die (große) Kapitalgesellschaft, die sich finanzielle Mittel z. B. durch Ausgabe von Aktien beschafft und für die Funktion des Managements spezielle Personen einstellt. Annähernd gleichzeitig zu den Amerikanern *A. Berle* und *G. Means*, deren Beiträge diesbezüglich in die mikroökonomischen Lehrbücher eingegangen sind,[128] diagnostizieren auch deutsche Nationalökonomen und Publizisten einen Übergang vom „*Eigentümer*kapitalismus" zum „*Manager*kapitalismus".[129]

In seiner Analyse der gebundenen Wirtschaft, in welcher er die damalige Wirtschaftsordnung nach „kapitalistischen", „vor-" und „nachkapitalistischen Elementen" untersucht, kommt *Gerhard Colm* zu dem Schluß, daß technisch oder ökonomisch-organisatorisch bedingte Großkomplexe mit wettbewerbsbeschränkender Wirkung verschiedener Art das Wirtschaftssystem prägen. Der Markt als dominierendes Koordinationsverfahren, so *Colm*, ist zwar nicht beseitigt, so „daß die Einheit des Produktionsprozesses durch die Märkte, durch den Waren-, den Arbeits- und den Kapitalmarkt hergestellt wird, und daß die Regulierung von Produktion und Verteilung durch den Preiszusammenhang dieser Märkte geschieht. Nur treten sich auf diesen Märkten die Marktparteien in sich organisiert gegenüber."[130] Die Konkurrenz sei nicht mehr „atomisiert". Die Bindungen, so *Colm*, werden eingegangen, um die eigenen Interessen effektiver vertreten und eine stärkere Position im ökonomischen Kampf einnehmen zu können. Unternehmen bilden Konzerne, um dem Konkurrenzdruck standzuhalten, Kartelle werden gebildet, um gegenüber den Nachfragern Vorteile zu erzielen, und Gewerkschaften sind entstanden, um ihren Mitgliedern höhere Löhne

---

[126] Ebd., S. 41. Dies stellt eben den Glauben an eine stets zu effizienten und gerechten Ergebnissen führende spontane Ordnung, an den (effizienten und gerechten) Markt als Naturprodukt dar. Zum Begriff: Ebd., S. 36ff.

[127] *Schumpeter* 1929, S. 315.

[128] *Berles* und *Means* Werk „The modern corporation and private property" erschien 1932. Vgl *Berles/ -Means* 1932. Als gängiges Beispiel eines mikroökonomischen Lehrbuches, das die „Trennung von Eigentum und Management" behandelt, vgl. *Schumann* 1992, S. 408ff.

[129] Vgl. von vielen: *Landauer* 1931b, S. 39ff., *Sombart* 1927a, S. 14, *Fried* 1931, S. 142ff. und S. 150ff., *Mitscherlich* 1930, S. 6f. und *Bonn* 1926, S. 33f., die den Übergang jeweils unterschiedlich bewerten.

[130] *Colm* 1931, S. 108.

durchzusetzen.[131] Wie die meisten seiner Kollegen begreift *Colm* die Großorganisationen, denen häufig andere Großorganisationen am Markt gegenüberstehen, als dominierende Faktoren des gebundenen Kapitalismus.

Allerdings weist er die damals populäre Vermutung zurück, eine Art „Generalkartell“, das die gesamte Volkswirtschaft umfassen werde, sei bereits im Entstehen. Einige sozialistisch oder historistisch geprägte Nationalökonomen diagnostizieren aufgrund

- der hierarchischen Aufbauorganisation der Großgebilde,
- der Tatsache, daß diese die agierenden Wirtschaftsubjekte auf den meisten Märkten stark reduzieren,
- der Tatsache, daß viele Transaktionen, die vormals über den Markt liefen, in die Großorganisationen integriert sind, sowie
- der Tatsache, daß sich ein umfangreiches Kartellwesen ausgebildet hat,

eine „Planwirtschaft ohne Plan“, welche die Wirtschaft zwar nicht auf ein vorgegebenes Ziel verpflichtet, aber dieser bereits eine Art hierarchische Gestalt verleiht.[132] *Colm* kann eine solche eindeutige Tendenz nicht erkennen, da sich seiner Meinung nach die bestehende Wirtschaftsordnung aus einem „Konglomerat“ verschiedener vor-, nach- und kapitalistischer Elemente zusammensetzt.[133] Im kapitalistischen Bereich, so *Colm*, existieren gleichzeitig „freie Konkurrenz-“ und „Monopolwirtschaft“. Die Weltwirtschaftskrise resultiere gerade daraus, daß die einzelnen Elemente nicht aufeinander abgestimmt sind.[134] Der Rechtswissenschaftler *Ernst R. Huber* stimmt ihm zu. Er konstatiert zwar eine zunehmende „Zusammenballung privater Unternehmen“, wendet aber zugleich gegen die häufig übertrieben gezeichneten Konzentrationstendenzen ein, daß das Schwergewicht der deutschen Wirtschaft nach wie vor bei der mittleren Industrie liegt.[135] Sie sei weiterhin eine Sphäre der freien Wirtschaft, in der die private Initiative vorherrsche. *Eucken* sieht die Entwicklung ähnlich. Während auf dem Arbeitsmarkt, in der eisenschaffenden Industrie, dem Kalibergbau, der Zement- und chemischen Industrie die Neigung dominiere, Bindungen einzugehen, bestehe in der Maschinen-, feinmechanischen, der Textil- und Nahrungsmittelindustrie noch Konkurrenz.[136] Die Wirtschaftsordnung der Weimarer Republik, so *Euckens* Fazit, folgt gerade keinem Ordnungsprinzip richtig, so daß es sich um eine „anarchistische Wirtschaftsordnung“ handelt. Durch die Monopole wird

---

[131] Ebd., S. 107. Die damalige Diskussion, ob Gewerkschaften grundsätzlich „Kartellcharakter“ besitzen (dies nehmen z. B. *Ad. Weber*, *Cassel*, *Briefs* an) oder nicht (dies nimmt z. B. *Lederer*) an, wird in dieser Arbeit nicht näher dargestellt. Vgl. dazu *Wagenführ* 1933, S. 502ff.

[132] Vgl. Abschnitt C.II.1.

[133] *Colm* 1931, S. 108 und 132ff.

[134] Ebd., S. 133.

[135] *Huber* 1931, S. 15ff.

[136] *Eucken* 1932a, S. 6.

seiner Überzeugung nach ein anarchistisches Element in das Wirtschaftsleben hineingebracht.

Halten wir kurz fest: Die Mehrheit der Nationalökonomen und Publizisten diagnostizierte zur Zeit der Weimarer Republik einen Übergang vom freien zum gebundenen Kapitalismus. Er war nach ihrer Ansicht durch ein „Gemisch" von Klein- und Großorganisationen, von Konkurrenz- und Monopolwirtschaft gekennzeichnet. Für viele Nationalökonomen dominierten die jeweils letzten Komponenten die zweite Phase des Kapitalismus. In der Literatur wurde daher überwiegend auf diese Phänomene der Groß- und Monopolorganisationen ein Auge geworfen. Wie die Zeitgenossen den Übergang auch interpretierten, sie waren sich einig in der Ansicht, daß die Wirtschaftsordnung der Weimarer Republik als Ganzes ungeordnet und konfus war. Der Wandel zur „gebundenen Wirtschaft" hatte sich natürlich nicht in einer staatsfreien Sphäre abgespielt. Vielmehr wurde dieser Prozeß durch ein verändertes Verhältnis des Staates zur Wirtschaft begleitet. Das veränderte Verhältnis von Staat und Wirtschaft war das zweite große Thema, mit dem sich die Nationalökonomen beschäftigten, wenn sie den Übergang vom freien zum gebunden Kapitalismus untersuchten.

2. Die Wendung zum „Interventionsstaat"

Während der Weimarer Republik erkannten viele Zeitgenossen, daß der Krieg „das Verhältnis zwischen Staat und Wirtschaft (...) von Grund auf revolutioniert" hatte, daß es sich nicht mehr so darstellte wie im 19. Jahrhundert.[137] Im Rahmen der Kriegswirtschaft trat der Staat zum ersten Mal seit der merkantilistischen Epoche als Nachfrager großen Stils auf und regulierte direkt oder indirekt die für die Rüstung produzierende Industrien, indem er die „Kontrolle über Produktion und Absatz, Preise und Löhne, Rohstoffe und Arbeitskräfte" ausübte.[138] Der Wandel wurde aber außenwirtschaftlich bereits 1879 mit den Schutzzolltarifen und 1881 binnenwirtschaftlich durch die Sozialgesetzgebung eingeläutet.[139] 1928 kontrollierte der Staat nach zeitgenössischen Angaben 53 % des Volkseinkommens.[140] Eine andere Quelle spricht von 28,2 % des Volkseinkommens, das 1927/28 für Steuern oder steuerähnliche Abgaben verwendet wurde.[141] Die Frage, die damals diskutiert wurde, ob man den einsetzenden Prozeß als „Durchstaatlichung der Wirtschaft" oder als „Verwirtschaftlichung des Staates" bezeichnen sollte, ist müßig. Mit beidem sollte letztendlich Gleiches ausgedrückt werden. Der Gegensatz „Staat-Wirtschaft" begann sich in zuneh-

---

137 *Stolper* 1929/1930, S. 8. Einen kurzen Überblick über den Wandel gibt *Berkenkopf* 1933, S. 132ff.

138 *Jaeger* 1988, S. 135. Vgl auch hierzu *Zunkel* 1974, S. 17ff.

139 So *Teschemacher* 1933, S. 19ff.

140 Vierteljahreshefte für Konjunkturforschung 1930, S. 72. Vgl. auch *Blaich* 1977, S. 50ff.

141 *Mann* 1930, S. 8.

menden Maße durch ökonomische Interventionen und die Einflußnahme gesellschaftlicher Gruppen auf den Staat aufzulösen. Der Erste Weltkrieg und die Kriegswirtschaft zerstörten das reale und mentale Fundament des dualistischen Verhältnisses zwischen Staat und Wirtschaft, wie es noch weitgehend im 19. Jahrhundert geherrscht hatte. In der Epoche der Weimarer Republik ging dieser Prozeß trotz scheinbarer Rückkehr zu „liberalen Formen" der Staats- und Wirtschaftsordnungen weiter.

In zahlreichen Arbeiten reflektierten Wissenschaftler über diesen Wandel. Das veränderte Verhältnis von „Staat und Wirtschaft" war eines der meistdiskutierten wirtschaftspolitischen Themen der Weimarer Republik.[142] Besonders in der Weltwirtschaftskrise erlebten die Versuche ihren Höhepunkt, das spezifisch „Wirtschaftliche" und „Politische" gegeneinander abzugrenzen[143] und deren historisch wechselnden Beziehungen und die daraus resultierenden „Strukturwandlungen des Kapitalismus" zu bestimmen.[144] *Richard Behrendt* setzte sich mit der „Wirtschaft und Politik in der ‚kapitalistischen' Wirklichkeit" auseinander, *Joseph Dobretsberger* glaubte, die „Minima und Maxima der privaten und öffentlichen Wirtschaft" aus dem Konjunkturverlauf erklären zu können, *Herbert von Beckerath* versuchte, „Politik und Weltkrise" miteinander zu verbinden, und *Wilhelm Röpke* ging den Folgen des „Staatsinterventionismus" in der Privatwirtschaft nach.[145] Die einflußreichsten Ansätze, sich mit der veränderten Konstellation zwischen Politik und Wirtschaft auseinanderzusetzen, stammten von *Fritz K. Mann* und *Carl Schmitt.*

(1) Der Finanzwissenschaftler *Mann* hat den Wandel mit den Modellen des „Anteilsystems" und des „Kontrollsystems" verdeutlicht, die das Verhältnis der Staats- bzw. Finanzwirtschaft zur privaten Marktwirtschaft innerhalb der Volkswirtschaft darstellen sollen. In beiden Modellen unterschiedet er zwischen „Finanzwirtschaft (=Staatswirtschaft)" und „Einzelwirtschaft"; [146] in beiden Modellen sind ihm Finanzwirtschaft und Marktwirtschaft integrale Bestandteile der Volkswirtschaft. Den Unterschied zwischen beiden Systemen hat später *Sultan* graphisch *grob* wie folgt dargestellt:[147]

[142] Vgl. *Eckert* 1932, S. 357ff.
[143] Vgl. *Schmitt* 1932.
[144] Vgl. *Müller-Armack* 1932, S. 97ff.
[145] Vgl. *Behrendt* 1933, S. 13ff., *Dobretsberger* 1932a, S. 153ff., *Beckerath, H.* 1932, S. 1ff. *H., Röpke* 1929, S. 861ff.
[146] *Mann* 1930, S 1.
[147] *Sultan* 1952 S. 76 ff.

Abbildung 3

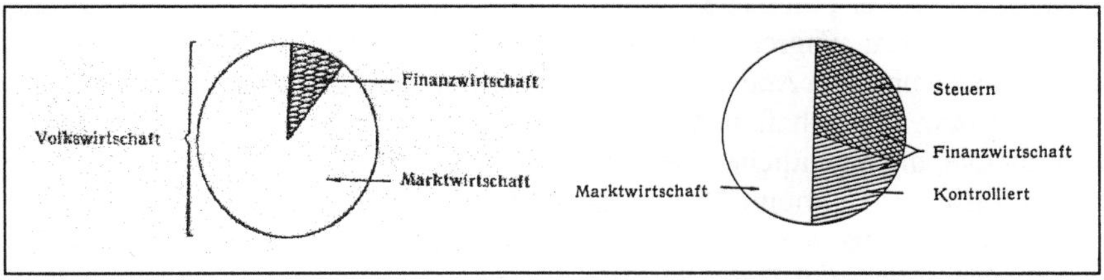

Im Anteilsystem, das dem freien Kapitalismus entspricht, hatte die Finanzwirtschaft mit den Steuern nur einen kleinen Anteil an der volkswirtschaftlichen Sphäre; der Staat trat als Arbeitgeber und Verbraucher in den Hintergrund; das Schwergewicht lag in der „freien Wirtschaft". Ausschließlich die egoistischen Antriebe der Privatwirtschaft bestimmten das Wirtschaftsleben und dessen Dynamik. Die staatliche Anteilquote sollte in diesem System möglichst gering sein, um – nach damaliger Ansicht – ein optimales volkswirtschaftliches Ergebnis realisieren zu können.[148] Das käme in dieser Logik aber auch dem Staat zugute. Diese Ansicht, so *Mann*, bedeutet nämlich, auf die Steuereinnahmen bezogen, folgendes: Desto geringer die Steuersätze sind, umso höher ist das Sozialprodukt, und desto höher das Sozialprodukt ist, umso höher sind die Steuereinnahmen des Staates. Konsequent zuende gedacht, so *Mann*, impliziert das Bild des Anteilsystems, daß der Staat sich selbst aufheben müßte.

Ergänzt wird *Manns* Ansatz durch die einflußreichen Überlegungen des damals prominenten und später umstrittenen Staatsrechtlers *Carl Schmitt*, die er vor allem in seinem Werk „Hüter der Verfassung" dargelegt hat. Er geht dabei von der Frage aus, in wieweit sich die Einflußsphäre des Politischen im Laufe des Überganges vom „freien" zum „gebundenen Kapitalismus" verändert hat. Das Fundament des „liberalen Staats" im 19. Jahrhunderts war *Schmitt* zufolge „die Unterscheidung von Staat und Gesellschaft".[149] Die Gesellschaft umfasste nach damaliger Auffassung alle Lebens- und Sachbereiche, die als von nichtstaatlicher, nicht-politischer Natur galten. Die politische Organisation der Gesellschaft war das Parlament. „Der bestimmende Bezugspunkt blieb jedoch der Staat", wie *Schmitt* schreibt, „weil dieser in konkreter Deutlichkeit und Unterscheidbarkeit vor Augen stand (...)."[150] Der Staat hatte sich diesen „staatsfreien Bereichen" entgegengestellt und sich ihnen gegenüber neutral verhalten und deren Autonomie akzeptiert, was *Schmitt* als staatlichen Verzicht versteht, sich in die Belange der Gesellschaft einzumischen. „Auf diese Weise war ein (...) ein Dualismus möglich".[151]

---

[148] *Mann* 1930, 11.
[149] *Schmitt* 1931, S. 73.
[150] Ebd.
[151] Ebd.

Den Ökonomen und Publizisten der Weimarer Republik zufolge wurde im 19. Jahrhundert der politischen Sphäre ein beschränkter Raum zum Wirken und dem Staat ein klar umgrenztes Aufgabenfeld zugewiesen. Im „Zeitalter des Liberalismus“ wurde ein *Nachtwächterstaat* für notwendig erachtet, damit die Gesellschaft bzw. Wirtschaft sich nach ihren eigenen Gesetzen entwickeln konnte. Man glaubte, die eigentlichen gesellschaftlichen Probleme könnten aufgrund der „prästabilisierten Harmonie“ unpolitisch gelöst werden. Denn die „Marktgesetze“ als Naturgesetze machten aus damaliger Sicht die Politik unnötig.[152] „Wirtschaftsverfassung“ und Staatseingriffe waren nach damaliger Sicht entbehrlich, da unter diesen Bedingungen das „freie Spiel der Kräfte“ eigenständig zum Gleichgewicht führt.[153] Staatliches Eingreifen hätte nur das fehlerfreie Gleichgewicht stören müssen. Die eingeschränkte Aufgabe des Staates war es gewesen, das Einzelwohl zu sichern. Er hatte klar umgrenzte Aufgaben zugunsten der Gesamtheit wahrzunehmen. In einer solchen dualistischen Gesellschaftsordnung wird *Schumpeter* zufolge der Großteil der ökonomischen Aktivitäten des Staates als Einmischung in die private Wirtschaft, als produktionshemmend empfunden. Denn „[d]as Individualinteresse (...) ist die treibende Kraft. In dieser Welt lebt wirtschaftlich der Staat als Parasit.“[154] Ihm nach ist eine privatwirtschaftliche Ordnung überhaupt nur mit dem Steuerstaat als „Pleonasmus“ des Staates denkbar. In seiner Schrift zum Steuerstaat arbeitet er bereits 1918 heraus, daß beide Sphären die logischen „Gestaltungsgegensätze“ seien.[155] Im Anteilssystem wurden nach herrschender Meinung der „Weimarer“ Nationalökonomen diese „Gestaltungsgegensätze“ derart groß, daß – wie es *Heimann* ausdrückt – die Steuerzahlung zu einer der letzten Pflichten für die Gemeinschaft wurde.[156]

(2) Daß in der Realität diese Pflichten nicht immer weiter abgebaut wurden, liegt nach Meinung *Manns* an den erhöhten Ausgaben infolge des Krieges und dessen sozialen Konsequenzen sowie an einer entsprechenden Erhöhung der Steuern, um das Budgetgleichgewicht herzustellen. Das Ausmaß der Steuern wuchs sowohl quantitativ als auch qualitativ, die Kontrollmöglichkeiten des Staates stiegen „durch staatliche Ausgabengestaltung“,[157] durch gemeinwirtschaftliche Betriebe, aber auch durch zunehmende administrative Einflüsse. Der marktwirtschaftliche Anteil der Volkswirtschaft ging relativ zurück, dessen konkurrenzwirtschaftlicher Charakter wandelte sich in einen mit gebundenen Elementen durchsetzten, wodurch sich die Kontrollmöglichkeiten des Staates weiterhin erhöhten. Das Anteilsystem wurde verlassen, das Kontrollsystem entstand.[158] Erst im Kontrollsystem, so *Mann*, in dem der Staat Kontrolle über die

---

[152] *Müller-Armack* 1932, S. 194f. Ein weiterer unter vielen: *Heimann* 1926, S. 36.
[153] Z.B. *Beckerath, E.* 1933, S. 348 und 1934, S. 1.
[154] Ebd.
[155] *Schumpeter* 1919, S. 346
[156] *Heimann* 1926, S. 39ff.
[157] *Sultan* 1952, S. 78.
[158] Ebd.

Volkswirtschaft ausübt, ist es diesem auch möglich, Konjunkturpolitik zu betreiben.[159] Aber auch erst im Kontrollsystem ergibt sich seiner Ansicht nach das Problem des Dominoeffektes staatlicher Interventionen, daß ein staatlicher Eingriff einen anderen nach sich zieht. Im Kontrollsystem, so sein Fazit, drängt der Staat „nach mehr", weitet sich immer weiter aus.

Carl Schmitt ist der Meinung, daß ein Übergang vom „liberalen" zum „totalen Staat" stattgefunden hat.[160] Nach der Novemberrevolution und dem Sturz der Monarchie besteht für *Schmitt* kein Zweifel mehr, daß Staat und Gesellschaft zunehmend weniger zu unterscheiden sind. Neutralität und Nichtintervention gehen gegenüber den „gesellschaftlichen" Lebensbereichen verloren. Denn, so *Schmitt*, „[i]n einer solchen Lage wird die Forderung der Nicht-Intervention zu einer Utopie, ja, zu einem Selbstwiderspruch. Denn Nicht-Intervention würde bedeuten, daß man in den sozialen und wirtschaftlichen Gegensätzen und Konflikten, die heute keineswegs mit reinen wirtschaftlichen Mitteln ausgekämpft werden, den verschiedenen Machtgruppen freie Bahn läßt. Nicht-Intervention ist in einer solchen Lage nichts anderes als Intervention zugunsten des jeweils Überlegenen und Rücksichtslosen."[161] Es sei der „totale Staat" entstanden, so seine wirkungsvolle Formel.[162] Er beschreibt damit das Phänomen, daß solche Angelegenheiten, die im „liberalen Zeitalter" eindeutig zur gesellschaftlichen (unpolitischen) Sphäre gehörten, nun in den staatlichen Kompetenzbereich gefallen sind. Der Staat sei Abgaben-, Reparations- und Wohlfahrtsstaat, er betreibe Handels-, Zoll-, Sozial-, Steuerpolitik, er kontrolliere die Monopole, und er erlasse Arbeits- und Tarifgesetze. Dem Staat käme – damals von großer Brisanz – ferner als Schlichter zwischen den Tarifparteien eine besondere Bedeutung zu.

Fazit: „So kann es als geschlossener Ablauf eines dialektischen Prozesses erscheinen, wenn merkantilistischer Staatskapitalismus in (...) liberalen Privatkapitalismus abgewandelt wird, und diese (in der Kriegs- und Nachkriegsperiode) in wiederholtem Ausschlag der Entwicklung einerseits zum staatlichen Kriegssozialismus vorwärtsgetrieben, andererseits zu einem gerade zu reaktionären Manchestertum zurückgebildet wird, und wenn dann jene Karikatur einer Synthese in der ‚totalen' Verwischung aller staatlichen und wirtschaftlichen Grenzen unter dem deutschen Nachkriegsparlamentarismus (...) wird."[163] Sowohl der Begriff des Kontrollsystems als auch der des totalen Staates darf nicht zur Annahme führen, die beiden Hochschullehrer wollten damit eine Situation beschreiben, in welcher der Staat die politische Souveränität besitzt und über die für die Gesellschaft relevanten Angelegenheiten – unabhängig von den gesellschaftlichen Gruppen – entscheidet. Besonders *Schmitts* Versuch, den aus dem

[159] *Mann* 1930, S. 12.
[160] Vgl. dazu *Bentin* 1972, S. 88ff. und 95.
[161] *Schmitt* 1931, S. 81.
[162] Ebd., S. 79. Später wird er den Begriff selbst kritisieren
[163] *Teschemacher* 1933, S. 3.

faschistischen Italien kommenden Begriff des *stato totalitario* positiv-diagnostisch zu verwenden, hat damals in der Staatswissenschaft zu Mißverständnissen geführt. Es handelt sich in seiner Diagnose, wie weiter unten zu zeigen sein wird, um einen schwachen Staat. *Schmitt* möchte lediglich damit ausdrücken, daß es keinen Lebensbereich mehr gibt, der nicht politisiert ist.

3. Der Zusammenhang zwischen Wirtschaftsunordnung und „Interventionsstaat“

Die zeitgenössischen Beobachter sahen zwischen der wildgewachsenen, mit „Monopolen“ und Großorganisationen durchsetzten Wirtschaft und dem Weimarer „Interventionsstaat“, der in zunehmenden Maße das Wirtschaftsleben beeinflußte, einen Zusammenhang. Beide Phänomenen galten durch Wechselwirkungen als eng miteinander verbunden. In diesem Abschnitt geht es nicht um das Phänomen als solches, nicht um das grundsätzlich veränderte Verhältnis zwischen Staat und Wirtschaft. Dies war bereits Thema des letzten Abschnitts. Es soll vielmehr untersucht werden, welche Gründe die Nationalökonomen für die massive Zunahme des staatlichen Eingreifens zu erkennen glaubten und welche Konsequenzen sie aus diesen Erkenntnissen für ihre ordnungspolitischen Konzeptionen zogen.

Der heutzutage beliebte Rückgriff auf *Mises'* Ansatz einer Interventionsspirale wird damals innerhalb der Nationalökonomie als ungenügend empfunden,[164] um die tatsächliche Ausdehnung der Staatstätigkeit in der Weimarer Republik zu erklären. *Mises'* „technische“ Erklärung, eine Intervention müsse zwangsläufig eine andere nach sich ziehen, da Interventionen zu nicht antizipierten Wirkungen führen, wird zur Zeit der Weimarer Republik zumeist als „Tendenz“ weniger als „Zwangsläufigkeit“ gesehen. Sehr viel verbreiteter ist die Begründung, daß die politische Voraussetzung für eine „Generallinie“ der Wirtschaftspolitik fehlen. Sehr viele Nationalökonomen und Publizisten können sich nicht vorstellen, daß im Rahmen des „pluralistischen Parlamentarismus“ eine wirtschaftpolitische Konzeption politisch festgelegt werden kann, welche einen längerfristigen „Orientierungsrahmen“ darstellt, durch den Widerspruchsfreiheit, Stetigkeit und Einheitlichkeit der wirtschaftspolitischen Instrumente hinsichtlich der analysierten Zielbeziehungen erreicht wird.[165] Der „pluralistische Parlamen-

---

[164] Zur Kritik an *Mises'* Ansicht, der „Interventionismus" sei die einzige „Ursache der Wirtschaftskrise", vgl. *Conrad* 1932.

[165] „'Wirtschaftspolitische Gesamtkonzeption' bedeutet dann ein für die Gesamtheit aller wirtschaftpolitischen Handlungen und Maßnahmen geltendes ordnungspolitisches Leitbild, bzw. einen geschlossenen und in sich widerspruchsfreien Zusammenhang von wirtschaftspolitischen Zielen, Grundsätzen und Maßnahmen. (...) Zum Wesen der wirtschaftspolitischen Konzeption gehört es weiter, daß sie als Leitbild nicht auf die von 'Tag zu Tag' sich ändernde Lage und nicht auf die Spezialprobleme und Ausnahmefälle abgestellt ist, sondern nur auf die

tarismus“ gilt damals als die eigentliche Quelle des „ausufernden Interventionsstaates“.

Wie bereits beschrieben, gab es nach Meinung der Ökonomen und Publizisten eine scharfe Trennung zwischen Staat und Wirtschaft im zweiten Teil des 19. Jahrhunderts.[166] Der Staat intervenierte ihnen zufolge damals nicht in die Wirtschaft, die durch polypolistische Marktstrukturen und „ungebundene Unternehmerinitiative“ charakterisiert war. Am Ende des 19. Jahrhunderts wandelte sich diese Wirtschaftsordnung aufgrund der Wirkung neuer ökonomischer und technischer Faktoren. „Kapitalzusammenballungen“ und monopolistische Unternehmen waren die Folge. Als besonders bedeutsam wird es angesehen, daß gerade Unternehmen der Urproduktion anfällig für monopolistische Bestrebungen waren, „deren Einwirkung auf die Preise sich überall in der Stufenfolge der Produktion fühlbar“ macht“[167], und daß auf dem Arbeitsmarkt der Wettbewerb den Organisationen der Gewerkschaften und Arbeitgeberverbände gewichen ist. Die freie Wirtschaft wurde von einem System abgelöst, in dem sich Groß- und Kleinorganisationen, polypolistische und „monopolistische“ Märkte mischten – eine Entwicklung, mit der viele Zeitgenossen während der Weimarer Republik weitreichende Folgen verbinden.

Die Entwicklung zu Großbetrieben bedeutete den Ökonomen und Publizisten zufolge, einerseits daß die Zahl der abhängig Beschäftigten, der Arbeiter und Angestellte, wachsen mußte. Diese Bevölkerungsschicht drängte auf zunehmenden politischen Einfluß.[168] Die Tendenz zu Wirtschafts(un)ordnung, die keinem ordnungspolitischen Prinzip folgt, führte andererseits zu privaten, staatlich nur schwer kontrollierbaren Machtstrukturen aufgrund der Größenunterschiede der einzelnen Wirtschaftssubjekte und der verschieden verteilten Marktmacht der Unternehmen. Als politischer Ausdruck dieser Entwicklung wird die parlamentarische Demokratie gesehen. Dieses System bietet den verschiedenen gesellschaftlichen Gruppen die Möglichkeit – direkt oder indirekt über ihre Verbände oder Parteien –, den Staat zu veranlassen, zu ihrem jeweiligen Vorteil in den Wirtschaftsprozeß einzugreifen und sie damit zu stützen. Besonders die Organisationen, die durch Akkumulation von Kapital oder durch Organisation der abhängig Beschäftigten große Marktmacht besitzen, können sich nach Meinung der Beobachter auf diese Weise den Einfluß des Staates zu ihren Gunsten sichern. Ihre Position wird durch den Staat gestärkt, während die-

allgemein und langfristig bedeutsamen Grundsätze, Ziel und Maßnahmen der Wirtschaftspolitik.“ (*Pütz* 1957, S. 42f.) Ein *Programm* wird dafür genutzt, um konkrete ökonomische Probleme zu lösen. Eine wirtschaftspolitische Konzeption ist das weitergehende Konzept. Sie soll als Leitbild dienen, wie auch bei zukünftigen Problemen zu verfahren ist. Letzteres hat *Gottl* im Sinn, wenn er von „Planwirtschaft als Programm“ spricht. Zum Verhältnis des Programms zur Konzeption vgl. *Streit* 1991, S. 254.

166 Hier sei nur *Beckerath* 1934, S. 1f. genannt.

167 Ebd., S. 2.

168 *Salin* 1932, S. 161 und *Beckerath* 1934, S. 3.

ser „abhängig von dem Willen der wirtschaftlichen Gruppen“ ist, „denen er mehr oder weniger als Werkzeug dient.“[169] Der parlamentarische Staat ist nach einer recht weit verbreiteten Ansicht damals „zum Tummelplatz wirtschaftlicher und sozialer Konflikte und verkleideter Interessentenwünsche in staatliche Machtansprüche“ geworden.[170] Die Sphären der gesellschaftlichen Kräfte und des Staates existieren danach zwar wie im 19. Jahrhundert, im Gegensatz zum damaligen liberalen System sind sie nur miteinander verwoben. Und im Gegensatz zum Merkantilismus, in dem eine ähnliche Konstellation geherrscht hat, liegt das Schwergewicht weiterhin bei den gesellschaftlichen Gruppen, die durch ihre Institutionen den Staat „organisieren“. Mit anderen Worten: Obwohl die staatliche mit der gesellschaftlichen Sphäre verflochten ist, enthält der Weimarer Staat damit nach wie vor“die Spannungen zweier Systeme immer noch in sich“ und verschärft diese sogar noch.[171] *Müller-Armack* schlägt vor, die damalige „Relation des Politischen zum Ökonomischen“ als „interventionistischen Parteienstaat“ zu bezeichnen.[172]

Eucken verweist auf die politischen Folgen dieser „gemischten Wirtschaft“. Der Grund, warum die Konkurrenzwirtschaft in der Öffentlichkeit nicht allzu sehr wahrgenommen werde, sei, daß die zumeist kleineren, im Wettbewerb stehenden Unternehmen ihren Betreibern nur „wenig Zeit und Kraft“ ließen, politischen Lobbyismus zu betreiben.[173] Ganz andere Mittel besäßen dagegen die monopolisierte Großindustrie, die sich nicht mehr im Wettbewerb zu behaupten brauche. Sie sei in der Lage, ihre Ressourcen für ein umfassendes Verbändewesen zu verwenden; sie könnte ihre Interessen effektiver gegenüber dem Staat vertreten. Die ökonomische Macht wird auf diese Weise zur politischen Macht, die dazu eingesetzt wird, den Staat zu beeinflussen, damit er zu ihren Gunsten in das Wirtschaftsleben interveniert.[174] Die Arbeitsmarktorganisationen der Arbeiter und Angestellten veranlassen „in ihrem Kampf um bessere Löhne und Arbeitsbedingungen“ und „um ihre Position im Rahmen der kapitalistischen Wirt-

---

169 *Eucken* 1932a, S. 13. Aus sozialistischer Sicht dazu *Mendelsohn* 1932, S. 8.

170 *Beckerath* 1934, S. 3. Nach *James* hörte die enge Verzahnung von industriellen Interessenverbänden und staatlicher Politik in den Jahren 1929/1930 auf. Er begründet dies damit, daß sich in den Zeiten der Depression auch die Verteilungskämpfe zwischen den einzelnen Industrieverbänden intensivierten, so daß die „politische Vertretung von Gruppeninteressen erheblich schwerer” wurde. *James* 1988, S. 190.

171 *Müller-Armack* 1932, S. 196. Auch für den Rechtswissenschaftler *Huber* besteht der Dualismus „Staat-Gesellschaft” weiter. *Huber* 1931, S. 26f.

172 *Müller-Armack* 1932, S. 197.

173 *Eucken* 1932a, S. 7.

174 Ebd., S. 10f. *H. v. Beckerath* lehnt gerade aus diesem Grund die prinzipielle Ablehnung der Kartelle ab. Für ihn stellen die Kartelle damals zu einem nicht unwesentlichen Teil eine Reaktion der mittleren Unternehmen auf die großen Konzerne und Einzelunternehmen dar. *Beckerath, H.* 1927, S. 1120. *James* zeigt dagegen, daß die damalige relative Stabilität der Kartelle gerade auf der Dominanz z. B. eines Großunternehmens in dem Kartelle beruhte. Siehe oben.

schaft zu stärken“ ebenfalls den Staat zum Eingriff. Nicht mehr die Wirtschaftlichkeit, so *Eucken*, sondern der politische Einfluß entscheidet über den ökonomischen Erfolg. Und darin seien „die Großindustrie und die Großlandwirtschaft“ sowie die Gewerkschaften am erfolgreichsten. Mit dem Sieg des Parlamentarismus treffen auf diese Weise die verschiedensten Interessen und Weltanschauungen aufeinander: sozialistische Interessen gegen „plutokratische Interessen“, mittelständische Interessen gegen Interessen der Großindustrie, Freihändler gegen Protektionisten usf. Der Graben zwischen den einzelnen parlamentarischen Gruppe wird umso tiefer, desto enger wirtschaftliche Interessen mit kohärenten Weltanschauungen verbunden sind.

Der zunehmende (planlos betriebene) Interventionismus des Staates gilt als Folgeerscheinung dieses pluralistischen Parlamentarismus. *Carl Schmitt* versteht unter *Pluralismus* „soziale Machtkomplexe, die sich als solche der staatlichen Willensbildung bemächtigen, ohne aufzuhören, nur soziale (nicht-staatliche) Gebilde zu sein“.[175] Die Parteien seien zu „festorganisierten Größen mit festem Verwaltungsapparat und festgebundener Klientel“ geworden. Deren vielfältige Gegensätze transformieren sich nicht mehr im Parlament durch einen auf Verhandlungen beruhenden „Umschaltprozeß“ in einen einheitlichen politischen Willen.[176] Mehrheiten können nur durch Kompromisse zwischen widerstreitenden Interessen und Weltanschauungen, die in einer solchen Konstellation bestehen bleiben, gebildet werden. Die Folge sei ein „labiler Koalitions-Parteien-Staat“. Den Zeitgenossen manifestierte sich der Pluralismus in manchmal bürgerkriegsähnlichen Zuständen und in acht Reichstagswahlen zwischen 1920 und 1933,[177] was eine „Atmosphäre der Weltenwende“ innerhalb der Gesellschaft schuf.[178] Der „labile Koalitions-Parteien-Staat“ hat den meisten Ökonomen und Publizisten zufolge Konsequenzen für die Interventionen. Die im Parlament gebildeten, auf Mehrheitsverhältnissen basierenden Regierungen werden als nicht in der Lage angesehen, effiziente wirtschaftspolitische Eingriffe vorzunehmen.[179] Die im Parlamentarismus unabwendbare Koalitionsbildung führt nach Auffassung viele Zeitgenossen zu Kompromissen, so daß keine klare Entscheidung getroffen und keine klare politische Linie verfolgt werden kann. Die Folge

---

175 *Schmitt* 1931, S. 71.

176 Ebd., S. 87ff.

177 *Kolb* 1988, S. 258f.

178 *Röpke* 1929, S. 863.

179 Vgl. unter vielen *Rüstow* 1929, S. 90 und ders. 1932, S. 255. D.h. jedoch nicht, daß alle Vertreter eines *Dritten Weges* den Parlamentarismus als Hauptursache des ineffizienten Interventionismus ansahen. *Landauer* schließt sich z.B. eher *Mises* an. Für ihn bringen staatliche Interventionen in eine private Wirtschaftsordnung generell eher magere, meist die Produktivität gefährdende Ergebnisse. Sollen die - seiner Meinung nach – objektiv vorhandenen Probleme des Kapitalismus gemeistert werden, so bleibe keine andere Möglichkeit, als zum Sozialismus überzugehen. Dennoch traut auch *Landauer* dem Parlament nur wenig ökonomischen Sachverstand zu. Vgl. *Landauer* 1931a, S. 92ff.

ist in einem solchen System aber nicht politische Zurückhaltung, was die Frage der staatlichen Interventionen betrifft. Die Forderung einer der an der Koalition beteiligten Gruppen nach einer bestimmten Intervention zieht im Gegenteil, Forderungen der anderen Gruppen nach Kompensationsinterventionen nach sich, wodurch die ursprüngliche Intervention zunehmend unwirksam gemacht wird. Die Zeitgenossen können in der damaligen Wirtschaftspolitik keinen Plan erkennen, der einen innerer Zusammenhang der vielfältigen staatlichen Interventionen gewährleistet hätte. Im Gegenteil: Beklagt wird die „Systemlosigkeit“ [180] und „Planlosigkeit“,[181] die „ziellose und haltlose Führung“,[182] der fehlende „Leitgedanke“,[183] das Nichtvorhandensein genügend konsensfähiger „Grundsätze gesunder Wirtschaftspolitik“,[184] der Verzicht auf eine „klare sachliche Entscheidung“[185] sowie die mangelnde „Einheitlichkeit“,[186] Kontinuität und Permanenz der staatlichen Eingriffe,[187] kurz: der reaktive, situationsbezogene Ad-hoc-Interventionismus. Diese „Planlosigkeit“, so der weitgehende Konsens in der Nationalökonomie, ist eine der wesentlichen Ursachen für den zentralistischen Interventionsstaat mit seinen hohen Ausgaben und Steuerbelastungen.

Fazit: Nicht dem Staat an sich wurde die Fähigkeit aberkannt, effiziente und effektive Eingriffe in die Wirtschaft vorzunehmen, sondern einem Staat, der kein einheitliches wirtschaftspolitisches Leitbild kennt, nach dessen Prinzipien er in die Wirtschaft eingreift. So wie Mitte des 19. Jahrhunderts die „freie Wirtschaft“ mit der konstitutionellen Monarchie in einer dualistischen Staats-Wirtschaftsordnung verbunden war, bestand nach Meinung der zeitgenössischen Nationalökonomen ein Zusammenhang zwischen der „vermachteten“ und unorganisierten Wirtschaft, dem pluralistischen Parteienstaat und den „planlosen“ Interventionen.

Der *gebundene Kapitalismus*, bestehend aus vermachteten Märkten und interventionistischem Parteienstaat, war die Ordnung, die der damaligen Volkswirtschaftslehre als gemeinsame Ausgangsbasis ihrer ordnungspolitischen Arbeit diente. Es wurde zwischen beiden Phänomen ein enger Zusammenhang diagnostiziert. Gingen die Nationalökonomen in ihrer Diagnose der veränderten Rahmenbedingungen somit größtenteils konform, wurde jedoch die Relevanz dieser Wandlungen für die ökonomischen (und politischen) Krisen und Instabilitäten unterschiedlich interpretiert. Es bestanden Differenzen, auf welche Fakto-

---

[180] *Guttmann* 1932, S. 10.
[181] *Rüstow* 1932, S. 255.
[182] *Teschemacher* 1933, S. 32.
[183] *Eucken* 1932a, S. 10.
[184] *Landauer* 1931, S. 155.
[185] *Teschemacher* 1933, S. 32.
[186] *Gottl* 1932, S. 71.
[187] *Schmitt* 1931, S. 91.

ren das „Versagen der Wirtschaftsordnung“ zurückgeführt wurden und mit welchen Maßnahmen darauf reagiert werden sollte.

II. Interpretationen des Wandels

Wie wurde der Wandel hinsichtlich der daraus resultierenden Wirkung interpretiert? Anders gefragt: Welchen Einfluß gestand die zeitgenössische Volkswirtschaftslehre dem Konzentrationsprozeß und der staatlichen Intervention auf die Wirtschaftsordnung und ggf. deren Transformation zu? Und welchen Einfluß hatte dies auf die ökonomischen und politischen Krisen? Es muß geklärt werden, in welchem Zusammenhang – nach damaliger Sicht – Konzentration und Intervention mit der Wirtschaftsordnung stehen und inwieweit dieser Zusammenhang als eine Ursache der damaligen Krisen galt. Bei dieser Frage gingen die Meinungen weit auseinander.

Blickt man in die nationalökonomische Literatur, fällt einem in diesem Kontext das Ineinandergreifen konjunkturtheoretischer und entwicklungstheoretischer Probleme auf. Mit der häufig gestellten Frage nach der Zukunft des Kapitalismus, kulminierend in der Frage nach Ende oder Weiterbestand des Kapitalismus, wird die rein ökonomische Seite dieses Problems verlassen und werden geschichtsphilosophische Pfade betreten. „Die Bewertung der Konzentrationswirtschaft als Spätkapitalismus, Staatskapitalismus usw. will andeuten, daß es sich hier nicht allein um einen Übergang von der relativ freien zur relativ gebundenen Wirtschaft handelt, sondern daß sich darin die Ablösung einer hier ganz großen Epoche der Wirtschaftsgeschichte vollzieht, die nicht nur ökonomische, sondern in erster Linie philosophisch-ethische und soziologische (...) Wandlungen zur Voraussetzungen haben."[188] Der Grazer Professor *Dobretsberger*, der diese Sätze schrieb, lehnte eine solche Ansicht als übertrieben ab. Dennoch war sie während der Weimarer Republik weit verbreitet. Da diese Frage in einer solchen Allgemeinheit wenig als Ausgangspunkt der weiteren Untersuchung bringt, werde ich diese damals hitzig diskutierte Frage in den Hintergrund stellen, um sie an gegebener Stelle wieder aufzugreifen. In der Weimarer Republik diskutierten die Volkswirte über den Fragenkomplex „Kapitalismus" eher aneinander vorbei als miteinander. Versagen des Kapitalismus war nicht gleich Versagen des Kapitalismus. Es hing immer davon ab, was die Nationalökonomen als typisch kapitalistisch verstanden haben, d.h., ob sie sich eher auf den freien oder den gebunden Kapitalismus bezogen und ob ihrer Meinung nach noch andere Merkmale den Kapitalismus prägen würden als die Markt- und Staatsordnung. Es lief letztendlich auf die Frage hinaus, was die Nationalökonomen unter einer Wirtschaftsordnung verstanden haben.

Dobretsberger, der sich intensiv mit den zeitgenössischen ordnungspolitischen Themen beschäftigte, gliederte die Nationalökonomen in vier Gruppen, die die Wirkung des Wandels vom freien zum gebundenen Kapitalismus jeweils anders interpretierten:[189]

---

[188] *Dobretsberger* 1932a, S. 12.
[189] Ebd., S. 6ff.

1. Einige Nationalökonomen sahen im gebundenen Kapitalismus Ansätze einer Wirtschaftsordnung, die angeblich auf einer höheren Entwicklungsstufe als der „Konkurrenzkapitalismus“ liegt,
2. andere bewerteten ihn als eine ineffiziente Wirtschaftsordnung,
3. andere nahmen Positionen zwischen diesen beiden Standpunkten ein und
4. eine vierte maß dem Wandel keinerlei Bedeutung für die Funktionsfähigkeit der Wirtschaftsordnung zu.

Auf diese Positionen einzugehen, ist Aufgabe der nächsten Abschnitte.

1. Der gebundene Kapitalismus als Ansatz einer Wirtschaftsordnung höherer Entwicklungsstufe

In der Weimarer Republik wurde der gebundene Kapitalismus von einer großen Gruppe Intellektueller entsprechend einer „evolutorisch gefärbten Stufentheorie“ als Vorbote einer organisierten Wirtschaft interpretiert, die der freien Verkehrswirtschaft überlegen sei. Bereits 1894 in der Sitzung des *Vereins für Socialpolitik*, die sich mit dem Kartellproblem beschäftigte, trug der Leipziger Professor *Karl Bücher* ein Zukunftsbild vor, das die Organisationstendenzen zu einem „Universalkartell“ aufzeigte.[190] Es folgte *Otto Neuraths* Vision des „Staatskartell[s] und Staatstrust[s] als Organisationsform der Zukunft“.[191] Zum „Signum der Zeit“ (*Nörr*) wurde diese Art der Interpretation jedoch am Ende des Weltkrieges. *Walter Rathenaus* „Neue Wirtschaft“ und *Wichard von Moellendorfs* „Gemeinwirtschaft“ basierten auf der gradlinigen Weiterführung ihrer Erfahrungen, die sie mit dem Verdrängungswettbewerb, den Kapitalgesellschaften und der „Planwirtschaft“ während des Krieges gemacht hatten.[192] Beide begrüßten vor dem Hintergrund der damaligen politischen und ökonomischen Probleme die Organisationstendenzen. Nach 1919 schlossen sich Persönlichkeiten, wie der erste Wirtschaftsminister *Rudolf Wissell*, der Gewerkschaftler *Fritz Naphtali*, der Soziologe *Roderich von Ungern-Sternberg*, die Freiburger Dozenten *Folkert Wilken* und *Paul Schröder* dieser Interpretationen an. Hierhin gehört ebenfalls die einflußreiche Prognose des SPD-Vorstandsmitglieds, *Rudolf Hilferdings*, der „Organisierte Kapitalismus“ werde sich im Laufe der Zeit in ein Wirtschaftssystem höherer Ordnung entwickeln, welches gerechter und krisenresistenter sein würde.[193]

Gemeinsam ist den Vertretern dieser Interpretation, daß sie dem Marktverfahren die Qualität einer Ordnung schaffenden Institution absprechen. Markt ist für sie gleichbedeutend mit einem anarchischen, ungeordneten Wirtschaftssystem, das durch Wettbewerb verschwenderisch mit den Ressourcen umgeht

[190] *Bücher* (1895), S. 138ff.; vgl. auch *Erik S. Reinert* (2000), S. 177-222.
[191] *Neurath* 1910, S. 152ff.
[192] *Nörr* 1988, S. 6.
[193] *Hilferding* 1924, S. 2.

und unsoziale Ergebnisse liefert. Weder zum gleichmäßigen Ausschöpfen des steigerungsfähigen Produktionspotentials noch zur Gemeinschaftsbildung ist es fähig.[194] Sie erkennen zwar einige der vergangenen Erfolge des freien Kapitalismus an. Mit den „innerkapitalistischen Organisationstendenzen", die der Staat noch auf vielfältige Weise fördert, verbessert sich ihnen zufolge das ökonomische System aber weiter. In zunehmendem Maße, so die Protagonisten dieser Interpretation, werden die Marktakteure reduziert und die „freie Konkurrenz" durch Bindungen und Absprachen zwischen den ehemaligen Konkurrenten ersetzt, so daß der Wettbewerb seine Intensität verliert und anstelle einer Konkurrenzwirtschaft eine „kooperierende Wirtschaft", eine organisierte Wirtschaft tritt.[195] Viele der zugunsten der Organisation vorgebrachten Argumente erinnern an den später von *Ronald Coase* in seinem Aufsatz „The Nature of the Firm" niedergeschriebenen Hinweis, daß es sich auch bei „firms" um Koordinationsinstitutionen handelt.[196] Genauso wie *Coase* sehen die Visionäre einer durchorganisierten Wirtschaftsordnung in erster Linie die Möglichkeit, durch Zusammenfassung von Transaktionen die mit diesen verbundenen – modern gesprochen – Transaktionskosten wie z. B die Informationskosten über die Preise zu reduzieren. Im Gegensatz zu *Coase* belassen sie es aber nicht bei einer „transaktionskostenminimierenden institutionellen Struktur einer Volkswirtschaft, bestehend aus Märkten und ‚Inseln der Planung' in der Form dauerhafter Unternehmungen",[197] sondern dehnen die Unternehmung auf die gesamte Volkswirtschaft aus.

Die konzentrierten Unternehmen nehmen ihrer Ansicht nach immer mehr öffentlichen Charakter an, da von ihnen ein Großteil des Wohles der Gesellschaft abhängt. Umso mehr Marktmacht sie besitzen und umso bedeutender ihr Produkt ist, so *Naphtali*, „desto notwendiger wächst ihr wirtschaftliches Handeln aus der Sphäre des Privaten hinaus und wird zur Gemeinschaftssache."[198] Genau das entspricht der politischen Intention der hier behandelten Vertreter. Besonders wenn mit den Großorganisationen, möglichst noch vertikal verschachtelt, monopolistische Macht entsteht, gilt dies als ein Ansatz zur planmäßigen Wirtschaftsweise, mit der Ressourcen nicht mehr sinnlos durch den Wettbewerb vernichtet werden. Die Anhänger dieser Interpretation sind überzeugt, daß durch die Organisation das Wirtschaftsleben transparenter, die rationale Gestaltung der Wirtschaft erst möglich und das Wirtschaftswachstum bei gleichmäßiger Konjunktur erhöht wird.

Die Weltwirtschaftskrise basiert aus ihrer Sicht auf „ererbten Nachwirkungen" des freien Kapitalismus, besonders der freien Verkehrswirtschaft. Über die Frage, welches die Erblasten sind, gibt es unterschiedliche Sichtweisen. Für einige hat sich bereits die Wirtschaftsgesinnung der Wirtschaftsubjekte vom ka-

---

[194] Vgl dazu *Novy* 1978, S. 66ff., S. 87ff. und vor allem S. 102ff.
[195] So der Titel eines zeitgenössischen Werkes. Vgl. *Dessauer* 1929.
[196] *Coase* 1937.
[197] *Schumann* 1992, S. 434.
[198] *Naphtali* 1928, S. 36.

pitalistischen Geist, dem Erwerbs- und Gewinnstreben, befreien können, aber die realen Marktstrukturen gleichen noch zu sehr denen der freien Verkehrswirtschaft.[199] Für andere reicht gerade die Marktform des gebundenen Kapitalismus bereits über die Verkehrswirtschaft hinaus, die Wirtschaftsgesinnung soll aber noch der kapitalistischen Epoche verhaftet geblieben sein.[200] Die Publizisten und Nationalökonomen, denen dieser Abschnitt gilt, sehen sich als politische Avantgarde, die die Ansätze zur gesamtwirtschaftlichen „Planwirtschaft" vervollständigen will. Schon damals weist *Dobretsberger* als Kritiker dieser „eigenartige[n] Ideologie" darauf hin, daß diese Interpretation eher Fiktion als wirklichkeitsgerechte Rekonstruktion sei. Ihre Vertreter ließen sich, so seine Meinung, von ihrem politischen Wollen zu sehr leiten, so daß sie, anstatt die Wirklichkeit nüchtern zu betrachten, „die geringfügigsten Veränderungen des Wirtschaftsbildes in eine Zukunftsperspektive" stellen und auf diese Weise „jedes Handeln des Menschen von heute als Dienst am Neubau der Wirtschaftsordnung" auffassen.[201] Die damit verbundenen Probleme sollen an dem vom Göttinger Professor für wirtschaftliche Staatswissenschaften *Waldemar Mitscherlich* gemalten Bild einer gebundenen Wirtschaft konkretisiert werden.

Mitscherlich versucht, in seinem Aufsatz „Gebundene Wirtschaft oder Spätkapitalismus" den Beweis anzutreten, daß sich die ordnungspolitischen Wandlungen nicht innerhalb derselben Wirtschaftsordnung abspielen, wie es *Werner Sombart* angenommen hat, sondern daß mit ihnen ein grundsätzlich neues System entstanden ist, das nur noch geringe Gemeinsamkeiten mit der freien Wirtschaft besitzt. Seine These begründet *Mitscherlich*, indem er anhand der Merkmale „Aufbau", „Lebensvorgang" sowie „geistige und sittliche Grundlagen" die „freie" mit der entstehenden „gebundenen Wirtschaft" zu vergleichen versucht.

Die freie Wirtschaft ist nach *Mitscherlich* durch Arbeitsteilung geprägt, während für ihn das „gestaltende Moment" der gebundenen Wirtschaft die „Arbeitszusammenlegung" ist.[202] Graphisch legt er die Unterschiede in Abbildung 4 dar.[203]Er glaubt, diagnostizieren zu können, daß der gebundenen Wirtschaftsordnung ein pyramidenartiger „Aufbau" eigen ist,[204] der durch die „Unterbau-Mittelbau-Oberbau-Spitzenstruktur" charakterisiert ist.[205] Sie ist, so seine Ansicht, durch ein komplexes System zahlreicher „selbstgewählter" Verflechtungen und „Zwangsbindungen" entstanden. In dieser Struktur werden zunehmend alle heterogenen Äußerungen des Wirtschaftslebens, von den verschiedenen Unternehmensformen über horizontale und vertikale Kartelle, Innungen, Kammern,

[199] Z.B. *Ungern-Sternberg* 1932, S. 10 und S. 35.
[200] Z.B. *Schröder* 1932, S. 61ff., 97f. und S. 153ff.
[201] *Dobretsberger* 1932a, S. 1.
[202] *Mitscherlich* 1930, S. 3.
[203] Ebd., S. 7.
[204] Ebd., S. 4ff.
[205] Ebd., S. 12ff.

Gewerkschaften und Genossenschaften bis zu den Spitzenverbänden, eingebunden.[206] Dabei werde die Konkurrenz zunehmend überwunden.

Abbildung 4

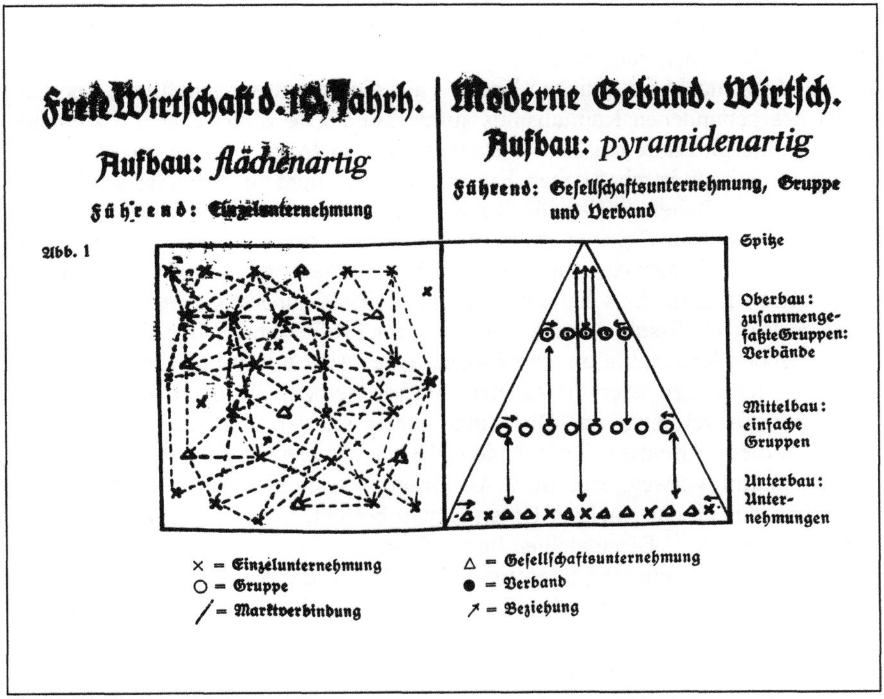

„Die Marktverwobenheit hat", so *Mitscherlich*, „je mehr wir die Stockwerke der modernen Wirtschaft hinaufsteigen, eine abnehmende Tendenz, und zwar verliert der freie Markt, während der gebundene an Boden gewinnt."[207] Er betont aber, daß die gebundene Wirtschaft noch im „Werden", also noch nicht vollendet ist.[208] Die gesamtwirtschaftliche Spitze nämlich, die dem ganzen Aufbau die Einheit gibt, ist laut *Mitscherlich* im realen Wirtschaftsleben noch nicht vorhanden. Über die Antwort auf die Frage, ob die Einheit je erreicht werden könnte, besteht für ihn kein Zweifel. Woraus er diesen Optimismus schöpft, ob aus irgendeinem implizierten „ökonomischen Gesetz" oder den „geistig und sittlichen Grundlagen" (Ablösung des Individualismus durch eine universalistisch-individualistische Synthese), wird nicht deutlich.

---

[206] Ebd., S. 12ff., S. 15ff. und S. 19.
[207] Ebd., S. 56f.
[208] Ebd., S. 20f.

Zahlreiche Nationalökonomen kritisieren dieses deterministische Zukunftsbild. Der *Adolf-Weber*-Schüler *Johannes Gebhard* betont, daß es sich bei den ganzen Rationalisierungs- und Bindungstendenzen um keine geplante Aktion einer Instanz außerhalb der Wirtschaft handelt, deren Erfüllungsgehilfen die einzelnen privaten Wirtschaftssubjekte innerhalb der Wirtschaft sind: „Sie [die privaten Wirtschaftssubjekte, d. V.] realisieren keinen einheitlichen, nach bestimmten Prinzipien entworfenen, bewußt gewollten Gesamtwirtschaftsplan."[209] *Georg Halm* macht im gleichen Kontext auf die gesamtwirtschaftliche Spontaneität des gebundenen Kapitalismus aufmerksam. Die zahlreichen Zusammenschlüsse, die im Laufe der Zeit entstanden sind, so *Halm*, besitzen ihre Ursache einzig im privatwirtschaftlichen Erwerbsstreben, nicht in ordnungspolitischen Leitbildern.[210] Daher werden die Bindungstendenzen automatisch ihr Ende finden, wenn sie dem Gewinnprinzip nicht mehr entsprechen. Der Übergang zur vollkommenen Organisation muß seiner Meinung nach zu enormen wirtschaftlichen Krisen führen. Er schätzt die Möglichkeit als äußerst gering ein, daß die privaten Wirtschaftssubjekte die Triebkraft des Profitstrebens, das sie zur unternehmerischen Konzentration veranlaßten, außer Acht lassen und die Bindungen und Verflechtungen über die Grenze hinüber treiben, die noch mit dem Gewinninteresse vereinbar ist. Die Unternehmer würden sich durch das Überschreiten dieser Grenze selbst schaden.[211] Hier wird letztendlich wieder *Coases* Argumentation vorweggenommen. Als Grund, warum nicht die gesamte Volkswirtschaft aus einem einzigen Unternehmen besteht, führt er erneut die Transaktionskosten an.[212] Diese steigen ihm zufolge zur Anzahl an Transaktionen innerhalb der Unternehmung überproportional an, so daß es ab einer bestimmten Unternehmensgröße nicht mehr effizient ist, weitere Transaktionen des Marktes durch Transaktionen innerhalb der Unternehmung zu substituieren. Die Grenzkosten der unternehmensinternen Koordiantion setzen *Coase* zufolge der Ausdehnung der Unternehmung eine Grenze.

Friedrich von Gottl-Ottlilienfeld glaubt nicht, daß der Staat der Treiber sein kann, um von einer marktwirtschaftlich dominierten zu einer „planwirtschaftlich" dominierten Ordnung zu gelangen. Für ihn ist die Hoffnung, der Staat werde zum Träger der vollkommenen Durchorganisation des Wirtschaftslebens, ein „Wunschbild" von Utopisten.[213] Damit es tatsächlich zu einem evolutionären Übergang kommen kann, bedarf es nämlich nach *Gottl* zweier Voraussetzungen: Zum einen müßte die Entwicklung unumgänglich sein, und zum zweiten dürfte sie nicht „ins Stocken kommen", sich nicht „selber totlaufen".[214] Da aber alle „Zwangseingriffe" (staatliche Eingriffe) von Menschen gemacht

[209] *Gebhardt* 1930, S. 135.
[210] *Halm* 1929, S. 175ff.
[211] Ebd., S. 177.
[212] *Coase* 1937, S. 340.
[213] *Gottl-Ottlilienfeld* 1932, S. 28f.
[214] Ebd., S. 98.

werden, so *Gottl*, kann die erste Voraussetzung nicht zutreffen, denn so wie sie geschaffen wurde, kann sie selbstverständlich auch wieder rückgängig gemacht werden.[215] Hinzu komme, daß die bisherigen Zwangseingriffe von der Marktwirtschaft umgeben waren und daß es bisher zu ihnen gekommen sei, um die Fehler des marktwirtschaftlichen Kapitalismus, der „reinen Selbstgestaltung" zu korrigieren und den Kapitalismus dadurch „in seinem Lauf" noch zu „stärken". Würde der Staat, so *Gottl*, nun sukzessive versuchen, sein Betätigungsfeld auszudehnen und eine Obergrenze überschreiten, bis zu der die bisherige Wirtschaftsordnung noch funktioniere, dann entstehe ein Chaos, und die Evolution würde gestoppt.[216] *Gottl* ist davon überzeugt, daß kein politischer Entscheidungsträger dies wollen bzw. es sich leisten kann, so etwas zu realisieren.[217] Die vollkommene Organisation des Wirtschaftslebens sei unmöglich.

2. Der gebundene Kapitalismus als eine ineffiziente Wirtschaftsordnung

Wenn „die Peitsche der Konkurrenz fehlt", ist sich *Walter Eucken* 1932 sicher, „macht sich (...) Erstarrung oder Feudalisierung des Unternehmers geltend."[218] Für ihn kommen „monopolistische Industriezweige" und „systemlose" wirtschaftspolitische Maßnahmen, die „im ganzen keinerlei einheitlichen Gedanken und Willen (...) verraten", einem „Krankheitszustand" der Wirtschaft gleich. Sie sind, so *Eucken*, dafür verantwortlich, daß das Preissystem, das den Kapitalismus bis dato im Gleichgewicht gehalten hat, funktionsunfähig geworden ist.[219] *Eucken* versucht mit seiner negativen Interpretation, der damals weitverbreiteten „antikapitalistischen Haltung" entgegenzutreten, nach der sich die freie Konkurrenzwirtschaft selbst überlebt hat und die vielfältigen Bindungen als ein Hereinwachsen in eine bessere, planmäßige Wirtschaftsordnung interpretiert wird. Nach seiner Meinung kann man im gebundenen Kapitalismus keine Ansätze einer „Planwirtschaft" sehen, sondern im Gegenteil eine „anarchistische Wirtschaftsordnung".[220]

Eucken wurde Ende der 1920er bzw. Anfang der 1930er Jahre von Nationalökonomen wie *Alexander Rüstow*, *Wilhelm Röpke*, *Hans Teschemacher*, *Franz Böhm*, *Moritz Julius Bonn*, *Erwin von Beckerath* und *Heinrich von Stackelberg* unterstützt, die durchaus unterschiedlichen politischen Positionen anhingen.[221] Der gebundene Kapitalismus war ihrer Meinung nach

---

[215] Ebd., S. 99f.
[216] Ebd., S. 105f.
[217] Ebd., S. 100 und S. 102.
[218] *Eucken* 1932a, S. 6.
[219] Ebd., S. 13.
[220] Ebd., S. 14.
[221] Eine ähnliche, wenn auch weit weniger differenziertere Kritik ist auch zu finden bei *Mises* 1932b. Für ihn ist grundsätzlich immer der Staat Schuld an der Krise.

- durch nachlassende Leistungsbereitschaft der Wirtschaftssubjekte und die Emanzipation der individuellen Interessen vom Gemeinwohl,
- durch ein gestörtes Zusammenspiel der Märkte sowie
- durch die staatliche Alimentierung dieser Tendenzen gekennzeichnet.

Nachlassende Leistungsbereitschaft. Die Nationalökonomen, von denen in diesem Abschnitt die Rede ist, sind überzeugte Anhänger des (individuellen) Leistungsprinzips. Der gebundene Kapitalismus führt ihrer Ansicht nach zu einer „Beseitigung des Wettbewerbs der Leistungen".[222] Besonders *Franz Böhm* setzt sich intensiv mit dem Phänomen der Monopole im Vergleich zum freien Wettbewerb auseinander. Während für ihn der freie Wettbewerb dadurch gekennzeichnet ist, daß weder die Anbieter noch die Nachfrager andere Mittel als die „bessere Leistung" besitzen, um Einfluß auf die Marktlage auszuüben, kann der Monopolist, der die Nachfrage oder das Angebot bzgl. eines Gutes seiner Hand vereinigt, unabhängig von etwaigen Konkurrenten die Menge oder den Preis setzen.[223] Solange ein Monopol durch den „psychologischen Mechanismus der Konkurrenz" zustande gekommen sei, bewertet *Böhm* den Weg dorthin als grundsätzlich positiv.[224] Spätestens nach Erreichen der „Monopolsituation" sieht er aber die Gefahr darin, daß das Monopol den „Leistungskampf" ausschließt und durch „Schwächung der Leistungskraft des leistungsfähigen Rivalen" seine Position sichert oder ausbaut, ohne die eigene Leistung voranzutreiben.[225]

Die Nationalökonomen, die den gebundenen Kapitalismus als eine ineffiziente Ordnung wahrnehmen, sind fest davon überzeugt, daß sich damals die Wirtschaft zu einem erheblichen Teil in der Lage befindet, in der Unternehmen Marktmacht besitzen und erhöhte Gewinne erzielen können, indem sie den Absatzpreis setzen. Der Staat fördert und stützt ihres Erachtens die Beschränkung des Leistungswettbewerbs noch durch die von Schutzzollpolitik bis zu Patenten reichenden Interventionen. Der fehlende Zwang, sich im Wettbewerb zu behaupten, zieht einen fehlenden Willen nach Neuerungen und Kostenreduzierung nach sich; „Sicherheitsstreben" und „Rentnermentalität" setzen sich durch; relativ starre Preise, reduzierte Dynamik und Flexibilität treten als Ausdruck dieses Vorganges in Erscheinung. Dieses Phänomen wird diesen Ökonomen zufolge im Konjunkturabschwung deutlich, in dem sich auch nicht leistungsfähige Unternehmen aufgrund ihrer Machtstellung am Leben zu halten vermögen. Der Abschwung verliert das Merkmal des „reinigenden Gewitters".

Emanzipation des individuellen Interesses vom Gemeinwohl. Laut *Teschemacher* liegt die Stärke des Kapitalismus in der Preisflexibilität, durch die die Knappheit der jeweiligen Güter angezeigt wird, um so den Markt zu ordnen und die bestmögliche Versorgung zu gewährleisten.[226] Durch die „großen

---

[222] *Teschemacher* 1933, S. 30.
[223] *Böhm* 1933, S. 1f., S. 20ff. und S. 11ff.
[224] Ebd., S. 76f.
[225] Ebd., S. 75.
[226] *Teschemacher* 1933, S. 30.

Marktorganisationen" sei nun aber „das wichtigste selbsttätige Ordnungs- und Kontrollprinzip der marktmäßigen Wirtschaftsorganisation beseitigt, das die selbständigen privaten Unternehmer und ihre individualistischen Wirtschaftsantriebe tatsächlich in den Gemeinschaftsdienst der bestmöglichen Versorgung des Marktes, der Nachfrage, der Volksgesamtheit zwingt."[227] Denn jetzt ist es möglich, so *Teschemacher*, durch schlechtere Befriedigung des Bedarfs mehr zu verdienen. Da der Preis im gebundenen Kapitalismus nicht mehr anzeige, wo z. B. ein Nachfrageüberhang herrscht, sei das Zusammenspiel zwischen Angebot und Nachfrage gestört, ohne daß ein Ordnungsersatz geschaffen wurde.[228] Als Resultat entstehe dadurch eine Wirtschaftsordnung, in der das individuelle Interesse vom Gemeinwohl losgelöst ist, eine Wirtschaftsordnung, die den egoistischen Mächten freien Lauf läßt.[229] Eine solche Wirtschaftsordnung widerspricht nach Überzeugung der hier zitierten Ökonomen dem fundamentalen Interesse der Gesamtheit. Zusammenfassend können die beiden Punkte wie folgt eingeschätzt werden:

„1. Gegenüber dem Zustand der freien Konkurrenz sind die Produktpreise erhöht und/oder die Produktionsmenge erniedrigt.
2. Eine durch technische Verbesserungen mögliche Veränderung der Preis-Mengenrelation wird durch Monopolpolitik verhindert.
3. Monopole haben eine negative Auswirkung auf den volkswirtschaftlichen Verteilungsprozeß: die subjektive Nutzwirkung der Monopolrente ist kleiner als der Nutzentgang der Käufer des Monopolgutes.
4. „Marktfeudalismus": Auf Grund monopolistischer Marktstellung werden Erträge erzielt, denen nicht notwendig eine Leistung zugunsten der Gesamtwirtschaft entspricht, das heißt: Monopol-Unternehmer ‚kassieren' alles selber ein."[230]

Zusammenspiel der Märkte. Die Monopolisierung der Märkte wird zwar stets als das Phänomen hervorgehoben, das den gebundenen Kapitalismus dominiert, es wird indes nicht behauptet, dieses Merkmal hätte sich vollkommen, in „absoluter" Form, durchgesetzt. Vielmehr hat sich nach Meinung der Nationalökonomen, die dieser Sichtweise anhängen, eine Wirtschaft gemischter Formen gebildet. Es gibt unterschiedliche Ansätze, um theoretisch an dieses Phänomen heranzugehen. *Böhms* Interesse gilt speziell dem „relativen Monopol". Dieses

---

227 Ebd.

228 Ebd., S. 30f.

229 Nach *Teschemacher* handelt es sich beim gebundenen Kapitalismus um eine „arbeitsunfähige und ganz unverträgliche Mischung von Kapitalismus und Sozialismus, die von beiden Ordnungen immer mehr nur die Nachteile zu übernehmen scheint: vom Kapitalismus die Privatisierung der Produktionsmittel, der Erträge und der Gewinne, dagegen vom Sozialismus die 'Sozialisierung der Verluste' und des Risikos". Ebd., S. 34f.

230 So *Beckmann* in bezug auf den Sozialisten *Löwe*, der in der Weimarer Republik das Monopolproblem ähnlich wie die in diesem Abschnitt aufgeführten Ökonomen einschätzt. *Beckmann* 2000, S. 370f.

befinde sich zwischen den Polen des „absoluten Monopols“ und der Wettbewerbsfreiheit.[231] Er kennzeichnet es dahingehend, daß das Monopol nur innerhalb eines bestimmten Rahmens gilt, daß aber außerhalb dieses Rahmens freie Konkurrenz besteht. Als besonders prägnantes und aktuelles Beispiel eines solchen Monopols ist für ihn „[d]er Kampf des Monopolisten gegen den Außenseiter“. Der „relative Monopolist“ umfaßt nicht alle auf dem Markt agierenden Unternehmen. Er besitzt aber die Macht, den für den Markt geltenden Preis zu setzen. Da damit auch der Ertrag des Außenseiters „im Schatten“ des Monopolisten „künstlich gesteigert wird“,[232] stellt die Position des „Außenseiters“ die lukrativste Situation eines Marktakteurs dar. Sie ist ergiebiger als die eines Mitgliedsunternehmens des Monopols, sie ist auch ergiebiger als die eines sich im freien Wettbewerb befindlichen Unternehmens. So ein Verhalten kann der Monopolist, der alle Anbieter eines Marktes zusammenfassen möchte, nicht dulden. Er müßte daher versuchen, den Außenseiter mittels einer „Abfindung“ oder mit „Kampf“ auszuschalten. Nach *Böhm* entsprechen weder die „Abfindung“ noch der „Monopolkampf“ dem „Wettbewerbskampf“, dem es um Rentabilität und Nachfrageanteil gehe.[233] Im Monopolkampf gehe es ausschließlich gegen den Außenseiter. Daher ist laut *Böhm* der Monopolkampf die schlechteste Lösung aller Marktformen. Während das freie Wettbewerbsprinzip und das absolute Monopol „auf Dauer angelegte Organisationsformen und Organisationsprinzipien des Wirtschaftslebens sind“,[234] sei der Monopolkampf ein desorganisierender instabiler Marktzustand, der keinem Ordnungsprinzip folge.

Erwin von Beckerath und *Heinrich von Stackelberg* nähern sich wissenschaftlich beinahe zur gleichen Zeit wie *Böhm* der Wirtschaft gemischter Marktformen auf einem anderen Wege. Sie interpretieren die scharfen Krisen neoklassisch als dauerhafte gleichgewichtslose Zustände. Allerdings sehen sie den Grund dafür nicht im „relativen Monopol“, sondern im Zusammenwirken der verschiedenen monopolistischen, oligopolistischen und polypolistischen Marktformen. *Stackelberg* verbindet die Krisen mit der Existenz von Nachfrage- und Angebotsoligopolen, bilateralen Oligopolen, bilateralen Monopolen und mit bestimmten Beziehungen zwischen Märkten „mit einfachen oder beschränkten Nachfrage- und Angebotsmonopolen“, die er allesamt für nicht vereinbar mit der „kapitalistischen Wirtschaft“ hält.[235] Deren „Grundprinzipien“, die er im Streben nach Nutzen- und Gewinnmaximierung und in der „Freiheit der Preisbildung“ erblickt,[236] sind mit einer solchen Wirtschaft unverträglich. „Diese Unverträglichkeit bedeutet praktisch eine Gefährdung des ganzen volkswirtschaft-

[231] *Böhm* 1933, S. 25.
[232] Ebd., S. 6f.
[233] Ebd., S. 8ff.
[234] Ebd., S. 91.
[235] Vgl. *Beckerath* 1933, S. 348f. und *Stackelberg* 1934, S. 98.
[236] *Stackelberg* 1934, S. 5.

lichen Apparates".[237] Er interpretiert einen Großteil der Bindungen des Wirtschaftslebens gerade dahingehend, daß die Marktkräfte die daraus resultierende Gleichgewichtslosigkeit zu beseitigen versuchen.[238] Mit den Bindungen werde aber entweder nur eine ungleichgewichtige Marktform durch eine andere ersetzt oder es trete das Problem der Marktmacht auf, das grundsätzlich mit dem Monopol verbunden sei.[239] Für ihn wie für *Beckerath* kann im gebundenen Kapitalismus die dezentrale Koordination von sich selbst überlassenden privaten Wirtschaftssubjekten nicht mehr eigenständig zu einem volkswirtschaftlichen Gleichgewicht führen.

Staatliche Alimentierung der Ineffizienz. Aber auch der Staat trägt nach Meinung einiger Wissenschaftler ein übriges dazu bei, daß die kapitalistischen Krisen im gebundenen Kapitalismus verstärkt auftreten. Er habe sich – wie bereits oben aufgeführt – ohne „Eigenkraft" quantitativ ausgebreitet.[240] Die ökonomischen und politischen Krisen der damaligen Zeit basierte auf der verwirrenden und unsystematischen Vielfalt der Eingriffe selbst. So ließe sich mit dem ausufernden Aufgabenbereich des Staates die hohe Steuerbelastung der Unternehmen erklären, die deren Dynamik erheblich hemme. Die Kartell und Monopol stützende Politik sowie die „unmittelbare Preisbestimmung auf Arbeits-, Kapital-, Wohnungs-, Lebensmittel- und vielen anderen Märkten" hätten zur Behinderung des Preissystems beigetragen.[241] Die „Systemlosigkeit" der Wirtschaftspolitik ist ihrer Meinung nach ebenfalls eine Ursache der Ungleichgewichte, der Kapitalfehlleistungen und der Disproportionalitäten zwischen Konsum- und Produktionsgütersektor, die zur Weltwirtschaftskrise geführt hätten. So auch *Stackelberg*: „Aber der regellose Interventionismus liberaler Staaten, der meist ein Ergebnis parlamentarischer Kompromisse ist, kann in seiner Wirkung nicht anders gewertet werden, als die Gesamtheit der (...) privaten marktpolitischen Maßnahmen. Die partielle Eliminierung der durch die Marktform bedingten Gleichgewichtslosigkeit bewirkt häufig eine Erhöhung der Reibungswiderstände dadurch, daß die einzelnen Eingriffe nicht von einer höheren Warte aus aufeinander abgestimmt werden." [242] Als Reaktion wird ein starker Staat gefordert. Dieser habe eine ordnungspolitische „Gesamtentscheidung" zu fällen, eine Gesamtentscheidung, nach der sich der Staat zum „Leistungswettbewerb" bekennt, seiner Wirtschaftspolitik einen Plan gibt und die Wirtschaft entsprechend ordnet.

Mit einer solchen Einschätzung des beobachteten Wandels waren naturgemäß nicht alle Nationalökonomen einverstanden. *Adolf Weber* und einige sei-

[237] Ebd., S. 99.
[238] Ebd.
[239] Ebd., S. 101.
[240] *Teschemacher* 1933, S. 32ff. und *Eucken* 1932a, S. 13f
[241] *Eucken* 1932a, S. 14.
[242] *Stackelberg* 1934, S. 101. Zum Zusammenhang zwischen Krise und Autarkie vgl. *Eucken* 1932b, S. 44ff.

ner Schüler können die negative Bewertung der Kartelle im Zusammenhang mit der Monopolfrage nicht verstehen. Die ablehnende Haltung ist ihrer Ansicht nach zu sehr von der „atomisierten Konkurrenz" als Referenzmodell getragen, die aber Wirtschaftsfreiheit in der damaligen Epoche aufgrund der technischen Entwicklung nicht gewährleisten kann.[243] Die Kartelle sind ihrer Meinung nach Resultat und zugleich Schutz der Wettbewerbsfreiheit. Denn die „latente Konkurrenz im Innern einer nur auf gewisse Zeit vertraglich zusammengeschlossenen Unternehmensgruppe" lasse die Konkurrenz weiterbestehen.[244] Genauso wie es Marktlagen gebe, in denen sich die Unternehmen zum Kartell zuammenschließen, gebe es Marktlagen, in denen Unternehmen zum äußeren Wettbewerb streben. Daher müßten die Mitgliedsunternehmen sich bereits zu Kartellzeiten für den potentiellen Wettbewerb rüsten und ständig ihr Leistungspotential verbessern. *Weber* rückt mit diesem Hinweis den auf Dauer instabilen Charakter von Kartellen ins Bewußtsein, der aus der wandelnden Unternehmensstrategie in einer sich wandelnden Umwelt resultiere.[245] Andere Nationalökonomen weisen auf die Vorteile der Großorganisationen hin und projizieren diese auf die gesamte Volkswirtschaft. Für sie ist die Interpretation mit einem solchen wettbewerbswirtschaftlichen Unterton ein „reaktionärer Standpunkt".[246] *Ungern-Sternberg* räumt ein, daß im Zeitalter des gebundenen Kapitalismus eine Krise herrscht, er hält aber nicht viel davon, Kartelle und Konzerne grundsätzlich abzulehnen. Deren negative Wirkung kommt seiner Meinung nach vor allem deswegen zum Tragen, weil noch zuviel freie Verkehrswirtschaft, zuviel über den Markt laufender Wettbewerb vorhanden sei. Kartelle besitzen dagegen für ihn auch eine „genossenschaftliche" Seite, die dieser Organisationsform einen „Ansatz zur höheren vollkommeneren Form wirtschaftlicher Organisation" verleihen:[247] Sie verstetigen auf ihrem Markt das Wirtschaftsleben, sie machen eine solidere Preiskalkulation erst möglich, sie führen zu einer gleichmäßigeren Beschäftigung innerhalb der kartellierten Unternehmen usw.[248] Darüber hinaus, so *Ungern-Sternberg*, sichern Konzerne durch vertikale Integration den Produktionsablauf und diversifizieren das Risiko durch eine Mehr-Produkt-Produktion.[249] Nicht die Rückkehr zur Wettbewerbswirtschaft des 19. Jahrhunderts löse die Probleme. Vielmehr müsse die zukünftige Wirtschaftsordnung sich diese positiven Seiten der Großorganisationen zunutze machen, ohne die negativen Seiten der Kartelle und Konzerne zu verfestigen.

---

243 Vgl. Anschnitt 4 dieses Kapitels.
244 *Weber* 1930, S. 43. Auch *Halm* 1929, S. 153. Vgl. aber auch *Herbert von Beckeraths* Kritik der Kartellfeindlichkeit: *Beckerath, H.* 1927, S. 1121.
245 *Weber* 1930, S. 43f.
246 *Sombart* 1932, S. 13.
247 *Ungern-Sternberg* 1932, S. 27.
248 Ebd., S. 28.
249 Ebd., S. 30.

3. Zwischenpositionen

Zwischen der Position, deren Vertreter den gebundenen Kapitalismus als eine ineffiziente Ordnung deuteten, und der, deren Vertreter, die ihn als Ansatz einer Wirtschaftsordnung höherer Entwicklungsstufe sahen, gab es noch weitere Standpunkte. Den Wissenschaftlern und Publizisten, die diese Zwischenpositionen vertraten, war folgendes gemeinsam:

- Sie sahen ebenfalls den gebundenen Kapitalismus als weniger innovativ und effizient im Verhältnis zu dessen freier Form an (wie „Gruppe" 2).
- Die Erfolge des freien Kapitalismus erkannten die Vertreter dieser Position zwar an, aber sie betonten stets auch dessen negative Seiten, ökonomischer oder außerökonomischer Art, die sie als so bedeutend ansahen, daß die Erfolge ihrer Meinung nach dadurch überkompensiert worden sind (wie „Gruppe" 1).

Sie hielten grundsätzlich weder eine Rückkehr zum freien Kapitalismus für möglich, noch strebten sie diese wegen der ihrer Meinung nach dem Kapitalismus inhärenten Krisenanfälligkeit an. Ihre fundamentale Kritik am Kapitalismus stellte das einigende Band der Zwischenpositionen dar.

Unterschiedliche Ansichten der hier zu behandelnden Positionen bestanden hinsichtlich der Frage, ob der gebundene Kapitalismus die bereits in der freien Form vorgebildeten fundamentalen Probleme intensiviert oder abschwächt – d.h., ob der gebundene Kapitalismus nicht nur die positive Seite des Kapitalismus zunichte macht, sondern auch dessen negative Seite verstärkt oder ob hier eine Kompensation in umgekehrter Richtung einsetzt. Eine dieser Interpretationen wurde von Publizisten und Wissenschaftlern eingenommen, die hinter den privatwirtschaftlichen und staatlichen Bindungen den ökonomischen Ausdruck einer geschichtlichen „Zeitenwende" zu sehen glaubten. In dieser „Zeitenwende" werde das vom kapitalistischen bzw. individualistischen Geist geprägte Profitstreben als bestimmender Handlungsanreiz zugunsten außerökonomischer Werte abgelöst, was zwangsläufig zu einer weniger prosperierenden Wirtschaft führen müsse. Dahinter verbarg sich der Glaube, einem Auftrag folgen zu müssen, den allgemeinen historischen Pfad der Verstetigung des Wirtschaftslebens sinnvoll zu gestalten. Die Vertreter der anderen Position verbanden mit dem Wandel zum gebundenen Kapitalismus zunächst die Vorstellung von einer generellen Verschlechterung des ohnehin schon krisenanfälligen Kapitalismus. Die Tatsache, daß die gebundene Phase aus der freien entstanden war, lag für sie in der kapitalistischen Verkehrswirtschaft selbst begründet. Den Wandel faßten sie als politische Herausforderung auf, mittels planmäßiger Modifikation der Wirtschaftsordnung neues Wirtschaftswachstum und Krisenresistenz zu schaffen, also nicht nur die ihrer Meinung nach positiven Elemente des freien Kapitalismus wiedereinzusetzen, sondern auch dessen negative Auswirkungen verschwinden zu lassen.

Bei allen Differenzen neigten der ersten Interpretation historistisch geprägte Autoren wie *Werner Sombart*, *Ferdinand Fried*, *Othmar Spann* und (teilweise) *Edgar Salin* zu; allesamt Autoren, die *Hock* als „rechte Antikapitalisten“ bezeichnet hat.[250] *Briefs* beschreibt 1932 deren Wirtschafts- und Sozialdenken wie folgt: [251]

- Die Weltanschauung dieser Personen besitzt einen „voluntaristischen“ Kern, denn für sie ist das Wirtschaftsleben keinesfalls ausschließlich an ökonomische Gesetze gebunden.[252] Ihnen ist die rein ökonomische Denkweise fremd. Sie fassen es vielmehr als politische „Aufgabe“ auf, das Wirtschaftsleben zu gestalten.
- Die Wirtschaft gilt ihnen als untergeordneter Teil der „Eigenordnung und Eigengesetzlichkeit des gesellschaftlichen Seins“, und damit in eine Werthierarchie eingegliedert, die das Geistige als wertvoller ansieht als das Materielle.
- Damit eng verbunden ist ihre „Neue Ethik“, die *Briefs* als „Ethik der Arbeit“ beschreibt. Sie wenden sich gegen den „unverdienten Gewinn“ und das Spekulationseinkommen. Sie fordern den Dienst- und Pflichtgedanken des „Im-Ganzen-Wirken[s]“, so daß die „Bedarfsdeckung“ den Profit als ökonomisches Regulativ ablösen kann.
- Sie streben mit der Forderung nach „Planung der Wirtschaft“ eine „statische Wirtschafts- und Gesellschaftsordnung“ mit stabilen Produktions- und Konsumverhältnissen an.

Von den hier interessierenden Wissenschaftlern und Publizisten besaßen vor allem *Sombart* und *Spann* großen Einfluß in der Öffentlichkeit und Wissenschaft. *Sombart* fordert für die Zukunft eine „planvolle Gestaltung der Wirtschaft“.[253] Diese Forderung bewertet er als „revolutionären Standpunkt“, der letztendlich die geschichtliche Entwicklung auf seiner Seite habe. Mit der Planung soll nicht nur die in Agonie liegende Wirtschaftsordnung des Kapitalismus überwunden werden, sondern *Sombart* erhofft sich, mit dieser gleich das ganze „ökonomische Zeitalter“ zu beseitigen, welches die transzendenten Beziehun-

---

[250] Vgl. *Hock* 1960. *Hock* differenziert aber nicht genügend die unterschiedlichen Positionen der „rechten Antikapitalisten”. Differenzierter geht *Breuer* 1993, S. 59ff. vor.

[251] *Briefs* 1932, S. 426f.

[252] Allerdings vermischen sich bei den genannten Publizisten und Nationalökonomen voluntaristische und geschichtsphilosophische, fast geschichtsdeterministische Standpunkte. Das, was sie politisch wollen, finden sie auch immer als eine Tendenz im Geschichtsverlauf vor. Die Frage, ob ihre Stellungnahmen im historischen Fatalismus begründet oder eher taktischer Natur ist, die eigene Meinung unangreifbar zu objektivieren, soll hier nicht detailliert beantwortet werden. Entscheidende Stellen der Werke sprechen jedoch für die letzte These, geben doch die Autoren dort stets unverblümt zu, daß die zukünftige Wirtschaftsordnung ein politischer Willensakt sei, dessen das deutsche Volk bedürfe, um es für evtl. künftige Auseinandersetzungen mit den westlichen Siegerstaaten zu formieren („Souveränität der Nation über die Wirtschaft“).

[253] *Sombart* 1932, S. 18.

gen, die Beziehungen des Menschen zur Natur sowie die traditionellen menschlichen Gemeinschaften zugunsten von Quantität, Tempo und ständiger Innovation zerstört habe.[254] Der Kapitalismus sei das Wirtschaftssystem, das dem ökonomischen Zeitalter entspricht.[255] Er stützt sich dabei auf sein Verständnis einer Wirtschaftsordnung, das durch die „geistige Einheit von Wirtschaftsgesinnung, Organisation und Technik“ charakterisiert ist.[256] Besonders der Wirtschaftsgesinnung mißt er eine große Bedeutung zu. Er glaubt, für den gebundenen Kapitalismus diagnostizieren zu können, daß die Gesinnung einem historisch unumgänglichen Wandel unterliegt. Die dominierende Wirtschaftsgesinnung entferne sich zunehmend vom Idealtypus des kapitalistischen Geistes, der durch das Spannungsfeld zwischen irrationalem Antrieb zur Tat und rationalem Kalkül gekennzeichnet sei.[257] Rationalität und Sicherheitsdenken, so *Sombart*, bestimmen die menschliche Gesinnung zunehmend. Deren reale Struktur fußt seiner Meinung nach zwar noch auf dem Kapitalismus, allerdings bereits auf der gebundenen Form, dem Spätkapitalismus. Institutioneller Ausdruck der neuen Gesinnung seien die zahlreichen Bindungen, die dem Wirtschaftsleben übergestreift wurden. Er erblickt in ihnen das Äquivalent zur Rationalität. Bindung wie Rationalität machte die Dinge überschaubar und berechenbar.[258] Ebenso ist er

---

[254] *Sombart* 1934, S. 32f. und S. 39ff.

[255] Ebd., S. 2. Noch einmal: Kapitalismus ist für *Sombart* einerseits die eine Epoche dominierende Wirtschaftsform, -haltung, -gesinnung. Andererseits bezeichnet er diese Epoche als Kapitalismus. *Lenger* 1994, S. 332f.

[256] So *Dobretsberger* 1932a, S. 17.

[257] Der Wirtschaftsjournalist *Ferdinand Fried*, Mitarbeiter der revolutionär-konservativen Zeitschrift „Die Tat“ (siehe Abschnitt D.III.2.) popularisiert *Sombarts* Kapitalismustheorie, indem er die Geschichte des Kapitalismus – sehr an *Schumpeter* erinnernd (vgl. *Schumpeter* 1929 und ders. 1993, S. 230.) – personifiziert. *Fried* teilt die Geschichte des Kapitalismus in Phasen bestimmter Innovationen, von der Dampfmaschine bis zum Flugzeug, ein (*Fried* 1931, S. 7ff.). Jede Phase wird durch eine innovative Persönlichkeit beherrscht. Diese Persönlichkeiten, so *Fried*, sterben jedoch aus. Die noch lebende alte Generation sei die der letzten dynamischen Unternehmer (Ebd., S. 127ff.). Die Söhne repräsentieren dagegen bereits Auflösung und Dekadenz des kapitalistischen Systems. Sie besäßen keinen Elan mehr und seien nicht mehr in der Lage, etwas Innovatives zu schaffen; ihr Leben verlaufe in „Laufbahnen“. Das einzig Neuartige, das diese Generation geschaffen habe, sei es gewesen, die freie Wirtschaft in gebundene Formen zu überführen. Da sie sich aber häufig den Aufgaben gegenüber als unfähig erweisen, greifen die älteren Unternehmer eher auf „treu ergebene“ Angestellte zurück, welche in Zukunft an der Spitze des Unternehmens stehen (Ebd., S. 135). Aber auch sie sind nach *Fried* den normalen vorgegebenen „Karriereweg“ gegangen. Sie besäßen daher eher Beamten – als Unternehmercharakter. *Fried* charakterisiert sie eher als bequem, was er daran festmacht, daß auch sie die Konkurrenz auszuschalten gedenken. Es gebe damit keine Träger des kapitalistischen Geistes mehr; dem Kapitalismus werde somit der Todesstoß versetzt. *Fried* kommt zu *Sombarts* Schluß (Ebd., S. 139ff.). Die irrationale Seite des kapitalistischen Geistes schwindet, Rationalität macht sich breit. Zur Kritik der ökonomischen Seite des gebundenen Kapitalismus aus Sicht der Zeitschrift „Die Tat“ vgl. auch *Holzer* 1932, S. 167f.

[258] *Sombart* 1932, S. 8ff.

davon überzeugt, daß Bindung und Rationalität dem gestiegenen Sicherheitsbedürfnis entsprechen, was er zum Anlaß nimmt dem „kapitalistischen Unternehmer" und dessen Profitstreben, Träger und Ziel des kapitalistischen Geistes, für die Zukunft die prägende Rolle der Wirtschaftsordnung abzusprechen. Mit der Zeit, so *Sombart*, wird die neue Gesinnung sich klarer darstellen, und gänzlich das kapitalistische Gewand abstreifen bzw. den kapitalistischen Geist auf bestimmte Gebiete beschränkt haben. Der nachkapitalistische Geist werde sich danach den kapitalistischen Geist unterordnen. Genauso wie die nichtkapitalistischen „Wirtschaftssysteme" anstelle des kapitalistischen Systems der zukünftigen Wirtschaftsordnung ihren Stempel aufdrücken werden.[259] Es gelte deshalb die Staats- und Wirtschaftsordnung dieser geschichtlichen Richtung unwidersprüchlich anzupassen, oder besser: gar vorwegzunehmen.[260] Die bisher historisch wild und durcheinander gewachsenen kapitalistischen und nichtkapitalistischen Elemente seien zu ordnen. Zu ordnen seien sowohl deren „Ideal- als auch deren Realfaktoren (*Max Scheler*). Die daraus resultierenden ökonomischen Folgen sind für *Sombart* dauerhaft geringeres Wirtschaftswachstum und ein gleichmäßiger werdender Wirtschaftsverlauf.[261] Es werde aber mit dem Bedeutungsverlust des kapitalistischen Geistes auch das ökonomische Zeitalter untergehen, was für ihn die unbedingte Voraussetzung ist, um der natürlichen Wertehierarchie die Wiederkehr zu ermöglichen.[262]

Die Epoche des gebundenen Kapitalismus ist auch für *Spann* ein ausdrückliches Signal der Geschichte, eine neue Wirtschaftsordnung zu schaffen.

---

[259] *Sombart* stellt fest, daß auch im Zeitalter des Hochkapitalismus der Kapitalismus nicht das einzige Wirtschaftssystem ist. Besonders im Bereich der individuellen Arbeit erhalten geblieben, ragt die vorkapitalistische Wirtschaft (das Handwerk) in moderner, an ökonomischer Rationalität angepaßter Form in die Zeit des Hochkapitalismus hinein (zum Handwerk: vgl. Sombart 1927b, S. 957ff.). „Am Ende des hochkapitalistischen Zeitalters", schreibt er, „ist noch beinahe die Hälfte sämtlicher Erwerbstätigen – ohne die Landwirtschaft – handwerksmäßig beschäftigt." (Ebd., S. 963.) Jedoch, so *Sombart*, sind die gewerblichen Handwerker häufig abhängig vom Kapitalismus und ihr Arbeitsbereich ist meistens der, welcher vom Kapitalismus vernachlässigt wird. Als die wichtigste „Wirtschaftsordnung" gilt *Sombart* auch damals noch die Bauernwirtschaft, die durch die Familie geführten landwirtschaftlichen Betriebe (zur Bauernwirtschaft: vgl. ebd., S. 967ff.). Zwei weitere nicht-kapitalistische Wirtschaftsformen bilden die Genossenschaftswirtschaft und die Gemeinwirtschaft.(zur Genossenschaftswirtschaft: vgl. ebd., S. 985ff, zur Gemeinwirtschaft: vgl. ebd., S. 999ff.).

[260] *Sombart* 1932, S. 17f.

[261] Ebd., S. 318ff. Er prognostiziert, daß sich die Kapitalakkumulation und die Produktionszuwächse verlangsamen werden, daß die Industrialisierung der europäischen Agrarvölker zur Notwendigkeit der Reagrarisierung führt, daß der Kapitalismus „normativiert", „organisiert" und „statisiert" wird, daß letztendlich das Volumen des Kapitalismus relativ zurückgehen wird. *Lenger* 1994, S. 345f.

[262] *Edgar Salins* Ansicht ist der *Sombarts* ähnlich. Für ihn steht fest, daß die jahrelange symbiotische Vorherrschaft der Demokratie und des Liberalismus gebrochen ist. Zwar bestehen noch deren Formen, so *Salin*, der Geist, der sie lebendig hielt, sei aber bereits entschwunden. *Salin* 1932, S. 141ff.

Die menschliche Geschichte, so sein Axiom, sei die Geschichte der ständischen Ordnung, die durch individualistische Epochen nur für eine kurze Zeit durchbrochen werde, um dann wieder in Bindungen zu verfallen.[263] Eine solche individualistische Epoche sei die des freien Kapitalismus. Während seiner Herrschaft, so *Spann*, wurden die inneren Bindungen mit der Folge zerstört, daß die Menschen geistig verarmten.[264] Die Menschen hätten versucht, diese Armut durch äußeren, materialistischen, wirtschaftlichen Reichtum zu kompensieren. Dieses kann aber seiner Meinung nach gar nicht gelingen, da Materielles niemals dem Geistigen gleichwertig sein könne, so daß das geistige Vakuum nicht gefüllt werde und der Mensch in einem dauernden „Stande des Wollens" verbleibe.[265] Das geistige Vakuum ist für ihn die eigentliche Ursache, warum der freie Kapitalismus zu so einer großartigen Entwicklung des äußeren Lebens und zu einem solch enormen technischen Fortschritt führte. So idealistisch wie *Spann* die kapitalistische Entwicklung beschreibt, erklärt er auch deren Krise. Er erkennt die fundamentalen Probleme des Kapitalismus weniger in Äußerlichkeiten (Mehrwert-Ausbeutung, Verteilungsprobleme). Der Kapitalismus kann seines Erachtens all diese Probleme in den Griff bekommen, da der Kapitalismus von keiner anderen Wirtschaftsordnung in dieser, auf Wirtschaftswachstum wertlegenden (äußeren) Hinsicht zu schlagen sei. Das Hauptproblem sei vielmehr in Innerlichkeiten begründet.[266] Die „Unsicherheit des Daseins", resultierend aus dem Atomismus, sei das Hauptproblem. Es gibt, so *Spann*, keinen Korpsgeist, keine Geborgenheit mehr. Ausdruck der „Existenzunsicherheit" seien Proletariat und Wirtschaftskrisen, die „Merkzeichen des Kapitalismus".[267] Der Atomismus und Individualismus (und damit auch der freie Kapitalismus) laufen der oben beschriebenen Natur der allgemeinen und ökonomischen Geschichte zuwider, so daß die Wirtschaftsordnung dem Drang nach ständischen Gebilden nachgeben müsse: „Je mehr der Kapitalismus an die Stelle der alten organisierten Wirtschaftsform trat, um so mehr erzeugte er, selbsttätig und unbewußt, aber mit unabänderlicher Notwendigkeit wieder Ersatzorganisationen im Sinne ständischer Bindungen".[268] Dadurch, daß *Spann* in Konzernen, Kartellen und Gewerkschaften Ansätze einer ständischen Ordnung erkennt, hat seines Erachtens die Geschichte die Richtung vorgegeben, in welche die Wirtschaftsordnung verändert werden sollte. *Spann* weiß dabei durchaus, daß z. B. die Kartelle häufig ein ökonomisches Monopol darstellen und somit „im Gesamtverband der Wirtschaft integrationsfeindlich und destruktiv" wirken.[269] Bei ihm überwiegt die soziologische Sichtweise, nach der sie eine Integrationsform aller

[263] *Spann* 1921, S. 354.
[264] Ders. 1922, S. 88f.
[265] Ebd., S. 95.
[266] Ebd., S. 133.
[267] Ebd., S. 134.
[268] Ebd., S. 135 und ders. 1921, S. 342.
[269] So beschreibt *Dobretsberger* diese Sichtweise treffend. *Dobretsberger* 1932b, S. 8f.

Beteiligten, z. B. der Branche sind. Die Monopole müßten „nur" neutralisiert werden, um deren negative Wirkung zu beseitigen. Dadurch werde die Unsicherheit ab- und mehr Innerlichkeit aufgebaut. Dies habe zur Folge, daß nicht mehr so sehr auf Äußerlichkeiten Wert gelegt werde wie noch in Zeiten des freien Kapitalismus. Somit sei die Epoche der innovativen Dynamik und der großen Wachstumsraten vorbei.[270] Geistigkeit und Gemeinschaftssinn sollen künftig die bestimmenden Faktoren des gesellschaftlichen Lebens werden.

Für die zweite Position der Zwischeninterpretationen spielt weniger ein angenommener „natürlicher" Geschichtsverlauf eine Rolle als der Wunsch, zugleich ökonomisches Wachstum und Krisenlosigkeit verwirklicht zu sehen. Sozialisten, die sich größtenteils von *Marxens* Geschichtstheorie gelöst hatten, vertreten diese Interpretation: Nach *Carl Landauer*, *Emil Lederer*, *Eduard Heimann, Harald Bräutigam* und *Friedrich Pollock* stellt der Wandel zum gebundenen Kapitalismus weniger ein Hereinwachsen in eine neue Wirtschaftsordnung dar als vielmehr die Ursache dafür, daß die dem Kapitalismus inhärenten Funktionsmängel verschärft und die Krisen sich in immer schnelleren Abständen wiederholen werden. Ihre Vorstellung, welche Faktoren eine Wirtschaftsordnung bestimmen, entsprechen in weiten Teilen denen der Nationalökonomen, die den gebundenen Kapitalismus als ein ineffizientes Wirtschaftssystem beurteilen. Sie bewerten den Kapitalismus aber grundsätzlich abweichend von den „privatwirtschaftsfreundlichen" Nationalökonomen. Diese Sozialisten sehen als prinzipielle Funktionsmängel der freien „kapitalistischen Marktwirtschaft"

- die hohen Kosten,[271] die durch den Wettbewerb entstehen,
- der zu große Handelssektor,[272]
- die Tatsache, daß bestimmte Gemeinschaftsgüter aufgrund von Steuerwiderständen nicht befriedigt werden können,[273] und
- die Konflikte zwischen Arbeitnehmern und Arbeitgebern,[274] die die Kapitalbildung gefährden.

Während die ersten beiden Mängel ihrer Ansicht nach durch den gebundenen Kapitalismus reduziert werden, sehen sie keine Möglichkeit, daß die anderen beiden innerhalb des kapitalistischen Systems behoben werden können.

Ihr wichtigster Angriffspunkt gegen die kapitalistische Wirtschaft ist aber die aus dem konjunkturellen Niedergang resultierende Arbeitslosigkeit. Der Kapitalismus könne ihnen zufolge die Unterbeschäftigung aufgrund seiner Planlosigkeit nicht vermeiden, da er „kein Mittel" besitze, „den technischen Fortschritt so zu regulieren, daß er die Kräfte der Wirtschaft nicht zeitweise im Übermaß

[270] *Spann* 1922, S. 321f.
[271] Vgl. u.a. *Landauer* 1931a, S. 62f.
[272] Ebd., S. 63f.
[273] Ebd., S. 66.
[274] Ebd., S. 79ff.

belastet und dadurch Krisen hervorruft."[275] Im Gegenteil sorgten im gebundenen Kapitalismus die hohen Fixkosten der großen Anlagen für eine „wachsende Konjunkturempfindlichkeit der Wirtschaft" mit der Folge von hoher Arbeitslosigkeit.[276] Die Sozialisten, von denen hier die Rede ist, lehnen sich stark an die These des Betriebswirts *Eugen Schmalenbach* an, um ihre Ansicht zu begründen.[277] *Schmalenbach* war der erste deutsche Wirtschaftswissenschaftler, der sich als Betriebwirt habilitiert hatte. Mit seiner These, die fixen Kosten trieben die Wirtschaft aus ihrer freien Form hinaus, erblickt er im „natürlichen Monopol" das Phänomen, das die gesamten Volkswirtschaft dominiert. Er verbindet so das Problem der hohen Fixkosten mit dem der Monopolisierung. *Schmalenbach* argumentiert wie folgt: Die für die moderne Wirtschaft charakteristische kapitalintensive Massenproduktion bewirkt, daß der Anteil der Fixkosten an den Produktionskosten in die Höhe schnellt, dem gegenüber der Anteil der variablen Kosten sinkt.[278] Die Kosten unterliegen einer Degression. Diese zwingen die entsprechenden Unternehmen dazu, ihre Produktionskapazität vollkommen auszulasten, um so die Stückkosten möglichst gering zu halten. Ein solcher Zwang verursacht jedoch ein unelastisches Angebot. Bei Konjunktureinbrüchen, also Nachfrage- und Preisrückgängen, muß dies zur ökonomischen Katastrophe führen. Der auf dem Markt zu erzielende Preis entspricht zwar noch den Grenzkosten, nicht mehr aber den Stückkosten.[279] Die Folge seien Verluste. Um einen die Stückkosten unterbietenden Preis zu verhindern und die Rentabilität des langfristigen Kapitals aufrecht zu erhalten, zwingen die großen Anlagen die Unternehmer dazu, die Selbstkosten und die Absatzmenge nicht mehr an dem Wettbewerbspreis zu orientieren, wie es in Zeiten des freien Kapitalismus mit seinen in Konkurrenz stehenden kleinen und mittleren Unternehmen der Fall war, sondern die eigenen Selbstkosten der Kalkulation voranzustellen. Dieses Phänomen des „cost-plus-pricing", wie es heutzutage genannt wird, ist damals in der damaligen Nationalökonomie ein vieldiskutiertes Thema. So weist im englischsprachigen Raum nur wenige Jahre später *Gardiner Means* daraufhin, daß Unternehmen, die als 'Preissetzer' fungieren, ihren (gewinnmaximalen) Absatzpreis weniger nach der Regel „Grenzerlös = Grenzkosten", als durch Kostenzuschlagskalkulation ermitteln.[280] Die Unternehmer könnten diesen „administered-price" relativ lange konstant halten und müßten nicht auf jede Änderung der Grenzkostenfunktion reagieren. Der Sozialist *Sohn-Rethel* unterscheidet im gleichen Zusammenhang zwischen „Marktökonomie", in welcher sich die Produktion nach der Marktnachfrage richtet, und der „Produktionsökonomie", in der

[275] Ebd., S. 48.
[276] Ebd., S. 51.
[277] Zur *Schmalenbach*-Diskussion vgl. *Krohn* 1981, S. 87ff.
[278] *Schmalenbach* 1928, S. 243.
[279] Ebd., S. 245.
[280] *Means* 1935.

der Markt sich nach der Produktion richtet.[281] Um sich „produktionsökonomisch" verhalten zu können, bedarf es der Marktmacht. Marktbeherrschende Unternehmen sind in der Lage, den Preis nach ihren Selbstkosten zu setzen und auch rigide zu halten. Die Kostendegression, die eine „Produktionsökonomie" einzelwirtschaftlich notwendig macht, um keine Fehlbeträge zu erwirtschaften, führt zu Konzentration und Reduktion der Markteilnehmerzahl. *Schmalenbach* sieht dabei die Gefahr als wahrscheinlich an, daß die im Markt verbleibenden Unternehmen diese Marktmacht dazu nutzen, um monopolistisch Preise zu setzen. Die kapitalintensiven Unternehmen überleben zwar auf diese Weise, volkswirtschaftlich bedeuten Monopole aber Ineffizienz. Er fordert deswegen, daß der Staat regulierend eingreifen möge.[282]

Für die sozialistischen Nationalökonomen, von denen hier die Rede ist, sind die hohen Fixkosten jedoch nur ein Faktor, der die Entstehung von Monopolen begünstigt. Es kann ihrer Meinung nach nicht die gesamte Konzentration auf die hohen Fixkosten zurückgeführt werden. Das eigentliche Motiv, das zum Kartell oder zum Trust führt, sei auch bei Kostendegression immer die Extraprofiterzielung.[283] Sie teilen ansonsten aber *Schmalenbachs* Einschätzung, daß Monopole grundsätzlich wohlfahrtsmindernd wirken: „Die Folge des Kartellmonopols ist, daß die Befriedigung des Bedarfs unter das sonst mögliche Maß herabgedrückt wird."[284] Dysfunktionalität der Preise sei die Folge. Die Preise könnten dann ihre Funktion nicht mehr erfüllen, das Wirtschaftsleben zu regulieren, indem sie die Knappheits- und Bedürfnisverhältnisse anzeigen. *Bräutigam* macht in diesem Zusammenhang die Monopole für die damals vieldiskutierten Fehlinvestitionen mit der Folge von Disproportionalitäten verantwortlich. Die monopolistischen Extraprofite, so *Bräutigam*, locken Kapital für Anlagezwecke (in den monopolistischen Unternehmen) an, da entsprechend Kapitalgewinne erwartet werden.[285] Die Kapazitäten werden so erweitert, ohne daß eine entsprechende Nachfrage dahinter steht (der Preis ist nicht wegen der großen Nachfrage, sondern wegen der Monopolstellung des Unternehmens erhöht worden). Geht die Nachfrage nach diesen Produkten zurück, besteht die Gefahr, daß die entsprechenden Unternehmer und Investoren sich verkalkuliert haben. Rentabilitätseinbußen kurz: Fehlinvestitionen sind die Folge.[286] Es bedarf erneuter Produktionseinschränkungen, um die Absatzpreise hoch zu halten. Dies ist der Grund für *Bräutigam*, warum das Produktionspotential nicht durch die Nachfrage abgedeckt wird: „So kommt es schließlich zu einer fast allgemeinen Produktionseinschränkung, zu einer ‚allgemeinen Überproduktion', zu einer

[281] *Sohn-Rethel* 1937/41, S. 45f.
[282] *Schmalenbach* 1928, S. 245f. und S. 249f. Der gleichen Ansicht ist *Schmalenbach* auch noch nach dem Zweiten Weltkrieg. Vgl. *Schmalenbach* 1949.
[283] So z.B. *Landauer* 1931a, S. 75.
[284] Ebd., S. 21.
[285] *Bräutigam* 1932, S. 20f. und S. 25.
[286] Ebd., S. 21f.

Diskrepanz zwischen allgemeinem Preisniveau und allgemeinem Einkommensniveau"[287] und zu Disproportionalitäten zwischen den Sektoren, da das zugeflossene Kapital an anderer Stelle fehlt.

Man folgert, daß „[d]ie moderne Produktion (...) [aufgrund der hohen Fixkosten] in zunehmendem Maße empfindlicher gegen Konjunkturschwankungen" wird.[288] Die Sozialisten, die in diesem Abschnitt behandelt werden, sehen im Gegensatz zu *Schmalenbach* in der vollkommen „durchkartellierten" Wirtschaft keinen Ausweg aus der Misere. Um den Absatz konstant zu halten, sie zwar die Einzelwirtschaft veranlaßt, Kartelle oder Trusts zu bilden, volkswirtschaftlich gesehen, können ihrer Meinung nach aber nur flexible Preise einen gleichbleibenden Absatz garantieren.[289] Die kapitalistische Wirtschaft funktioniert nur dann, so *Lederer*, wenn die „Grundbeziehungen der einzelnen Produktionsstufen gewissermaßen ständig flüssig" sind und sie damit „ständig leicht veränderlich, elastisch, den wachsenden Bedingungen angepaßt werden können".[290] Dies sei aber im „Monopolkapitalismus" nicht mehr gegeben. „Die partiellen Organisationen", so *Lederer*, „fixieren (...) die Quantitäten der Produktion wie die Preise und steigern die Verluste der Gesamtwirtschaft dadurch, daß sie dieselben auf die Felder der freien Konkurrenz abwälzen wollen."[291] Die kapitalistischen Krisen werden durch die Starrheit und die Diskrepanzen durch die privatwirtschaftlichen Bindungen noch verstärkt.[292] An eine Selbstheilung des Kapitalismus glaubt er nicht. *Lederer* stellt abschließend die entscheidende Frage: „Wenn er [der gebundene Kapitalismus, d.V.] der Anpassung der Preise an die Marktlage und damit wieder der Anpassung der Produktionsverhältnisse an die Erfordernisse der Gesellschaft nicht mehr genügend Spielraum läßt – wie soll er dann die Krise überwinden?"[293] – nach der Meinung dieser Ökonomen

---

[287] Ebd., S. 22.

[288] *Landauer* 1931a, S. 52.

[289] Ebd., S. 75.

[290] *Lederer* 1932c, S. 228f. Auch ders. 1934, S. 234.

[291] *Lederer* 1932c, S. 229.

[292] *Pollock* 1932, S. 12ff. *Pollock* weist auf ein anderes Problem des gebundenen Kapitalismus hin. Die Großorganisationen verleiten aufgrund ihrer öffentlichen Bedeutung zu „moral-hazard"-Verhalten. Durch die Großunternehmen kann es sich der Staat im Gegensatz zur freien Wirtschaft mit ihren relativ macht- und bedeutungslosen Unternehmen nicht mehr erlauben, diese in der Krise ihrem Schicksal zu überlassen, da es anderweitig zu großen volkswirtschaftlichen Schäden kommt. Den Unternehmern sei dies bekannt. „Von einer bestimmten Größe des Kapitals an darf das Unternehmen zwar den Gewinn noch für sich alleine beanspruchen, das Risiko aber auf die Masse der Steuerzahler abwälzen, da sein Zusammenbruch die schwersten Folgen für den gesamten Wirtschaftskörper und damit auch für die politische Situation haben müßte." Der Preis wird politisch geschützt. Durch eine solche „Erfolgslosenunterstützung", so *Pollock*, verliert der Marktpreis zusätzlich seinen Status als Regulator des Wirtschaftsprozesses.

[293] *Lederer* 1932c, S. 228.

nur durch den massiven Einbau sozialistischer Elemente in die Wirtschaftsordnung.

4. Die Wettbewerbsneutralität des gebundenen Kapitalismus

Im Verhältnis zu den Interpretationen, die die ökonomischen Veränderungen des Kapitalismus als einen bedeutenden Wandel der konkreten Wirtschaftsordnung interpretieren, nehmen sich die letzte zu behandelnde Positionen ruhig aus, ohne aber davor gefeit gewesen zu sein, in die entgegensetzte Richtung zu übertreiben. Nach Meinung *Adolf Webers*, *Johannes Gebhards* und besonders *Georg Halms* hat weder die Staatsintervention die Privatwirtschaft stark eingeengt, es wird von „geringfügigen Einschränkungen" gesprochen,[294] noch ist die Konkurrenz durch Kartelle und Trusts wesentlich beschränkt worden. Sie sind im Gegenteil davon überzeugt, daß der Zusammenschluß mehrerer Unternehmen die „konsequente Weiterentwicklung der konkurrenzwirtschaftlichen Ordnungsprinzipien" ist.[295]

Um eine „Veränderung der Konkurrenzformen" nachweisen zu können, so *Halm*, müßte als erster Schritt geklärt werden, welche Bewandtnis es mit der „freien Wirtschaft" bzw. „Wirtschaft der freien Konkurrenz" hat. Erst wenn Einigkeit darüber bestehe, welche Merkmale diese Wirtschaftsordnung auszeichnen, könne man Aufschluß gewinnen, ob die Organisationstendenzen des Wirtschaftslebens tatsächlich ein Abrücken von diesem Idealbild darstellen. Die freie Konkurrenz ist für ihn wie für *Weber* und *Gerhardt*, bestimmt durch Privateigentum an Kapital und Boden sowie durch freie Beweglichkeit der Faktoren und Güter.[296] Mit diesem Analysewerkzeug geht *Halm* daran, den Wandel der Organisationsformen zu untersuchen.

Zunächst räumt er noch mit dem seiner Meinung nach verbreiteten Vorurteil auf, die Ordnung der freien Konkurrenz sei gleichbedeutend mit der „atomisierten Konkurrenz", die er durch eine große Zahl kleiner Einzelwirtschaften auf beiden Seiten des Marktes definiert.[297] Es sei „eine Fiktion" unter den gegebenen technischen Umständen, die „atomisierte Konkurrenz" als Referenzmodell zu verwenden, nach dem die freie Wirtschaft geordnet sein müßte. Sie tauge dafür nicht, da ein entsprechendes Modell von den technischen Gegebenheiten abstrahiere, die aber gerade für den damaligen Strukturwandel von großer Bedeutung seien. Er folgt mit dieser Aussage *Schmalenbachs* Analyse.[298] Auch

[294] *Halm* 1929, S. 115.
[295] Ebd., S. 142. Ähnlicher Ansicht ist *Herbert von Beckerath*. Vgl. *Beckerath, H.* 1927, S. 1121.
[296] *Halm* 1929., S. 128f.
[297] Ebd., S. 131.
[298] Ebd., S. 132f. Vgl. dazu auch *Weber* 1930, S. 37ff. Auch *Weber* stimmt *Schmalenbachs* Analyse weitgehend zu.

für *Halm* ist die technische Entwicklung dafür verantwortlich, daß sich in immer mehr Zweigen Großbetriebe, die dem Gesetz der Massenproduktion unterliegen, durchsetzen. Jede „Neueinstellung eines Betriebes“ verändert unter diesen Bedingungen die Produktionsmenge merklich. Von daher sei es unmöglich, kontinuierlich die Produktion zu verändern, um sie ständig an die Nachfrage anpassen zu können. Dies sei nur in Sprüngen möglich. In Zeiten, in denen Großbetriebe vorherrschen, stimmen Angebot und Nachfrage nur selten überein. *Halm* stellt des weiteren fest, daß nicht alle Märkte zu monopolistischen Formen tendieren. Er ist sich sogar sicher, daß sich meistens die optimale Betriebsgröße bei einer „geringen Zahl von gleich starken Großbetrieben“ einstellt.[299] Auch wenn die Anzahl der Marktakteure damit reduziert ist, gebe es nach Erreichen dieser Grenze weiterhin Wettbewerb.

Daran schließt sich das erste Kernargument *Halms* und seiner Mitstreiter an: Der große Umfang des „stehenden Kapitals“ und der Konkurrenzkampf der wenigen Großbetriebe bringe in Zeiten zurückgehender Nachfrage „ruinöse Konkurrenz“ hervor. Die hohe Kapitalintensität der Großbetriebe bedeute hohe Fixkosten und eine hohe Barriere, um aus dem Markt auszutreten. Denn nur im Rahmen neuer Anlagen sei Kapital beweglich und „fungibil“, nicht aber nachdem festes „Realkapital“ produziert worden sei. In einer solchen Form, so *Halm*, läßt sich das Kapital nicht mehr in den Produktionsfaktor retransformieren. Unter diesen Umständen bedeute „der Weg zurück (...) eine fast restlose Preisgabe der gesamten Kapitalaufwendungen.“[300] Dieser Tatbestand hat seiner Ansicht nach die schwerwiegende Konsequenz, daß sich bei Preisverfall zum einen die Stückkosten erheblich erhöhen, wenn das Produktionsvolumen eingeschränkt wird, und zum anderen kein Unternehmen aus dem Wettbewerb ausscheiden bzw. Kapazitäten abbauen kann, indem es ältere Anlagen stillegt. Trotz des Nachfragerückganges müssen die Unternehmen unter diesen Umständen versuchen, „das stehende Kapital optimal auszunutzen“ und „unter den durchschnittlichen Selbstkosten weiter zu produzieren“, was zu einer „Übersetzung der betreffenden Produktionszweige“ relativ zur Nachfrage führt.[301] Ein Ausgleich zwischen beiden Marktseiten sei auf diese Weise nicht möglich. Die Folge sei ein nicht endender Konkurrenzkampf „ohne Sinn und Zweck“, der kein wirtschaftlicher Ordnungsfaktor mehr ist.[302] Die ruinöse Konkurrenz ist laut *Halm* deswegen keine freie Konkurrenz, weil aufgrund der Kapitalbindungen keine freie Beweglichkeit gegeben ist. Um nun einen Ausweg aus dieser „unelastischen Konkurrenzsituation“ zu finden, würden sich die in ruinöser Konkurrenz befindlichen Unternehmen zusammenschließen.[303] Auf diesem Wege könne wieder das Angebot der Nachfrage angepaßt werden. Durch Absprache könnten

[299] *Halm* 1929, S. 135.
[300] Ebd., S. 137.
[301] Ebd., S. 136.
[302] Ebd., S. 140f.
[303] Ebd., S. 142ff.

nun die Preise oder Mengen festgesetzt werden. Die Zusammenschlüsse seien „Organisationen, die eine ruinöse und damit unzweckmäßige Konkurrenz zu einer geregelten Konkurrenz machen".[304]

Es ist zwar einleuchtend, daß infolge der Zusammenschlüsse die instabile ruinöse Konkurrenz durch eine stabile Marktlage abgelöst wird, aus dem bisher Ausgeführten ist aber nicht zu erkennen, warum die Nationalökonomen, von denen hier die Rede ist, die neue Situation ausdrücklich als „Bejahung der Konkurrenzwirtschaft" begrüßen. Es läßt sich den Argumenten noch nicht entnehmen, warum *Weber* und *Halm* den gebundenen Kapitalismus nicht als Monopolwirtschaft ablehnen, wie die Vertreter der zweiten dargelegten Position. Ihr Gedankengang wird erst deutlich, wenn man sich die volkswirtschaftliche Rolle, die sie grundsätzlich Monopolen und speziell Kartellen zusprechen, vor Augen führt. Zunächst empfindet *Halm* das Monopolproblem als weniger schwerwiegend als es in der Neoklassik aufgefaßt wird:[305]

- „Vollständige Monopole", so *Halm*, sind zunächst einmal außerordentlich selten, da sie in Konkurrenz mit anderen, vom Kunden gleich gewerteten Produkten stehen.
- Die Zusammenschlüsse konkurrieren außerdem mit Außenseitern und
- mit „neu entstehenden Produktionsanlagen", die durch den Monopolpreis angelockt werden.

Aus diesem Grund ist nach *Halm* „eine wirkliche, den Konkurrenzpreis erheblich übersteigende Monopolpreisbildung" nur selten möglich.[306] Solche Monopole wären zwar „Monopolerscheinungen", besäßen aber keine „Monopolwirkung". Wenn die Monopole dennoch in der Lage sein sollten, eine solche Wirkung auszustrahlen, wären die volkswirtschaftlichen Folgen nicht allzu bedenklich. Nur die Struktur, nicht das Volumen des Sozialprodukts verändere sich.[307] Indem auf dem monopolisierten Markt die Produktionsmenge reduziert wird, begründet *Halm* seine Ansicht, sind Produktionsfaktoren auf diesem Markt frei geworden. Sie wandern ab und wenden sich anderen Güterproduktionen zu. Die Folge sei, daß dort die Mengen erhöht und die Preise gesenkt werden. Die Wohlfahrtsverluste auf dem monopolisierten Markt werden durch die Wohlfahrtsgewinne auf den verbleibenden Konkurrenzmärkten kompensiert. Das Ergebnis, das *Halm* angesichts der „ruinösen Konkurrenz" aus diesem Ergebnis zieht, ist, daß die effiziente Wirtschaft nicht durch die „atomisierte Konkurrenz", sondern durch Kartelle gesichert wird.[308]

---

[304] *Weber* 1930, S. 41. So auch *Gebhardt* 1930, S. 114f.
[305] *Halm* 1929, S. 146f.
[306] Ebd., S. 146.
[307] Ebd., S. 147f.
[308] Ebd., S. 152f. Auch *Gebhardt* ist der Meinung, daß durch die Kartelle und Verbände die „Reibungsverluste" der „völlig freien Konkurrenz" vermieden werden könnten. *Gebhardt* 1930, S. 119.

Es ist ein ambivalentes Fazit zu ziehen. Einerseits wird erkannt, daß die „atomisierte Konkurrenz“ weder eine realistische noch die einzige Marktform darstellt, die mit Wettbewerbsfreiheit vereinbar ist, andererseits wird unterschätzt, daß auch private Marktmacht in der Lage ist, den Wettbewerb zu beschränken. *Halm* erkennt richtigerweise, daß es sich bei der „atomisierten Konkurrenz“ um ein nicht adäquates Modell für ein Zeitalter handelt, in dem das Wirtschaftsleben u.a. Monopolelemente und Produktionsheterogenitäten enthält. Diese Erkenntnis führt bekanntlich einige Jahre später im anglo-amerikanischen Raum zu intensiven Diskussionen um pure competition, monopolistic competition und workable competition.[309] Auch nimmt er die – gegenwärtig vor allem im Rahmen der sogenannten Evolutorischen Ökonomik vertretenen – Erkenntnisse vorweg, wenn er sich den Wettbewerb als eine dynamische Institution vorstellt, der keine Marktstruktur vorgegeben ist. Vielmehr ist gerade die „atomisierte Konkurrenz“ mit ihrer Machtlosigkeit, Neuerungen durchzusetzen, eine „Schlafmützenkonkurrenz“ (*Friedrich A. Lutz*). Demgegenüber steht allerdings das Problem, daß nicht jede ökonomische Aktivität der privaten Wirtschaftssubjekte wettbewerbsförderlich ist. Die Gefahr des Monopols besteht auch dann, wenn man die „atomisierte Konkurrenz“ nicht als adäquates Konzept der Wettbewerbsfreiheit anerkennt. Dies um so mehr, je näher die monopolisierten Produkte den Rohstoffen sind. Darauf zielt auch *Eduard Heimanns* Kritik. *Heimann*, der die *Weber-Halm*-“Schule“ als theoretisch anregend empfindet, setzt sich in einer interessanten Erwiderung mit der Sicht dieser Nationalökonomen auseinander. Er hält die Argumente, die *Halm* aufführt, um zu zeigen, daß sich Monopole aufgrund ihrer begrenzten Macht nicht besonders von der Konkurrenz unterscheiden, für wenig überzeugend. *Heimann* stimmt *Halm* zu, daß Monopole häufig technologischen Ursachen entspringen und nicht ökonomisch begründet sind.[310] Auch entdeckt er weitere positive, von *Halm* nicht berücksichtigte Aspekte des Monopols, wie die erhöhte Markttransparenz.[311] Aber er kritisiert, daß *Halm* von den nicht-ökonomischen Ursachen der Monopolbildung automatisch auf nicht-monopolistisches Verhalten der Monopole schließt. Seiner Meinung nach ist eine solche Annahme falsch. Richtig sei es, daß der Ruin durch Preiserhöhung abgewendet werde, falsch sei es, anzunehmen, die Monopole könnten nicht über den dafür notwendigen Preis hinausgehen und einen Monopolpreis setzen. „Wenn man Macht mit absoluter Macht gleichsetzt“, erwidert *Heimann*, „so gibt es auf der Erde überhaupt keine Macht; die Untersuchung jeder konkreten Macht muss dem relativen Spielraum gelten, den sie der Machtlosigkeit voraus hat“.[312] Es gebe die Konkurrenz des Monopolgutes mit anderen Gütern und „Ersatzprodukten“ um die Nachfrage auch im Sozialismus. *Halms* Argumentation sei kein stichhaltiger Beweis dafür, daß die Konkurrenz

[309] Vgl. als kurze Einführung z. B. *Aberle* 1992, S. 29ff.
[310] *Heimann* 1929b, S. 533f.
[311] Ebd., S. 534. *Gebhardt* führt dieses Argument an. Vgl. *Gebhardt* 1930, S. 117.
[312] Ebd.

im Monopol überlebe. Ähnlich skeptisch ist *Heimann* hinsichtlich der konkurrenzerhaltenden Kraft der Außenseiter.[313] Die „Monopolmacht" könnte an Außenseitern scheitern, müßte es aber nicht. Auch können Konkurrenzunternehmen durch den Monopolgewinn angelockt werden, sie müssen es aber nicht. (Vertikale) Absprachen der etablierten Unternehmen mit „Zulieferern" stellen für ihn ein probates Mittel dar, dies zu verhindern. Besonders die Kreditvergabe sei in diesem Kontext heikel. Die Banken stellten Kredite für Konkurrenzgründungen nicht zur Verfügung, da sonst die Gefahr besteht, daß die Monopolgewinne der alten Bankkunden vernichtet werden und „so die alten Kredite der Banken" nicht rückgezahlt werden können.[314] Auch *Halms* Argument, monopolisierte Märkte veränderten nur die Struktur, nicht aber das Volumen des Sozialproduktes im Verhältnis zur „atomisierten Konkurrenz", hält *Heimann* für nicht stichhaltig. *Halm* habe dabei vergessen, daß auch die Monopolisten die erhöhten Gewinne zur Nachfrage auf den anderen Märkten verwenden: „als Wirkung der Verteuerung und Verknappung bei der monopolisierten Ware" resultiert daraus „nicht billigere und reichlichere Versorgung mit anderen Gütern, sondern unveränderte Versorgung mit diesen bei gleichmäßiger Erweiterung der Nachfrage und des Angebots."[315] Übrig bleibe eine Verringerung des Sozialproduktes.

Man war sich also einig, daß ein Wandel vom freien zum gebundenen Kapitalismus stattgefunden hat, unterschied sich aber darin, welche Bedeutung man den „monopolistischen" Großorganisationen und dem staatlichen Interventionismus beimaß und wie er zu bewerteten war. Großorganisationen wurden als effizienzsteigernd oder -mindernd, „Monopole" als wettbewerbsfeindlich oder -stützend gesehen. In allen Interpretationen finden sich Elemente, die noch heute in Wissenschaft und Politik kontrovers diskutiert werden. Die erste Gruppe der Ökonomen verband mit „Monopolen" volkswirtschaftliche Ineffizienz. Sie relativierte die Konzentrationstendenzen gleichzeitig, indem sie nur bestimmte Sektoren davon „befallen" sah, was sie dazu veranlaßte, die damalige Wirtschaftsordnung noch negativer zu beurteilen. Denn in einer solchen Mischwirtschaft glaubten sie, überhaupt kein Ordnungsprinzip mehr erkennen zu können. Sie erblickten im gebundenen Kapitalismus eine ungeordnete und „vermachtete" Wirtschaft, deren Versagen sich relativ zum freien Kapitalismus in den verschärften Krisen manifestierte. Ähnlicher Ansicht waren die sozialistischen Wissenschaftler (der Zwischenposition). Auch ihnen zufolge verschärfte die vielfältigen Bindungen die Probleme, die allen Formen des Kapitalismus inhärent sind. Im Gegensatz zu der ersten Gruppe wollten sie diese Probleme jedoch weder in abgeschwächter Form hinnehmen, noch glaubten sie, daß eine Rückkehr zur freien Form wirklich möglich sei. Sie hatten mit dieser Ansicht, zumin-

313 Ebd., S. 536f.

314 Ebd., S. 537.

315 Ebd., S. 535f. Zur Verschiebung der „Einkommensverteilung zugunsten des Machthabers" durch das Monopol vgl. auch ders. 1929, S. 68f.

dest in der Weltwirtschaftskrise, die Mehrheit der Intellektuellen auf ihrer Seite. Besonders scharf wird eine Rückkehr zur „freien Wirtschaft“ von der Gruppe abgelehnt und auch als unmöglich angesehen, die in den staatlichen Eingriffen und den Organisationstendenzen der privaten Wirtschaft das Fundament einer höher entwickelten Wirtschaftsordnung zu sehen glaubte. Diese Interpreten diagnostizierten, daß der gebundene Kapitalismus versagt habe. Diese Wirtschaftsordnung hatte ihrer Meinung nach versagt, da sich entweder die neue Wirtschaftsgesinnung noch nicht durchgesetzt habe oder die neue, sich abzeichnende ökonomische Struktur noch nicht geordnet sei. Dies galt auch für die „rechten Antikapitalisten“. Während jedoch die Gruppe, die zuerst behandelt wurde, sich durch die Konzentration ein höheres Wirtschaftswachstum ohne allzu starke Konjunkturschwankungen versprach, waren *Sombart* und *Spann* davon überzeugt, daß die Konzentrationstendenzen auf eine Wirtschaftsordnung hindeuten, die keine, mit dem freien Kapitalismus vergleichbaren, ökonomischen Erfolge hervorbringen wird. Und das war ihnen nur recht. Sie erhofften sich gerade eine Abkehr vom ökonomistischen und materialistischen Denken. Für die vierte Gruppe konnte die Weltwirtschaftskrise zumindest nicht auf die privaten Konzentrationstendenzen zurückgeführt werden. Ihrer Meinung nach waren sie nur der organisatorische Ausdruck veränderter technologischer Rahmenbedingungen. Der Wettbewerb lebte nach ihrer Meinung auch in den Kartellen fort, so daß sie nicht an ein „Versagen des Kapitalismus“ glaubten. Ihre Kritik am gebundenen Kapitalismus war daher weniger fundamental als die der anderen drei Gruppen. Derweil diese Gruppen vor diesem Hintergrund ordnungspolitische Reformvorschläge unterbreiteten und zumeist nach einem *Dritten Weg* suchten, beschränkte sich jene Gruppe weitgehend auf die Verteidigung der bestehenden Wirtschaftsordnung. Allen Gruppen, die nach Alternativen zum gebundenen Kapitalismus suchten, war gemeinsam, daß sie im gebundenen Kapitalismus zwar häufig schon eine entsprechende Tendenz zu erkennen glaubten, daß diese sich aber ihre Meinung nach noch nicht vollkommen durchgesetzt hatte. Ihrer Ansicht nach fehlte es eben an einer ordnungspolitischen „Gesamtentscheidung“, einer Entscheidung über die Frage, welche grundsätzliche Gestalt die Wirtschaftsordnung annehmen sollte.

D. Die Therapie: lauter *Dritte Wege*

Je nachdem wie die Nationalökonomen den gebundenen Kapitalismus bewerteten und wie sie den Zusammenhang zwischen Staats- und Wirtschaftsform „optimieren“ wollten, entwarfen sie ordnungspolitische Konzeptionen. Diese sollten ihrer Meinung nach mit den Fehlern sowohl des freien als auch gebundenen Kapitalismus aufräumen, ohne gleichzeitig in die des „reinen“ Sozialismus zu verfallen. Diese ordnungspolitischen Vorschläge gilt es nun darzustellen und zu kritisieren. Neuere Referenzkonzepte wie die ökonomische Systemtheorie, die Neue Institutionenökonomik oder die Evolutorische Ökonomik liefern für diesen Zweck durchaus Instrumente. Diese Instrumente (z. B. der Property-Rights-Ansatz oder die Agency-Theorie) werden allerdings – sofern sie für Zwecke der Typisierung und Analyse von Wirtschaftsordnungen eingesetzt werden – Institutionen zugeordnet, die aus der deutschen Ordnungstheorie als Koordinationsverfahren bekannt sind.[316] Das Schwergewicht liegt dann auch bei diesen neueren Forschungsrichtungen der Wirtschaftswissenschaft auf dem „mix of coordination modes“.[317] In diesem Zusammenhang werden meist Koordinationsformen wie Markt und Staat oder Markt und Unternehmen (Hierarchie) angeführt. Dieser Katalog wird zumeist noch ergänzt, so daß sich Untersuchungen über das Zusammenspiel der Koordinationsverfahren „State, Networks, Microhierarchies (enterprises), Markets“ finden lassen.[318] Einen Fortschritt gegenüber der (ordoliberalen) Diskussion am Anfang der Bundesrepublik Deutschland stellen diese Ansätze zum einen deswegen dar, weil sie neue Analyseinstrumente geschaffen haben, die zu Erkenntnisgewinnen führen können, und zum anderen, weil sie es erst gar nicht auf eine Diskussion um „Idealtypen“ sowie „Realtypen“ anlegen und auch die Frage eventueller stabilitäts- und effizienzmäßiger Überlegenheiten von Wirtschaftsordnungen nicht vor dem Hintergrund eines „single existing or desirable coordination mode“ führen.[319] Allerdings stellen die Koordinationsverfahren selbst keine wirklichen Neuerungen, allenfalls Erweiterungen dar. Den entscheidenden Anstoß für eine realistische Typisierung hat meines Erachtens *Nobert Kloten* geliefert. *Kloten* typisiert Wirtschaftsordnungen anhand der Kriterien der Koordinationsverfahren und der Eigentumsformen. Um der Realität gerecht zu werden, in der immer öffentliche und private Wirtschaftspläne den Wirtschaftsablauf nebeneinander bestimmen und in der immer Staats- und Privateigentum zugleich in der Volkswirtschaft aufzufinden sind, stellt *Kloten* die Frage nach dem Vorwalten:[320] Dominiert die öffentliche oder die private Koor-

---

[316] So z. B. *Feldmann* 1999.

[317] Einen Überblick über die die Vielzahl an Systemmatisierungsversuchen der Koordinationsverfahren bieten *Bohnet/Bischoff* 1999. Kritisch dazu *Wass von Czege* 1999.

[318] Von vielen: *Chavance / Magnin* 2002, S. 186, und *Thompson* 1991, S. 6ff.

[319] Ebd.

[320] *Kloten* 1955, S. 127, S. 131f. und 135.

dinationsinstitution? Besteht Priorität des Staats- oder des Privateigentums? Er gelangt damit zu einer realtypischen Systematisierung. Die Kriterien stellen auch im folgenden das Instrumentarium dar, mit denen die verschiedenen Ideen der *Dritten Wege* klassifiziert, verglichen und bewertet werden sollen. Wie *Kloten* werde auch ich die Koordinationsform als Originärkritierium, die Eigentumsform als das Subsidiärkriterium betrachten. Anders als *Kloten*, der relativ abstrakt bei seiner Systematik der Wirtschaftsordnungen vorgeht, gehe ich von den ordnungspolitischen Konzeptionen aus, die die Nationalökonomen der Weimarer Republik entwickelten. Nur ihnen gilt mein Interesse. Meine Typisierung wird daher zwangsläufig eine etwas andere Gestalt und ein anderes Schwergewicht aufweisen als die *Klotens*. Entsprechend des Originärkriteriums können die damaligen ordnungspolitischen Vorschläge drei Oberkonzeptionen zugeordnet werden:

- *Dritte Wege mit liberaler Ausrichtung,* auf welchen die Unternehmen den Wirtschaftsprozeß im Wettbewerb dezentral planen (Abschnitt I.).
- *Dritte Wege mit korporativistischer Ausrichtung,* auf welchen der Wirtschaftsprozeß dezentral durch die einzelnen Unternehmen und intermediären Verbände (Korporationen, Stände) geplant wird (Abschnitt II.).
- *Dritte Wege mit interventionistischer Ausrichtung*, auf denen der Wirtschaftsprozeß durch die Unternehmen zwar auch dezentral geplant werden soll, der Staat jedoch lenkend in den Wirtschaftsprozeß eingreift (Abschnitt III.).

In den ersten beiden Oberkonzeptionen besteht eine eindeutige Priorität des Privateigentums. Dagegen bestehen zwischen den einzelnen *Dritten Wegen mit interventionistischer Ausrichtung* erhebliche Unterschiede in der Frage, welche Bedeutung den beiden Eigentumsformen zukommen soll. Zur Klarstellung: Im folgenden werden nur Konzeptionen analysiert, die von ihren Protagonisten als ein wie auch immer gearteter *Dritter Weg* propagiert wurden.[321] Es ist dabei unerheblich, ob diese Vertreter die hinter dieser Konzeption stehende Wirtschaftsordnung bereits als „Zielordnung" oder „nur" als eine Art vorbereitende Ordnung für irgendeinen, nicht näher spezifizierten Sozialismus ansahen. Da dieser Zwischenschritt aber von dessen Befürwortern intensiv und oft detaillierter ausgearbeitet wurde als das Ziel selbst, erscheint es angebracht, auch diese Form der *Dritten Wege* hier zu behandeln. Der gebundene Kapitalismus, der häufig selbst als eine problematische Synthese aus kapitalistischen und sozialistischen Elementen erschien, wird im folgenden nicht weiter behandelt. Er war, wie erwähnt, jedenfalls der Ausgangspunkt der Suche nach den *Dritten Wegen*, die uns nun interessieren sollen.

[321] Auch können nicht alle während der Weimarer Republik vorgebrachten ordnungspolitischen Reformvorschläge behandelt werden. Dafür war die Unzufriedenheit mit der Weimarer Republik und deren Wirtschaftsordnung zu weit verbreitet.

Abbildung 5

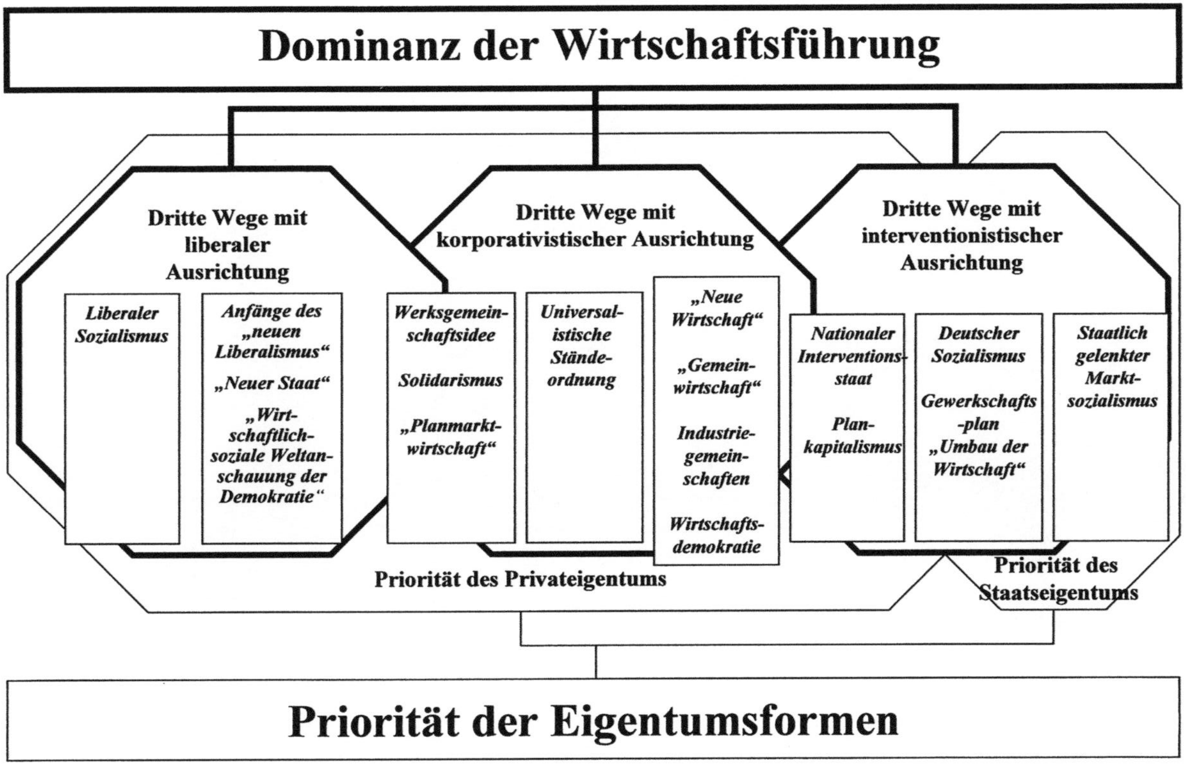
Dominanz der Wirtschaftsführung
Dritte Wege mit liberaler Ausrichtung
Liberaler Sozialismus
Anfänge des „neuen Liberalismus“
„Neuer Staat“
„Wirtschaftlich-soziale Weltanschauung der Demokratie“
Dritte Wege mit korporativistischer Ausrichtung
Werksgemeinschaftsidee
Solidarismus
„Planmarktwirtschaft“
Universalistische Ständeordnung
„Neue Wirtschaft“
„Gemeinwirtschaft“
Industriegemeinschaften
Wirtschaftsdemokratie
Dritte Wege mit interventionistischer Ausrichtung
Nationaler Interventionsstaat
Plankapitalismus
Deutscher Sozialismus
Gewerkschafts-plan
„Umbau der Wirtschaft“
Staatlich gelenkter Marktsozialismus
Priorität des Privateigentums
Priorität des Staatseigentums
Priorität der Eigentumsformen

I. *Dritte Wege* mit liberaler Ausrichtung

Der Rechtswissenschaftler *Hermann Heller* stellte 1926 fest, daß der „liberale Ideenkreis als solcher (...) politisch unzeitgemäß geworden" ist. [322] *Mises* meinte ein Jahr später, die Bezeichnung „Liberalismus" sei „geradezu geächtet".[323] Diese Auffassung dürfte sich zur Zeit der Weltwirtschaftskrise noch verstärkt haben. Dennoch gab es gerade in der Wirtschaftswissenschaft eine kleine Gruppe sich zum Liberalismus bekennender Persönlichkeiten. Mehrere von ihnen suchten angesichts der großen Probleme der Wirtschaftsordnung der Weimarer Republik nach einem *Dritten Weg*. Die verschiedenen Vertreter eines *Dritten Weges mit liberaler Ausrichtung* grenzen ihn als Alternative sowohl von der bürokratischen zentralen Planwirtschaft als auch vom monopolistischen Kapitalismus ab:

(1) Sie erblicken im Markt bzw. Wettbewerb das rationalste, produktivste und gerechteste Verfahren, um die Volkswirtschaft zu koordinieren.

(2) Sie sind daher vehemente Gegner monopolistischer Phänomene im Wirtschafts- und Gesellschaftsleben, die ihrer Meinung nach neofeudale Verkrustungserscheinungen darstellen, die dem Gemeinwohl schaden.

(3) Ebenso ist nach ihrer Meinung die zentrale Planwirtschaft unvereinbar mit Freiheit, Gemeinschaft und Gemeinwohl.

Im folgenden Abschnitt werden der „liberale Sozialismus" (Abschnitt 1) und die Anfänge eines „neuen", aus verschiedenen Gruppierungen (und Anschauungen) bestehenden Liberalismus (Abschnitt 2) untersucht. Sie unterscheiden sich wie folgt:

322 *Heller* 1926, S. 89.

323 *Mises* 1927, S. 2.

Abbildung 6

	Liberaler Sozialismus	**Neuliberalismus**
Wesen des Wettbewerbs	Die Konkurrenz hält sich von alleine aufrecht. Sie muß „nur“ von den staatlichen Fesseln befreit werden.	Der Wettbewerb kann sich nicht selbst erhalten. Dies bedarf der Hilfe des Staates.
Art des Monopols	Der Begriff des Monopols beschreibt die soziologische Herrschaftsstruktur des Kapitalismus („Klassenmonopol“ der Großgrundbesitzer und Kapitalisten).	Das Monopol ist der Gegenfall zum freien Wettbewerb oder zur vollständigen Konkurrenz auf den Märkten.
Rolle des Staates	Der Staat ist grundsätzlich ein Instrument der Unterdrückung, dessen sich die Großgrundbesitzer und Kapitalisten bedienen, um ihre Macht zu stützen. Die gesetzliche und politische Einflußsphäre des Staates soll daher (bis zu dessen „Ausrottung“) verringert werden.	Der Staat soll wieder die „Verkörperung des über den Gruppeninteressen stehenden Gemeinwohls“ darstellen.[324] Die Staatsaufgaben sollen reduziert, die Souveränität des Staates soll gesteigert werden. Er hat den Wettbewerb zu sichern. Die staatlichen Aktivitäten sollen sich am ordnungspolitischen Leitbild des freien Wettbewerbs oder der vollständigen Konkurrenz ausrichten.

1. Liberaler Sozialismus

Eugen Dühring und *Theodor Hertzka* vertraten als erste (noch zu Zeiten des Kaiserreiches) den *liberalen Sozialismus*.[325] Sie verfolgten das Ziel, die Krise zu überwinden, die nach ihrer Meinung dadurch entstanden war, weil der real exis-

[324] *Röpke* 1923, S. 45.

[325] *Haselbach* 1985, S. 9. Zu Person und Einfluß *Hertzkas* auf *Oppenheimer* vgl. *Kruse* 1990, S. 87. Gewisse Merkmale „liberaler Sozialisten” besaßen auch *Adolph Löwe* und *Eduard Heimann*. Speziell in *Heimanns* Werk „Die soziale Theorie des Kapitalismus” ist der Gegensatz zwischen kapitalistischer Wirklichkeit und liberalem Ideal der Ausgangspunkt, auf dem er seine weitere Untersuchung aufbaute. Im Gegensatz zu *Oppenheimer* lehnten sie den Staat aber nicht ab. Vielmehr sollte er in ihren ordnungspolitischen Konzeptionen einen wichtigen Part spielen. Vgl. *Heimann* 1929a, S. 14. Vgl. zur näheren Betrachtung besonders die beiden ersten beiden Kapitel desselben Buches.

tierende Kapitalismus vom Ideal der reinen Marktwirtschaft abweicht.[326] Sie waren der Auffassung, daß nicht das Marktverfahren an sich für die kapitalistischen Mißstände verantwortlich ist. Vielmehr lag ihrer Ansicht nach die Ursache dafür in der *nicht* über den Markt laufenden, mit außerökonomischen Mitteln gestützten Akkumulation von Eigentum („Gewalteigentum“). Der Einsatz solcher Mittel verhindere, daß der Markt als selbstregulierende und egalisierende Institution wirken kann. Nicht die reine, sondern die „verfälschte“ Marktwirtschaft erzeugt danach allokative Disproportionalitäten und distributive Ungleichheiten. Für die „liberalen Sozialisten“ war damals der freie Markt und der Liberalismus deshalb noch nicht verwirklicht. Erst wenn die „außerökonomischen Hindernisse“ beseitigt seien und sich die Marktkräfte vollkommen entfalten könnten, sei die Freiheit und Gleichheit verbindende, krisenfeste „natürlich-glückliche Ordnung“ realisiert.

Erst *Franz Oppenheimer* hat den „liberalen Sozialismus“ zu einer in sich geschlossenen Konzeption entwickelt (vor und nach dem Ersten Weltkrieg). Wie alle „liberalen Sozialisten“ strebte auch *Oppenheimer* mit seinem *Dritten Weg* keine Mischung von Markt und (zentralem) Plan an. Er wollte eine „natürliche Ordnung“ verwirklichen, die sowohl Freiheit (Liberalismus) als auch Gleichheit (Sozialismus) garantiert. Das Adjektiv „liberal“ bezog sich bei ihm auf den Weg, den es zu beschreiten gilt, um ein Distributionsergebnis zu erreichen, das er als „Sozialismus“ identifizierte. Ordnung ist hier im Sinne einer spontanen Ordnung eines *Friedrich A. Hayeks* zu verstehen.

a) Franz Oppenheimer – Liberaler und Sozialist zugleich

Franz Oppenheimer war als studierter Mediziner durch das soziale Leid des ländlichen und städtischen Proletariats zur Ökonomik und zum Sozialismus gestoßen.[327] Diese Erfahrung prägte ihn sehr, so daß sein ganzes weiteres Leben von der Idee bestimmt wurde, die sozialen Mißstände zu beseitigen und eine gerechte Wirtschaftsordnung zu schaffen. Er blieb aber stets ein Außenseiter im sozialistischen Lager. Engen Kontakt besaß *Oppenheimer* zu *Leonard Nelson*, der in der oppenheimerschen Konzeption eine Möglichkeit sah, sein abstraktes philosophisches System des *ethischen Sozialismus* zu konkretisieren.[328] *Oppenheimer* wiederum betrachtete den Anhängerkreis *Nelsons* als eine gewisse „Hausmacht“. Der *Internationale Jugendbund* und der *Internationale Sozialistische Kampfbund*, die *Nelsons* Ideen verpflichtet waren, nahmen *Oppenheimers*

[326] *Haselbach* 1985., S. 9f.
[327] *Kruse* 1990, S. 84ff.; *Kalmbach* 1996, S. 123f.
[328] *Haselbach* 1985, S. 148ff.

Ideen einer stabilen, freien Marktordnung in ihr sozialistisches Programm auf.[329] Genauso aber wie viele Nationalökonomen, auf die *Oppenheimer* als Frankfurter Hochschullehrer großen Einfluß besaß, führte der *Kampfbund* seine ordnungspolitischen Vorstellungen nur in begrenztem Maße weiter.[330] Während die Anhänger *Nelsons*, besonders in der Weltwirtschaftskrise, der Ansicht waren, der freie Markt bedürfe eines starken Staates, wollte *Oppenheimer* den Staat „ausrotten". Für ihn war der Staat die Ursache aller Mißstände.

Die Begründung seiner Ansicht bleibt in all seinen Schriften stets gleich. Mittels eines streng theoretisch-deduktiven Gerüstes will *Oppenheimer* aufzeigen, wie das soziale Elend entstanden und wie es zu beseitigen ist. Er entlehnt der klassischen Nationalökonomie die objektive Arbeitswertlehre, läßt sie aber nur im Falle der „freien Konkurrenz" gelten.[331] Das theoretische Gerüst umkleidet er mit einem organizistischen Gedankengang, der für ihn in erster Linie eine heuristische Funktion besitzt. *Oppenheimer* vergleicht die Gesellschaft mit einem Organismus.[332] Wie der menschliche Körper kann sich seiner Ansicht nach eine Gesellschaft in einem gesunden und einem kranken Zustand befinden. Dem gesunden Zustand der Gesellschaft entspricht die „natürliche Ordnung", eine Art Urzustand, in welcher es keine sozialen und ökonomischen Ungleichheiten gibt. Es herrscht die „reine Ökonomie", deren Grundlage das „ökonomische Mittel", d.h. der „Tausch" ist.[333] Für gleiche Leistung bekommt jede Person die wertmäßig gleiche Gegenleistung, was zu Gleichheit, Gerechtigkeit und Frieden führt. Ausdruck dieses Prinzips ist gemäß seiner Weltsicht die „freie Konkurrenz", in der jeder, der an der Produktion teilnehmen möchte, es in gleichberechtigter Weise darf und kann. Damit vergleichen, sei die konkrete Gesellschaft krank. Denn die Reziprozität sei durch das „politische Mittel" durchbrochen worden. Hinter solchen Mitteln verbergen sich für ihn „außerökonomische Zwänge" wie Raub, Gewalt, Eroberung „und Verbrechen aller Art".[334] Die Einseitigkeit er-

---

[329] Der *Internationale Jugendbund* wurde 1917 von Nelson und „Freunden aus der Jugendbewegung" gegründet. Die Mitglieder waren „gehalten (...) sich in einer linken Partei zu organisieren". Später wurde der *Internationale Sozialistische Kampfbund* als Reaktion auf den Ausschluß der *Jugendbund*-Mitglieder aus der SPD als Nachfolgeorganisation gegründet. *Haselbach* 1985, S. 149 und 1951. Siehe dort auch weiterführende Literatur zu den Nelsonianern.

[330] Ebd., S. 151f. Zu den Unterschieden zwischen *Nelson* und *Oppenheimer* bzgl. „Strategie und Ziel von Politik" vgl. ebd., S. 149f.

[331] Zu seiner Rezeption der klassischen Nationalökonomie und der Lehre von *Marx* vgl. *Kruse* 1990, S. 88ff.

[332] *Oppenheimer* 1922, S. 8f. Zu *Oppenheimers* Organismusmodell als heuristisches Prinzip vgl. *Haselbach* 1985, S. 36ff. und *Kruse* 1990, S. 148ff.

[333] *Oppenheimer* 1907, S. 315f.

[334] Mit dem „politischen Mittel" ist für *Oppenheimer* dessen Träger, der Staat, eng verbunden. Der Staat ist auf immer und ewig durch das „politische Mittel" charakterisiert. Er war schon seiner Meinung nach nur durch den Einsatz des „politischen Mittels" entstanden und diente einer Menschengruppe ausschließlich dazu, eine andere auszubeuten. Diesen Ausbeutungs-

setzt die Gegenseitigkeit, verbunden mit Krieg, Ausbeutung und Kapitalismus. In der Scheidung von „politischer“ und „reiner Ökonomie“ steckt bereits der Ansatz, der es rechtfertigt, *Oppenheimer* als einen liberalen Nationalökonomen einzustufen, wie gleich gezeigt wird.

Eine solche „affektbeladene Definition“ des Politischen rief Reaktionen einiger Wissenschaftler hervor. *Carl Schmitt* hat daraufhin nachgewiesen, daß hinter *Oppenheimers* definitorischer Scheidung von „reiner“ und „politischer Ökonomie“ eine kaum noch mit dem Kriterium der Wissenschaftlichkeit zu vereinbarende politische Wertung steckt.[335] Man könnte die Politik umgekehrt als die „Sphäre des ehrlichen Kampfes“ und die Wirtschaft als eine „Welt des Betruges“ definieren. *Oppenheimer* habe sich mit dieser „unverschleiert[en] Antithese“ direkt in die Traditionslinie des Liberalismus gestellt, dessen Argumentation stets aus ethischen oder ökonomischen Faktoren bestehe.[336] Der Liberalismus als politische Form des Individualismus kann nach Meinung *Schmitts* keine über den Individuen stehende Instanz anerkennen. Mit einer solchen sei stets das Politische verbunden, da dessen Kriterium, die Freund-Feind-Entscheidung, die in letzter Konsequenz mit einer Entscheidung über Krieg und Frieden zusammenhängt, sich nur auf der überindividuellen, öffentlichen Ebene abspiele.[337] Eine solche, „in normalen Zeiten“ vom Staat zu treffende Entscheidung über Leben und Tod, so *Schmitt*, könnten die Anhänger des Liberalismus’ nicht akzeptieren, da als alleiniges Kriterium seines Handelns die individuelle Freiwilligkeit gilt. Damit ist *Oppenheimers* Gedankengang exakt getroffen. Das Allgemeine wird bei ihm – trotz organizistischer Vergleiche – stets von den Individuen hergeleitet. Daß *Oppenheimer* in erster Linie ein Liberaler war, zeigt sich auch an seiner ordnungspolitischen Konzeption.

b) Oppenheimers Theorie des Kapitalismus

Wieso ist nun das Volk an Kapitalismus und Ausbeutung „erkrankt“?[338] *Oppenheimer* versucht mittels eines kausalen Modells abzuleiten, wie das Volk durch die Krankheit des Kapitalismus befallen wurde. Danach schränkt der Staat mit

---

charakter kann der Staat laut *Oppenheimer* niemals abstreifen. Vgl. *Oppenheimer* 1907, S. 323ff. Diese auf *Gumplowicz* zurückgehende „soziologische Staatstheorie” ist in ihrer Einseitigkeit seitens Anthropologen scharf kritisiert worden. Vgl. *Gehlen* 1956, S. 248f.

[335] *Schmitt* 1932, S. 76.

[336] Ebd., S. 75. Daß sich in *Carl Schmitts* Weltanschauung durchaus auch wirtschaftsliberale Elemente finden lassen, zeigt *Hansen* 1988.

[337] *Schmitt* 1932, S. 26 und 29f.

[338] Einen Überblick über die Argumentation *Oppenheimers* gibt *Kalmbach* 1996, S. 121ff. und ders. 1999, S. 84ff.

dem „politischen Mittel" den freien Zugriff auf Grund und Boden ein.[339] Er führt das Privateigentumsrecht ein. Das bis dahin freie Land wird vollkommen „gesperrt", so daß sich nicht mehr die gesamte Landbevölkerung jeweils ein Stück Land aneignen kann, um es als Grundlage für den Lebensunterhalt zu nutzen. Aufgrund des Privateigentums an Grund und Boden entsteht die fest umrissene Klasse der Großgrundbesitzer.[340] Boden ist aber „unentbehrlich" für Urproduzenten als Produktionsmittel oder als Standort für Wohnung und Werkstatt.[341] Um ihre Existenzbedürfnisse zu sichern, bleibt der bodenlosen Landbevölkerung als einzige Möglichkeit, ihre Arbeitskraft anzubieten. Die Großgrundbesitzer besitzen genügend Grund und Boden zum Leben, sie benötigen aber Arbeiter, da ihre eigene Arbeitskraft nicht ausreicht, um ihr gesamtes Land bearbeiten zu können. Es besteht eine „Machtasymmetrie" zwischen beiden Gruppen. Aufgrund ihres Besitzes an Grund und Boden und der damit verbundenen Existenzsicherheit, müssen die Großgrundbesitzer weniger dringend Arbeiter nachfragen, als die landlose Landbevölkerung ihre Arbeitskraft anbieten muß.[342] *Oppenheimer* überträgt hier den soziologischen Begriff der Macht in die Ökonomie. Die Wirkung dieser unterschiedlichen Dringlichkeitsgrade ist für ihn gleichbedeutend mit der eines (Nachfrage-)Monopols, obwohl der Wettbewerb der Großgrundbesitzer untereinander nach wie vor besteht.[343] Die Arbeiter sind gezwungen, ihre Arbeitskraft unter dem „natürlichen" Lohn anzubieten, d.h. dem Lohn, der dem Arbeitswert ihrer Leistung gemäß ist und bei freier Konkurrenz entsteht. „Freie Konkurrenz" bedeutet für *Oppenheimer*, daß der Wert einer Leistung gleich dem Wert der Gegenleistung ist. Die kleine, durch die Bodensperre geschützte Klasse erhält nun aber einen „arbeitslosen" Mehrwert bzw. eine Bodenrente, während die Landarbeiter einen „arbeitsabziehenden" Minderwert erhalten.[344] Es besteht keine „Äquivalenz der Leistungen" mehr. Die Arbeiter bekommen nicht mehr den dem Wert ihrer Leistung entsprechenden Lohn. Das „Bodenmonopol" stellt seiner Ansicht nach die Grundlage eines „Klassenmonopols" dar, das durch diese Art des Tausches charakterisiert ist. Somit ist aus dem politisch geschaffenen „Bodenmonopol" einer gesellschaftlichen Gruppe ein „Klassenmonopol" der Großgrundbesitzer geworden.[345]

Die unterschiedliche Dringlichkeit des Austausches hat Wirkungen für den industriellen Sektor in der Stadt. Denn auf dem Land herrscht relativ zum Wachstumssektor Industrie der, wie *Oppenheimer* es analog zur Physik nennt,

---

[339] In diesen Zusammenhang ist wichtig, daß das gesamte Land gesperrt wird. Damit wird verhindert, daß die landlose Bevölkerung auf noch freies Land ausweicht und es sich aneignet. *Oppenheimer* 1919a, S. 54ff.

[340] Ebd., S. 56 und ders. 1926, S. 256ff.

[341] Ders. 1919a, S. 55.

[342] Ebd., S. 58.

[343] Ders. 1917/1918, S. 105ff. und ders. 1913, S. 654.

[344] Ders. 1913, S. 630f.

[345] Ebd., S. 641.

„höchste soziale Druck".[346] Während in den industriellen Bereichen ein mehr oder weniger langsames Sinken des „sozialen Drucks" zu spüren sei, worunter er die zunehmende Anteilnahme immer weiterer Schichten am steigenden Wohlstand versteht, ist der Großgrundbesitz der Ort eines konstant hohen sozialen Drucks. Die Arbeitskräfte streben zum Ort des geringeren Drucks und ziehen in die Stadt.[347] Zum einen können sie aber auch hier nicht in Besitz von Kapital kommen. Und zum anderen ist die Industrie zwar in der Lage, immer mehr Menschen zu beschäftigen, aber die Landflucht erhöht das Arbeitsangebot weit über die Aufnahmefähigkeit der Industrie.[348] Es entsteht eine industrielle „Reservearmee". Die Wanderungen haben damit Einfluß auf das städtische Lohnniveau. Die Landarbeiter mit den geringsten Löhnen („Grenzkuli") streben in die Städte, um den etwas höheren Lohn der Tagelöhner der Industrie zu verdienen. Es besteht ein „Angebotsüberhang", die Löhne der Industriearbeiter sinken und entsprechen ebenfalls nicht mehr dem Wert ihrer Arbeit, und die „Kapitalbesitzer" erhalten Kapitalprofite.[349] Damit ist der Kapitalismus entstanden. Er stellt nach *Oppenheimers* Ansicht ein durch den Staat geschütztes Klassenmonopol der Großgrundbesitzer dar und ist damit „Hemmung der freien Konkurrenz"[350] – eine Ansicht, die in modifizierter Weise großen Einfluß auf andere Wirtschaftstheoretiker besaß, in dieser Form aber dennoch vielfach abgelehnt wurde.[351]

c) Oppenheimers Dritter Weg

Zur Ordnung des Kapitalismus, so *Oppenheimer*, stellt der Kommunismus keine Alternative dar. *Oppenheimer* teilt mit dessen Vertretern weder die Ablehnung der freien Konkurrenz noch die Hoffnung auf eine umfassende, zentrale Planung des Wirtschaftsprozesses. *Oppenheimer* ist sein Leben lang durch und durch bürgerlicher Sozialist, weshalb er eine bürokratisch-zentralistische Wirtschaftsordnung aus freiheitlichen Gründen ablehnt.[352] Er befürchtet, daß im Kommunismus die bürgerliche Freiheit, die er wie die Konkurrenz im Kapitalismus gefesselt sieht, vollends zerstört werden würde. Auch ist ihm die Fixierung des Kommunismus auf den industriellen Sektor suspekt.[353] Entsprechend seiner

---

[346] Ebd., S. 651.

[347] Ders. 1919a, S. 59f. Da die Abwanderung besonders stark die Ostgebiete betraf, stellte *Oppenheimer* das sog. „*Goltzsche* Gesetz" auf: „Mit dem Umfang des Großgrundbesitzes parallel und mit dem Umfang des bäuerlichen Besitzes in umgekehrter Richtung wächst die Wanderung." Ders. zitiert nach *Kalmbach* 1996, S. 128.

[348] *Oppenheimer* 1913, S. 650.

[349] Ebd., S. 653f. und ders. 1933, S. 137.

[350] *Halm* 1929, S. 67.

[351] Siehe unten. Vgl dazu *Vogt* 1999, S. 243ff.

[352] Vgl. *Oppenheimer* 1913, S. 711ff.

[353] Vgl. ebd., S. 699ff.

Theorie muß vielmehr die Reform im landwirtschaftlichen Sektor beginnen, um den Kapitalismus überwinden zu können. Hier hätte ein *Dritter Weg* zu beginnen, den er als Alternative zu Kapitalismus und Kommunismus empfindet.

Entsprechend seines Glaubens an die Gleichheit und Gerechtigkeit schaffende freie Konkurrenz basiert *Oppenheimers* „liberaler Sozialismus" auf dem Marktverfahren. Der Monopolismus soll beseitigt und die freie Konkurrenz kleinerer und mittlerer Betriebe geschaffen werden.[354] Freie Konkurrenz als Ausgangspunkt kann nach Ansicht *Oppenheimers* auch nur freie Konkurrenz als Ergebnis hervorbringen: „Freie Konkurrenz besteht überall dort, und nur dort, wo es keine staatliche Intervention in den Wirtschaftsablauf und keine Klassenmonopolverhältnisse gibt. Ist aber ein System wirklich freier Konkurrenz gegeben, so kann es keine klassenbildenden Besitz- und Einkommensunterschiede geben."[355] Die sozialen Probleme seien nicht grundsätzlich dem Markt anzulasten, sondern der „gefesselten Konkurrenz" des Monopolismus'.[356] Bisher hatte seiner Meinung nach noch „nie in aller Weltgeschichte (...) freie Konkurrenz existiert."[357] Da die entscheidenden Monopole durch das „politische Mittel" entstanden seien, habe die Transformation in Richtung freier Konkurrenz dort anzusetzen. Seiner Theorie entsprechend sollen die Arbeiter in Genossenschaften Teile des Großgrundbesitzes aufkaufen und kolonisieren.[358] Die Kolonisation als solche soll nach dem Prinzip der Freiwilligkeit und dem des Rechts auf Boden erfolgen. Es sollen selbständige Einzelbauern ebenso akzeptiert werden wie Produktivgenossenschaften.[359] *Oppenheimer* selbst gibt den Genossenschaften den Vorzug, da sie die Vorteile des Kleinbetriebes (Motivation) mit den Vorzügen des Großbetriebes (Arbeitsteilung, Effizienz) vereinigte.[360] Da auf diesem Boden jeder Arbeiter einen Lohn entsprechend seiner Leistung erhalten soll, herrsche dort ein geringerer sozialer Druck als in der Industrie und auf dem Großgrundbesitz. Es entstehe ein Anreiz für das Stadt- und Landproletariat, von der Stadt oder vom Großgrundbesitz auf das sich in Arbeiterhand befindende Land zu ziehen.[361] Auf dem industriellen und großlandwirtschaftlichen Arbeitsmarkt, sinke auf diese Weise das Arbeitsangebot. Um ihre Arbeiter zu halten, müßten die Produktionsmittelbesitzer beider Sektoren die Löhne erhöhen, um

[354] Ders. 1922, S. 268. Ein anderer Vorschlag lautete, in der Nähe von großen Märkten „Mittelbauern" und in Ebenen und Gegenden mit ungünstiger Verkehrslage Genossenschaften entstehen zu lassen. Vgl. Ders. 1933, S. 156f.

[355] *Kruse* 1990, S. 193.

[356] *Oppenheimer* 1919b, S. 104f.

[357] Ders., zitiert nach *Kalmbach* 1996, S. 126.

[358] *Oppenheimer* 1933, S. 156. Einen Überblick zum Transformationsprozeß gibt *Kruse* 1990, S. 195ff.

[359] Vgl *Oppenheimer* 1919a, S. 80ff. und 1919b, S. 95.

[360] *Kruse* 1990, S. 197. Vgl. auch *Oppenheimer* 1896.

[361] *Oppenheimer* 1919b, S. 96.

den weiteren Exodus an Arbeitskräften zu verhindern.[362] Die „Reservearmee" in der Industrie werde verschwinden, das Arbeitsangebot werde so lange reduziert, bis Indifferenz zwischen den Löhnen der Industrie, des Großgrundbesitzes und des „freien Arbeiterlandes" besteht. Während die Industrie eine solche Entwicklung ohne größere Probleme überstehen könne, sei dann die Zeit der Großgrundbesitzer vorbei.[363] Ihre einzige Möglichkeit, sich noch am Markt zu halten, sei es, die Landarbeiter auszubeuten. Sobald sie ebenfalls höhere, dem „natürlichen" Lohn entsprechende Löhne zahlen müßten, würde ein Großgrundbesitzer nach dem anderen Bankrott gehen.[364] Die Genossenschaften könnten dann das entsprechende Land preiswert erwerben und der wachsenden Menge der auf das Land strömenden Arbeiter zur Verfügung stellen.[365] Indem die innere Kolonisation die Löhne erhöht, so *Oppenheimer,* sinke sowohl die Kapital- als auch die Grundrente, woraus eine, seiner Meinung nach, sozialistische Distribution resultiert. Einkommensunterschiede hingen nur noch von der Qualifikation und dem Fleiß ab. Die Einkommensschere könnte aber niemals besonders groß werden, da die freie Konkurrenz „durch die Ausgleichung der Preise die Ausgleichung der Einkommen nach dem Werte der Arbeit" bewirkt.[366] Es entwickelt sich nach *Oppenheimer* ein friedlicher Wettbewerb, der zu höheren Löhnen und höherer Nachfrage führt. Er erwartet offenbar Wunder: Die Produktivität und der Ertrag werde steigen und „jedem Mitglied der Gesellschaft" „ein durchschnittliches Einkommen" gewähren, „wie es heute der Millionär hat".[367] Dem Staat kommt in *Oppenheimer* Version keine weitere ökonomische Bedeutung mehr zu. Der Staat hat danach als Institution des „politischen Mittels" im „liberalen Sozialismus" keine Funktionen mehr und hat weitgehend ausgedient.[368] Es entstehe die „klassenlose Gesellschaft", deren ökonomischer Ausdruck die „reine Ökonomie" und deren politischer Ausdruck die „Freibürgerschaft" sei. *Oppenheimer* hofft, daß mit dem „liberalen Sozialismus" nicht nur die deutschen Arbeiter von der Ausbeutung befreit werden, sondern daß die Lohnerhöhungen in Deutschland Auswirkungen auf die anderen Länder haben und nach dem gleichen Schema den Arbeitern auf der ganzen Welt geholfen werden kann.

---

[362] Ebd., S. 98.

[363] Die industriellen Unternehmen profitieren von der Existenzgründerphase, indem sie die dafür notwendigen Güter bereitstellen. Sie können damit ihren verlorengegangenen Mehrwert zumindest anfänglich kompensieren. Ebd., S. 100.

[364] Ders. 1913, S. 673.

[365] Ders. 1933, S. 156.

[366] Ders. 1913, S. 628. Auch ders. 1933, S. 146.

[367] *Oppenheimer*, zitiert nach *Halm* 1929, S. 77.

[368] Vgl. *Kruse* 1990, S. 207f.

d) *Die weitere Entwicklung nach 1933/1934 und ein Fazit*

Oppenheimers Konzeption hatte keine Chance, realisiert zu werden. Er verließ Deutschland nach 1933, um zuerst nach Japan und dann in die USA zu emigrieren. Viele seiner „Schüler" mußten Deutschland ebenfalls verlassen. *Oppenheimer* besaß damit naturgemäß keinen direkten Einfluß mehr auf die akademische Nationalökonomie in Deutschland. Sein in Deutschland gebliebener „Schüler" *Erich Preiser* glaubte dennoch, das Werk *Oppenheimers* fortsetzen zu können.[369] Dieser Glaube beruhte aber nur auf der generellen Suche nach einem *Dritten Weg*. Mit der Konzeption des „liberalen Sozialismus" hatte *Preisers* Ordnungsvorstellung nichts gemein. Er war Anhänger der Konzeptionen einer „gelenkten Marktwirtschaft" und damit alles andere als jemand, der wie *Oppenheimer* den Rückzug des Staates aus dem Wirtschaftsleben forderte. Als SA-Mitglied sah er – zumindest anfänglich – mit dem Nationalsozialismus die Möglichkeit gekommen, einen *Dritten Weg* „zwischen Kapitalismus und Marxismus" zu schaffen.[370] Nach 1945 lebte der „liberale Sozialismus" nicht wieder auf. Zwar wurde noch des öfteren *Oppenheimers* ordnungspolitische Idee als ein Vorbote der „Sozialen Marktwirtschaft" gefeiert, so erklärte sich *Ludwig Erhard* ausdrücklich zu seinem „Schüler", dennoch blieb es in diesem Zusammenhang eher – was die ordnungspoltischen Konzeptionen betrifft – bei Bekundungen. Die Frage, welche konkreten Merkmale den „liberalen Sozialismus" mit der „Sozialen Marktwirtschaft" verbinden, wurde und kann nicht geklärt werden.[371] Mit der totalen Niederlage Deutschlands ging auch die Zeit der ostelbischen Großgrundbesitzer zu Ende. Spätestens seitdem bestimmt nicht mehr der (Land)Besitz, sondern das Einkommen die „Lebensführung"; die auf „funktionaler Autorität" ruhende Hierarchie hat die auf Besitz basierende Klassenbildung abgelöst.[372] Daher mußte auch *Oppenheimers* agrarlastige Konzeption an Bedeutung verlieren.

---

[369] *Vogt* 1999, S. 250, FN. 10. Vgl. auch *Blesgen* 2000, S. 18ff.

[370] *Blesgen* 2000, S. 78ff.

[371] *Erhard* 1964, S. 5f. Eher hat sein Gedankengut über „Nachnelsonianer" wie *Willi Eichler* und *Gerhard Weisser* auf die Nachkriegssozialdemokratie, die im Godesberger Programm gipfelte, gewirkt. Vgl. *Haselbach* 1985, S. 153ff.

[372] *Gehlen* 1993, S. 130f. Dennoch wirken einige seiner Gedanken weiter. Die moderne Forderung nach einem „Bürgergeld" („negative Einkommensteuer"), einem „Grundgehalt", das jeder Staatsbürger in Geldform vom Staat erhalten soll, kann als Weiterentwicklung *Oppenheimerschen* Strebens gesehen werden. Seine Forderung nach einem Minimum an Eigentum an Produktionsmitteln wäre damit an die veränderten gesellschaftlichen Umstände angepaßt. Der Vorteil gegenüber dem Siedlungseigentum wäre, daß den Bürgern die Entscheidung überlassen bliebe, wie sie ihr Bürgergeld verwenden wollen. Im Gegensatz zu *Oppenheimers* Vorschlägen würde dadurch den verschiedenen individuellen Präferenzen Rechnung getragen.

Oppenheimers „liberalen Sozialismus" ist eine „politisch-soziale Utopie" (*Iring Fetscher*). Seine Ideologie weist die für eine Utopie typischen Merkmale auf:

- Geschichte existiert nur zwischen den beiden Zeitpunkten des harmonischen Urzustands und der harmonischen Zukunftsgesellschaft.
- Die „reine" harmonische Ökonomie soll ausschließlich durch ein einziges Verfahren, das Marktverfahren, reguliert werden.
- Die gesamte, als egalitär angenommene Menschheit gilt es mit der Zukunftsgesellschaft zu beglücken.

Diese Merkmale berechtigen dazu, seine ordnungspolitische Konzeption als unrealisierbar einzuschätzen. Die Vision einer „natürlich-glücklichen Ordnung" ähnelt dabei sehr der Vorstellung der Physiokraten. Ihre Empfehlungen, die sie aus ihrer Theorie von der natürlichen Ordnung („ordre naturel") und der von Menschen gesetzten Ordnung („ordre positif") abgeleitet haben, unterscheiden sich von *Oppenheimers* aber dahingehend, daß *Oppenheimer* jeglichen Staatseinsatz ablehnt, während die Physiokraten staatliche Interventionen in die Wirtschaft bejahen, solange die natürliche Ordnung noch nicht verwirklicht ist und „der freie Tauschverkehr zu [k]einer stabilen wirtschaftlichen Entwicklung führt".[373] Aber auch *Oppenheimers* Theorie des Kapitalismus wie seine Hoffnung, die er mit dem „liberalen Sozialismus" verband, gaben Anlaß zur Kritik.

Heimann, der bei *Oppenheimer* studiert hatte, kritisiert, daß aus der Existenz eines „Bodenmonopols" kein „proletarisches Verhältnis" abgeleitet werden kann.[374] Von der Aussperrung aller Nichtbodenbesitzer seien nicht nur Arbeiter, sondern auch Unternehmer betroffen. Sie benötigen Grund und Boden für Material, Standort und Wohnort. Auch hält er es für nicht gelungen, den Begriff „Monopol" für das, was *Oppenheimer* ausdrücken wollte, zu verwenden. Denn genauso wie die „Bodenmonopolisten" miteinander um die Konsumenten ihrer Produkte konkurrieren, stehen sie im Wettbewerb um den Einkauf. *Heimann* kann daher mit „dem Ausdruck Bodenmonopol" keinen Sinn „verbinden, der für die Analyse irgendwelcher denkbaren, geschweige denn der gegenwärtigen Wirtschaftsform praktische Bedeutung erlangen könnte".[375]

Müller-Armack wendet sich, ohne *Oppenheimers* Namen zu erwähnen, gegen die Ansicht, durch den Gewaltakt der Aussperrung habe sich eine Gruppe das Privateigentum an Produktionsmitteln gesichert, so daß anschließend die Kapitalakkumulation und die Mehrwertbildung zu ihren Gunsten von allein ablaufe. Weder ein „an den Anfang der kapitalistischen Epoche gelegter direkter Gewaltakt" noch die „Rechtsordnung" als permanenter „Machteingriff" könne die ökonomische Schichtung erklären.[376] Die führenden Schichten des Kapita-

---

[373] *Schmidt* 1994, S .56.
[374] *Heimann* 1922, S. 54f. und S. 59.
[375] Ebd., S. 57.
[376] *Müller-Armack* 1932, S. 55.

lismus, so *Müller-Armack*, erhalten ihre Stellung aus ihrer Funktion, Kapital bereitzustellen oder Innovationen durchzusetzen.[377] Hohen Zins wie Unternehmerlohn erzielen diejenigen, die sich diesen kapitalistischen Anforderungen am besten anpassen. Die Oberschicht sei daher in der kapitalistischen dynamischen Wirtschaft keine geschlossene Einheit, sondern stets für Auf- und Abstieg offen.

Halm kritisiert, daß *Oppenheimer* nicht erläutert, warum einerseits keine Art „Kapitalmonopol" im Sinne eines Einkaufsmonopols bestehen soll und andererseits aber im industriellen Sektor nicht beliebig viele Arbeitskräfte aufgenommen werden können.[378] Er weist daraufhin, daß *Oppenheimer* zufolge Kapital als ein von Boden und Arbeit abgeleiteter Produktionsfaktor beliebig vermehrbar sei. Das bedeute aber, so *Halm*, daß die Industrie ständig neue Arbeiter aufnehmen kann. Weil sie aus der Landwirtschaft abgezogen werden, „entfällt das Einkaufsmonopol der Bodenbesitzer gegenüber der Arbeiterschaft. Dann müsse die Konkurrenz der Bodenbesitzer um seltener werdende Arbeitskraft den Lohn emportreiben".[379] Der Profit wäre vernichtet. Da Kapital beliebig vermehrbar sein soll, müßte es, damit es selten wird, um die Arbeitslosigkeit zu verursachen, ein „Kapitalmonopol" geben. Dies erkläre *Oppenheimer* nicht. „Wenn die Seltenheit des Produktionsfaktors nicht irgendwie nachgewiesen werden kann", so *Halm*, „dann ist die Aussperrung der Arbeiter unvorstellbar."[380]

Wird damit schon *Oppenheimers* Theorie des Kapitalismus, auf der sein *Dritter Weg* aufbaut, erschüttert, ist auch aus ökonomischer Sicht dem „liberalen Sozialismus" Skepsis entgegen zu bringen. *Halm* kritisiert in diesem Zusammenhang den Glauben *Oppenheimers*, sein *Dritter Weg* sei gleichbedeutend mit erhöhtem Ertrag.[381] Darauf deute nichts hin. Um die Maschinen „riesenmäßig" zu vermehren, müsse Kapital akkumuliert werden. Dadurch werde der Gegenwartskonsum geschmälert. Als Konsequenz entstehe der Zins und muß auch bestehen bleiben. Andernfalls wolle niemand auf Konsum verzichten. Nicht wegen des Zinses als Kapitalprofit, so *Halm*, gebe es relativ wenig Maschinen, sondern wegen der Tatsache, daß auf den Gegenwartskonsum verzichtet werden muß. In die gleiche Richtung geht *Peter Kalmbachs* Kritik. Auch er insistiert, daß sich das Einkommen nicht dauerhaft voraussetzungslos erhöhen ließe. Für ein solches Unterfangen sei eine hohe Produktivität vonnöten, die nur durch Investitionen zu verwirklichen sei.[382] Diese könne von Arbeitern, die in der Regel nicht über genügend Mittel verfügen, aber nur finanziert werden, indem sie sich verschulden. Auch wenn dieser Vorgang durch ein Programm ergänzt werde, das z. B. Zinsverbilligungen beinhaltet, bleibe die Verschuldung bestehen. Einen posi-

---

377 Ebd., S. 55f.
378 *Halm* 1929, S. 68ff.
379 Ders., S. 68.
380 Ders., S. 69.
381 Ders. 1929, S. 76ff.
382 *Kalmbach* 1996, S. 133f. und 1999, S. 95

tiven Anreiz, das Leben eines Selbständigen zu führen, stelle dies nicht dar. Der Kapitalprofit (Zins) habe damit weiter bestand. Es sei prinzipiell auch nicht ersichtlich, warum der Kapitalprofit bei steigenden Nominallöhnen und steigender Nachfrage fallen sollte. Erschwerend komme hinzu, daß die Arbeiter zumindest zu Beginn ihrer wirtschaftlichen Selbständigkeit, wenn sie zu den etablierten Anbietern in Konkurrenz treten, mit Lohnausfällen zu rechnen haben, da die erhöhte Produktivität zur Ausweitung des Angebots und damit zu sinkenden Preisen führe: „der Preisverfall kann rasch zu Überschuldung und Liquidation führen."[383]

Oppenheimers Konzeption des „liberalen Sozialismus" ist damit alles in allem nicht haltbar. Sein *Dritter Weg* stellt aufgrund seines tiefen Mißtrauens gegenüber dem Politischen und damit dem Staat als Unterdrückungsinstrument der ausbeutenden Klasse keine Kombination des Marktverfahrens mit einem zentralen Plan dar. Die Konzeption ist ausschließlich durch die „reine Ökonomie", d.h. die freie Konkurrenz, das Marktverfahren und die private Initiative gekennzeichnet. Sein *Dritter Weg* ist „liberal", da er die Konkurrenz aus ihren kapitalistischen Fesseln befreien möchte, die sich, nachdem sie befreit ist, aufgrund des Mechanismus des äquivalenten Tausches selbst erhält; er argumentiert „sozialistisch", da der Mehrwert seiner Meinung nach durch die freie Konkurrenz verschwindet und weitgehende Gleichheit entsteht. Daß die Wettbewerbsfreiheit nicht nur durch politische Eingriffe, sondern auch durch die Wettbewerber selbst beschränkt werden kann und daß der Staat als Garant eben einer solchen Freiheit auftreten könnte, kam *Oppenheimer* wegen seiner radikalen liberalen Sichtweise und seines Hasses auf die Großgrundbesitzer gar nicht in den Sinn.[384] Sein *Dritter Weg* unterscheidet sich erheblich von anderen, da *Oppenheimer* ein „Marktfundamentalist" war, der dem Staat im „liberalen Sozialismus" keine Rolle zugestehen wollte. Nicht wenige Nationalökonomen, die nach *Dritten Wegen* suchten, haben aber einen entscheidenden Anstoß durch *Oppenheimer* erhalten. Er beeinflußte Sozialisten wie Liberale dadurch, daß er die Ordnung des Kapitalismus mit dem Phänomen des Monopols verband und daß er den entscheidenden Schritt, eine Wirtschaftsordnung zwischen Kapitalismus und Sozialismus zu schaffen, damit beginnen läßt, die Monopole zu bekämpfen. Seine „Schüler" gingen aber andere Wege.

---

[383] Ders. 1996, S. 134 und 1999, S. 95f.

[384] Dem Staatsrechtler *Forsthoff* zufolge ist gerade der moderne Staat der Garant der Freiheit: Der Dualismus von Staat und Gesellschaft besteht darin, „daß die gesellschaftliche Ungleichheit ihre dialektische Entsprechung in der staatsbürgerlichen Gleichheit habe und daß die Freiheit ihren Ort nicht in der Gesellschaft haben könne, sondern nur im Staat." *Forsthoff* 1971, S. 23.

2. Anfänge des „neuen Liberalismus", der „Neue Staat" und die „wirtschaftlich-soziale Weltanschauung der Demokratie"

1932 ging aus dem Diskussionskreis „Demuthscher Mittagstisch", zu dem sich regelmäßig Wirtschaftliberale aus Politik und Wissenschaft trafen, der „Deutsche Bund für freie Wirtschaftspolitik" hervor.[385] Es war der letzte Versuch, überzeugte Anhänger der Marktwirtschaft zu sammeln, um wirtschaftsliberalen Denkern eine institutionelle Plattform zu geben. Einer der Initiatoren dieser Gründung war *Alexander Rüstow*. Er hatte sich Mitte der 20er Jahre vom religiösen Sozialisten zum Wirtschaftsliberalen gewandelt und stand seitdem als wissenschaftlicher Mitarbeiter im Dienste des „Vereins deutscher Maschinenbauanstalten" (VDMA).[386] Im „Deutschen Bund" wie im VDMA vertrat *Rüstow* eine Position, die das wirtschaftliche Leistungsprinzip und die Vorteile des Marktverfahrens in den Mittelpunkt stellte. Er hielt aber eine Rückkehr zur liberalen Wirtschaft des 19. Jahrhunderts weder für möglich noch für wünschenswert. Er kämpfte für eine Wirtschaftsordnung, die nicht die historischen Fehler des „Paläoliberalismus" wiederholen und nicht die potentiellen Irrtümer des Sozialismus realisieren sollte. *Rüstow* war nicht nur ein unermüdlicher Organisator, mit seinen ordnungspolitischen Vorstellungen wurde er auch zum eigentlichen Motor der Wissenschaftler und Publizisten, die sich in der Weimarer Republik für einen *Dritten Weg* einsetzten, durch dessen Verwirklichung freie Wirtschaft und starker Staat verbunden werden sollten. Zu ihnen zählten Gelehrte, die noch immer einen großen Bekanntheitsgrad besitzen, wie z. B. die Universitätsprofessoren *Walter Eucken*, *Wilhelm Röpke* und *Franz Böhm*, Ökonomen, auf die man in letzter Zeit wieder aufmerksam geworden ist, wie der Publizist *Gustav Stolper*, und Persönlichkeiten, die nur noch wenig bekannt sind, wie *Adolf Lampe*, *Herbert von Beckerath*, *Arnold Wolfers* und *Arthur Salz*. Für ähnliche ordnungspolitische Ideen traten aber auch Publizisten und Politiker ein, die üblicherweise eher dem konservativen bis reaktionären Spektrum zugeordnet werden. Reichskanzler *Franz von Papen* und sein „Chefideologe" *Walter Schotte* standen ebenfalls für eine Konzeption, die als „autoritärer Liberalismus" oder als etatistischer Wirtschaftsliberalismus bezeichnet wurde. Während sich *Rüstow* nach 1933 vor allem mit *Röpke* über die Frage nach der zukünftigen Wirtschaftsordnung austauschte, diskutierte er zur Zeit der Weimarer Republik besonders mit *Walter Eucken* über wirtschaftspolitische Fragestellungen.[387] Auch wenn beide davon überzeugt waren, daß eine Volkswirtschaft nur auf Grundlage des Wettbewerbsprinzips funktionieren kann, vertrat *Eucken* im Gegensatz zu *Rüstow* zu dieser Zeit eher die Positionen des klassischen Liberalismus aus dem 19. Jahrhundert. Er konzentrierte sich damals vornehmlich auf die Gefahren, die von hohen Steu-

---

[385] *Meier-Rust* 1993, S. 54.
[386] Ebd., S. 30ff.
[387] Zur Biographie vgl. u.a. *Lenel* 1989, S. 292ff.

erbelastungen, Staatsausgaben und Budgetdefiziten auf die Volkswirtschaft ausgehen.[388] Weniger äußerte er sich zur Problematik, daß auf vielen Märkten der freie Wettbewerb eingeschränkt war, zu der Problematik also, auf der *Rüstows* Augenmerk lag und die ihn bereits damals deutlich von der Harmoniegläubigkeit der „Altliberalen“ abhob. Erst nachdem *Eucken* die beiden Juristen *Franz Böhm* und *Hans Grossmann-Doerth* Anfang der 30er Jahre kennenlernte, änderte sich seine Haltung in dieser Frage.[389] Von da an wurde er sich der bedeutenden Rolle bewußt, welche die Gesetzgebung auf das Wirtschaftsleben ausübt, und von da an galt sein Interesse der „Ordnung der Wirtschaft“.

Die wirtschaftsliberalen Vertreter aus Politik, Wirtschaft und Wissenschaft, von denen in diesem Abschnitt die Rede ist, vertraten einen Liberalismus, der dem vergleichbar ist, für den der spanische Philosoph *Ortega y Gasset* oder später der französische Soziologe *Bertrand de Jouvenal* stehen.[390] Es handelt sich um eine mit elitären Elementen durchsetzte Weltanschauung, die auf die starke Einzelpersönlichkeit setzt und dabei gleichzeitig das Gemeinwohl im Auge hat. Diese Art des Liberalismus wird zumeist noch durch Bezugnahme auf das Christentum „überhöht“. Sehr viele der in diese Kategorie fallenden Liberalen sind damals

„- church-oriented and firmly anchored in Christianity,
- imbued with the high ethos of an emancipatory science,
- based on concepts of a social and agrarian ‚community of the people' (Volksgemeinschaft),
- committed to the model of a strong state.“[391]

Bei den einzelnen liberalen Vertretern ist der Elite-Gedanke selbstverständlich unterschiedlich stark ausgeprägt. Sehr markant kommt dieser Gedanke bei *Eucken*, *Beckerath* und *Schotte*, nach 1933 auch bei *Röpke* zum Tragen, weniger deutlich äußern sich hingegen *Rüstow* und *Stolper*. Allerdings sind auch die beiden Letztgenannten überzeugte Anhänger einer Führerdemokratie und des wirtschaftlichen Leistungsprinzips.[392] Auf der anderen Seite besteht der Kern des Liberalismus für die Neuliberalen niemals nur, wie für die „Altliberalen“, in der individuellen Freiheit, oder ausschließlich im Privateigentum (wie es *Mises* postuliert hatte).[393] Ihnen bedeutet Liberalismus zugleich persönliche Freiheit und Gemeinschaft, zugleich Stärkung der „herrschaftsfreien Formen des menschlichen Zusammenlebens“ wie des Staates.[394] *Rüstows* Streben gilt z. B.

---

[388] *Nicholls* 1994, S. 44.
[389] Ebd., S. 45.
[390] Vgl. zu *Jouvenal Stubbe-da-Luz* 1996, S. 280ff., und zu *Ortega Romig* 1996, S. 415ff.
[391] So in bezug auf die Ordoliberalen *Rieter / Schmolz* 1993., S. 104.
[392] Vgl. zu *Rüstow Meier-Rust* 1993, S. 48ff., sowie zu *Stolper Rieter* 1998, S. 122.
[393] „Das Programm des Liberalismus hätte (...) zu lauten: Eigentum, das heißt: Sondereigentum an den Produktionsmitteln (...). Alle anderen Forderungen des Liberalismus ergeben sich aus dieser Grundforderung." *Mises* 1927, S. 17.
[394] *Böhm 1933*, S. 56 (FN).

nach eigenem Bekunden stets dem Ziel, „Einheit und Freiheit“ zu vereinigen. Während er früher als Sozialist, so *Rüstow* zu seinem Freund *Löwe*, zuerst die Einheit herstellen wollte, um dann die Freiheit darauf aufbauen zu können, versuchte er, nachdem er sich zum Liberalen gewandelt habe, erst die Freiheit herzustellen, „und dann auf diesem Boden die Einheit wachsen“ zu lassen. Freiheit, verbunden mit Einheit, bedeute für ihn „Gemeinschaft“. Sie sei für ihn der „höchste soziale Wert und der letzte und entscheidende Maßstab für die Beurteilung alles Sozialen“.[395] Und bei *Röpke* „findet sich (...) der Versuch einer Synthese eines pluralen Wertfundaments in Freiheit, Solidarität und ökologischer Polyvalenz.“[396] Zwar reift seine Ansicht erst während des Krieges zu einer relativ kohärenten Weltsicht, aber schon zur Zeit der Weimarer Republik läßt sich erkennen, daß *Röpke* weniger den „historisch reinen Wirtschaftsliberalismus der bloßen Wirtschaftsfreiheit“ fortsetzen will, als daß er vielmehr eine Art „geistig-politische[n] Liberalismus“ zu fundieren trachtet, der nicht „den Bereich des Wirtschaftlichen und die Vernunft überbetont und [nicht] die Bedeutung der Gemeinschaft ignoriert.“[397]

Genau diese Einstellung spiegelt sich auch in den ordnungspolitischen Konzeptionen der Vertreter eines liberalen *Dritten Weges* wider. Es sind Versuche „to synthesize the efficiency properties of the decentralised exchange system with social aims“.[398] Mit ihren Konzeptionen grenzen sich die Erneuerer des Liberalismus gleichermaßen vom Kapitalismus des Laissez-faire und des Ad-hoc-Interventionismus wie vom planwirtschaftlichen Sozialismus ab. *Stolper* kämpft für einen Liberalismus, der den veränderten gesellschaftlichen Umständen Rechnung trägt, ohne sich der damals „modernistischen” Strömung des Sozialismus anzunähern: „Es gibt weder ein Zurück zum Kapitalismus der Vorkriegszeit, der nur das Individuum sah und nicht die Bedeutung des Massenschicksals für die Macht und Handlungsfähigkeit der Nation, noch ein Vorwärts in die bolschewistische Wüste, die das Individuum und seinen Lebenstrieb unterdrückt zugunsten eines konstruierten Massenideals.”[399] „Den Erneuerern des Liberalismus ging es – so unterschiedlich die Akzente im einzelnen gesetzt werden mochten – um die Erhaltung des freien Marktes des Wettbewerbsprinzips und des Privateigentums als unverzichtbare Grundlage wirtschaftlicher Prosperität und als Bastion einer freiheitlichen Gesellschaftsordnung, bei gleichzeitiger Verhütung jener negativen Begleiterscheinungen, die das Laissez-faire-Prinzip gezeigt hatte (soziale Not und Ausbeutung, Verzerrung des Wettbewerbs durch Monopolbildung usw.) und die den Anstoß für den sozialistisch-kommunistischen Gegenentwurf der zentralgeleiteten Planwirtschaft gegeben

[395] *Rüstow*, zitiert nach *Meier-Rust* 1993, S. 37.
[396] *Peukert* 1992, S. 46.
[397] Ebd. 49.
[398] *Barry* 1989, S. 107.
[399] *Stolper* 1926, S. 13.

hatten."[400] Ihre Suche nach einem *Dritten Weg* darf aber nicht mißverstanden werden, als hätten sie nach einem Mischsystem gesucht, das zu gleichen Anteilen sozialistische und kapitalistische Elemente beinhalten sollte. Sie alle streben nach einem Gleichgewicht zwischen privater, freier Wettbewerbsordnung und starkem Staat; sie alle meinen, daß das eine das andere bedingt und umgekehrt. Für *Beckerath* ist dort, „wo der Kapitalismus mit seiner Konsequenz, dem Industrialismus, sich voll entfaltet", eine „stabile Obrigkeit" notwendig, die als Ausdruck des Ganzen sich gegen das rationale Eigen- und Augenblicksinteresse der Einzelnen abhebt.[401] *Böhm* beteuert, daß der Liberalismus „nicht das Private (im Sinne des Gemeinschaftsfeindlichen), sondern das Öffentliche, (...) nicht die Ohnmacht der Staatsgewalt, sondern ihre Beschränkung auf diejenigen Sozialaufgaben, die sich am zweckmäßigsten in der staatlich-disziplinären Form bewältigen lassen", als Ziel besitzt.[402] Und *Röpke* mahnt, daß der Liberalismus zur Speerspitze des Staates werden müsse, da dies in dessen innerer Logik liege. „[W]eil das von ihm [dem Liberalismus, d. V.] vertretene Prinzip des freien Güteraustausches im Binnen- und Außenverkehr staats- und gesellschaftserhaltend ist, müsse er selbst staats- und gesellschaftserhaltend (...) sein."[403] Es gelte, zugleich gegen den omnipotenten, aber orientierungslosen Staat wie auch gegen „parasitäre Satrapie" der Privatwirtschaft zu kämpfen.[404]

a) Gegen Massendemokratie, Lobbyismus und Elephantiasis des Kapitalismus

Alexander Rüstow ist sich 1945 endgültig sicher, daß der ökonomische Liberalismus versagt hat. Versagt habe er, da er die Hoffnung, unter der er angetreten war, nicht erfüllen konnte.[405] *Rüstow* verortet mit Blick auf die letzten Jahrzehnte die Schuld daran im Liberalismus selbst, so viele Enttäuschungen hervorgerufen zu haben und zum „Schimpfwort" geworden zu sein. Denn die Liberalen haben mit der Zeit vergessen, welches die „Bedingungen und Bedingtheiten des eigenen Denkens und Handelns" waren.[406] Nur so konnte es dazu kommen, daß im Namen des Liberalismus „infolge eines sub-theologisch verabsolutierten Laissez-faire" die „entartete subventionistisch-monopolistisch-protektionistisch-pluralistische Wirtschaft des 19. und 20. Jahrhunderts" entstehen konnte, die mit ihrer „Megalomanie und Elephantiasis der Wirtschaft" vielen der ursprünglich

[400] *Meier-Rust* 1993, S. 43.
[401] *Beckerath, H.* 1933, S. 263f.
[402] *Böhm* 1933, S. 56 (FN).
[403] *Röpke* 1923, S. 45.
[404] Ebd.
[405] *Rüstow* 1950, S. 1.
[406] Ebd.

liberalen Ideale widerspreche.[407] *Rüstow* knüpft mit dieser Stellungnahme an seine bereits während der Weimarer Republik geäußerte Kritik am alten Liberalismus an. Wie ist die Kritik zu verstehen?

Den Liberalen zufolge, von denen hier die Rede ist, besitzt die Wirtschaft eine dienende Funktion gegenüber dem Volk. Konkret bedeutet dies, daß die Produzenten die Nachfrage der Konsumenten möglichst preiswert und qualitativ hochwertig befriedigen sollen, und nicht die Konsumenten dafür zu sorgen haben, daß einzelne Produzenten einen möglichst hohen Gewinn erzielen.[408] Entgegen *Sombart* und seinen Epigonen wird davon ausgegangen, daß es sich beim „Volksbedarf" um keine unelastische Nachfrage handelt, sondern daß diese selbst vom Marktpreis abhängig ist.[409] Damit ihrer dienenden Rolle gerecht werden kann, müsse sich das Angebot der Nachfrage anpassen, d.h. die Nachfrage gibt vor, welche Güter produziert werden sollen. Für die neuen Liberalen impliziert dies, daß der Gleichgewichtspreis, der Punkt, an dem Angebot und Nachfrage übereinstimmen, durch das „freie Spiel der Kräfte" zustande kommt. Sowohl auf der Angebotsseite wie auf der Nachfrageseite muß es daher ihrer Meinung nach „freie Konkurrenz" geben. Die Neuliberalen stellen sich „freie Konkurrenz" damals noch vornehmlich als eine Mixtur aus einer zweiseitigen polypolistischen Konkurrenz, aus der Substitutionskonkurrenz und der „workable competition" vor, eventuelle Divergenzen dieser Konzepte sind noch nicht erkannt.[410] In einer solchen Konkurrenzwirtschaft, so ihre Schlußfolgerung, könne der Unternehmer seine Lage nur verbessern, wenn er günstigere oder bessere Produkte herstellt, wenn er also dem „Volk" besser „dient". Sein individuelles Streben, den Gewinn zu erhöhen, führe danach unter den Bedingungen der „freien Konkurrenz" zu einer optimalen Versorgung des Volkes und damit zu höherem Gemeinwohl. Diese Ansicht aus der Zeit des freien Kapitalismus retten die Neuliberalen in die Weimarer Republik hinüber.

Über die Frage, wer nun der größte Schädiger des Gemeinwohls ist, gehen die Meinungen auseinander. *Eucken* und *Beckerath* attackieren besonders scharf den Einfluß der Massen auf die Politik. Seit der „Demokratisierung der Welt", so *Eucken*, werde die Innen- und Außenpolitik von der moralisierenden Masse und von Demagogen bestimmt, die jegliche längerfristige und rationale Leitidee vermissen ließen.[411] Der Versailler Vertrag, der den Kriegszustand in den Frieden hineingetragen und Mißtrauen unter den Staaten gesät habe, gilt ihm dafür

---

[407] Ebd., S. 71 und 75.

[408] *Dürr* 1954, S. 35, 43, 75 und 78f.

[409] *Eucken* 1932a, S. 24. Entsprechend hält *Eucken* nichts von *Sombarts* Vorgehen, die „Bedarfsdeckungswirtschaft" einer „Erwerbswirtschaft" gegenüberzustellen.

[410] Vgl. dazu auch *Dürr* 1954, S.75ff. und 148. Zu *Röpkes* undogmatischem Wettbewerbsbegriff vgl. *Peukert* 1992, S. 72ff. Zur Diskussion um *Euckens* Wettbewerbsleitbild vgl. *Gerken* 2000, S. 31f.

[411] *Eucken* 1932a, S. 17f.

als Beispiel.[412] Hier hätten die Politiker und Diplomaten den Revanchegelüsten der Masse nachgegeben. Die Folge sei, daß protektionistische Maßnahmen das Marktverfahren im internationalen Handel erheblich störten. *Beckerath* stimmt ihm zu. Konstanz und Neutralität des Staates seien durch die Massendemokratie ebenso verschwunden wie die Kontinuität der Wirtschaftspolitik aufgehoben wurde.[413] Da die kapitalistische Marktwirtschaft, so *Beckerath*, zwangsläufig Bindungen zerstöre, Individualismus schaffe und „eine Mehrheit von Nichtbesitzenden hervorbringt", gelangt zwangsläufig in der parlamentarischen Demokratie die egoistische Masse an die Macht. „[E]ine unabhängige Bürokratie über den Interessenparteien", die „die Wohlfahrtspolitik in den Grenzen zu halten" vermag, „welche mit der Struktur der kapitalistischen Wirtschaftsordnung verträglich sind", gebe es nicht mehr.[414] Kenntnisse der Gesetze der kapitalistischen Marktwirtschaft könnten nicht mehr erwartet werden.[415] Das egoistische Augenblicksinteresse walte vor. Die Marktgesetze, die langfristig wirken, werden auf diese Weise z. B. durch „politische Löhne" gestört.

Rüstow ist mit dieser Ansicht nicht ganz einverstanden.[416] Zwar leugnet er nicht den Einfluß der Massen auf die Politik, als die wahren Schädiger des Gemeinwohls gelten ihm aber die „oligopolistischen und protektionistischen Kräfte in der Kohle- und Stahlindustrie und darüber hinaus in der Großindustrie überhaupt sowie bei den Junkern und anderen protektionistischen Agrariern".[417] Seine Ablehnung beruht darauf, daß diese Kräfte aufgrund ihrer Marktmacht oder politischen Macht sich dem allgemeinen Interesse, dem „Volksbedarf" zu entziehen versuchen. Unternehmen mit Marktmacht brauchen nicht mit anderen Anbietern um die Gunst der Nachfrager zu buhlen. Entsprechend seien sie nicht dazu gezwungen, ständig ihre Leistungen zu verbessern. Sie könnten ihren Gewinn auch durch - im Vergleich zur freien Konkurrenz - höhere Preise steigern. Den Konsumenten werden dadurch nicht mehr und preiswertere Güter angeboten, sondern weniger und teurere.[418] Seiner Ansicht nach emanzipiert sich mit der Marktmacht das egoistische Streben vom Gemeinwohl. Solche Unternehmen, so sein Gedankengang, verbessern ihre Situation auf Kosten der vielen Konsumenten, also des Volkes. Den Großgrundbesitzern steht er feindlich gegenüber, da ihm die ostelbischen Großagrarier einen zu großen politischen Einfluß auf den Staat besitzen. Diese versuchten, sich von der Konkurrenz zu befreien, indem sie den Staat auffordern, er möge sie schützen. Der Staat wird

[412] Ebd., S. 18.
[413] *Beckerath, H.* 1933, S. 267f.
[414] Ebd., S. 271.
[415] Ebd., S. 262f.
[416] Später wird auch *Eucken* sein Schwergewicht auf die Lobbyisten legen, wenn es darum geht, die Hauptantriebskräfte des „punktuellen Interventionismus" zu bestimmen. Vgl. *Gerken* 2000, S. 13.
[417] *Rüstow, D.* 1981 S. 371.
[418] Vgl. *Hegner* 2000 , S. 70.

seiner Ansicht nach zur Beute von Interessengruppen.[419] Für *Rüstow* sind z. B. Schutzzölle weniger eine „nationale Angelegenheit" als vielmehr Ausdruck lobbyistischer Politik.

So verschieden auch die Schwergewichte gesetzt werden, alle Vertreter eines liberalen *Dritten Weges* sind sich einig, daß „Monopolismus", Lobbyismus und Massendemokratie „ein System eigener Art" entwickelt haben, „in dem sich kapitalistische und staatssozialistische Elemente (...) durchdringen",[420] wodurch die Funktionsgesetze des Marktverfahrens gestört werden und der Staat seine eigentliche Rolle nicht mehr adäquat spielen kann. Die Neuliberalen sind sich einig, daß „die Richtung, die der Staat, und das heißt (...) der organisierte Volks-Parteien-Interessentenwille, genommen hat", genauso wenig wie die relativ unabhängig von der Nachfrage preissetzenden Unternehmen ihren ordnungspolitischen Vorstellungen entspricht.[421]

b) *Gegen sozialistischen Bürokratismus und dessen Unordnung und Unwirtschaftlichkeit*

Die Vertreter eines liberalen *Dritten Weges* lehnen scharf jegliche sozialistischen und planwirtschaftlichen Experimente aus ökonomischen und „metaökonomischen" Gründen ab. So hält *Eucken* eine „erfolgreiche Durchführung einer zentralen Planwirtschaft" in dem „ungemein komplizierten Wirtschaftsmechanismus, wie er in Deutschland besteht", für „ausgeschlossen".[422] Die Protagonisten eines planwirtschaftlichen Sozialismus, so *Eucken*, überschätzten die Institution Staat. Er sei kein allmächtiges und allwissendes Wesen.[423] Die Zentralplanung der gesamten Wirtschaft überfordere den Staat. Das Preisverfahren, das die kapitalistische Wirtschaft bisher geordnet habe, würde durch die Planwirtschaft zerstört werden, ohne daß ein gleichwertiger Koordinationsersatz gefunden werden könnte.[424] Dadurch, so *Eucken*, könnten nur „dauernde Fehlleistungen" und eine Verarmung der Volkswirtschaft resultieren. Die Kritik *Euckens* wie die der anderen Liberalen am Sozialismus und der Planwirtschaft ist Anfang der 30er Jahre nicht neu. Sie schließt sich weitgehend den Erkenntnissen an, die bereits in den frühen 20er Jahren aus der sog. Wirtschaftsrechnungsdebatte gewonnen wurden.

Auslöser dieser Diskussion ist damals *Otto Neuraths*, unter dem Eindruck der Kriegswirtschaft stehende Forderung, die Geldwirtschaft durch eine Naturalwirtschaft zu ersetzen, um so das Angebot an den Bedarf optimal und un-

---

[419] *Rüstow* 1932, S. 254f. und *Hegner* 2000, S. 44.
[420] *Stolper* 1928, S. 1115.
[421] *Salz* 1931, S. 310.
[422] *Eucken* 1932a, S. 22.
[423] Ebd., S. 24.
[424] Ebd., S. 23.

beeinflußt anpassen zu können, indem das Produktionspotential - zentralistisch geplant - ausgeschöpft wird.[425] In dieser sozialistischen „Bedarfsplanwirtschaft" soll das Geld abgeschafft werden, „weil eben die Mitwirkung eines Wirtschaftenden in der Erzeugung hier nicht mehr selbsttätig seine Kaufkraft für den Verbrauch festsetzt, der vielmehr ‚unmittelbar' in natura geregelt wird."[426] *Neurath* sieht vor, den Bedarf ziffernmäßig durch eine Zentrale zu erfassen, und daran den Erzeugungsplan, in dem die „Rohstoff- und Arbeitsverwendung" geregelt sind, hierarchisch anzupassen.[427] Privateigentum wie Marktpreise hätten ausgedient. Diese Vorstellung vom Wirtschaftsleben nehmen Anfang der 20er Jahre *Max Weber* und *Ludwig von Mises* zum Anlaß, einen Generalangriff gegen sämtliche sozialistischen Bestrebungen zu starten, der bis in die 30er Jahre ausstrahlte und auch die undogmatischen Sozialisten in der Weimarer Republik tief beeindruckte.

Um das Problem der Bedürfnisbefriedigung und damit der Allokation optimal zu lösen, so der Kernpunkt von *Webers* und *Mises'* Argumentation, bedarf es eines objektiven Maßstabes, damit die Dringlichkeit des Bedarfs bewertet und verglichen werden kann. Im Kapitalismus wird dies nach *Mises* und *Weber* durch die in Geldeinheiten ausgedrückten Preise gewährleistet, die sich entsprechend der subjektiven Wertschätzungen und dezentralen Pläne der Marktteilnehmer durch das Zusammenspiel von (verfügbarem) Angebot und (kaufkräftiger) Nachfrage als objektives Ergebnis auf dem Markt bilden.[428] Unter *Mises'* und *Webers* Annahme der „Konsumentensouveränität" stellen die Preise Indikatoren der Knappheit eines Gutes dar, welche Signalwirkung für die Unternehmen besitzen. Indem sich die Wirtschaftssubjekte in ihrem Handeln an diesem objektiven Wertmaßstab orientieren, erhalten sie, so *Weber*, „einen Wegweiser durch die erdrückende Fülle der wirtschaftlichen Möglichkeiten".[429] Der Preis verbinde die verschiedenen Güterarten und Produktionsstufen zu einem rationalen Ganzen und ermöglich erst die Rentabilitätsrechnung. Der Absatzpreis, so beide übereinstimmend, mache es erst möglich, zwischen dem Nutzen einer Verwendung und den entstehenden „Opportunitätskosten" zu vergleichen sowie die Faktoren effizient einzusetzen, indem der Preis des Gutes gegen die Kosten der Produktion und der entsprechende Produktionsumfang bestimmt werde.[430] Eine besonders große Nachfrage nach relativ knappen Gütern führe zu einem relativ hohen Preis, ein hoher Preis lasse wiederum das Angebot im Normalfall anschwellen und die Nachfrage sinken. Preisveränderungen auf dem Konsumgü-

---

425 *Neurath* 1916, S. 174ff., und ders. 1925.
426 *Heimann* 1922, S. 165.
427 *Neurath* 1916, S. 174ff., und ders. 1925.
428 *Weber* 1922, S. 49.
429 *Mises* 1932a, S. 96. Dies geschieht z. B. mit Hilfe der Kapitalrechnung: „(...) alle Einzelmaßnahmen rationaler Unternehmen werden durch Kalkulation am geschätzten Rentabilitätserfolg orientiert." *Weber* 1922, S. 48.
430 *Mises* 1932a, S. 92ff. und 118. *Weber* 1922, S. 46 und 48f.

termarkt pflanzten sich auf den Faktormarkt weiter und bestimmten die Nachfrage nach den Produktionsfaktoren sowie deren Einkommen. Über die anschließende Preisbildung auf diesem Markt würden die knappen Produktionsfaktoren in die dringlichsten Produktionszweige gelenkt, womit zumindest das Allokationsproblem gelöst sei. Wichtig ist stets, so *Weber* mit Nachdruck, daß sich für jede Produktionsstufe Preise durch Über- und Unterbietung bilden.[431]

Dies alles könne in einer sozialistischen Planwirtschaft nicht gewährleistet werden. Nach *Mises* herrscht Sozialismus, wenn „alle Produktionsmittel Eigentum des Gemeinwesens" sind.[432] „Sozialismus" sei nicht von der „Planwirtschaft" zu trennen, denn im Sozialismus sei die private Verfügungsgewalt über Güter durch das Gemeineigentum ausgeschaltet und damit die dezentrale Planung des Wirtschaftsprozesses durch ein zentrales Organ des Gemeinwesens ersetzt.[433] Preise können sich laut *Mises* auf diese Weise nicht bilden, da kein „Sondereigentum an Produktionsmittel" und somit kein egoistischer Anreiz zum Tausch bestehn. Das Geld könne seine Funktion nicht mehr erfüllen. Geld war von *Neurath* aber auch gar nicht mehr vorgesehen. Es solle im Sozialismus die Gemeinschaft für die Gemeinschaft so produzieren, so daß Tausch nicht mehr notwendig sei. Es ist beabsichtigt, ohne Preiskoordination und ohne Geld zu wirtschaften, denn beides zeigte für *Neurath* nur die Möglichkeiten des privaten Profits, nicht aber die Wirtschaftlichkeit des jeweiligen Wirtschaftens an. Erst durch eine sich an dem Bedarf orientierende Naturalwirtschaft kann seiner Meinung nach eine Versorgung der Bevölkerung dauerhaft garantiert werden, die dem technischen Fortschritt entspricht.[434] *Neuraths* Wirtschaftsordnung stellt für *Mises* ein wunderbares Anschauungsobjekt für den Sozialismus dar. *Mises* stellt fest, daß in einer solch tausch- und geldlosen Wirtschaft, in der „die bewußte Koordination der Produktionsprozesse und ihre Anpassung an die Bedürfnisse des Konsums mit Hilfe des einheitlichen Volkswirtschaftsplanes" auf Grundlage einer Naturalrechnung erfolge,[435] ein einheitlicher Maßstab zur Bewertung fehlt, an dem rationales Wirtschaften erkannt werden könne. Weder das Informations- noch das Lenkungsproblem könnten bezüglich der Knappheit (optimal) gelöst werden, da keine Planungsinstanz ein derartig umfassendes Wissen besitze, so daß die Volkswirtschaft eines solchen Maßstabes entbehren könnte. Das Zuteilungsproblem könnte so nur subjektiv gelöst werden. Ähnlich sieht es *Weber*. Bei „festgegebenen Bedürfnissen" sei Naturalrechnung zwar kein Problem, da keine verschiedenen Verwendungsarten miteinander verglichen werden müßten, um daraus das optimale Güterbündel auszuwählen, aber „[b]esteht der Besitz aus heterogenen Gütern (...), so ist eine rechnerische, formal exakte Verglei-

---

[431] Der „Kampf des Menschen mit dem Menschen". Ebd., S. 49.
[432] *Mises* 1932a, S. 107.
[433] Ebd., S. 109.
[434] *Neurath* 1916, S. 174ff. *Heimann* nennt diese Art des Wirtschaftens „Bedarfsplanwirtschaft", deren Ziel die „Neuregelung des Güterverbrauchs" sei. *Heimann* 1922, S. 160f.
[435] *Kapp* 1936, S. 30.

chung des Besitzes am Beginn und Ende einer Haushaltsperiode ebenso wie eine Vergleichung der Einkünftechancen nur innerhalb der qualitativ gleichen Arten von Gütern möglich.“ [436] Noch problematischer werde es, wenn nicht nur verschiedene Endprodukte, sondern auch Produktionsmittel und Verwendungsmöglichkeiten unterschiedlicher Art bestehen. Denn in diesem - der Wirklichkeit entsprechenden - Fall „fehlt (...) der Wirtschaftsleitung [ohne Tauschverkehr und einheitliches Tauschmittel, d. V.] jede Möglichkeit, sich zurecht zu finden. Sie kann nicht feststellen, ob das Werkstück auf dem Wege, den es zu durchlaufen hat, nicht überflüssigerweise aufgehalten wird, ob an seine Vollendung nicht Arbeit und Material verschwendet wird“.[437] Schon aus ökonomischen Gründen ist daher aus Sicht der Liberalen an eine sozialistische Planwirtschaft, mit und erst recht ohne Geld, *nicht* zu denken.

c) *Für freien Wettbewerb und einen starken Staat*

Nach Ansicht der Liberalen, die hier interessieren, hat der Staat über den vielfältigen Interessen der Wirtschaft zu stehen. Die Liberalen, die nach einer Wirtschaftsordnung suchen, die gleich weit von der Laissez-faire-Wirtschaft des 19. Jahrhunderts und den in der Weimarer Republik umlaufenden sozialistischen Gedankenexperimenten entfernt ist, greifen die damals von *Carl Schmitt* herausgearbeitete Unterscheidung zwischen Liberalismus und Demokratie auf und entscheiden sich für die wirtschaftliche Seite des Liberalismus'.[438] Die Demokratie, die für sie immer mit „chaotische[n] Kräfte[n] der Massen“, mit „Demagogie“ und eben Interessengruppen verbunden ist, soll weitgehend zurückgedrängt werden.[439] Anstelle der Demokratie beabsichtigen sie, staatlichen Autoritarismus mit dem Marktverfahren zu verbinden. Für *Herbert von Beckerath* ist ein starker Staat, ob es nun eine konstitutionelle Monarchie oder eine aristokratische „Demokratie“ sei, die unbedingte Voraussetzung dafür, daß der reibungslose Ablauf der kapitalistischen Marktwirtschaft gesichert ist. Eine solche Wirtschaftsform bedürfe als „politische Verfassung“ eines stabilen, neutralen Staates, der die Sicherheit der Verfügungsrechte und Rechte insgesamt sowie die Konstanz der Geld- und Fiskalpolitik garantiere.[440] Sogar *Oskar Morgenstern*, der sich von den liberalen Nationalökonomen, von denen in diesem Abschnitt die Rede ist, in vielen Dingen unterscheidet, stellt etwas später fest, „daß eine absolutistisch-aristokratische Regierungsform einer liberalen Wirtschaftspolitik keineswegs widerspricht, sondern dieser (...) viel größere Möglichkeiten einräumt, als es

---

[436] *Weber* 1922, S. 64.
[437] *Mises* 1932a, S. 99.
[438] Vgl. *Schmitt* 1923.
[439] *Eucken* 1932a, S. 17.
[440] *Beckerath, H.* 1933, S. 261f. In den 90er Jahren beginnen einige Neoliberalen wieder diese Vorzüge eines autoritäten Systems hervorzuheben: vgl. *Schwarz* 1992, S. 77ff.

sonst der Fall ist.“[441] *Karl W. Kapp*, ein Anhänger planwirtschaftlicher Ordnungen, meint, daß nur ein autoritärer Staat es ermöglichen kann, zur „freien Wirtschaft“ zurückzukehren.[442] Auch er ist überzeugt, daß nur ein solcher Staat sich gegenüber den Interessensgruppen durchsetzen kann. Und *Hayek* stellt in den 60er Jahren fest, daß sich Autoritarismus und Liberalismus ebenso wenig ausschließen müssen wie Demokratie und Totalitarismus:[443] „In consequence, it is at least possible in principle that a democratic government may be totalitarian and that an authoritarian government may act on liberal principles.“ Wie die Liberalen diesen starken Staat schaffen wollen, und auf welche Machtressourcen er sich stützen kann, wird aber zumeist nicht gesagt. Dieses Problem wird die meisten Vertreter eines liberalen *Dritten Weges*, die diesbezüglich immer abstrakt bleiben werden, weiter begleiten.

Die Tatsache, daß der Staat auf Drängen der Interessengruppen oder der „Massen“ in das Wirtschaftsleben (der Weimarer Republik) eingreift und sich zumeist mit vielfältigen Interventionen gegen die Strukturveränderungen durch die „freien Konkurrenz“ stellt,[444] gilt als Ausdruck staatlicher Schwäche. „Das ist eben der Beweis dafür“, so *Rüstow* in seiner bekannten Rede 1932 vor dem „Verein für Sozialpolitik“, „daß bei diesen Vorgängen die Regierung, der Staat gar nicht Subjekt, sondern leidendes Objekt war, und Subjekt vielmehr die Interessen.“[445] Und auch *Röpke* mahnt erneut die Liberalen, ihre Staatsskepsis aufzugeben. Im Gegenteil, sie sollten nach seinem Willen „überall dort als Streiter in die erste Linie eintreten, wo der Staat in seiner Schwäche oder seiner Einsichtslosigkeit vor der Privatwirtschaft kapituliert.“[446] Da die Staatsform des Parlamentarismus und des Parteienstaates die „Wendung zum totalen Unternehmer-Kaufmann-Versorgungs-Krisenheilungsstaat“ begünstigt habe,[447] bleibt nach Meinung der Liberalen als einzige Lösung, daß der „Staat sich in irgendeiner Weise von der Wirtschaft (...) distanzieren“ *(Eucken)* muß. Hinter diesen unklaren Worten verbirgt sich der Gedanke der klaren Grenzziehung zwischen Staat und Wirtschaft. Um Staat und Konkurrenz gleichsam zu befreien, so *Rüstow*, ist daher ein neuer, ein starker Staat nötig, ein Staat, der „überlegen (...) durch Autorität und Führertum“ sei.[448]

---

[441] *Morgenstern* 1934, S. 18.
[442] *Kapp* 1936, S. 24.
[443] *Hayek* 1960, S. 103.
[444] Die Kräfte der „freien Konkurrenz“ bringen nach Meinung der Liberalen das individuelle Interesse mit dem Gesamtinteresse zusammen.
[445] *Rüstow* 1932, S. 255.
[446] *Röpke* 1923, S. 45.
[447] *Salz* 1931, S. 310f.
[448] *Rüstow* 1932, S. 257. Zu *Rüstows* Staatsauffassung vgl. *Meier-Rust* 1993, S. 48 und *Hegner* 2000, S. 48.

Damit ein solcher starker Staat aber nicht die gleichen Fehler begeht wie der des 19. Jahrhunderts, darf er der privaten Wirtschaft nicht untätig ihren Lauf lassen. *Röpke* stellt dies klar, wenn er schreibt:

„Wir halten die Konkurrenz für den unentbehrlichen Motor und Regulator der modernen Wirtschaftsordnung, aber wir sind weit entfernt davon, sie zu verherrlichen (...) und halten es daher für eine wirtschaftliche, soziale und kulturelle Notwendigkeit, alles was im Einklang mit dem Wesen der Konkurrenz zur Bekämpfung ihrer Auswüchse getan werden kann, zu tun.“[449]

Röpke kann sich unter der Voraussetzung, daß das „Wesen der Konkurrenz“ berücksichtigt wird, ein breites Spektrum an Staatseingriffen vorstellen.[450] Besonders die staatliche Bekämpfung der „monopolistischen“ Unternehmen hat es ihm angetan.[451] *Röpke* erblickt, und darin zeigen sich Ähnlichkeiten zur Sichtweise *Oppenheimers,* im Kapitalismus eine „entartete Marktwirtschaft“, eine mit Monopolen durchsetzte Marktwirtschaft. Für ihn ist daher die Garantie der Marktfreiheit und der „freien Konkurrenz“ die grundlegende Aufgabe des Staates. Damit unterscheidet er sich wesentlich von den Altliberalen. In dem Sinne, wie die neuen Liberalen Liberalismus interpretieren, ist „wirtschaftliche Freiheit“ immer Teil einer humanistisch-personalistisch-universellen Freiheit. „Wirtschaftliche Freiheit“ bedeutet ihnen zufolge „freie Konkurrenz“, allerdings eine „freie Konkurrenz“, die sich nicht von allein einstellt, sondern der staatlichen Hilfe bedarf, eine „staatliche Veranstaltung“ ist. Auf die Maßnahmen, mit denen eine solche Marktordnung herstellen werden soll, gehen die meisten Vertreter eines liberalen *Dritten Weges* nur recht oberflächlich ein. Die meistgenannte Maßnahme, um die monopolistischen Gebilde zu bekämpfen, ist die Forderung nach Freihandel. Mit einer Art „Erziehungsfreihandel“ (*Löwe*) sollen die Monopole von außen unter Konkurrenzdruck gesetzt werden.[452] Viel weniger wird auf die Bedeutung der Gesetzgebung für das Monopolproblem eingegangen. *Eucken* verweist zwar auf die staatliche Kartellpolitik, die das Aufkommen der Monopole erleichtert habe, gründliche wirtschaftspolitische Konsequenzen

---

[449] *Röpke* 1929, S. 868f.

[450] *Röpke* hatte damals noch kein übergeordnetes Kriterium für die Beurteilung der wirtschaftspolitischen Maßnahmen herausgearbeitet. „Er unterscheidet [damals] zwischen Staatstätigkeiten sui generis, indifferenten Maßnahmen, legitimen und illegitimen Interventionen.“ *Peukert* 1992, S. 136.

[451] Ebd., S. 875 und ders. 1923, S. 43 und 46. Schon damals ist *Röpke* überzeugt, daß „der Mechanismus der freien Marktwirtschaft (...) nicht vollkommener als jede andere Maschine ist...” Ders. 1929, S. 881.

[452] *Gerloff* 1932, S. 16. Hier trafen sich die Vorstellungen der Liberalen mit denen eines überzeugten Sozialisten wie *Adolf Löwe*. Auch er forderte, die Monopolpreise vornehmlich durch Freihandel zu senken. Vgl. *Löwe* 1930, S. 296 und ders. 1931, S. 58f. Zu *Löwe* vgl. auch *Krohn* 1996, S. 42ff.

zieht er aber noch nicht daraus.[453] *Rüstow* lehnt die geltende Regelung, die nur den Machtmißbrauch der Monopole verhindern möchte, ab und spricht sich immerhin für ein gesetzliches Monopolverbot aus.[454] Der Maßnahmenkatalog ist aber noch recht unausgegoren. Lediglich *Böhm* beschäftigt sich bereits am Ende der Weimarer Republik intensiv mit den rechtlichen Voraussetzungen des Wettbewerbs.[455] Soll die freie Verkehrswirtschaft die einzig gültige „Organisationsform" einer Wirtschaftsordnung sein, müsse sie gegen monopolistische Bestrebungen rechtlich konsequent durchgesetzt werden. *Böhm* erkennt die Notwendigkeit einer kohärenten Wettbewerbspolitik. *Beckerath* dagegen möchte Kartelle nicht prinzipiell ablehnen. Die negativen Seiten der Marktmacht werden ihm zufolge überschätzt. „[S]tarre Produktionsrestriktionen" ließen sich „unter dem Druck des Ausdehnungsinteresses der besten Betriebe im Kartell und des außenstehenden Wettbewerbs nie lange durchhalten (...)."[456] Die Marktmacht werde weniger zur Erzielung von „Kartellrenten" verwendet, als vielmehr dazu, um „technischen, betrieblichen und marktwirtschaftlichen Fortschritt" und erhöhte Transparenz über die Branche und die Nachfrage zu ermöglichen. Die Kartellaufsicht kann seiner Meinung nach in der Förderung dieser positiven Tendenzen ein „fruchtbares Arbeitsfeld" finden. Wirklich konkret wird aber auch er nicht. Er weiß nur zu berichten, daß

> „[e]ine derartige, nicht nur negativ gegen wirkliche Kartellauswüchse, sondern auch positiv im Sinne einer fortschrittlichen Gestaltung der volkswirtschaftlichen Organisation wirkende Kartellaufsichtspolitik (...) allerdings eines starken wissenschaftlichen, volkswirtschaftlichen Einschlages im Aufbau der betreffenden Instanz" bedürfe.[457]

Einige Liberale weisen dem Staat auch prozeßpolitische Aufgaben zu. *Rüstow* unternimmt in der bereits erwähnten Rede den Versuch, zu zeigen, wie der Staat intervenieren kann, ohne in die Fehler des alten, nach seiner Meinung interessengeleiteten Interventionismus zu verfallen. Der starke Staat, der sich „oberhalb der Wirtschaft, oberhalb der Interessenten" befindet, interveniert laut *Rüstow* nicht gegen die Richtung der Marktgesetze, um die alten Wirtschaftsstrukturen zu konservieren, sondern versucht, das (neue) Gleichgewicht zu erreichen, das sich in einer vollkommen freien Wirtschaft einstellen würde.[458] Im Gegensatz zur Laissez-faire-Veränderung soll der von *Rüstow* sogenannte „liberale Interventionismus" die Anpassung an dieses neue Gleichgewicht beschleunigen und so die sozialen Opfer der Anpassung reduzieren. *Rüstow* hat mit die-

---

[453] *Eucken* 1932a, S. 14.
[454] *Rüstow* 1928, S. 913ff.
[455] *Böhm* 1933, S. 90f.
[456] *Beckerath*, H. 1927, S. 1121.
[457] Ebd.
[458] *Rüstow* 1932, S. 252f.

ser zwischen Laissez-faire und punktuellem Interventionismus liegenden „dritten Art des Verhaltens" implizit auch die Leitidee vorgegeben, die allen Staatseingriffen zugrunde liegen und ihnen ein kohärentes Bild geben soll.[459] Staatseingriffe haben sich danach an dem Leitbild der freien Konkurrenz zu orientieren. Nicht Hemmung, sondern Unterstützung der (freien) Marktkräfte ist *Rüstows* Idee.

Fazit: Das Bild des *Dritten Weges mit liberaler Ausrichtung* bleibt auf vielen Gebieten noch sehr unklar. Das Leitbild der „freien Konkurrenz" wird in keiner Weise operationalisiert. Weder wird auf die konkrete Monopolpolitik eingegangen, noch wird hinterfragt, ob es sich beim „liberalen Interventionismus" nicht um einen Fall von Anmaßung von Wissen handelt: Woher soll gewußt werden, welche Richtung „der" Markt unter den Bedingungen des Laissez-faire nehmen würde? Zusammenfassend kann der *Dritte Weg mit liberaler Ausrichtung* wie folgt beschrieben werden:

- Die erwähnten Publizisten und Wissenschaftler grenzen ihre Ordnungsvorstellungen von denen der „Altliberalen", „Paläoliberalen" oder „Manchesterliberalen" bewußt ab, ohne einen „ungeplanten" Interventionismus verfallen zu wollen.
- Sie verbinden die Vorstellung von einem starken Staat mit der von der freien Konkurrenz (als komplementäre Bestandteile) zu einer Ordnung, in der sowohl Leistungsbereitschaft des einzelnen als auch Gemeinschaftsgesinnung ihren Platz finden sollen.
- Der starke Staat soll die wirtschaftspolitischen Maßnahmen an dem Leitbild der freien Konkurrenz orientieren, um die freie Konkurrenz zu stärken und soziale und ökonomische Anpassungswiderstände ihr gegenüber zu überwinden.

d) Konkrete Reformvorschläge und realhistorische Option

Lediglich (1) *Gustav Stolpers* Reformvorschlag „Die wirtschaftlich-soziale Weltanschauung der Demokratie" und (2) die Idee vom „Neuen Staat", der unter der Regierung von *Franz von Papen* realisiert werden sollte, stellten Versuche dar, einen möglichen liberalen *Dritten Weg* klarer herauszuarbeiten.

(1) *Gustav Stolper*, Herausgeber der sozial-liberalen Zeitschrift *Der deutsche Volkswirt*, stellte 1928 auf dem Parteitag der *Deutschen Demokratischen Partei* (DDP) ein Wirtschaftsprogramm vor.[460] Er hatte dies im Auftrag der Partei unter dem Titel „Die wirtschaftlich-soziale Weltanschauung der Demokratie"

[459] Ebd., S. 252. Ähnliche Gedankengänge finden sich bereits bei *Lampe* 1927, S. 127ff.
[460] Zum Leben *Stolpers* vgl. *Rieter* 1998, S. 97ff. Zur Zeitschrift „Der deutsche Volkwirt" vgl. ebd., S. 106ff.

erarbeitet.[461] Die Delegierten nahmen die Rede „mit Begeisterung“ auf.[462] *Stolper* galt daraufhin als „der kommende Mann“ der DDP. Der Freund *Friedrich Naumanns*, *Theodor Heuss'* und *Hjalmar Schachts* war nicht nur ein überzeugter Anhänger des politischen Liberalismus, er war auch ein Volkswirt, der sich in der theoretischen Nationalökonomie gut auskannte und dem es glänzend gelang, theoretische Erkenntnisse auf praktische Probleme anzuwenden.[463] Er war davon überzeugt, daß die „ökonomischen Gesetze“ den langfristigen Rahmen bilden, innerhalb dessen vernünftige Politik gestaltet werden kann. Es ist also nicht nur ein politisches Bekenntnis, sondern auch der Glaube an die Theorie (zumindest wie er deren Ergebnisse interpretiert), wenn er in seiner Schrift folgende drei Schwerpunkte legt:

- Stärkung der privaten Konkurrenz auf wirtschaftlichem Gebiet;
- staatliche Kontrolle der privaten Monopole;
- Ausrichtung der Finanz- und Sozialpolitik auf die Kapitalakkumulation.

Für *Stolper* stellt die kapitalistische Wirtschaft die effizienteste aller Wirtschaftsordnungen dar.[464] Dementsprechend ist es seine Intention, sie zu stärken und von staatlichen Bindungen zu befreien. Er beabsichtigt dies besonders im Hinblick auf Märkte, auf denen öffentliche Unternehmen mit der Privatwirtschaft in Konkurrenz treten. Er fordert in diesem Kontext, daß der Staat grundsätzlich nur dort wirtschaften darf, wo keine private Konkurrenz besteht bzw. dort, wo es der „Natur“ des Staates entspricht.[465] Auf allen anderen Märkten sei die Wirtschaft Sache der privaten Unternehmen. Bestehende öffentliche Unternehmen sollten daher auf diesen Märkten entweder privatisiert werden oder seien nach reinen ökonomischen Grundsätzen zu führen.[466] *Stolper* ist andererseits kein Paläoliberaler, sondern tritt für eine sozial-gesteuerte Konkurrenzwirtschaft ein.[467]

Der Staat soll sich nicht wie zu Zeiten des Laissez-faire zurückhalten. Er betont ausdrücklich, daß private Monopole für Wohlfahrtsverluste verantwortlich sein können. Daher hat seiner Meinung nach der Staat dafür Sorge zu tragen, daß die monopolistische Wirkung verhindert wird.[468] Allerdings ist *Stolper* kein so radikaler Kritiker monopolistischer Unternehmen wie *Röpke* und *Rüstow*. Er lehnt Monopole nicht generell ab, sondern fordert nur, daß der Staat

---

[461] *Stephan* 1973, S. 391.
[462] Ebd., S. 418.
[463] *Rieter* 1998, S. 97 und 125ff.
[464] *Stolper* 1929/1930, S. 27: „Daß der Kapitalismus und nur der Kapitalismus imstande ist, ein Maximum an materiellem Reichtum zu schaffen und damit die Grundbedingungen für die jeweils erreichbare größte Wohlfahrt des einzelnen, das beweist die Geschichte der kapitalistischen Wirtschaft der letzten hundert Jahre (...).“
[465] Ebd., S. 20f.
[466] Ebd., S. 21.
[467] Zu *Stolpers Drittem Weg* vgl. auch *Rieter* 1998, S. 1931ff.
[468] *Stolper* 1929/1930, S. 22.

in der Lage sein muß, Absprachen oder Verschmelzungen der großen Unternehmen, die zu Machtmißbrauch führen, zu verhindern.[469] Dafür genügt es aber, die Großgebilde zu überwachen und zu kontrollieren. Der Versuch, Monopole unbedingt zu verhindern, wird von *Stolper* nicht gefordert. Ein solches Unterfangen erscheint ihm zum einen im Zeitalter der Großbetriebe als zu unrealistisch. Zum anderen relativiert er die Angst vor zu großer wirtschaftlicher Macht, wenn er betont, daß auch Monopole ihre Preise nicht unabhängig vom Konsumenten setzen können.[470] Zudem deuten einige seiner Aussagen daraufhin, daß eine enge geistige Verwandtschaft zu seinem Freund *Schumpeter* vorhanden zu sein scheint. Von Großbetrieben, die potentiell Marktmacht besitzen, erhofft sich *Stolper*, sie könnten schneller als kleine Unternehmen Innovationen einführen.[471] Diese Ansicht ist damals auch *Schumpeter*. Er glaubt zu Beginn der Weltwirtschaftskrise das Großunternehmen den Vorteil besitzen, im großen Stil neue Faktorkombinationen einführen zu können, damit auf diese Weise die Volkswirtschaft durch einen disharmonischen und ungleichgewichtigen Expansionsprozeß auf ein höheres Niveau gelangen könne. Denn „entscheidende Fortschritte der produktiven und kommerziellen Technik", so *Schumpeter*, „setzen die großen Einheiten voraus" – eine Hypothese die inzwischen als widerlegt gilt.[472]

Stolper betont bei den Themen Sozialpolitik und Finanzpolitik, seinem eigentlichen Interessengebiet, daß Maßnahmen in beiden Politikbereichen nicht längerfristig gegen die ökonomischen Gesetze verstoßen könnten und die gegenwärtige Generation nicht auf Kosten der zukünftigen leben dürfe.[473] Bei der Gestaltung beider Arten der Politik sollte daher deren Einfluß auf die Kapitalbildung berücksichtigt werden. Da *Stolper* von einer damals gegebenen allgemeinen Kapitalnot ausgeht, schlägt er z. B. vor, die direkten Steuern zu senken und die indirekten zu erhöhen, um so die „Spartätigkeit" zu begünstigen. Ergänzt werden sollen diese Maßnahmen durch einen Staat, der in seinen Aufgaben beschränkt und zur Sparsamkeit angehalten ist. Die verbleibenden staatlichen Aufgaben seien zwischen Reich, Ländern und Gemeinden klar abzugrenzen und, als Reaktion auf den „planlosen Interventionismus", nach einheitlichen Prinzipien zu gestalten.[474] Auch schlägt er als einziger der hier interessierenden Liberalen sogar eine Art Selbstbindung des Staates vor, wenn er fordert, daß die

---

469 Ebd., S. 23f. Auch *Rieter* 1998, S. 135.

470 *Stolper* 1929/30, S. 23. „Der Konsument ist in der kapitalistischen Wirtschaft der wirkliche Diktator. Er zahlt einfach keine höheren Preise, als er zahlen kann."

471 Ebd., S. 22f.

472 *Schumpeter* 1929, S. 326. Die „positive Korrelation von FE-Aktivitäten und der Unternehmensgröße" ist laut *Herdzina* widerlegt worden. Vgl. *Herdzina* 1999, S. 44.

473 Ebd., S. 12f. und S. 31f.

474 Ebd., S. 11ff.

„Ausgaben des Reiches für die nächsten zehn Jahre“ zu „fixieren“ sind.[475] Sein Programm faßt er in zwölf „Leitsätzen“ zusammen:[476]

„1. Demokratie glaubt an die Möglichkeit des sozialen und wirtschaftlichen Interessenausgleichs im freien Staat. (...)
2. Demokratie glaubt an die Schicksalsverbundenheit der Klassen. (...)
3. Demokratie verwirft den Klassenkampf als Forderung. (...)
4. Demokratie verwirft darum die Diktatur des Staates wie die Diktatur einer Klasse über die Wirtschaft. (...)
5. Demokratie als das einzig mögliche Freiheitssystem der Gesellschaft setzt die wirtschaftliche und soziale Freiheit des Individuums voraus. (...)
6. Demokratie erfordert deshalb als Bindung und Grundlage ihrer Existenz Privateigentum, ohne das es keine Freiheit des Individuums geben kann. (...)
7. Demokratie bedeutet die Verpflichtung der Gesellschaft, die Wirtschaft zum höchsten Grad der Entfaltung zu bringen, der jeweils dem technischen Können erreichbar ist. (..)
8. Demokratie bedeutet aber auch die Verpflichtung der Gesellschaft, ihre ganze Macht zum unmittelbaren Kampf gegen soziale Notstände aufzubieten, wo sie sich zeigen. (...)
9. Demokratie verträgt kein Massenelend, sie verfügt über alle Mittel, um Massenelend zu beseitigen. (...)
10. Demokratie bejaht deshalb den Staat als Vollstrecker ihres sozialen Willens. (...)
11. Demokratie (...) wird verwirklicht in einem Verband selbständig denkender, frei verantwortlicher Persönlichkeiten, der im Ausleseprozeß starke Führerschaft hervorbringt. (...)
12. Demokratie (...) glaubt an den freien Menschen, nicht an die staatliche Maschine.“

Stolpers politischer Stern ging erst auf, als seine Partei die Gunst der Wähler verlor.[477] Antikapitalistische und nationalistische Töne bestimmten gegen Ende der Weimarer Republik zunehmend die Stimmung der Bevölkerung. Obwohl *Stolper* entgegen anderen liberalen Persönlichkeiten die Arbeitslosen- und Sozialversicherung sowie das staatliche Schlichtungswesen im Rahmen der Tarifrunden ausdrücklich unterstützte, sich darüber hinaus noch für Gewinnbeteiligung der Arbeitnehmer einsetzte und dazu auch von je her ein überzeugter „Großdeutscher“ war, konnte er den Untergang der DDP und damit der „wirtschaftlich-sozialen Weltanschauung“ nicht aufhalten.[478] Obwohl er eine angesehene Zeitschrift leitete, blieb er politisch – auch innerhalb des liberalen Lagers – ein Einzelgänger.

(2) Viele liberale Anhänger eines autoritären Staates glaubten damals, mit der Regierung *Papen* sei eine reale Möglichkeit gegeben, ihre Vorstellungen verwirklichen zu können.[479] Das als antiliberal geltende *Papen*-Programm des „Neuen Staates“ ist nur in dem Sinne „antiliberal“, als es Schluß machen möchte

[475] Ebd., S. 17.
[476] Ebd., S. 37ff.
[477] Zum „Aufstieg und Verfall” des sog. Linksliberalismus’ vgl. *Stephan* 1973.
[478] *Stolper* 1929/1930, S. 30, S. 33 und S. 40.
[479] *Meier-Rust* 1993, S. 55 und *Grotkopp* 1954, S. 115.

mit Parlamentarismus und „Massendemokratie“.[480] Dieser Antiliberalismus richtet sich aber nicht gegen die Wirtschaftsordnung. Im Gegenteil, der Kreis um *Papen* sieht sich als Anwalt der privaten Wirtschaft und des Leistungsprinzips. „[D]ie Regierung“, so erklärt der „Chefideologe“ dieser Regierung, *Schotte*, „hat sich klar entschieden für Weltwirtschaft, für freien Außenhandel, für die Aufrechterhaltung der Weltwährung, für die private Wirtschaft, für den Kapitalismus, für den Individualismus.“[481] Damit wird die Regierung Papen zur Hoffnung vieler wirtschaftsliberal eingestellter Kräfte. In dem Grundsatz „Starker Staat und Freie Wirtschaft“ treffen sich die ordnungspolitischen Ideen der neuliberalen Nationalökonomen mit denen der Propheten des „Neuen Staates“.[482]

Man beabsichtigt, wieder eine staatsfreie Sphäre zu schaffen. Die ordnungspolitische Trennungslinie verläuft *Schotte* zufolge zwischen Staat und Wirtschaft, zwischen Staat und Kultur, kurz: zwischen Staat und Gesellschaft.[483] Der Staat soll weder Kultur, Erziehung noch Wirtschaft ‚betreiben'. Für *Schotte* ist es vollkommen der Natur des Staates zuwider, wenn sich dieser als Wahrer der Gemeinschaftsinteressen in die Wirtschaft als Sphäre der individuellen Interessen einmischt und selbst zu wirtschaften beginnt.[484] Er möchte entsprechend die Wirtschaft deregulieren und die Staatsquote zurückfahren. Folgende Punkte werden genannt:

1. Es sollen direkte Steuern gesenkt, das Tarifrecht und die Sozialpolitik beschränkt werden.
2. Der Staat hat der privaten Wirtschaft „Rechtssicherheit, Ordnung, Ruhe und auch Freiheit“ zu gewährleisten.[485]
3. Dem Staat wird andererseits „Führungspflicht, Aufsichtsrecht, Hilfsdienst“ zugestanden.[486]

Schotte verliert kein Wort über die Frage, welche konkreten Maßnahmen hinter diesen allgemeinen Forderungen stehen und was die freie Wirtschaft veranlassen könnte, sich dem Staat zu „unterwerfen“.[487]

Schotte äußert sich lediglich zum staatlichen „Hilfsdienst“ detaillierter. Er rekurriert dabei auf den sog. „Zwölfmonatsplan“ zur Bekämpfung der Weltwirtschaftskrise, an dem *Rüstows* jüngerer Bruder *Hanns-Joachim*, der im Reichswirtschaftsministerium angestellt war, einen nicht unerheblichen Anteil hatte.[488] Es handelt sich dabei um eine „mittelbare Arbeitsbeschaffungsmaßnahme“, um

---

[480] Zum weltanschaulichen Umkreis von *Papen* vgl. *Ishida* 1988.
[481] Ebd., S. 94.
[482] Der Rechtwissenschaftler *Heller* bezeichnete *Papens* „Neuen Staat” als „autoritären Liberalismus”. Vgl. *Heller* 1933, S. 645ff.
[483] *Schotte* 1932, S. 124.
[484] Ebd., S. 91f. und 97f.
[485] Ebd., S. 114.
[486] Ebd., S. 124.
[487] Ebd., S. 98.
[488] *Meier-Rust* 1993, S. 56f.

ein „Arbeitsbeschaffungsprogramm der Unternehmungen“, um die Konjunktur indirekt anzukurbeln.[489] Der Plan sieht vor, die Rentabilitätsaussichten und die Auftragslage der Unternehmen zu verbessern, indem der Staat sich des Marktverfahrens bedient, ohne selbst die Privatwirtschaft zu verdrängen. Bewirkt werden soll dies mit „der Vorwegnahme von Steuersenkungen durch Ausgabe von Steueranrechnungsscheinen, eines Prämiensystems durch Hergabe von Steueranrechnungsscheinen für Neuanstellungen von Arbeitskräften“.[490] Der Kostenfaktor „Steuern“ wird gesenkt, damit die Unternehmen dadurch ihre Beschäftigung erhöhen können. Mit diesen Maßnahmen soll nach *Schotte* zugleich die Arbeitslosigkeit bekämpft und „die sogenannte Initialzündung“, ein Begriff *Röpkes*, geschaffen werden, um der privaten Wirtschaft Hilfestellung zu geben, die Krise selbständig zu überwinden.[491] Entsprechend begrüßten die Anhänger eines *Dritten Weges mit liberaler Ausrichtung* den *Papen*-Plan.[492] Für den Freiburger Professor *Adolf Lampe*, der sich bereits frühzeitig in der Debatte um Konjunkturpolitik gegen Vorstellungen sowohl des Laissez-faire als auch eines massiven Staatseingriffs gewandt hatte, war der Plan ein „offene[s] Bekenntnis zu den Möglichkeiten der Marktwirtschaft“, „ein Appell an die bis dahin verdächtigte Bereitschaft zu privatwirtschaftlicher Unternehmertat“, der „Maßnahmen zur Umsatzsteigerung durch Kreditschöpfung mit Kostensenkung durch Lohnabbau und Steuermäßigung“ verbunden hätte.[493] Es handelt sich seiner Ansicht nach dabei um eine Art „liberale Intervention“, wie sie auch *Rüstow* vorschwebt. Viele (Neu-)Liberale konnten sich mit dem ökonomischen Teil des *Papen*-Programms weitgehend identifizieren.

Schotte erwähnt das Monopolproblem nicht, wohl wissend, daß die Regierung *Papen* erheblich von Großindustriellen unterstützt wird. Ob sich Liberale wie *Rüstow,* für die bereits in der Weimarer Republik die Monopolbekämpfung ein Thema war, das den Kern ihrer ökonomischen Weltsicht bildete, auf Dauer mit dem „Neuen Staat“ hätten arrangieren können, ist daher fraglich. Auch der Umstand, daß die Regierung *Papen* als „Kabinett der Junker“ galt, dürfte Persönlichkeiten wie *Rüstow* nicht zum kompromißlosen Freund des „Neuen Staates“ gemacht haben. Aus *Schottes* pathetischen, unklaren Ausführungen über den Papen-*Staat* wird letztendlich nicht ersichtlich, ob ein wirklich „Neuer Staat“ errichtet oder nur alte liberale Zustände restauriert werden sollten. Tendenziell ist der *Papen*-Plan dennoch dem traditionellen Liberalismus zuzurechnen.

---

[489] „Im allgemeinen wurde das Charakteristische der unmittelbaren Arbeitsbeschaffung in der Erteilung der Aufträge durch die öffentliche Hand gesehen, das der mittelbaren in der Hilfestellung und Anregung zwecks Erteilung von Aufträgen durch Private.” *Grotkopp* 1954, S. 110, FN.1.

[490] *Schotte* 1932, S. 110ff.

[491] Vgl. zu *Röpkes* Position *Janssen* 1998, S. 381ff.

[492] *Grotkopp* 1954, S. 115

[493] Zitiert nach: Ebd.

e) *Die weitere Entwicklung nach 1933/1934*

Im großen und ganzen sah das referierte Programm *Stolpers* eine Reform vor, die eine verhältnismäßig geringe Veränderung gegenüber dem damaligen Status quo bedeutet hätte. Im Plan der Regierung *Papen* war zwar eine große verfassungspolitische Reform vorgesehen, ökonomisch bedeutete dieser aber in erster Linie einen Rückzug des Staates. Während *Stolpers* Vorschläge als „konservativ" im unpolitischen Sinne des Wortes bezeichnet werden können, strebte die Regierung *Papen* eher eine Restauration altliberaler Verhältnisse an, in der Hoffnung, daß eine entfesselte Wirtschaft das Primat des Staates anerkennen würde. *Gustav Stolper* emigrierte 1933. Zwar überstand seine Zeitschrift „Der deutsche Volkswirt" die Wirren der Zeit und lebt noch heute unter anderem Namen weiter, er selbst und seine „wirschaftlich-soziale Weltanschauung der Demokratie" gerieten fast vollkommen in Vergessenheit. Die Nachkriegsliberalen der Bundesrepublik erwähnten ihn und seine Konzeption nicht mehr. Dies ist durchaus erstaunlich, hat doch sein ordnungspolitisches Programm größere Ähnlichkeiten zu der real existierenden „Sozialen Marktwirtschaft" der 50er Jahre als die „radikaleren" Konzeptionen der späteren Freiburger Schule und erst recht der *Rüstows* und *Röpkes*. *Papens* „Neuer Staat" erlebte nach 1933 keine Renaissance mehr. Dem Nationalsozialismus, der eine totalitäre Parteienherrschaft ausübte, war nicht an einem über der freien Marktwirtschaft schwebenden autoritären Staat gelegen. Derjenige, der nach 1933 noch am ehesten in der Tradition der ordnungspolitischen Konzeption stand, die der „Neue Staat" repräsentierte, war der damalige Leipziger Oberbürgermeister und später hingerichtete Widerstandskämpfer *Carl Goerdeler*. Grundlage seiner Konzeption ist der Dualismus von starkem Staat und liberalisierter Wirtschaft. Ihm gilt der „kapitalistische Leistungswettbewerb" als „Naturkraft", die in einem Ausleseprozeß „Einzelpersönlichkeiten" hervorbringt.[494] Der Staat soll seine Bindungen zurücknehmen, die er der Wirtschaft auferlegt hat, und den Wettbewerb wieder befreien.[495] Er glaubt stärker als die „Neuliberalen" und Anhänger einer gemäßigten Wirtschaftslenkung an den sich daran anschließend selbst erhaltenden Wettbewerb: „Auch der Wettbewerb ist Kampf und (...) nichts, was erst durch eine Gesetzgebung künstlich zu veranstalten ist, sondern etwas Naturnotwendiges."[496] Die Möglichkeit, daß der Wettbewerb einmal aus eigener Kraft zum Stocken kommt, schätzt er als extrem gering ein. Staatliche Anti-Trust-Politik ist für ihn nicht notwendig.

494 *Goerdeler* 1938, S. 494
495 *Müller* 1988, S. 59f.
496 Ebd. S, 492.

In der Zeit nach 1933 sind die Wurzeln der Freiburger Schule des Liberalismus, der Kern des späteren „Ordoliberalismus“ zu suchen.[497] Mit den beiden Juristen *Franz Böhm* und *Hans Grossmann-Doerth* gibt *Eucken* Ende der 30er Jahre die Reihe „Ordnung der Wirtschaft“ heraus, dessen erstes, von *Böhm* verfaßtes Werk in der Tradition eines „nationalen Interventionsstaates“ steht, in dem dem Staat auch über die Wettbewerbssicherung hinaus große Eingreifsrechte zugestanden wird.[498] Das eigentliche Fundament ordoliberalen Denkens bilden *Euckens* Schriften „Grundlagen der Nationalökonomie“ (1939) und „Wettbewerb als Grundprinzip der Wirtschaftsverfassung“ (1942).[499] In ihnen entwickelt *Eucken* bereits die erst später formulierten, ordoliberalen „staatspolitische[n] Grundsätze der Wirtschaftspolitik“, daß

1. die „Politik des Staates (...) darauf gerichtet sein [soll], wirtschaftliche Machtgruppen aufzulösen oder ihre Funktion zu begrenzen“, und daß
2. die „wirtschaftspolitische Tätigkeit des Staates (...) auf die Gestaltung der Ordnungsformen der Wirtschaft gerichtet sein [soll], nicht auf die Lenkung des Wirtschaftsprozesses.“[500]

Speziell im 1942 veröffentlichten Aufsatz befaßt er sich mit der Frage, welche Gestalt die Nachkriegswirtschaftsordnung annehmen soll. Er hält weder die zentralverwaltungswirtschaftliche Form der Kriegswirtschaft, in der der Staat Wirtschaftsordnung und -prozeß plant, für eine den Krieg überdauernde „Dauerordnung“,[501] noch gibt es für ihn einen Weg zurück zu den verschiedenen Formen der „gruppenanarchistische[n] ‚freie[n]‘ Wirtschaft“ des 19. Jahrhunderts und der Weimarer Republik, in der die Privatwirtschaft alles, auch den Staat, lenkt. Beide Ordnungen hält er für nicht geeignet, gleichermaßen effizient und menschenwürdig zu sein. Ordnungspolitisch schwebt ihm ein „dritter Weg“ vor, der sich am Leitbild der „vollständigen Konkurrenz“ orientiert. „Sie sichert eine bestmögliche Güterversorgung der Bevölkerung (Effizienz) und schützt die Bürger vor der Willkür privater und staatlicher Macht (Freiheit).“[502] „Vollständige Konkurrenz“ ist *Eucken* zufolge aber kein gottgegebener Zustand. Je nachdem welche Bedingungen auf den einzelnen Märkten herrschen, habe vielmehr der Staat seine Wirtschaftspolitik zu gestalten, um dieses Leitbild durchzusetzen:

---

[497] Im folgenden wird nur die Freiburger Schule als Ordoliberalismus bezeichnet. Vgl. als Beispiel zur häufigen Ausweitung des Begriffs *Wulff* 1990 und *Starbatty* 1994.
[498] Vgl. Abschnitt D.III.1.
[499] *Rieter/Schmolz* 1993, S. 98f.
[500] *Eucken* 1952, S. 334 und 336.
[501] *Eucken* 1942, S. 34. *Eucken* begründet sein Urteil damit, daß die Zentralverwaltungswirtschaft nicht in der Lage sein wird, eine Friedenswirtschaft mit der ihr inhärenten Zielpluralität (S. 30ff.) optimal zu lenken (S. 32f.) Vgl. zur Diskussion um die sog. Nachkriegswirtschaftsordnung in der „Arbeitsgemeinschaft *Erwin von Beckerath*“ *Blumenberg-Lampe* 1986, S. 40-499. Vgl. auch *Müller* 1988, S. 105ff.
[502] Vgl. dazu auch *Gerken* 2000, S. 17.

1. Besteht auf Märkten schon „vollständige Konkurrenz“, kann sich der Staat darauf beschränken, die „Einhaltung der Spielregeln des Leistungswettbewerbs“ zu überwachen.[503]
2. Auf Märkten, auf denen die Konkurrenz unvollständig ist, soll der Staat die Monopole oder Oligopole auflösen, um so den Zustand der vollständigen Konkurrenz herzustellen.[504]
3. Dort, wo eine Auflösung der Monopole nicht möglich ist bzw. eine Auflösung nur bewirkt, daß eine Form der „unvollständiger Konkurrenz“, z. B. ein Monopol, in eine andere Form, z. B. in ein Oligopol, überführt wird, soll der Staat die Monopole kontrollieren, damit sie sich so verhalten, „als ob“ sie unter vollständiger Konkurrenz handeln.[505]

Eucken traut es dem Wettbewerb und dem Marktverfahren grundsätzlich nicht zu, sich selbst – ohne Hilfe des Staates – aufrecht zu erhalten.[506] Daher bedarf seiner Ansicht nach der Wettbewerb einer ständigen und wachsamen Aufsicht des Staates. Welche Ansicht dem Staat zugrunde liegt, damit dieser nicht in den Sog der Lobbyisten gerät, ist in der Literatur umstritten. Die Interpretationen gehen von einem „wohlwollenden Diktator“[507] über einen „starken Gastgeber“[508] bis hin zu ähnlichen Vorstellungen des amerikanischen Wirtschaftswissenschaftlers *James Buchanan*.[509] Vor dem Hintergrund der Demokratieskepsis weiter Teile der Bevölkerung und vor allem der Eliten (gerade auch der Eliten, die in Opposition zum Nationalsozialismus standen) erscheint mir – zumindest für den Zeitraum von den 1930er bis zu den 1950er Jahren – der Ansatz eines die Marktkräfte unterstützenden „autoritären“ Staates der historisch plausibelste zu sein. Daher ist *Rieter* und *Schmolz* zuzustimmen, wenn sie schreiben: „a market economy can very well be compatible with a politcal dictatorship“.[510] Sie weisen daher zu Recht daraufhin, daß die Mitglieder der Freiburger Schule nicht die bundesrepublikanische Verfassung vorgedacht haben.[511] Die Freiburger lehnen damals vielmehr entschieden einen „Parteien- und Verbändestaat“ ab. Nur ein über den gesellschaftlichen Interessen stehender Staat kann nach Meinung der Freiburger Ordnungstheoretiker die Ordnungspolitik auf die Norm der „vollständigen Konkurrenz“ ausrichten. Der Grund ist für sie der gleiche wie vor 1933:

---

[503] Ebd., S. 38f.
[504] Ebd., S. 39f.
[505] Ebd., S. 40f.
[506] *Rieter/Schmolz* 1993, S. 103.
[507] *Borchardt* 1981, S. 45.
[508] *Starbatty*1994, S. 246.
[509] *Vanberg* 1997, S. 712ff.
[510] *Rieter/Schmolz* 1993, S. 108.
[511] Ebd., S. 107.

„In the modern language, the social market economy is a public good which it is not in the interest of individuals to generate. Even though each group member may know that the granting of privilege such as a tariff, subsidy or an exemption from the rule of law, is disruptive of the coordinating functions of the market, he cannot be expected to abstain voluntarily from anti-social activity unless he can be sure that other will cooperate. There are then numerous 'Prisoners Dilemmas' in modern, complex society.“[512]

Bereits kurz nachdem sich die Freiburger Schule eine eigene Zeitschrift, „Ordo – Jahrbuch für Ordnung und Gesellschaft“, (1948) gegeben hatte, erlebte sie mehrere Rückschläge, von denen sie sich nicht mehr erholen sollte. Innerhalb eines halben Jahres starben *Eucken* und dessen Schüler *Leonhard Miksch.*[513] *Euckens* Lehrstuhl konnte erst über vier Jahre nach seinem Tod mit dem Bonner Privatdozenten *J. Heinz Müller* wieder besetzt werden. Von einer kontinuierlichen Verbreitung der Lehre und der Ausbildung einer eigenen Schülerschaft kann daher nicht die Rede sein. Von 1962 bis 1969 lehrte *Friedrich A. Hayek* auf *Euckens* Lehrstuhl. Er verkündete zwar, *Euckens* Arbeit fortführen zu wollen, er nahm in zunehmendem Maße aber den Standpunkt eines Altliberalen ein. Mit *Böhm* und dem *Eucken*-Schüler *K. Paul Hensel* besaß der Ordoliberalismus noch Vertreter, die in der späteren Bundesrepublik noch von akademischer und öffentlicher Bedeutung waren. Mehr als eine zweite Generation konnte die Freiburger Schule aber nicht ausbilden. Dies zeigt sich deutlich an dem metapolitischen Jahrbuch der Ordoliberalen „Ordo“. Es erscheint zwar noch regelmäßig, inhaltlich ist es inzwischen dem traditionellen Liberalismus zu zuschreiben. Lediglich in den Artikeln *Hans Otto Lenels*, dem letzten „Überlebenden“ des Ordoliberalismus, lassen sich noch die authentischen Positionen der Freiburger Schule erkennen, wenn er z. B. gegen die gegenwärtigen Megafusionen zu Felde zieht.[514]

An *Euckens* Konzept wird vor allem (1) das Effizienzkriterium als Leitbild der Ordnungspolitik sowie (2) das Wettbewerbsbild der „vollständigen Konkurrenz“ kritisiert.[515]

(1) In der neueren Literatur wird zunehmend das Effizienzkriterium, das *Eucken* verwendet, um der Ordnungspolitik ein Leitbild zu geben, in Zweifel gezogen. Es wird darauf hingewiesen, daß zwar „im idealtypischen Vergleich zwischen der zentralverwaltungswirtschaftlichen und der marktwirtschaftlichen Ordnung letztere effektiver die wirtschaftliche Knappheit verringert“, daß aber „[e]ine derartige idealtypische Analyse (...) nicht weiter[führt], wenn es um ope-

[512] *Barry* 1989, S. 117.
[513] *Brintzinger* 1996, S. 145ff. *Lenel* 1989, S. 292. Zum Nachkriegsliberalismus vgl. *Nicholls* 1994, S. 136ff.
[514] *Lenel* 2000, S. 1ff.
[515] *Dürr* 1954, S. 158ff. Dort sind auch weitere Kritikpunkte an der Konzeption der Ordoliberalen formuliert.

rationale und konkrete Handlungsvorgaben für die Wirklichkeit geht".[516] Dem Staat fehlt es nach neueren Erkenntnissen hierfür einfach an Wissen. „Zum einen besitzt der Wirtschaftsprozeß mit seiner nahezu unendlichen Zahl individueller wirtschaftlicher Handlungen eine äußerst komplexe Struktur, über deren konkrete Gestalt (...) die Politik nur in sehr geringem Maße Kenntnisse besitzt. Zum anderen (...) weiß [niemand], mit welchem Bündel ordnungspolitischer Maßnahmen in einer konkreten Ausgangslage das Knappheitsproblem am effektivsten bewältigt wird."[517] Erste Ansätze dieser Erkenntnis reifte bereits vor mehreren Jahrzehnten heran, als die Wissenschaft den ordoliberalen Vorschlag der „als-ob"-Politik auf seine Politiktauglichkeit prüfte. Schon damals wurde darauf hingewiesen, daß bei der Durchführung der „als-ob"-Politik ein Wissen des Staates vorausgesetzt wird, das *Eucken* dem Staat der Zentralverwaltungswirtschaft sonst abspricht. Da der Staat natürlich bei unaufhebbarer unvollständiger Konkurrenz auf den Märkten nicht wissen könne, welcher Preis sich unter den Bedingungen der vollständigen Konkurrenz bilden würde, wurde diese Idee frühzeitig aufgegeben. Mit *Gerken* ist daher festzuhalten: „Das Effizienzkriterium ist im Hinblick auf die Frage der Ordnungskonformität ordnungspolitischer Maßnahmen als allgemeines Referenzkriterium untauglich."[518]

(2) Große Interpretationsprobleme entstanden auch dadurch, daß *Eucken* die Begriffe der „vollständigen Konkurrenz" und des „Leistungswettbewerbs" fast synonym verwendete.[519] Heutzutage wissen wir, daß beides nicht zusammenhängen muß oder sogar „inkompatibel" sein kann.[520] Allerdings verwendet *Eucken* den Begriff „vollständige Konkurrenz" weniger im Sinne der neoklassischen Annahmen der Güterhomogenität und der polypolistischen Marktstruktur. Bei ihm steht die Substitutionskonkurrenz im Vordergrund.[521] Daher ist *Vanberg* in seinem Urteil zuzustimmen, daß aus heutiger Sicht weniger der Begriff der „vollständigen Konkurrenz" als vielmehr der des „Leistungswettbewerbs" in das Forschungsprogramm der Freiburger Schule paßt.[522] Ob allerdings die authentischen Ordoliberalen einem Leistungswettbewerb zugestimmt hätten, aus dem als Sieger große Unternehmen hervorgegangen wären, die aufgrund ihrer Größe private politische Macht gegenüber dem Staat besitzen, ist fraglich.[523] Ebenso müßte überprüft werden, ob unter „Leistungswettbewerb" stets die gleichen ökonomischen Sachverhalte gefaßt werden. Wie ist z. B. der Fall zu sehen, wenn auf einem Markt zwei relativ gleich gut positionierte Unternehmen fusionieren, um den Marktanteil auszubauen, damit sie selbst nicht „geschluckt" werden?

---

516 *Gerken* 2000, S. 30.
517 Ebd.
518 Ebd., S. 31.
519 Vgl. auch Ebd., S. 31ff.
520 *Vanberg* 1997, S. 719. Vgl. auch *Barry* 1989, S. 116.
521 *Rieter/Schmolz* 1993, S. 100.
522 *Vanberg* 1997, S. 719f.
523 Diese Vermutung wird gestützt durch *Lenels* neuere Aufsätze. Vgl. *Lenel* 2000, S. 1ff.

Wie wird der Fall beurteilt, wenn verlustreiche New Economy-Unternehmen Gewinn erwirtschaftende Unternehmen etablierter Branchen übernehmen, nur weil ihr Börsenkurs den der „alten“ Unternehmen aufgrund von (unsicheren) Erwartungen übersteigt. Dies ist sicherlich kein Leistungswettbewerb im Sinne *Euckens* und *Böhms*. Wenn man auf die unklare Kategorie des Leistungswettbewerbs nicht verzichten möchte, gibt daher aus heutiger Sicht meines Erachtens der Grundsatz „Leistungswettbewerb“ unter der Nebenbedingung „Förderung kleinerer und mittlerer Unternehmen (des Mittelstandes)“ das Streben der Freiburger Schule besser wider.

Wilhelm Röpke und *Alexander Rüstow* verbinden im Laufe ihrer Exilzeit zunehmend die Erkenntnisse der ökonomischen Theorie mit historisch-soziologischen Aspekten. Ihre ordnungspolitischen Konzeptionen bleiben davon nicht unberührt. *Rüstows* Begründung zur Zeit der Weimarer Republik, warum der starke Staat nur die Rolle des Durchsetzers und Beschleunigers der Marktgesetze in seinem Szenario spielen darf, ist nicht überzeugend. Wenn es wirklich einen über den Interessen stehenden Staat gibt, dann ließen sich auch Fälle denken, in denen die „Konsumentensouveränität“ aufgehoben werden sollte bzw. der Staat aufgrund seines souveränen Willens lenkend eingreifen muß. Diese treten besonders dann ein, wenn man das „Volk“ nicht mehr nur als gegenwärtige Gesamtheit der Konsumenten, sondern als kulturelle Abstammungsgemeinschaft begreift, die aus der Vergangenheit kommend sich in die Zukunft erstreckt.[524] *Röpke* hat dies schon Ende der 20er Jahre erkannt. *Rüstow* gelangt dann Anfang der 40er Jahre zu ähnlichen Erkenntnissen. In seine Vorstellungen fließen seit Anfang der 40er Jahre zunehmend holistische Aspekte mit ein, die seine Konzeption wie die *Röpkes* in die Nähe von Ordnungsideen brachte, die einen gemäßigten Interventionismus vorsehen.

Rüstow beabsichtigt in dieser Zeit, einen *Dritten Weg* zwischen „historischem Liberalismus“ und „Kollektivismus“ zu beschreiten, der die Wirtschaft wieder in ihre „dienenden Rolle“ gegenüber dem Menschen einsetzt.[525] „Die Wirtschaft ist Mittel“, schreibt *Rüstow*, „die Vitalsituation aber Zweck“.[526] Die Vitalsituation bestimmt für ihn das menschliche Leben. Die alte Liberalen, so *Rüstow*, hätten geglaubt, mit der freien Wirtschaft würden sich auch „positive ethische und soziologische Wirkungen“, d.h. „Versittlichung, Humanisierung und Neuintegration“ einstellen.[527] Dies könne das Konkurrenzverfahren, das vom Eigennutz und Wettkampf lebt, nicht bewerkstelligen. Die Konkurrenz in ihrer vollständigen Form sei bestenfalls soziologisch neutral, d.h. weder desintegrierend noch integrierend. Das Monopol oder Oligopol wirke dagegen immer

---

[524] *Kapp* erkennt diese Problematik des Marktverfahrens in der „Nichtberücksichtigung der sozialen und politischen Nachteile der wirtschaftlichen Entscheidung" (*Kapp* 1936, S. 40ff.) und als „Die Nichtberücksichtigung gesellschaftlicher Ziele und Bedürfnisse" (S. 43ff.).
[525] *Rüstow* 1950, S. 90. Vgl. auch *Röpke* 1944, S. 36ff.
[526] *Rüstow* 1950, S. 91.
[527] Ebd., S. 50.

desintegrierend. Die alten Liberalen hätten hingegen der Vitalsituation kein Interesse geschenkt. *Rüstow* erwartet vom neuen Liberalismus, daß er dieses Versäumnis nachholt. Politische, ethische und religiöse Integrationsmöglichkeiten ständen zur Verfügung.[528] *Röpke* versucht, mit seinem *Dritten Weg* einen Mittelweg zwischen der von ihm als ungesund bewerteten „Unterintegration“ und der als ungesund bewerteten „Überintegration“ der Gesellschaft zu gehen.[529] Während in der Weimarer Republik die Gesellschaft nur „mechanistisch-anonym“ über den Markt zusammengehalten worden sei und nur freie, pflichtlose Individuen gekannt habe, stelle das Dritte Reich für ihn eine typische Gesellschaftsordnung dar, in welcher die Massen ständig mobilisiert werden und keinerlei Rücksicht auf Einzelpersönlichkeiten genommen werde. Das einigende Band beider Pole sind *Röpke* zufolge „Vermassung, Proletarisierung, Mechanisierung und Zentralisierung“.[530] Er verortet in diesen Merkmalen den Kern der Zeitkrise, wodurch er konservative Züge betont: „Der Zerfall der abendländischen Gesellschaft ist im Grunde nichts anderes als (...) die Zerbröckelung der dreidimensionalen Struktur [der Gesellschaft, d.V.] und so die fortschreitende Auflösung aller echter Gemeinschaft. Die sich daraus ergebende einfache Aggregation der nunmehr auf sich selbst gestellten Individuen ist das, was wir Vermassung nennen.“[531] Der *Dritte Weg* hat dieser Entwicklung entgegenzutreten. „Dem Individualprinzip im marktwirtschaftlichen Kern muß das Sozial- und Humanitätsprinzip im Rahmen die Waage halten, wenn beide in unserer modernen Gesellschaft bestehen und zugleich die tödlichen Gefahren der Vermassung und Proletarisierung gebannt werden sollen.“[532] Da er die Ursache der „Vermassung“ in den zentralisierenden Großstrukturen zu erkennen glaubt, fordert er

„Dezentralisierung, natürliche Förderung der kleinen Produktions- und Siedlungseinheiten und der soziologisch gesunden Lebens- und Berufsformen (...), Rechtsgestaltung zum Zwecke der Monopol- und Konzentrationsverhinderung (...), strengste Überwachung des Marktes zur Sicherung des Fair Play, Herausbildung neuer nichtproletarischer Formen der Industrie, Rückführung aller Dimensionen und Verhältnisse auf menschliche Maße (...), Korrektur von Überschraubtheiten in Organisierung, Spezialisierung und Arbeitsteilung, Förderung der breiten Einkommensverteilung (...).“[533]

Damit dieses „radikale() Gesellschaftsprogramm“ (*Peukert*) realisiert werden kann, müsse der neue Liberalismus vom Laissez-faire-Prinzip des alten Liberalismus Abschied nehmen. Neben einer Politik zur Rückbindung an histo-

[528] Ebd., S. 52.
[529] *Röpke* 1942, S. 148ff.
[530] *Peukert* 1992, S. 52.
[531] *Röpke* 1944, S. 254. Der Frage, ob eine solche Weltsicht noch sinnvoll als Liberalismus bezeichnet werden kann, wird hier nicht weiter nachgegangen. Vgl. dazu *Hank* 1999, S. 17.
[532] *Röpke* 1944, S. 83.
[533] *Röpke* 1942, S. 288f.

rische Kräfte soll dies mit Hilfe von Wettbewerbspolitik („Antimonopol-" und „Rahmenpolitik"), marktkonformer Anpassungspolitik („Marktpolitik") und „wirtschaftlich-sozialer Strukturpolitik" geschehen. Besonders *Röpke* verbindet mit diesem Katalog staatlicher Eingriffe in den 40er Jahren den Versuch, die Schwächen der wirtschaftspolitischen Debatte in der Weimarer Republik auszumerzen und übergeordnete Kriterien für die Beurteilung wirtschaftspolitischer Maßnahmen zu finden.

Auch *Rüstow* und *Röpke* weisen dem Staat als hauptsächliche Aufgabe die Ordnungspolitik zu. Der nicht näher erläuterte „starke Staat" hat stets der Leistungskonkurrenz freien Lauf zu lassen. Er hat, so *Rüstow*, die Monopole zu beseitigen oder zu verhindern.[534] Wo dies nicht möglich sei, soll der Staat die monopolistischen Unternehmen entweder ganz in sein Eigentum überführen oder aber zumindest scharf kontrollieren.[535] Der Handlungsspielraum der Oligopole soll soweit eingeengt werden, „bis der verbleibende Rest nur noch im Sinne des Leistungswettbewerbs ausgenutzt werden kann."[536] *Röpke* zufolge wird der Kapitalismus verschwinden, wenn der Staat, die „echte Wettbewerbsordnung" hergestellt hat.[537] Damit dies so bleibt, muß der Staat mittels „Rahmenpolitik" die „Spielregeln" des Wettbewerbs festlegen und die Einhaltung seitens der Wirtschaftssubjekte überwachen.[538] Auch er sieht die Verstaatlichung einzelner Betriebe, vor allem natürlicher Monopole und Naturmonopole (Eisen- und Stahlerzeugung) vor.[539]

Staatliche Interventionen in den Wirtschaftsprozeß sollen nach *Rüstow* auf ein Minimum beschränkt werden. Werden staatliche Eingriffe dennoch notwendig, so soll es sich um Anpassungsinterventionen in Richtung der Marktgesetze handeln, um die in der marktlichen Entwicklung liegenden ökonomischen und sozialen Reibungen abzubauen.[540] *Röpke* präferiert ebenfalls Anpassungsinterventionen als „Drittes" zum Laissez-faire und zur Erhaltungsintervention.[541] Er versucht darüber hinaus, noch Maximen rationaler Wirtschaftspolitik aufzustellen. *Röpke* zufolge liegt zwischen dem interventionslosen Laissez-faire-Liberalismus und dem planwirtschaftlich-marktwidrigen Kollektivismus die Ordnungskategorie der marktkonformen Interventionen. Diese hebe „die Preismechanik und die dadurch bewirkte Selbststeuerung des Marktes nicht auf()" und sei daher am besten mit dem Marktverfahren vereinbar.[542] Interventionen im

---

534 *Rüstow* 1950, S. 94 und ders. 1947, S. 133f.
535 *Rüstow* 1947, S. 100ff.
536 Ebd.
537 *Röpke* 1944, S. 74.
538 *Röpke* 1942, S. 364ff.
539 Ebd., S. 307.
540 *Rüstow* 1950, S. 94f. *Rüstow* schlägt ferner eine hohe Erbschaftssteuer vor, um so Startgleichheit für jedes Wirtschaftssubjekt zu sichern.
541 *Röpke* 1942, S. 302.
542 Ebd., S. 259.

Rahmen der Markt-, d.h. der Ablaufpolitik hätten stets marktkonform zu sein. Anderweitig setze der *Misessche* Dominoeffekt ein, d.h. eine Intervention ziehe zwangsläufig eine andere nach sich, da Interventionen zu nicht antizipierten Wirkungen führten. Aber auch für *Röpke* gilt die „Goldene Regel der weitestgehenden Vermeidung von Eingriffen im Prinzip und konformer Eingriffe nur im Bedarfsfall".[543]

Es ist wiederum *Röpke*, der liberale Wirtschaftspolitik mit betont konservativer Struktur- und Gesellschaftspolitik verbindet. Er möchte den Menschen wieder in einer Gemeinschaft verwurzeln. Garant dafür soll das Eigentum sein. Es stellte Sicherheit und Bindung dar. Er strebt daher eine breite Entproletarisierung an, indem Eigentum an Produktionsmitteln an weite Kreise der Gesellschaft verteilt wird. Jeder Arbeiter soll Bodeneigentum erhalten, da sich darin Produktions- und Wohnungseigentum vereinten („Recht auf Eigentum").[544] Damit gehe die „Dezentralisation von Wohnungs- und Produktionsstätten" einher. Er stellt ein Szenario auf, in dem der Staat „Raum- und Landschaftsplanung" betreibt.[545] Es gilt, so *Röpke*, die Großstädte und -industrien zu dezentralisieren, die Entstehung kleinerer Zentren und Unternehmen zu fördern sowie „die Bodenfläche und Naturreserven eines Landes in einer gemeinwirtschaftlichen und die Zukunftsinteressen berücksichtigenden Weise zu verwalten".[546] Die Gesamtheit dieser Maßnahmen soll zu dem großen Ziel führen, den Menschen erneut zu binden, die Masse wieder in eine gegliederte Gesellschaft zu überführen und aus Individuen Persönlichkeiten zu machen.[547]

> „Strukturpolitik bedeutet nicht die Befestigung des gleichsinnig fließenden Flusses marktwirtschaftlicher Prozesse, sondern sie kann durchaus die Ablenkung durch einen künstlich angelegten Kanal bedeuten, da die Flußrichtung durch die Strukturpolitik festgelegt wird. Innerhalb des angelegten Flußbettes finden aber möglichst wenig Interventionen statt."[548]

---

[543] *Peukert* 1992, S. 142. Nachdem *Röpke* in der frühen Bundesrepublik daraufhin aus Gewerkschaftskreisen als liberaler Dogmatiker angegriffen wurde, wandelte sich im Laufe der Zeit die gewerkschaftliche Ablehnung in weitgehende Zustimmung, da er angeblich zunehmend seine starre Position verlassen haben soll. Ende der 50er Jahre galt ihm den Gewerkschaftler zufolge nicht mehr jeder nicht-marktkonforme Eingriff bereits als Schritt in Richtung Zentralverwaltungswirtschaft. Die Sicht der Gewerkschaftler gibt *Dörge* 1954, S. 124ff. wieder.

[544] Ebd., S. 279ff. und S. 283. „Wir wollen die Zahl der Bauern, Handwerker und Kleingewerbetreibenden, kurzum alle Selbständigen, die mit Produktions- und Wohnungseigentum ausgestattet sind, nach Kräften erhalten und vermehren. Soweit das aber nicht möglich ist, sollte es unser Ziel sein, dem Arbeiter und Angestellten, der unselbständig bleiben muß, zum wenigsten Ersatz zu verschaffen, der in der Eigentumswohnung mit Gartenland geboten wird." S. 84.

[545] *Röpke* 1944, S. 284ff. und 1942, S. 292.

[546] *Röpke* 1942, S. 309.

[547] *Röpke* 1944, S. 280. und 1942, S. 292 sowie S. 355.

[548] *Peukert* 1992, S. 173f.

Hervorzuheben ist, daß das Kriterium der Marktkonformität nur für die Mittel im Rahmen der Marktpolitik zu gelten habe. Im Rahmen der Gesellschafts- und Strukturpolitik sei nicht mehr die „Marktwirtschaftsanalogie" der Mittel, sondern deren „Zieladäquanz" entscheidend. Im Rahmen der Strukturpolitik könnten durchaus nicht-marktkonforme Mittel eingesetzt werden.

Röpke und *Rüstow* schwebt als Wirtschaftsordnung eine erneuerte, durch den Staat gesicherte „kleinbetriebliche Demokratie" vor. Vorbild ihrer Dezentralisierungsbemühungen des ganzen Wirtschaftslebens war das bäuerliche Leben, das Handwerk, das Kleingewerbe, der Kleinhandel und die freien Berufe.[549]

„Ihr Leitbild (...) beinhaltet im wesentlichen bestimmte konkrete gesellschaftliche Mikrostrukturen einer bürgerlichen und bäuerlichen, hierarchisch reich gegliederten Ordnung mit einem deglomerierten, klein- und mittelbetrieblichen (mittelständischen) Produktionsaufbau und mit einer dezentralisierten, nichtgroßstädtischen, ländlichen und halbländlichen Siedlungsstruktur, bei der das Eigenheim mit Garten als ideale Wohnform gilt."[550]

Noch stärker als die Freiburger Schule versuchten sie, ihre ergebnisorientierten Bemühungen, klein- und mittlere Größenstrukturen durchzusetzen, mit ihrer verfahrensorientierten Forderung nach Leistungswettbewerb zu verbinden.[551] „Eine ganze Reihe konkreter Antinomien" gehen damit einher, die zu vielfältiger Kritik Anlaß gaben:

„- zwischen einer marktwirtschaftlich-freiheitlichen Wirtschaftsverfassung und einer gegensinnigen Raumordnungspolitik;
- zwischen der marktwirtschaftlich erforderten Mobilität der Produktionsfaktoren und dem vitalpolitischen Ziel der Seßhaftigkeit und Verwurzelung;
- zwischen einer zunehmenden Vertiefung des Warentausches und dem Bestehen kleiner Gemeinschaften;
- (...)
- zwischen der wirtschaftspolitischen Ablehnung von Erhaltungsinterventionen und deren soziologischer Notwendigkeit;
- (...);
- zwischen dem Prinzip der vollkommenen Konkurrenz und von optimalen Betriebsgrößen abhängigen Monopolisierungstendenzen."[552]

Röpke versucht, die erneuerte „kleinbetriebliche Demokratie" mit so wenig Interventionen wie möglich zu erreichen. Dennoch bringt das Zusammenspiel marktkonformer Maßnahmen im Rahmen der Marktpolitik und evtl. nicht-

---

549 *Rüstow* 1950, S. 92f. *Röpke* 1942, S. 323ff. und 1944, S. 302ff und S. 317ff.
550 *Becker* 1965, S. 44f. Vgl. auch *Meier-Rust* 1993, S. 89.
551 Dies auch, um zu verhindern, daß die privaten Machtgruppen, Einfluß auf den Staat nehmen. Vgl. *Hegner* 2000, S 70. Zu den Problemen der Konzeption *Röpkes* und *Rüstows* bzgl. des Konflikts zwischen Mobiltiät und Gemeinschaft vgl. *Dürr* 1954, S. 151.
552 *Peukert* 1992, S. 170f. Zur Kritik an dieser Konzeption vgl. ebd., S.167ff.

marktkonformer Maßnahmen im Rahmen der Strukturpolitik besonders *Röpke* in die Nähe der gemäßigten Interventionisten des „nationalen Interventionsstaates" bzw. der „Sozialen Marktwirtschaft". *Peukert* versucht jedoch, *Röpke* von einem der prominentesten Vertreter dieser Richtungen, *Müller-Armack*, abzugrenzen,[553] indem er sich von *Röpkes* systematischer Unterscheidung zwischen Struktur- und Marktpolitik leiten läßt.[554] Geht man auf diese Weise vor, lassen sich tatsächlich Unterschiede ausmachen. *Müller-Armack* glaubte beispielsweise nicht an dauerhaft wirksame rationale Kriterien in einer sich ständig wandelnden, evolutorischen Welt. Der staatliche Dezisionismus spielte daher in seinen Konzeptionen immer eine große Rolle. Vorraussetzung aber, um Differenzen zu erkennen, ist die strenge Scheidung zwischen Gesellschafts- und Marktpolitik. Ist man jedoch der Meinung, daß eine solche Trennung nicht möglich ist, müssen die Mittel anders systematisiert werden. Werden die Mittel nach dem Kriterium differenziert, wie sie die das Verhalten der Wirtschaftssubjekte beeinflussen, so wird man kaum noch Unterschiede zwischen *Röpke* und *Müller-Armack* ausmachen. Beide weisen der privaten Initiative und der Ordnungspolitik die größte Bedeutung für ihre Konzeption zu. Beide können sich aber auch ein breites Spektrum an wirtschaftspolitischen Maßnahmen vorstellen.

Rüstow und *Röpke* gelten als entschiedene Streiter für die „Soziale Marktwirtschaft" in der Bundesrepublik Deutschland. Dennoch wurden nur recht wenige ihrer Ideen, zumindest in der Konsequenz, die sie forderten, verwirklicht. Auch sie haben keinerlei Nachfolger gefunden, in einer Zeit, in der die Öffentlichkeit Liberalismus vor allem wieder als Gegensatz zum wirtschaftspolitisch aktiven Staat konstruiert.

In der Literatur ist umstritten, ob sämtliche Vertreter, die nach einem *Dritten Weg mit liberaler Ausrichtung* suchten, im freien Wettbewerb einen Wert an sich sahen. Für *Oppenheimer* besaß der freie Wettbewerb nicht nur ökonomische Vorteile. Für ihn beinhaltete dieser auch ethische, weltanschauliche Komponenten; für ihn war die mit dem freien Wettbewerb erfüllte individuelle Freiwilligkeit das höchste Gut; er war damit ein typischer Vertreter der totalen Privatrechtsgesellschaft. Umstritten ist, ob die Neuliberalen, speziell die Vertreter der Freiburger Schule, im Wettbewerb einen Selbstzweck an sich sahen oder ihn vielmehr als ein Mittel betrachteten, das notwendig ist, um ein anderes Oberziel zu erreichen. *Norman Barry* unterscheidet in einem Aufsatz über den deutschen Neoliberalismus zwischen dem „procedural rules"-Liberalismus (Wettbewerb als Wert an sich) und dem „end state"-Liberalismus (Wettbewerb als Mittel) und ordnet die Ordoliberalen (in einem sehr weit verstandenen Sinne) letzterem zu.[555] Vor dem Hintergrund, daß viele Neuliberale außerökonomischen Faktoren

[553] Vgl. zum „nationalen Interventionsstaat" und *Müller-Armack* Abschnitt D.III.1.
[554] Ebd., S. 151ff.
[555] *Barry* 1989, S. 111f.

eine große Bedeutung zumaßen, um eine lebensfähige Gesellschaftsordnung zu schaffen, ist diese Einschätzung bis 1945 sicherlich für die meisten der in diesem Abschnitt behandelten Liberalen zutreffend. Etwas einzuschränken ist diese These dagegen, wenn man ausschließlich die Wirtschaftsordnung betrachtet, die für eine solche Gesellschaft geschaffen werden sollte. Dann trifft *Viktor Vanbergs* Urteil zu, das er anhand eines späten Artikels von *Franz Böhm* glaubt begründen zu können, daß nämlich der „'end state'-Liberalismus (...) als verkürzte Version eines (verallgemeinerten) prozeduralen Liberalismus anzusehen ist.“[556] Ob die Mitglieder der authentischen Freiburger Schule jedoch seinem Versuch zugestimmt hätten, ihr politisches und wissenschaftliches Programm mit dem des amerikanischen Wirtschaftswissenschaftlers *James Buchanan*, der dem traditionellen Liberalismus nahe steht, in Verbindung zu bringen, ist wohl fraglich.

[556] *Vanberg* 1997, S. 712ff.

II. *Dritte Wege* mit korporativistischer Ausrichtung

Während das Verbändewesen von Nationalökonomen, die nach *liberal ausgerichteten Dritten Wegen* suchten, skeptisch bis ablehnend beurteilt wird, basieren die Konzeptionen der *Dritten Wegen mit korporativistischer Ausrichtung* gerade auf dem intermediären Bereich. Das Vorhaben, korporativistische Systeme zu verwirklichen, begründen die Protagonisten solcher Konzeptionen damit, daß zum ersten im Kapitalismus das Bewußtsein für das „Ganze" fehle, d.h. die kapitalistische Gesellschaft in zwei sich bekämpfende Klassen gespalten sei, und daß zum zweiten in der kapitalistischen Marktwirtschaft verschwenderisch mit Ressourcen und Sachwissen umgegangen werde. Beides wollen die Korporativisten durch die neue Wirtschaftsordnung beseitigen. Die einzelnen korporativistischen Ordnungen unterscheiden sich in ihren Oberzielen darin, welches der beiden Mängel schwerer gewichtet wird: Während sich einige Vertreter durch eine neue Wirtschaftsordnung einen gemeinschaftsstiftenden Impuls erhoffen, betonen andere eher „technokratisch-ökonomische" Vorteile, die mit der Überwindung des Kapitalismus durch ein korporativistische System eintreten sollen, ohne daß der jeweils andere Aspekt vollkommen vernachlässigt wird.

Den Korporativisten zufolge sind die politischen und ökonomischen Folgen des Individualismus der Grund, warum der Kapitalismus mit Mängeln behaftet ist. Sie wollen den Individualismus überwinden, „ohne in die Gefahr des [politischen und] wirtschaftlichen Kollektivismus zu geraten."[557] Sie wollen dieses Ziel mittels eines *dritten* Sektors zwischen Markt und Staat erreichen. Um die Probleme zu lösen, wird eine Umstrukturierung der Wirtschaftsordnung dahingehend empfohlen, bestehende, bisher selbstorganisierte Verbände, Gewerkschaften oder Kartelle zu staatlich anerkannten Korporationen zu machen. Es ist vorgesehen, alle Unternehmen, nach Wirtschaftszweigen getrennt, Korporationen anzuschließen („Zwangsmitgliedschaft"), wodurch die bisher „anarchistisch-gebundene" Marktwirtschaft organisiert werden soll. Auf diese Weise ist beabsichtigt, die Einzelinitiative der Initiative der anerkannten Korporationen unterzuordnen, welche sich wiederum der Initiative des entbürokratisierten Staates zu unterstellen hätten.[558] Die Leitbilder des Korporativismus zeichnen sich dadurch aus, daß die Korporationen die Wirtschaft organisatorisch total erfassen sollen, indem sie einen öffentlich-rechtlichen, aber nicht staatlichen Charakter

---

[557] *Dobretsberger* 1932b, S. 6.

[558] *Walter Weddigen* gab eine für die Vertreter des Korporativismus typische Beschreibung dieser Ordnung: „An Stelle eines bloßen Kompromisses von Individual- und Kollektivgrundsatz erreicht sie [die Ständeordnung, d.V.] eine Synthese dieser beiden widersprechenden Grundsätze, die sie als etwas Neues und Selbständiges, gleichsam in einer *dritten* Dimension errichtet." *Weddigen* 1935, S. 17.

erhalten und untereinander funktional (mit Repräsentationsmonopol) abgegrenzt werden.[559]

Bei der Beschreibung des Ablaufes des Wirtschaftsprozesses innerhalb solcher konzeptionellen Ordnungen ist zwischen der inter- und der intrakorporativen Koordination zu unterscheiden. So ist in diesen Konzeptionen vorgesehen, durchgängig Marktstrukturen mit bilateralen Assoziationen zu bilden, die miteinander direkt über Preis oder Menge verhandeln (inter-korporative Koordination).[560] Die einzelnen Korporationen – als eine Art Kartell – haben Ausmaß und Struktur der Produktion des jeweiligen Wirtschaftszweiges (zumindest in Zusammenarbeit mit den jeweiligen Einzelunternehmen) zu lenken (intrakorporative Koordination). Über die Fragen, in welcher Form dies geschehen soll und ob die Korporationen darüber hinaus auch legislative Aufgaben wahrnehmen werden, ein Gedanke, der häufig mit dem alten Begriff „Stand“ verbunden wurde,[561] bestehen erhebliche Unterschiede zwischen den Konzeptionen. Hinsichtlich der intra-korporativen Koordination des Wirtschaftsprozesses kann man die zeitgenössischen Konzeptionen wie folgt einteilen: (1) Beim „werksgemeinschaftlichen“ und „solidaristischen Korporativismus“ sowie bei der „Planmarktwirtschaft“ verbleibt die Produktionsentscheidung prinzipiell bei den Einzelunternehmen. Die jeweilige Korporation lenkt den Prozeß mittels wirtschaftspolitischer Maßnahmen; (2) Die Konzeptionen der „Neuen Wirtschaft“, des „gemeinwirtschaftlichen Korporativismus“, der „Industriegemeinschaften“ und der „Wirtschaftsdemokratie“ sehen vor, daß die Produktionsentscheidung auf die Korporationen (Zwangssyndikate) übergeht. Die Einzelunternehmen stellen lediglich „Befehlsempfänger“ bei verbleibendem Privateigentum dar. Die „universalistische Ständeordnung“ kombiniert beide Arten der intrakorporativen Koordination.

Den korporativistischen Ordnungen, wie sie hier aufgefaßt werden, sind dadurch charakterisiert, daß es sich um dezentrale, aber nicht dekonzentrierte gesamtwirtschaftliche Systeme handelt.[562] In einer dekonzentrierten Ordnung stellen die Korporationen staatliche Organe dar, die keinerlei Entscheidungsbefugnisse besitzen, sondern lediglich dem zentralen Entscheidungsträger beratend mit Sachwissen zur Seite stehen. In dezentralen Konzeptionen sollen dagegen die Korporationen vom Staat unterscheidbar sein und eigene Entscheidungsbefugnisse im Hinblick auf die Planung des Wirtschaftsprozesses oder der Wirtschaftspolitik besitzen. Entscheidend für korporativistische Ordnungsvorstellungen ist, daß der Staat (nach Meinung ihrer Vertreter) die sich aus der sozialen Funktion der Korporationen ergebenen Rechte und Pflichten anerkennt. „Selbst-

---

559 Ähnliche Merkmale wird dem Korporativismus auch in den modernen Theorien des Neokorporativismus zugesprochen: vgl. *Reutter* 1990, S. 73.

560 Die Begriffe „inter-“ und „intra-korporative Koordination” sind dem Neokorporativismus entlehnt. Vgl. dazu *Reutter* 1990, S. 104ff.

561 Zum Begriff „(Berufs-)Stand” vgl. *Teschemacher, Hn.* 1933, S. 13f.

562 Vgl. *Segler/Scheer* 1994, S. 2439f.

verwaltung der Wirtschaft“ ist hier das Schlüsselwort.[563] Dem Staat kommt die Aufgabe zu, die Gründung der Korporationen staatlich zu unterstützen bzw. zu initiieren und in der Folgezeit ordnungspolitisch zu kontrollieren. Ansonsten hat er sich um die „politischen Kernbereiche“ zu kümmern (institutionelle Trennung zwischen Politik und Wirtschaft). Es bestehen Unterschiede zwischen den einzelnen korporativistischen Konzeptionen in der Frage, in welchem konkreten, organisatorischen Verhältnis die korporativistische Wirtschaft zum (politischen) Staat stehen soll.[564]

Der „werksgemeinschaftliche“, der „solidaristische“ und der „planmarktwirtschaftliche Korporativismus“ sind vornehmlich dadurch gekennzeichnet, daß mit ihnen eine Wirtschaftsordnung angestrebt wird, in der politische und legislative Aufgaben auf die Stände bzw. deren Gesamtheit übergehen. Organisatorisch soll es jedoch keine Verbindung zwischen dem Staat und den wirtschaftlichen Ständen geben (Abschnitt 1). Auch die Vertreter der sog. „universalistischen Ständeordnung“ weisen stets auf die Notwendigkeit hin, die Trennung zwischen Politik und Ökonomie zu institutionalisieren (Abschnitt 2). Allerdings betonen sie noch nachdrücklicher den Vorrang des (politischen) Staates vor den (wirtschaftlichen) Ständen, als es z.B. die Vertreter des „werksgemeinschaftlichen“ oder des „solidaristischen“ Korporativismus tun. Seinen Ausdruck findet dies in der Forderung, dem wirtschaftlichen Ständehaus als Gesamtvertretung aller Stände solle ein Staatsvertreter mit umfangreichem Vetorecht vorstehen. Hier wird die stets geforderte Trennung, wenn auch auf einer oberen Ebene, organisatorisch durchbrochen. In den Konzeptionen der „Neuen Wirtschaft“, des „gemeinwirtschaftlichen Korporativismus“, der „Industriegemeinschaften“ und der „Wirtschaftsdemokratie“ geschieht dies – bis auf wenige Ausnahmen – weiter „unten“, auf einer niedrigeren Ebene (Abschnitt 3). Ihre Vertreter sehen eine staatliche Beteiligung an den einzelnen Zwangskorporationen vor, um so die wirtschaftlichen Vorteile, die sie mit einer solchen Ordnung zu erzielen glauben, dem ‚Interesse der Gesamtheit’ unterstellen zu können.

---

[563] *Teschemacher, Hn.* 1933, S. 28. Vgl. dazu aus universalistischer Sicht *Brand* 1931, S. 644ff.

[564] Ähnlich *Dobretsberger* 1932b, S. 15ff.

1. Werksgemeinschaftlicher Korporativismus, Solidarismus und „Planmarktwirtschaft“

a) Werksgemeinschaftsbewegung und Solidarismus

Bis zum Ersten Weltkrieg dominierte das Phänomen der Sozialpolitik die Wirtschaftswissenschaft. Die historische Schule um *Gustav von Schmoller* versuchte, die Wissenschaft in den Dienst der Politik zu stellen, um so aktiv an der Lösung der Sozialen Frage mitwirken zu können.[565] Aus diesem Grunde wurde 1872 der *Verein für Socialpolitik* gegründet. Der Arbeiterschaft galt dabei über längere Zeit das Hauptinteresse. Sie sollte in materieller Hinsicht bessergestellt werden, um auf diese Weise mehr „Gerechtigkeit“ zu erreichen.[566]

Infolge der Sozialgesetzgebung *Bismarcks* (1881-1889) verlor die Arbeiterfrage aus Sicht der wissenschaftlichen „Sozialpolitiker“ an Bedeutung. „Sozialpolitik“ bedeutete nun „auf Sicherung fortdauernder Gesellschaftszwecke gerichtete Politik.“[567] Sozialpolitik galt in zunehmenden Maße nicht mehr ausschließlich als Politik zugunsten der Arbeiterschaft, sondern ging darüber hinaus und zielte auf die ganze Gesellschaft. Verstärkend kam die Tatsache hinzu, daß auch schon für *Schmoller* der Einsatz für die Arbeiter kein Selbstzweck war. Auch er ließ sich in erster Linie von der Stabilität und inneren Stärkung des Kaiserreichs leiten (wie *Bismarck* als Politiker). Für viele nicht-sozialistische „Sozialreformer“ waren sozialpolitische Maßnahmen solange unproblematisch, wie der Staat bzw. der Kaiser als Repräsentant des Gemeinwesens galt und so aus Sicht des Ganzen bestimmen konnte, welche Mittel er zugunsten welcher Gruppe einsetzen wollte, um die „Gesellschaftszwecke“ zu sichern.[568] Problematisch wurde es aber nach dem Ersten Weltkrieg, als das Parlament aufgewertet wurde, die Machtverhältnisse sich änderten und die Sozialdemokratie, die vielen Zeitgenossen als Interessenvertretung der Arbeiterschaft galt, eine große politische Rolle zu spielen begann. Der überparteiliche Staat war mit dem Ende des Kaiserreiches nach weitverbreiteter Ansicht zusammengebrochen und die, damals von der Sozialdemokratie bestimmte Sozialpolitik ihrem eigentlichen Zweck, die Gesellschaft mittels des Ausgleichs der sozialen Gegensätze zu sichern, entfremdet.[569]

Für *Gerhard Albrecht*, Professor für Sozialpolitik in Jena, ist die Sozialpolitik (der Weimarer Republik) in den Dienst des Sozialismus und des „ver-

---

565 *Rieter* 1994, S. 144f.

566 Zur Geschichte der Sozialpolitik in der Wirtschaftswissenschaft vgl. *Janssen* 1998, S. 199ff.

567 *Zwiedineck-Südenhorst*, zitiert nach *Janssen* 1998, S. 205.

568 *Janssen* 1998, S. 207f.

569 Vgl. zur Diskussion über die „Krise der Sozialpolitik” in der Weimarer Republik *Briefs* 1924.

ewigten Klassenkampfes“ gestellt worden.[570] Indem die Sozialdemokraten die Sozialpolitik einseitig zugunsten der Arbeiterschaft einsetzen, so *Albrecht*, müßten die Unternehmer ihrerseits reagieren und ihren Widerstand gegen eine solche sozialistisch orientierte Sozialpolitik intensivieren.[571] Als Ergebnis entstehe der offene Klassenkampf. Die Leistungskraft der Volkswirtschaft werde so erschüttert und geschwächt. Für *Albrecht* sind die Arbeitsmarktparteien, die Gewerkschaften und Arbeitgeberverbände, die als „horizontale“ Gruppierungen sämtliche „organischen“, vertikalen Bindungen zerstören und kein übergeordnetes Ganzes mehr anerkennen, unweigerlich mit dem Klassenkampf verbunden. Beide Interessengruppen sind seiner Meinung nach ideologisch verblendet, so daß ihnen die funktionelle Abhängigkeit ihrer beiden Gruppen im Wirtschaftsprozeß offenbar aus dem Sinn gekommen sei.[572] Auch für *Theodor Brauer*, einem der „christlichen Gewerkschaftsbewegung und des politischen Katholizismus“ nahestehenden „Sozialreformer“,[573] ist das Hauptübel der damaligen Zeit in der horizontal gespaltenen Gesellschaft begründet. Der Mittelstand werde in zunehmendem Maße zwischen den beiden Gruppen, die die Faktoren Arbeit und Kapital vertreten, aufgerieben, was die Desintegration der Gesellschaft voranschreiten lasse.[574] Während aber *Albrecht* eher die Arbeiterseite für den Zerfall der Gesellschaft verantwortlich macht, verortet *Brauer* die Ursache im „Besitz- und Bildungsmonopol“ der Oberschicht.[575] Da die gesellschaftliche Schichtung nicht auf Leistung, sondern nur auf diesem Monopol beruhe, sei der Aufruhr der Arbeiter nur zu verständlich. Für ihn reagieren nicht die Unternehmer auf ein Fehlverhalten der Arbeiter, sondern die Arbeiter auf ein Fehlverhalten der Unternehmer. Die Arbeiter, so sein Fazit, benutzen die Sozialpolitik als ein Mittel, um das Besitz- und Bildungsmonopol zu durchbrechen. Sozialpolitik dieser Art muß nach *Brauer* aber ebenfalls ihr Ziel verfehlen, die dualistisch geprägte Gesellschaft in eine durch viele Schichtungen gekennzeichnete „ganzheitliche“, „organische“ Gesellschaft zu überführen, da auch sie auf dem kapitalistischen Interessengegensatz aufbaue. Nach Ansicht *Albrechts* und *Brauers* wird die kapitalistische Wirtschaft durch die Kapital- sowie die Unternehmerinteressen und die so-

---

570 *Albrecht* 1928, S. 531, ders. 1932, S. 81, und ders. 1933, S. 21. Da mit der Idee einer Ständeordnung häufig die Gewerkschaften ausgeschaltet werden sollten, wurde diese Idee von Sozialisten als ein Mittel angesehen, mit dem der Kapitalismus und die Herrschaft der Unternehmer stabilisiert werden soll. (Vgl. *Heimann* 1932a, S. 58f. und *Arons* 1928, S. 5ff.) Daß die Konzeption des Korporativismus aus diesem Grunde auch seitens der Unternehmer instrumentalisiert wurde, zeigt *Lammers* 1932. Auf *Albrecht* trifft das aber nicht zu.

571 *Albrecht* 1932, S. 82

572 Ebd., S. 84ff. Vgl. zu dem gedanklichen Unterschied zwischen den horizontalen Interessenverbände und den vertikalen Berufsständen ders. 1933, S. 20 und *Teschemacher, Hn.* 1933, S. 14ff.

573 Zu *Brauer* vgl. *Brintzinger* 1996, S. 180 (FN 200) und die dort angegebene Literatur.

574 *Brauer* 1931, S. 4ff.

575 „Insgesamt ist es (...) nicht das Sein, (...) sondern es ist das Haben, das für die gesellschaftliche Stellung ausschlaggebend ist.“ Ebd., S. 7.

zialistische Wirtschaft durch die Arbeiterinteressen beherrscht. Der Bezugspunkt beider „Sozialreformer" ist dagegen das ganze Volk, die Nation, das „organische Ganze", dem sich die Einzelinteressen der Arbeitsmarktparteien als Teile unterzuordnen hätten.[576] Unternehmer und Arbeiter haben ihrer Meinung nach nicht gegeneinander zu kämpfen, sondern im Interesse des Ganzen zusammenzuarbeiten.

Um die Gesellschaft zu reintegrieren und den sozialen Frieden wieder herzustellen, schlugen die „Sozialreformer" vor, die Wirtschaftsordnung zu modifizieren. Sozialpolitik sollte zum Mittel der Sozialreform und Ordnungspolitik werden.[577] *Weddigen* bezeichnet diese Art der Sozialpolitik als „mittelbare oder veranstaltende Sozialpolitik".[578] Die „Sozialpolitiker", von denen hier die Rede ist, interessierte so genannte „organisatorische" und „vergemeinschaftende Sozialpolitik".[579] Mit ihr sollten Wirtschaftssubjekte in „konkurrenzmindernden Organisationen" zusammengeschlossen werden, um so die Interessenkonflikte zwischen den Marktparteien organisatorisch zu überwinden.[580] Die „Sozialpolitiker" erhofften sich, mittels solcher Korporationen einen *Dritten Weg* zu schaffen, der gleichsam über die einseitigen Interessen der Kapitalbesitzer und Unternehmer auf der einen Seite (Kapitalismus) sowie der der Arbeiter auf der anderen Seite (Sozialismus) hinausführt und ein neues Gemeinschaftsbewußtsein schafft. *Albrecht* und *Brauer* stehen stellvertretend für zwei korporativistische Konzeptionen, die einen ähnlichen Aufbau aufweisen und gleiche Probleme besitzen. Deren Vertreter gehörten jeweils einem unterschiedlichen weltanschaulichen Spektrum an. Die „Werksgemeinschaftsidee" war dem „nationalen Lager" zuzurechnen,[581] während der „solidaristische Korporativismus" auf den Gedanken der katholischen Soziallehre basierte.

---

[576] Ebd., S. 15f. *Albrecht* 1928, S. 946.

[577] *Gustav Gundlach* S.J., Professor für Philosophie und Theologie, drückt dies wie folgt aus: „Die Sozialpolitik erscheint (...) in katholischer Sicht nicht als Instrument im Machtkampf der individualistisch zersetzten Gesellschaft, sondern geradezu als Bemühen, inmitten der individualistischen Spannung den Bestand staatlicher und volklicher Verbundenheit zu sichern." *Gundlach* 1932, S. 36.

[578] *Weddigen* 1933, S. 31.

[579] Der andere Teil der mittelbaren Sozialpolitik wird von *Weddigen* als „desorganisierend" bezeichnet, weil mit ihr Organisationen entmachtet, verhindert oder gesprengt werden.

[580] *Weddigen* 1933, S. 31.

[581] Z.B. war *Albrecht* auch als wirtschaftswissenschaftlicher Berater des *Stahlhelms* tätig, dem Traditionsverein der Frontsoldaten und einen der wichtigsten nicht parteigebundenen Verbände des rechten Spektrums zur Zeit der Weimarer Republik.

(1) Die Werksgemeinschaftsidee

Die Werksgemeinschaftsidee war nach Angaben ihrer Vertreter eine Folge des Kriegserlebnisses des Ersten Weltkrieges und der daraus resultierenden Gemeinschaftserfahrung.[582] Vertreter der Werksgemeinschaftsidee waren neben dem bereits genannten *Gerhard Albrecht*, *Walter Weddigen*, *Karl Vorwerck* und *Eduard Stadler*.[583] Aber auch die aus dem Kreise um den konservativen Revolutionär *Arthur Moeller van den Bruck* kommenden *Max Hildebert Böhm* und *Hans Braunweiler* hingen werksgemeinschaftlichen Ideen an.[584] Als Zeitschriften befaßten sich besonders „Nationalwirtschaft" sowie „Werk und Beruf" mit dieser Idee. Wie viele andere Zeitgenossen wollten die Anhänger dieser Idee die Erfahrungen des Krieges zum Ausgangspunkt eines „neuen deutschen Staat[es] und eine[r] vollkommenere[n] Ordnung menschlichen Zusammenlebens" machen.[585] Erste reale Ansätze eines werksgemeinschaftlichen Korporativismus finden sich in der 1918 geschaffene *Zentralen Arbeitsgemeinschaft* (ZAG), in der zum ersten Mal offiziell Arbeitgeber und Arbeitnehmer zusammenarbeiteten,[586] sowie im „Pommerschen Landbund", in dem Arbeitgeber und Arbeitnehmer „organisch" in einer vom Betrieb ausgehenden ständischen Verfassung zusammenwirkten.[587]

„Werksgemeinschaft – Arbeitsgemeinschaft – Volksgemeinschaft."[588] Mit diesen Schlagworten beschreibt der der Werksgemeinschaftsbewegung kritisch gegenüberstehende „Sozialreformer" *Ludwig Heyde* die Elemente, aus denen die zukünftige Wirtschaftsordnung bestehen soll. Es ist beabsichtigt, die durch den

---

582 *Albrecht* 1929, S. 950.

583 Vgl. ders., S. 947. Zur vielfältigen Literatur vgl. S. 960. Eigentlicher Initiator der Werksgemeinschaftsidee war Oberfinanzrat und Mitglied des Reichstages *Paul Bang*. Seine Konzeption wich aber von denen der hier behandelten Personen ab. Für ihn bedeutete Werksgemeinschaft, „[d]as Sichwiederfinden der Unternehmer und Arbeiter im Einzelbetrieb und die Ermöglichung individuell-betrieblicher Abreden." (*Bang* 1926, S. 171) Er lehnte scharf die überbetriebliche Organisation der Sozialpolitik, sei damit der Staat, irgendwelche Stände oder die Gewerkschaften gemeint, ab. Der Betrieb sollte den Arbeitern eine Heimat sein und gleichzeitig sollten sie sich dem Unternehmer unterordnen. Lediglich gewisse Einrichtungen, z. B. ein Schiedswesen bei Streitigkeiten zwischen Unternehmern und Arbeitnehmern und eine Ausgleichskasse zur betrieblichen Fürsorge, sah er als überbetriebliche Einrichtungen vor. Sozialpolitische Vereinbarungen waren prinzipiell aber nur auf der Ebene des Betriebes zu fassen. Diese Vorschläge trugen ihm von verschiedener Seite den Vorwurf des hinter Gemeinschaftsphrasen versteckten Kapitalismus ein. Seine ordnungspolitischen Vorstellungen werden aber nicht weiter behandelt, da er in der Wirtschaftswissenschaft keine große Bedeutung besaß.

584 Zu den Biographien vgl. *Mohler* 1989, S. 406 und S. 407.

585 *Sontheimer* 1978, S. 93.

586 *Albrecht* 1928, S. 530. Vgl. dazu *Zunkel* 1974, S. 172ff.

587 Vgl. *Albrecht* 1929a, S. 954f.

588 *Heyde* 1927, S. 95ff.

Kapitalismus aufgerissenen Gräben zwischen Kapital und Arbeit zu überbrücken, indem das einzelne Werk, der einzelne Betrieb oder das einzelne Unternehmen als Ort der Produktion zur Grundlage dieser korporativistischen Ordnung gemacht werden soll. Das Werk symbolisiert den Anhängern der Werksgemeinschaftsidee den Platz des gemeinsamen Interesses von Kapital und Arbeit an einer hohen Leistung; nur im Werk kann ihrer Meinung nach die Einsicht gewonnen werden, daß hohe Leistung ausschließlich dann zu erreichen ist, wenn beide „Funktionsträger" zusammenarbeiten;[589] nur im Werk könne die wechselseitige Abhängigkeit ins Bewußtsein beider Gruppen rücken, um, auf diesem Prozeß aufbauend, ein Gemeinschaftsgefühl entstehen zu lassen. Hier allein, so *Albrecht*, ist die „menschliche Leistungsverbundenheit lebendige Wirklichkeit".[590] Auch *Böhm* und *Braunweiler* sehen in der „klar umgrenzten Arbeitsstätte" das bindende Element, den Ort, an dem sich der Arbeiter als Glied eines Ganzen empfinden kann.[591] Nur wenn diese Stufe als Ausgangspunkt der Reformen genommen werde, könnten die Klassengegensätze überwunden werden.

Keiner der Anhänger der Werksgemeinschaftsidee möchte das Privateigentum abschaffen, um die erwünschte Gemeinschaft zu stiften. Auch soll die Produktionsentscheidung weiterhin dem Unternehmer überlassen bleiben. In der Werksgemeinschaft haben vielmehr die Arbeitnehmer die Führung der Arbeitgeber anzuerkennen. Aber auch die Arbeitgeber haben die Leistung der Arbeitnehmer zu respektieren.[592] „Geistige" und „materielle" Mittel sollen eingesetzt werden, um die Arbeiter an den Betrieb zu binden. *Weddigen* fordert, Entlassungen zu erschweren und die Arbeiterschaft an den Gewinnen zu beteiligen. *Böhm* hat dies ebenfalls vor. Er schlägt weiterhin den Ausbau des Betriebsrates vor. Dessen Zuständigkeit sei aber „auf Gebiete einzuschränken, wo (...) über Nörgeln und unfruchtbares Palavern hinaus positive verantwortliche Mitarbeit ohne Schädigung der Gesamtinteressen Raum findet."[593] Was das konkret bedeutet, d.h. welche Aufgabengebiete er darunter versteht, sagt er nicht. Dagegen besitzt er dezidierte Vorstellungen über die Zusammensetzung des Betriebsrates. Der Betriebsrat müsse die Werksgemeinschaft repräsentieren. Dementsprechend sieht *Böhm* vor, daß neben der Arbeiterschaft und den Angestellten auch die Unternehmer Vertreter in dieses Gremium entsenden.[594] Dieser Konzeption kann *Albrecht* zustimmen. Mögliche Aufgabenfelder, mit denen sich seiner Meinung nach der Betriebsrat beschäftigen soll, sind

- die psychologische Erziehung zur Werksgemeinschaft,
- die (Berufsaus-)Bildung der Arbeiter,

[589] *Albrecht* 1928, S. 555, und ders. 1932, S. 96f. und 97f. Vgl. auch *Ehrenberg* 1922, besonders S. 17ff.
[590] Ebd., S. 98.
[591] *Böhm* 1920, S. 93. *Braunweiler* 1925, S. 206.
[592] *Albrecht* 1932, S. 94f. und 96.
[593] *Böhm* 1920, S. 99 ; zum Gewinn vgl. ebd., S. 94.
[594] Ebd., S. 100 und 103.

- die Offenlegung der ökonomischen Lage des Betriebes,
- die Regelung betriebsspezifischer Löhne, die den Tarifvertrag des Standes ergänzen, und
- sonstige soziale und fürsorgliche Maßnahmen.[595]

Daß die Anhänger der Werksgemeinschaftsidee den Schwerpunkt ihrer ordnungspolitischen Konzeption auf den Betrieb bzw. das einzelne Unternehmen legen, ruft damals die Kritik der Anhänger der „universalistischen Ständeordnung" hervor. Der dieser Schule nahestehende Industrielle *Paul Karrenbrock* hält ihnen vor, die überbetriebliche Ordnung, die „Wirtschaftsverfassung" zu vernachlässigen.[596] Denn jede mühevoll erzielte Gemeinschaftsgesinnung von Arbeitergebern und Arbeitnehmern halte im Rahmen eines wettbewerblichen Umfeldes nur so lange, bis das Unternehmen unter dem Konkurrenzdruck Kosten senken müßte. Dann breche der Konflikt erneut aus. Des weiteren könne der Aufbau einer Gesellschaft nicht von unten nach oben erfolgen. „Alle Ordnung kommt von oben (...)",[597] ist sein Grundsatz. *Karrenbrock* übertreibt zwar, wenn er behauptet, innerhalb der Werksgemeinschaftsidee werde die überbetriebliche Ordnung vernachlässigt. Stände besaßen immer eine große Bedeutung für die Anhänger der Werksgemeinschaftsidee. Recht hat er aber in dem Sinne, daß im Gegensatz zu der Organisation der Werksgemeinschaft die Ständeordnung nur ungenau skizziert wurde, was damals zu vielen Mißverständnissen führt. Sofern die Werksgemeinschaftler näher darauf eingehen, setzen sie sich größtenteils mit dem (sozialpolitischen) Verhältnis zwischen den Arbeitgebern und Arbeitnehmern, weniger mit den allokativen Konsequenzen einer solchen Ordnung auseinander. Dies soll im folgenden gezeigt werden.

---

[595] *Albrecht* 1932, S. 115ff. *Braunweiler* entwickelte eine andere, interessante Art der Werksgemeinschaft für Kapitalgesellschaften. Die Kapitalgesellschaften setzen sich in seiner Idee aus den Gruppen der Kapitaleigentümer und den Arbeitnehmer zusammen. Die Arbeitnehmerschaft einer jeden Kapitalgesellschaft konstituiert sich zu einer „Wirtschaftsgenossenschaft". Das Unternehmen schüttet am Ende des Geschäftsjahres sowohl den Kapitalbesitzern als auch der Genossenschaft den Gewinn aus, über dessen Aufteilung im Vorwege zwischen beiden Gruppen verhandelt wurde. Die Wirtschaftsgenossenschaft kann über ihren Anteil am Gewinn frei verfügen, ob sie ihn an die Arbeitnehmer ausschüttet oder in einen von ihr verwalteten Reservefonds einzahlt. Mit einer solchen Regelung, so *Braunweiler*, könnten sich im Unternehmen Eigenverantwortlichkeit und Vertrauen bilden. Die Arbeitnehmerschaft könnte anteilig über die Gewinnverwendung mitentscheiden. Die Kapitalseite wäre im Gegenzug von der Sozialpolitik, die nun nur noch aus dem Fonds bestritten werden müßte, befreit. (*Braunweiler* 1925, S. 214ff.) *Braunweilers* Werksgemeinschaftsidee besitzt Ähnlichkeiten mit der Konzeption, die *Eugen Rosenstock* entworfen hat. Vgl. *Rosenstock* 1922, S. 175ff.

[596] *Karrenbrock* 1931, S. 218f. Dies trifft auf *Bang*, nicht aber auf *Albrecht* zu. Ähnlich äußert sich *Creamer*. Für ihn handelt es sich beim Werksgemeinschaftsgedanken um einen Versuch, eine Art patriachalischen Privatkapitalismus zu konservieren. Vgl. *Creamer* 1933, S. 245ff.

[597] *Karrenbrock* 1931, S. 220.

Einig sind sich die Anhänger der Werksgemeinschaftsidee darin, daß bei aller Betonung des Privateigentums und der privaten Initiative dem Konkurrenzkampf bestimmte Grenzen zu setzen sind.[598] Die wichtigste Grenze des Wettbewerbs besteht nach *Albrecht* dort, wo der Wettbewerb in Konflikt mit der „Gesamtheit der Volksgemeinschaft" gerät. Die Sicherung ihrer Wohlfahrt sei ja der eigentliche Anlaß, nach Reformen Ausschau zu halten. Die organisierte Gesamtheit, sprich der Staat, habe daher Sorge zu tragen, daß „die Glieder der Volkswirtschaft, die verschiedenen Wirtschaftszweige zueinander in das für die Gesamtwirtschaft nach Maßgabe der Gesamtbedürfnisse und der Staatsnotwendigkeit günstigste Verhältnis zu bringen" sind.[599] *Albrecht* überträgt dem Staat Lenkungskompetenz in Form bestimmter ordnungs- und strukturpolitischer Maßnahmen. Ihm schwebt vor, Berufsstände zu schaffen und sie der jeweiligen Situation angemessen zu fördern oder einzudämmen. Mit den Berufsständen beabsichtigt er, eine „Synthese des Individual- und Kollektivgrundsatzes, den Einklang von Freiheit und Gemeinschaft" zu realisieren.[600]

Weddigen versteht – und das ist repräsentativ für die Anhänger der Werksgemeinschaftsidee – unter Stand „eine Gesellschaftsgruppe, die in sich geeint durch die Zielgleichheit ihrer Leistung für das Ganze, als dessen Glied im gesellschaftlichen Organismus die Mittelstufe bildet".[601] Nicht Unternehmer und Arbeiter sind somit jeweils eigene Stände, sondern sie gehören, vereinigt als Werksgemeinschaft, der Standesorganisation des Wirtschaftszweiges an, in dem sie jeweils arbeiten. Dem Stand der Industrie gehören alle Berufsgruppen an, die für Industrieunternehmen arbeiten. *Weddigen* klärt aber nicht darüber auf, wie die verschiedenen Berufsgruppen in dem jeweiligen Stand zusammenwirken sollen. Dagegen verweist er auf die Skala möglicher Aufgabenbereiche eines Standes, ohne aber selbst dazu Stellung zu nehmen, welche korporativistischen Funktionen er als sinnvoll erachtet. Die Funktionen, so *Weddigen*, reichen von der Betreuung und Interessenvertretung einer Branche bis zur Zwangskorporation des öffentlichen Rechts, welche sich nur noch in einem begrenzten Bereich selbst verwaltet.[602]

Albrecht wird deutlicher. Auch er versteht unter Berufsstand „die Gesamtheit aller in einem bestimmten Wirtschaftszweige tätigen Kräfte vom letzten Hilfsarbeiter bis zum Unternehmer und seinen Beauftragten".[603] Ein Stand oder die „Berufsgemeinschaft" zwischen allen Angehörigen eines Wirtschaftszweiges sei vonnöten, da die Produktion eines Unternehmens niemals unabhän-

---

598 *Albrecht* 1932, S. 95.
599 Ebd., S. 95.
600 *Weddigen* 1934, S. 23.
601 Zu *Weddigens* Ständegedanken vgl. ders. 1935, S. 12ff.
602 Ebd., S. 19. Mehr als zu der Aussage, die Stände sollten keine „behördlichen Körperschaften", sondern „staatlich beaufsichtigte, aber doch grundsätzlich freie, organische Arbeitsgemeinschaften" sein, ließ sich *Weddigen* nicht hinreißen. Ders. 1934, S. 21.
603 *Albrecht* 1933, S. 22.

gig von der Produktion der anderen Unternehmen des gleichen Wirtschaftszweiges sei. Diese gegenseitige Abhängigkeit, so *Albrecht*, führe vor dem Hintergrund „der Leistungs- und Ertragsfähigkeit des ganzen Wirtschaftszweiges" in eine natürliche, gleichgerichtete Interessenlage aller Unternehmer und Arbeitnehmer eines Wirtschaftszweiges.[604] Er leitet daraus nicht die Forderung ab, dem Berufsstand genossenschaftliche oder syndikalistische Züge zukommen zu lassen. Die Produktionsentscheidung soll weiterhin bei den Einzelunternehmern belassen werden. Er beabsichtigt jedoch, dem Stand Lenkungskompetenzen für den eigenen Wirtschaftszweig mittels wirtschaftspolitischer Maßnahmen zukommen zu lassen.[605] So betrachtet er „diejenigen ordnenden und regulierenden Maßnahmen, unter denen die Lebensfähigkeit des Wirtschaftszweiges und seiner Glieder am besten gesichert ist", als Aufgabe des Berufsstandes.[606] Darunter sind ordnungs- und strukturpolitische Maßnahmen zu verstehen. *Albrecht* interessiert aber in erster Linie die Sozialpolitik. „[D]ie entscheidenden Richtlinien für die Gestaltung der Arbeitsbedingungen" sollen im Rahmen des Berufsstandes geregelt werden.[607] Er sah dafür in den Organen eine paritätische Zusammensetzung aus Unternehmern und Arbeitnehmern vor.[608] Ob es damit aber hätte gelingen können, daß die beiden Untergruppen wirklich nur im Rahmen ihres Berufsstandes arbeiten, und nicht zu den anderen gleichgerichteten Untergruppen der anderen Stände Kontakt aufnehmen und damit die gehaßten Gewerkschaften wieder begründen, erscheint fraglich.

Im großen und ganzen bleiben *Albrechts* Ausführungen aber, was die Ständeebene betrifft, an der Oberfläche. Es handelt sich zwar der Idee nach um eine staatlich und korporative gelenkte Marktwirtschaft, aber *Albrecht* geht weder auf konkrete Lenkungsmaßnahmen noch auf eventuelle Konflikte zwischen der staatlichen und der korporativen Ebene ein.[609]

---

[604] *Albrecht* 1932, S. 100.

[605] *Böhm*, der Korporationen der Industrie, des Handels, des Handwerks, der Landwirtschaft, des Lehr- und Bildungswesens, des Heilwesens und der Verwaltung schaffen wollte, schlug vor, über die einfache Lenkungsinstanz Korporation hinauszugehen. Sein Ziel war es, aus den Korporationen Gebilde mit (produktions- und konsum-)genossenschaftlichem Charakter zu machen. *Böhm* 1920, S. 108, 110 und 112.

[606] *Albrecht* 1932, S. 96.

[607] Ebd., S. 104.

[608] Ebd., S. 106.

[609] Dies hängt damit zusammen, daß *Albrecht* die Allokationsprobleme im Gegensatz zu den Distributionsproblemen für nicht allzu bedeutend erachtet. In der „reinen Produktionssphäre" hätten alle Volksgruppen ein gemeinsames, natürliches Interesse an einer prosperierenden Wirtschaft. Erst in der Verteilungssphäre beginnen für *Albrecht* die eigentlichen Probleme. (*Albrecht* 1928, S. 556.) *Braunweiler* sieht als Lenkungsinstrument v.a. Steuern vor. Für ihn sollen die Stände zugleich „Steuergarantieverbände" sein. Sie sind verpflichtet die vom Staat benötigten Finanzmittel, deren Größenordnung zwischen dem Staat und dem Gesamtverband der Wirtschaft verhandelt werden soll, zu beschaffen. Über die Art der Erhebung sollen sie

(2) *Der Solidarismus*

Ganz ähnliche Leitbilder und Probleme lassen sich bei der ordnungspolitischen Konzeption der Solidaristen finden. Auch sie blieben an vielen Stellen unklar. Nach 1945 räumte ihr Exponent, der Jesuitenpater *Oswald von Nell-Breuning*, dies auch ein und versuchte, seine Vorstellungen detaillierter darzulegen.[610] Ihren schriftlichen Ausdruck fand der „solidaristische Korporativismus" in der 1931 von Papst *Pius XI.* veröffentlichten Enzyklika *Quadragesimo anno*, an der *Nell-Breuning* mitgearbeitet hatte.[611] Neben ihm und dem bereits genannten *Brauer* taten sich in dieser Gruppe *Gustav Gundlach*, *Paul Jostock*, *Johannes Gichler* und *Fritz Kühr* hervor.[612] Als eigentlicher Begründer dieser Richtung gilt der Jesuit und Nationalökonom *Heinrich Pesch*.[613]

Nach *Jostock* stellt der Solidarismus (auch innerhalb des Katholizismus) eine „Mittellinie" zwischen dem reaktionär-rückwärts gewandten und dem progressiv-vorwärtsgerichteten Weg dar.[614] Den Solidaristen schwebt eine Ordnung vor, in der sich der Staat zugunsten gesellschaftlicher Institutionen zurücknimmt, indem er sich auf seinen Kernbereich konzentriert und wirtschaftspolitische und gesetzgeberische Kompetenzen auf Stände überträgt.[615] *Nell-Breuning* wird später das Ansinnen der Solidaristen die Durchbrechung des legislativen und wirtschaftspolitischen Monopols des modernen Staates nennen.[616] Der Staat ist dann zwar – die Aufgaben betreffend – geschrumpft, gleichzeitig ist er nach dieser Logik aber in seiner Kernkompetenz wieder handlungsfähig, wodurch er eine Aufwertung erfährt. Damit erhoffen sich die Solidaristen, den ihrer Meinung nach Gemeinschaft und Persönlichkeit zerstörenden Gegensatz von Masse und Zentralstaat aufzuheben.[617]

Das wesentliche Ziel, dem die neue Gesellschaftsordnung zu dienen hat, ist, den Kampf der Klassen in eine „einträchtige Zusammenarbeit der Stände" zu transformieren („Solidarismus").[618] Dahinter stand der Gedanke, daß Kapitalisten und Arbeiter aufeinander angewiesen sind. Solange beide Gruppen sich als

---

aber selbst entscheiden dürfen. Damit soll ihnen nach Braunweiler auch eine Lenkungskompetenz zufallen. *Braunweiler* 1925, S. 169ff.

610 *Nell-Breuning* 1950, S. 211.

611 Vgl. dazu *Schaschning* 1994. Zu Leben und Werk *Nell-Breunings* vgl. *Klein* 1989, S. 11ff.

612 Einen Überblick über „Die wirtschafts- und sozialpolitischen Ideen des Katholizismus" bis Mitte der 20er Jahre bietet *Briefs* 1925.

613 Zum Leben und Werk *Peschs* und der Weltanschauung des Solidarismus vgl. *Mueller* 1980, S. 11ff. und S. 138ff. Zu den Grundzügen des Solidarismus sei weiterhin *Pesch* 1918 genannt. Ein weiterer Pionier dieser Richtung war auch *August Pieper*. Vgl. *Pieper* 1926. In unserem Zusammenhang interessiert dabei S. 118ff.

614 *Jostock* 1932, S. 190.

615 *Brauer* 1931, S. 83.

616 *Nell-Breuning* 1950, S. 222f.

617 *Nell-Breuning* 1932, S. 141ff.

618 Ebd., S. 148. Dazu auch der Diözesenpräses *Gickler* 1932, S. 103ff.

„Klassen“ empfinden, ist nach Ansicht der Solidaristen eine „einträchtige Zusammenarbeit“ nicht möglich; denn so lange stellten die beiden Gruppen „Arbeitsmarktparteien“ mit unterschiedlichen Marktinteressen dar, die in letzter Konsequenz nicht zu überbrücken sei.[619] Zwischen ihnen bestehe keine „organische Verbindung“. Erst wenn das „Produktionsmittelmonopol der Kapitalbesitzer“ (*Nell-Breuning*) durchbrochen wird, sei die unerläßliche Voraussetzung gegeben, unter der eine solche Verbindung geschaffen werden könne.[620] Sie argumentieren wie folgt: Indem die Arbeiter die Möglichkeit erhalten, Eigentum zu erwerben, entproletarisieren sie sich. Der Druck, sich auf dem Arbeitsmarkt anbieten zu müssen, um sich ernähren zu können, werde gemildert. Als Folge sei der Klassengegensatz in erheblichem Maße abgeschwächt, wodurch es den Arbeitern nun viel eher möglich sei, in den Unternehmern ihres Wirtschaftszweiges Partner zu erkennen, deren Interessen gleichgerichtet sind. Ist das Produktionsmittelmonopol einmal durchstoßen worden, so argumentieren sie weiter, werde auch das Monopol der Gewerkschaften, das sich als Reaktion auf das „Produktionsmittelmonopol“ gebildet hatte, hinfällig.[621] Es bestehe keine rationale Zwangsläufigkeit mehr zum bilateralen Monopol auf dem Arbeitsmarkt, dem marktlichen Ausdruck der gesellschaftlichen Desintegration. Für die Solidaristen ist erst auf Grundlage der Gleichberechtigung von Arbeitgebern und Arbeitnehmern die Ausbildung einer Gemeinschaftsgesinnung und die „organische Neugliederung der Gesellschaft“ möglich. Ausdruck dieser Gleichberechtigung und Neugliederung soll „die berufsständische Ordnung“ sein.

Unter den Solidaristen besteht Konsens darüber, was die Berufsstände sein sollen: „Stände sind gesellschaftliche Leistungsverbände.“[622] Leistungen, wie *Nell-Breuning* in seiner Besprechung der Enzyklika *Quadragesimo anno* versichert, nicht im Sinne von „Erfolg“, sondern von „Funktion“.[623] Die Solidaristen sind gewillt, die Stände entsprechend den Wirtschaftszweigen zu bilden. Denn, so stellt *Brauer* fest, die dort zusammentreffenden Funktionen und Tätigkeiten hätten das gleiche Interesse an der Entwicklung ihres Zweiges.[624] Innerhalb der Stände soll es so zur Einheit zwischen den Arbeitgebern und Arbeitnehmern und unter Oberhoheit des Staates zur Einheit der verschiedenen Stände kommen. Als Grundsätze einer solchen Ordnung zählt *Kühr*, der sich als einer der wenigen Solidaristen recht klar zu einer künftigen berufsständischen Ord-

[619] *Nell-Breuning* 1932, S. 150ff. und später ders. 1950, S. 213 und 216. Der Vorsitzende des Gesamtverbandes der christlichen Gewerkschaften *Bernhard Otte* stellt fest, daß es grundsätzlich immer einen Konflikt zwischen „Arbeit" und „Kapital" geben wird. Eine berufsständische Ordnung, wie es die Solidaristen anstreben, könne diesen aber abmildern. *Otte* 1932, S. 90.
[620] *Nell-Breuning* 1950, S. 228f.
[621] Ebd., S. 229.
[622] Ders. 1932, S. 155.
[623] Ebd., S. 155f.
[624] *Brauer* 1931, S. 86.

nung äußert, die Merkmale der „Subsidiarität", der „Selbstverantwortung", der „Selbstverwaltung" und des „paritätischen Charakters" auf.[625] Seiner Einschätzung nach könnten, auf den bisher vorhandenen Fachverbänden oder Unfallberufsgenossenschaften aufbauend, 30 bis 40 Berufsstände gebildet werden, wobei die Zahl und die Zusammensetzung entsprechend der wirtschaftlichen Entwicklung schwanken werde.[626] Die Stände sollten öffentlich-rechtliche Körperschaften sein. Sein Plan sieht vor, daß der einzelne Stand sich regional vom Ort über den Bezirk bis zum Reich aufbaut. Auf den jeweiligen Ebenen werden die einzelnen Stände zur Ortswirtschaftskammer, zur Bezirkswirtschaftskammer und zur Reichswirtschaftskammer zusammengefaßt. Beamte, so *Kühr*, dürften keinem Stand zugeordnet werden, da sie Staatsdiener sind.[627] Zu einem eigenen Sektor soll das Bank- und Kreditwesen zusammengefaßt werden, womit *Kühr* der Idee der universalistischen Schule, für jeden Berufsstand jeweils eine Bank zu gründen, eine Absage erteilt, da dies „die Dynamik im Kapitalausgleich und echte Risikoverteilung gefährden würde".[628] Der Reichswirtschaftskammer stehe es zu, Rahmengesetze zu schaffen, die die gesamte Volkswirtschaft betreffen. Den Ständen falle die Aufgabe zu, den Rahmen auszufüllen.

Brauer kann sich folgende sozialpolitische Aufgaben der Berufsstände vorstellen:[629]

- Unfallversicherung und -verhütung;
- zeitliche, räumliche, hygienische und technische Organisationsvorschriften des Arbeitsablaufs;
- Krankenversicherung;
- Invaliden- und Altersversicherung;
- Arbeitslosenversicherung und
- Berufsberatung zwecks „planmäßiger Ordnung des Berufsangebots".

Alle diese Aufgabenfelder sind seiner Meinung nach besser in den Berufsständen als in einer zentralen staatlichen Behörde aufgehoben, da die Stände, wenn sie sich Sozialgesetze geben, die branchenmäßigen Besonderheiten mehr berücksichtigen können.[630] Die Sozialgesetze sollen den Gewerbezweigen nicht nach „abstrakten", zentralstaatlichen Maßstäben oktroyiert werden, sondern können im Kontext ihrer allokativen Umstände spezifisch gestaltet werden. *Brauer* sieht darin die Chance, dem sonst üblichen trade-off zwischen sozialpolitischer Maßnahme und Produktivität aus dem Weg zu gehen.

Über die Frage, welche allokationspolitische Aufgabe die Stände im solidaristischen System übernehmen sollen, gibt es unterschiedliche Auskünfte. Während *Kühr* festlegt, daß die Stände nur öffentliche Güter bereitzustellen, die

---

[625] *Kühr* 1932, S. 129ff.
[626] Ebd., S. 123.
[627] Ebd., S. 125.
[628] Ebd. Vgl. dazu auch Abschnitt D.II.2.
[629] *Brauer* 1931, S. 95-100.
[630] Ebd., S. 106.

eigentliche Produktion somit in privatwirtschaftlichen Händen zu verbleiben hätte,[631] drückt sich *Nell-Breuning* sehr viel vager aus. Er heißt einerseits die Wettbewerbsfreiheit in bestimmten Grenzen gut, andererseits möchte er den Wettbewerb aber ausdrücklich nicht als „regulatives Prinzip des Wirtschaftslebens“ verstanden wissen.[632] Mehr, als daß er eine Wirtschaftsordnung im Sinne des „Laissez-faire“ ablehnt, wird daraus nicht ersichtlich. Erst nach 1945 wird *Nell-Breuning* deutlicher. Er bekennt sich nun zum durch „Leitregeln bewahrten Wettbewerb“ als Fundament der Wirtschaftsordnung.[633] Es sei nicht Aufgabe der Stände, neben ihrer zweigspezifischen Gesetzgebung die Preise der Güter festzulegen. Ein solches System stellt für ihn einen „öffentlich-rechtlich organisierte[n] pluralistische[n] Monopolismus“ dar, „der (...) vollendetes Chaos ist“.[634] Vielmehr müsse es Aufgabe der Stände sein, für ihren Wirtschaftzweig Daten zu setzen, an die sich die in den jeweiligen Ständen zusammengeschlossene Privatwirtschaft anzupassen habe. Die Stände hätten das Wirtschaftsleben durch ständische Wirtschaftspolitik zu lenken, ohne selbst zu produzieren.[635] Dem entspricht auch *Brauers* Meinung, daß die Stände ebenso Einfluß auf den Konzentrationsgrad innerhalb ihres Wirtschaftszweiges wie auf die technische Entwicklung nehmen sollten.[636] Auf welche konkreten Mittel zurückgegriffen werden soll, ist der solidaristischen Literatur nicht zu entnehmen. Auch hinsichtlich der staatlichen Ebene sind die Aussagen nicht deutlicher. Es heißt lediglich, der Staat habe die Interessen der Gesamtheit gegenüber den Ständen wahrzunehmen. Nur er könne das Gemeinwohl bestimmen, nur er besitze daher die „rechtliche Befugnis“ zu leiten, zu ordnen und zu binden.[637] Daher hat der Staat nach dem Willen der Solidaristen mittels strukturpolitischer Maßnahmen die Beziehungen zwischen den Wirtschaftszweigen zu beeinflussen.[638] Aber auch für diesen Teil ihrer Konzeption besteht das Probleme, daß es an einer konkrete Darstellung fehlt. Weder werden konkrete Mittel noch evtl. Lenkungspotentiale und -probleme thematisiert.[639]

[631] *Kühr* 1932, S. 128f.
[632] *Nell-Breuning* 1932, S. 167ff.
[633] Ders., S. 213.
[634] Ebd., S. 233.
[635] *Nell-Breuning* 1950, S. 231f.
[636] *Brauer* 1931, S.103f. *Brauer* und *Nell-Breuning* erhoffen sich eine antimonopolistische Wirkung.
[637] *Nell-Breuning* 1950, S. 213 und S. 233.
[638] *Brauer* 1931, S. 91. *Nell-Breuning* 1950, S. 233.
[639] Lediglich *Kühr* gibt darauf einen kurzen Hinweis, wenn er feststellt, daß der Staat möglichst mittels indirekter Steuern und die Stände mit direkten Steuern lenken sollte.

(3) Fazit

Man kann beim „werksgemeinschaftlichen" und beim „solidaristischen Korporativismus" eine ähnliche ordnungspolitische Struktur erkennen:

- Es ist beabsichtigt, Werksgemeinschaften zu bilden, innerhalb derer die Unternehmer die Kompetenz für die Produktionsentscheidungen behalten.
- Als Werksgemeinschaften sind sämtliche Betriebe oder Unternehmen in Berufsstände eingebunden. Die berufsständischen Organe bestehen paritätisch aus Arbeitern, Angestellten und Unternehmern. Ihnen obliegt es, das prinzipiell konkurrenzmäßige Wirtschaftsleben zweigspezifisch zu lenken.
- Die Beziehung der Wirtschaftszweige zueinander wird wiederum durch den Staat gelenkt.

Es ist also eine dualistische Lenkung vorgesehen. Schon damit ist aber das Ansinnen, Staat und Wirtschaft voneinander zu trennen, weitgehend aufgegeben. Damit es zu keinerlei Konflikten zwischen den ständischen und staatlichen Lenkungsinstanzen komme, wird sowohl in der werksgemeinschaftlichen als auch in der solidaristischen Konzeption dem Staat Vorrang eingeräumt. Aber auch in Fällen, in denen nicht eindeutig geklärt werden kann, ob sie nun in den Aufgabenbereich des Staates oder des jeweiligen Standes fallen, ob sie also nur den Wirtschaftszweig oder die Volkswirtschaft als Ganzes betreffen, wird immer der Staat das Vorrecht besitzen. Die explizite Forderung beider Gruppen nach einem lenkenden Staat leistet der Tendenz Vorschub, daß der Staat mit der Zeit sich immer mehr Aufgaben aneignen wird. Die Wirtschaftsordnung würde sich von einer korporativistischen in eine Ordnung transformieren, die dem „Nationalen Interventionsstaat" oder „Plankapitalismus" ähnlich wäre, eine Ordnung, in der nur noch der Zentralstaat bewußt das Wirtschaftsleben aus Sicht der Gesamtheit lenkt.[640] Die Stände würden in einer solchen Ordnung zu Transmissionsriemen der staatlichen Wirtschaftspolitik werden.

Diese Problematik soll abschließend an einem weiteren Beispiel verdeutlicht werden. Ein typisches Beispiel für den Versuch, mittelalterliche Formen der Ständeordnung auf das moderne, weitgehend arbeitsteilige Wirtschaftsleben zu übertragen, stellen die Visionen des konservativen Rechtsanwaltes *Edgar J. Jung* dar. Bei genauer Betrachtung erscheint sein 692 Seiten umfassendes Werk „*Die* Herrschaft der Minderwertigen" weit weniger kohärent, als er es vorgibt. So fordert er – im Sinne des Korporativismus – eine „Doppelung von Volk (gesellschaftlich gegliedert) und Staat", um so dem totalen, aber ohnmächtigen Staat begegnen zu können.[641] Der Staat soll seine Kompetenz auf den politischen Kernbereich beschränken, „Wirtschaft, Wissenschaft, Kunst, Kirche, Erziehung, Familie, Gemeinde, soziale Fürsorge u.s.f." gehörten dagegen nicht

---

[640] Vgl. Abschnitt III.1.
[641] *Jung* 1930, S. 291.

seinem, sondern dem gesellschaftlichen Leben an.[642] *Jung* sieht vor, daß sich die Gesellschaft selbst mittels Stände verwalten soll.[643] Deutet dies alles noch auf eine korporativistische Ordnung hin, so verhält es sich doch anders, wenn man die Staatsaufgaben näher betrachtet. An dieser Stelle ist *Jungs* Ausführungen anzumerken, daß er der vollkommenen Selbstverwaltung der Gesellschaft doch nicht ganz traut. Dem Staat obliegt neben der Organisierung der „Wirtschaftspolizei",[644] der Zollpolitik [645] auch die Steuerpolitik,[646] die weniger zu fiskalischen Zwecken verwendet werden soll als vielmehr dazu, das Wirtschaftsleben in bestimmte Richtungen zu lenken. „Eine organische Wirtschaftspolitik wird ständig die Gliederung des Volkes nach Berufen, Erwerbsarten, Betriebsformen und so fort im Auge behalten, wird immer wieder Überlegungen aufstellen, welcher Wirtschaftszweig besonders notwendig für die Volkswirtschaft ist, welche Gesellschaftsschicht um jeden Preis erhalten und welche eingedämmt werden muß. Sie wird sich dazu durchringen, diesen Zweig zu pflegen, jenen zu beschneiden."[647] Eine so weitgehende Kompetenz des Staates hinsichtlich der Lenkung des Wirtschaftsprozesses (vor allem dessen Struktur) – wenn auch nur mittels Steuern und „Tarife" – ist schwer mit seinem Anspruch in Einklang zu bringen, die Wirtschaft sei Angelegenheit der Gesellschaft und nicht die des Staates. Daran ändert auch die Tatsache nichts, daß *Jung* grundsätzlich das Staatseigentum zugunsten des Privateigentums ablehnt. Bekanntermaßen können Steuern ein probates Mittel zur indirekten Lenkung der Wirtschaft darstellen, besonders je konkreter der geförderte oder belastete Wirtschaftszweig sachlich und regional definiert wird. Hier ist ein Schritt in Richtung Interventionismus getan. Einige sozialpolitische Maßnahmen sind dann die einzigen ökonomischen Tatbestände, die von der groß angekündigten gesellschaftlichen Selbstverwaltung übrig bleiben.

b) Planmarktwirtschaft

Während der Weimarer Republik wandten sich viele Nationalökonomen aus gegebenem Anlaß der lange vernachlässigten Problematik des Konjunktur-zyklus' zu.[648] Besonders in der Weltwirtschaftskrise bestand die Notwendigkeit, politische Konsequenzen aus entsprechenden Theorien zu ziehen. Als Maßnahmen, mit denen die Depression bekämpft werden sollte, wurden Strategien der Lohnsenkungen oder -steigerung und des Preisabbaus genauso diskutiert wie die Ver-

---

[642] Ebd., S. 292 und 294.
[643] Ebd., S. 295ff
[644] Ebd., S. 304.
[645] Ebd., S. 488ff.
[646] Ebd., S. 502ff.
[647] Ebd., S. 498.
[648] Vgl. *Janssen* 1998, S. 377ff.

kürzung der Arbeitszeit oder die Kreditschöpfung. *Paul Schröder* und *Folkert Wilken*, beide Schüler *Karl Diehls* und dessen „sozialrechtlicher Schule",[649] verorteten dagegen die Gründe der Weltwirtschaftskrise direkt an der Wurzel der Wirtschaftsordnung. Beide Freiburger Dozenten gehen darin konform, daß mit prozeßorientierten Maßnahmen die „Wirtschaftskrisen" nicht dauerhaft vermieden werden könnten, da die konjunkturellen Schwankungen der „Preismarktwirtschaft" inhärent seien.[650] Solange die „Preismarktwirtschaft" bestehe, können Krisen nicht dauerhaft vermieden werden. Das liegt ihrer Meinung nach daran, daß in einer solchen Wirtschaftsordnung die „wirtschaftliche Vernunft" nur in den einzelnen Wirtschaftssubjekten, nicht aber in der Gesamtordnung der Volkswirtschaft, der Preismarktwirtschaft waltet.[651] Zwar handelten die einzelnen Wirtschaftssubjekte nach diesem Prinzip, so beide übereinstimmend, das Preisverfahren verhindere aber, daß auch „gesamtwirtschaftliche Vernunft" herrsche. In der Preismarktwirtschaft gebe es keinen Gesamtplan, der die einzelnen Wirtschaftssubjekte zu gesamtwirtschaftlich vernünftigem Handeln veranlasse. Lediglich der Preis solle dies gewährleisten sowie Angebot und Nachfrage ins Gleichgewicht bringen. Dies sei aber problematisch. Da der Ausgleich zwischen beiden Seiten des Marktes in der Realität Zeit beanspruche, führe ein ständiger time-lag zur dauerhaften Diskrepanz zwischen Angebot und Nachfrage.[652] Eine der beiden Marktseiten sei der anderen immer voraus und ändere sich bereits wieder, bevor die Marktlage durch einen entsprechenden Gleichgewichtspreis angezeigt werde. Daher orientieren sich die Wirtschaftssubjekte an einem, nicht die gegenwärtige Lage signalisierenden Preis, woraus Wirtschaftskrisen mit Fehlinvestitionen und Unterbeschäftigung auf den Faktormärkten resultieren, was Verschwendung der Ressourcen und damit wirtschaftliche Unvernunft bedeute.[653]

---

[649] Zu *Karl Diehl* und dessen Schule vgl. *Brintzinger* 1996, S. 65ff. Zu *Schröder* und *Wilken* vgl. ders., S. 70ff. *Wilken* war zudem noch von der Anthroposohie des Philosophen *Rudolf Steiner* geprägt. Ders., S. 70.

[650] *Schröder* 1932, S. 2ff. , S. 15 und S. 18. *Brintzinger* ist sogar der Meinung, daß zumindest Schröder „[die] konjunktur- und beschäftigungspolitische Debatte, die zu Beginn der dreißiger Jahre in Deutschland intensiv geführt wurde, (...) nicht zur Kenntnis genommen" hat. *Brintzinger* 1996, S. 73.

[651] *Schröder* 1932, S. 11. Ähnlichkeiten zur Grundstruktur der „Planmarktwirtschaft" weist der ökonomische Teil der Ordnung auf, die *Dungern* entwickelte. Allerdings argumentierte er erheblich politischer und weniger rational als die beiden Nationalökonomen, die an dieser Stelle behandelt werden. Vgl. *Dungern* 1928. Ähnlichkeiten zur planmarktwirtschaftlichen Konzeption besitzen auch die „Grundzüge einer sozialorganischen Privatwirtschaftsverfassung" des Wiener Professors für Bodenkultur *Emanuel Hugo Vogel*: vgl. *Vogel* 1931. Bei ihm spielt Kreditlenkung nach „gesamtwirtschaftlichen Prinzipien" aber eine größere Rolle, als es bei *Schröder* und *Wilken* der Fall ist. Zur Kritik an Vogels Konzeption vgl. *Carell* 1933a, S. 921.

[652] *Schröder* 1932, S. 12f., *Wilken* 1928, S. 438.

[653] *Schröder* 1932, S. 9f.

(1) Der Aufbau

Schröder und *Wilken* kritisieren letztendlich flexible Preise. „Gesamtwirtschaftliche Vernunft" ist nach ihrer Ansicht dann gegeben, wenn das mengenmäßige Angebot exakt mit der kaufkräftigen Nachfrage übereinstimmt. Wenn sich also die Nachfrage ändert, habe sich das Angebot entsprechend so zu verändern, daß die Preise starr bleiben. In veränderten Preise spiegele sich grundsätzlich die Unvernunft in den Transaktionen der Einzelwirtschaften wider.[654] Es werden solche Preisänderungen als Störungen der „gesamtwirtschaftlichen Vernunft" angesehen, die ihre Ursachen in expansiver oder kontraktiver Geldmengenausweitung,[655] in Nachfrageschwankungen bzw. Über- oder Unterproduktion[656] oder auch in der Preissetzungsmacht der Großorganisationen am Markt haben.[657] Dies impliziere, daß sich Preise nur dann verändern dürfen, wenn sich entsprechende Veränderungsspielräume aufgrund technischen Fortschritts ergeben. Durch technischen Fortschritt sei ein höherer Output bei gleichbleibendem Input möglich, was ausdrücklich als „gesamtwirtschaftliche Vernunft" begrüßt wird.[658] *Schröder* sieht als einzige Möglichkeit, dauerhaft feste Einzelpreise zu gewährleisten und damit die Wirtschaftskrise zu überwinden, in der Generierung einer „vernunftgemäßen Wirtschaftsführung". Eine solche Wirtschaftsführung hypostasiert sich seiner Meinung nach in den Institutionen und Organisationen der „Planmarktwirtschaft". Sie ist charakterisiert durch

- die Existenz fester Einzelpreise,[659]
- freie Konsumwahl, ausschließlich nachfrageorientiertes Angebot sowie Unternehmer- und Wettbewerbsfreiheit auf dem „Waren-" und „Beschaffungsmittelmarkt",[660]
- freie Berufwahl auf dem Arbeitsmarkt [661] und durch
- das Gebot, daß private Spargelder nur Unternehmen zugute kommen dürfen, wenn mit der Kapitalbildung zugleich technischer Fortschritt verwirklicht wird.[662]

Schröder weist daraufhin, daß in einer solchen Wirtschaftsordnung weiterhin das kapitalistische Privateigentum und Eigeninteresse bestehen bleiben soll, daß aber die Wirtschaftsführer darüber hinaus gesamtwirtschaftliche und langfristige Aspekte berücksichtigen müßten,[663] damit die „organisierte Zirkula-

---

654 Ebd., S. 69 und S. 85.
655 Ebd., S. 71.
656 Ebd., S. 77
657 Ebd., S. 79f.
658 Ebd., S. 82ff.
659 Ebd., S. 71.
660 Ebd., S. 70.
661 Ebd.
662 Ebd., S. 92f.
663 Ebd., S. 97.

tion“ des Geld- und Güterstromes verwirklicht werden könne. Die Koordination des Wirtschaftsprozesses sollte daher weiter dezentral erfolgen, die Marktstruktur aber verändert werden. Nach *Wilken* basiert diese Art der Zirkulation auf „organisierten Einheiten“. Durch die Einheiten werde – im Gegensatz zum atomisierten – genügend Transparenz über die Zirkulation geschaffen, wodurch Rücksicht auf den überindividuellen Prozeß genommen werden könne.[664] Sein Ziel ist es, „organisierte Wirtschaftszweige als assoziative Ganzheiten“ zu schaffen:[665]: „Zusammenfassung des Gleichartigen und Trennung des Verschiedenartigen haben als die methodischen Bildekräfte bei der Organisation von Wirtschaftszweigen zu walten.“[666] Wie sollte dies nun konkret aussehen?

Auf dem „Verbrauchsgütermarkt“ sollen nach dem Willen *Schröders* und *Wilkens* alle Unternehmen einer Branche zu „Zwangsverkaufsverbänden“ zusammengefaßt werden.[667] Sie stellen ökonomische Selbstverwaltungskörperschaften dar, die die private Initiative auf die Weise bündeln, daß die entsprechenden Unternehmen nicht mehr auf dem Markt in Konkurrenz zueinander treten, sondern ihre Auseinandersetzungen in den Verbänden bei der Produktionsgestaltung regeln.[668] Den „Zwangsverkaufsverbänden“ kommt die Aufgabe zu, den Egoismus der einzelnen Unternehmen in die gesamtwirtschaftlich vernünftige Produktion zu transformieren, indem sie den Markt beobachten, den Wettbewerb in ihrem Zweig aufrecht erhalten und die Aufträge der Nachfrager zentral sammeln. Die Konsumenten richten ihre Nachfrage nach den jeweiligen Gütern an die Verkaufsverbände, die als Zentrale so einen genauen Überblick über das Ausmaß und die Struktur der kaufkräftigen Nachfrage erhalten.[669] *Schröder* und *Wilken* hoffen, daß, indem der Verband die Nachfrage an die ihm angehörigenden Unternehmen weitergibt, nicht wie in der „Preismarktwirtschaft“ nachträglich auf die Ereignisse der Zirkulation reagiert wird, sondern durch exakte Abstimmung des Angebots auf die Nachfrage feste Einzelpreise gesichert werden. Durch die zwischen Angebot und Nachfrage geschalteten Verbände soll eine Art Punktmarkt mit festen Preisen simuliert werden, an die sich die anbietenden Unternehmen entsprechend ihrer Kostenstruktur mengenmäßig anpassen. Veränderte Nachfrage soll nicht durch veränderte Preise, sondern durch veränderte Arbeitszeiten oder Lagerhaltung ausgeglichen werden.[670] Ob jedoch dann das einzelne Geschäft direkt zwischen den Unternehmen und den jeweiligen

---

[664] *Wilken* 1928, S. 427f.

[665] Für *Schröder* war damit der Sachverhalt einer „Planwirtschaft” erfüllt. Er behauptete, „Planwirtschaft“ sei nicht durch einen gesamtwirtschaftlichen Plan „für die Gesamtbeschaffung“, sondern bereits durch organisatorisch zu ermöglichende Transparenz der einzelnen Wirtschaftszweige charakterisiert. *Schröder* 1932, S. 157.

[666] *Wilken* 1928, S. 429.

[667] *Schröder* 1932, S. 102f.

[668] *Wilken* 1928, S. 440f.

[669] *Schröder* 1932, S. 102f.

[670] Ebd., S. 82. Es fällt die Ähnlichkeit zur Argumentationsweise der *Adolf-Weber*-Schule auf.

Nachfragern abgewickelt wird oder ob dies auch in den Aufgabenbereich des Verbandes fällt, wird nicht gesagt.

Auf dem „Beschaffungsgütermarkt“ seien für jedes „Beschäftigungsmittel“ „Einkaufs- und Verkaufsverbände“, denen die anbietenden und nachfragenden Unternehmen angehören, sowie eine Bankstelle zu gründen.[671] Durch die bilaterale monopolistische Marktstruktur ist beabsichtigt, Disproportionalitäten zwischen den verschiedenen Produktionsebenen zu vermeiden. *Schröder* und *Wilken* sind überzeugt davon, daß, wenn beide Marktseiten zentralisiert in Kontakt zueinander treten, Angebot und Nachfrage auf jedem Markt aufeinander abgestimmt werden können. Die Nachfrage auf dem „Verbrauchsgütermarkt“ wird gebündelt an den „Beschaffungsgütermarkt“ weitergegeben. Auf diese Weise könnten die Finanzierungsmittel so verteilt werden, daß ein Überschuß an Investitionsgütern vermieden wird. Entsprechend ihrem Grundsatz, daß das Angebot der Nachfrage zu folgen habe, kommt für sie nur die Selbstfinanzierung als die „vernunftgemäße Finanzierung“ des Ersatzes „abgenutzter Beschaffungsmittel“ in Frage, da sich bei dieser Finanzierungsart zeigt, ob die Unternehmen für die Nachfrage oder an ihr vorbei produzieren: „Die beschaffungsmittelverbrauchenden Unternehmungen sammeln allmählich die Gelder für den Ersatz und schießen sie den beschaffungsmittelerzeugenden Unternehmungen vor. Im Augenblick der vollendeten Abnützung ist der volle Kaufpreis für das Ersatzstück angesammelt und dieses selbst lieferungsbereit.“[672] Die Bankstelle transferiere die durch Abschreibung der alten Anlagen angesammelten Beträge der Nachfrager und stelle sie entsprechend dem Auftragsbestand der anbietenden Unternehmen zur Verfügung. Die Beschaffungsmittel stünden dann bereit, sobald sie das „verbrauchende“ Unternehmen benötigt.[673] *Schröder* erkennt das damit verbundene Problem, daß die organisatorische Starrheit dem Wunsch der nachfragenden Unternehmen entgegenstehen kann, sich erst kurzfristig für die Art des „Beschaffungsmittels“ und den Ort des Kaufes zu entscheiden. Probleme ergeben sich dann, wenn die kumulierten Abschreibungsbeträge nicht mit den Anschaffungskosten der neuen Anlagen übereinstimmten und auch nicht genügend Rücklagen zur Verfügung stehen. Denn nach *Schröder* sollen Unternehmen möglichst wenig auf Kredite zurückgreifen dürfen.[674] Auf diesem Wege sei also kein Ausgleich möglich. *Schröder* empfindet aber trotz dieser Schwierigkeiten sein Modell einer Planmarktwirtschaft im Vergleich mit dem gebundenen Kapitalismus als einen Fortschritt.

Einer anderen Regelung soll das Kreditwesen unterliegen, „denn das Wesen der Marktwirtschaft, die Freiheit in der Vornahme marktwirtschaftlicher Handlungen, also auch in der freien Wahl der Anlage von Geldüberschüssen ist

[671] Ebd., S. 106f.
[672] Ebd., S. 106.
[673] Ebd.
[674] Ebd., S. 107.

hier weitgehend aufgehoben."[675] Die Ausnahme wird damit begründet, daß das Kreditwesen sich nicht durch das Gewinninteresse leiten lassen soll. Es habe nur den Bedürfnissen des Warenmarktes, also der Kreditnachfrage zu entsprechen. Daher dürfe es in der „Planmarktwirtschaft" keinen Bankensektor in Form selbständiger Unternehmer geben.[676] Neben der Zentralbank gilt es, drei Banken zu gründen bzw. die Privatbanken zu drei Banken zusammenzuschließen: Geldanlagen werden durch eine einzige Privatbank, die „Anlagebank" verwaltet, „eine Bank ,der' Wirtschaft, d.h. eine Bank, an der alle diejenigen beteiligt sind, die Geldkapitalien entweder in Unternehmungen angelegt haben oder – als Unternehmungen – sie sich leihen."[677] Sie übernimmt die Koordination des Angebots und der Nachfrage.[678] Die eigentlichen Spargelder der Verbraucher werden bei einer „Sparbank" eingelegt, die sich in staatlichem Eigentum befindet.[679] Diese vermittelt die Spargelder auch zu Kreditzwecken, indem sie eng mit der „Anlagebank" zusammenarbeitet. Da die Spargelder laut *Schröder* aber nur Ergänzungen zu den betrieblichen Rücklagen sind, dürfen sie nur zu Investitionen, die den technischen Fortschritt fördern, oder zum Kauf öffentlicher Güter verwendet werden. Für den laufenden Zahlungsverkehr ist eine private „Zahlungsbank" verantwortlich.[680] Die Zentralbank bleibt unter scharfen Restriktionen für die Geld- und Kreditschöpfung zuständig. Banken in Form selbständiger Unternehmen, Effektenbörsen sowie Zins- bzw. Wertpapierkursbewegungen haben in *Schröders* Modell keinen Platz mehr. Der Bankensektor soll nur noch dem Warenmarkt dienen und keine eigenen privatwirtschaftlichen Interessen verfolgen.[681]

Auf diese Weise, so beide Planmarktwirtschaftler, sei ein Netzwerk horizontaler und vertikaler Zweige gesponnen, die derartig eng miteinander verbunden seien, daß eine monopolistische Preispolitik nicht mehr möglich sei. Die Preise seien so durchgängig bestimmt, und das Wirtschaftsleben sei transparent „wie in einem Gesamttableau".[682] Die aktuelle wie die zukünftige Richtung der Zirkulation seien bekannt, ökonomische Krisen würden vermieden. Das Angebot schaffe sich nicht seine Nachfrage und lenke sie entsprechend, sondern umgekehrt habe sich das Angebot stets nach der Nachfrage zu richten. Das Wirtschaftsministerium ist nach *Schröder* die oberste Stelle der „Planmarktwirtschaft". Da er von der rationalen Bestimmtheit aller Preise in diesem korporativistischen Netzwerk ausgeht, soll und braucht es, nachdem es die Verbände geschaffen hat, in der Regel nicht mehr selbst in den Prozeß einzugreifen, sondern

[675] Ebd., S. 113.
[676] Ebd., S. 115.
[677] Ebd., S. 124.
[678] Ebd., S. 122.
[679] Ebd., S. 126.
[680] Ebd., S. 131ff.
[681] Ebd., S. 15ff.
[682] *Wilken* 1928, S. 428.

nur noch in (sehr seltenen) Ausnahmefällen das Wirtschaftsleben zu kontrollieren und ggf. Störungen auszugleichen.[683]

(2) Fazit

Zusammenfassend läßt sich die „Planmarktwirtschaft" wie folgt beschreiben:

- Auf dem Verbrauchsgüter- und Beschaffungsmarkt werden Unternehmen zu „Verkaufs- oder/und Einkaufsverbänden" zusammengeschlossen. Beide Marktseiten (außer auf dem Konsumgütermarkt) treten zentralisiert miteinander in Kontakt.
- Die Verkaufsverbände besitzen die Aufgabe, den Wettbewerb zwischen den Unternehmen aufrechtzuerhalten, die ihnen jeweils angehören, und die Nachfrage nach den jeweils von ihren Unternehmen produzierten Gütern zentral entgegenzunehmen.
- Im Kreditwesen ist der Wettbewerb und die freie Wahl der Kapitalanlage aufgehoben. Neben der Zentralbank sind nur noch drei Banken (davon eine im staatlichen Eigentum) vorgesehen. Spargelder dürfen nur unter scharfen Restriktionen privaten Unternehmen zur Verfügung gestellt werden.

Diesen Konstruktionen sind mit Problemen verbunden, die von ihren Schöpfern nicht berücksichtigt wurden: (1) Weder nennen *Schröder* und *Wilken* konkrete Maßnahmen, um ein Monopolverhalten seitens der Verbände zu verhindern, noch erläutern sie, wie der Wettbewerb innerhalb der Verbände gesichert werden soll. Da die Verbände reine Selbstverwaltungsorgane ohne staatliche Abgesandte sein sollen, besteht zumindest die Möglichkeit, daß sie weniger ihre Rolle als Garanten der internen Wettbewerbsfreiheit wahrnehmen, als sich vielmehr zu Syndikaten entwickeln, was natürlich die Gefahr eines Angebotsmonopols heraufbeschwört. Durch den Einfluß der einzelnen Unternehmen auf den Verband, dem sie jeweils angehören, wären erträgliche Einnahmen durch die Einflußnahme auf die Verbandspreisgestaltung und Quotenregelung möglich. Wenn die Verbände tatsächlich zentral Aufträge den angeschlossenen Unternehmen zuteilen, entfiele der Druck für die einzelnen Unternehmer, durch besonders gute Leistung neue Nachfrager zu gewinnen. Das auch in der Planmarktwirtschaft erhalten bleibende Gewinninteresse spräche für ein solches Unternehmerverhalten.[684] Der Verband versucht dann, sich mit dem Status quo zu arrangieren und unrentable Unternehmen durchzuschleppen, was aber nicht gerade hilfreich ist, um die Krise überwinden zu können. Daß dieses Verhalten somit auch ökonomische Unvernunft in der „Planmarktwirtschaft" möglich macht, sehen beide Ökonomen nicht. (2) Auch erläutern sie nicht, wie die Preise

[683] Ebd., S. 138f.
[684] *Blaich* 1970, S. 61. *Eucken* 1952, S. 31.

durchgängig bestimmt werden und wo in diesem Zusammenhang ein Unterschied zur freien Wirtschaft besteht. Gerade das potentiell existierende einseitige Angebotsmonopol auf dem „Warenmarkt" und das bilaterale Monopol auf dem „Beschaffungsmarkt" bieten ja grundsätzlich eine große Bandbreite an Preisen. (3) Wie schon in bezug auf einzelne Kartelle und Großorganisationen wurde die Frage, ob ein solches Netzwerk an Verbänden tatsächlich den Wirtschaftsablauf verstetigt, kontrovers diskutiert. Eine empirische Untersuchung, die *Wagenführ* durchführte, kommt zu dem Ergebnis, „daß infolge der Bindung durch Kartellpreise und Tariflöhne die Elastizität der Wirtschaft stark eingeschränkt wird, derart, daß zum mindesten während des vergangenen Konjunkturzyklus von 1926 bis 1932 die Wirkungen des konjunkturellen Anstiegs wie des Abstiegs nicht unwesentlich intensiviert worden sind."[685] *Löwe* erkennt den gleichen Zusammenhang. Er fordert daher zum „Kampf gegen den Monopolismus" auf, um die starren Preise und Löhne zu beseitigen, da sie die Anpassung an veränderte Nachfrage eher verzögern oder gar verhindern. Seiner Meinung nach verstärken die Kartelle die Krise, da sie sich den „Bewegungsgesetzen der Marktwirtschaft" entgegenstellen.[686] Auch nach neueren Erkenntnissen ist dieser Ansatz, daß durch Kartelle der Wirtschaftsablauf verstetigt werden kann, fraglich.[687] Bei sinkender Nachfrage sind Unternehmen in Rahmen des neoklassischen Konzeptes der vollkommenden Konkurrenz gezwungen, mit den Preisen nachzugeben. In Fällen von rigiden Faktorkosten der einzelnen Unternehmen oder von Marktmacht bzw. einer Kombination beider Aspekte ist jedoch öfters ein anderes Verhalten zu beobachten. Geben z. B. die Löhne nicht entsprechend der Arbeitsproduktivität nach, so verringert der „produktivitätsüberschreitende Teil der Löhne" die Gewinne der Unternehmen. Die Unternehmen sind gezwungen, ihre Absatzpreise zumindest auf den alten Stand zu fixieren, wenn nicht sogar zu erhöhen, wodurch die Auslastung des Produktionspotentials und die Beschäftigung sinkt. Marktmacht der Unternehmen erleichtert eine solche Reaktion. Fließen nun die erhöhten Kosten der Unternehmen in Form von Einkommen zurück auf den Markt, so ist es zwar möglich, daß die ursprüngliche Produktion und Beschäftigung wieder erreicht wird, das Preisniveau dürfte sich aber deutlich erhöht haben. (4) Sollten die Preise tatsächlich festgehalten werden können, begäben sich zudem Verzerrungen des Wirtschaftsgefüges relativ zu flexiblen Preisen bei Konjunkturrückgang, worauf *Blaich* im Hinblich auf die Lenkungsfunktion der relativen Preise hinweist.[688] Sinkt die Nachfrage in der „Planmarktwirtschaft", werden vor allem die Verbände, die Güter produzieren, denen eine unelastische Nachfrage gegenübersteht, zu Lasten der Verbände profitieren,

---

[685] *Wagenführ* 1933, S. 517.
[686] *Löwe* 1930, S.294. Vgl. dazu auch *Beckmann* 2000, S. 369ff.
[687] Zur Angebotsinflation vgl. von vielen *Pätzold* 1993, S. 238ff. und *Cassel* 1990, S. 265ff.
[688] *Blaich* 1970, S. 55ff. Zu Funktion der relativen Preise vgl. von vielen *Varian* 1991, S.130f. und 469f.

deren Güter relativ elastischer nachgefragt werden. Den Verbänden, die auf unelastischen Märkten anbieten, fiele ein relativ größerer Anteil der verbleibenden Kaufkraft zu, als es bei flexiblen Preisen der Fall wäre. (5) Ein grundlegendes, organisatorisches Problem, das die Verzerrung noch verstärkt, dürfte darin liegen, daß sich nicht alle Gütermärkte gleich einheitlich im Sinne „gleichförmigen Preissetzungsverhaltens“ organisieren lassen.[689] Es wird umso schwerer sein, Angebot und Nachfrage aufeinander abzustimmen, je differenzierter die Güter in Qualität und Quantität eines Verbandes sind. Je ungleichförmiger innerhalb einer Branche aber auf den Preisdruck reagiert wird, umso stärker wird die Wettbewerbssituation der Unternehmen berührt. Ein Abwälzen der geringen Nachfrage auf weniger organisierbare Märkte ist die Gefahr.[690] (6) In diesem Zusammenhang kommt *Eulenburg* in einer empirischen Untersuchung zur Wirtschaftskrise am Anfang des 20. Jahrhunderts zu dem Ergebnis, daß nicht alle Kartelle und Großorganisationen in der Lage sind, die Preise auch im Abschwung starr zu halten. Auch sie würden den Abschwung besonders scharf in einer solchen Ordnung merken.[691] Dies wird durch die wirtschaftshistorische Arbeit von *James* untermauert. Er zeigt, daß zum einen die „gebundenen“ Preise – wenn auch mit Verzögerung – in der Weltwirtschaftskrise ebenfalls nachgeben mußte und daß zum anderen relativ starre Preise weniger auf erfolgreiche Preisbindungspolitik der Kartelle zurückgehen, sondern vielmehr „für den überwiegenden Teil der deutschen Großindustrie typisch“ waren.[692] Nicht der organisatorische Zusammenschluß von Unternehmen zu Kartellen, sondern die hohe Kapitalintensität der Industrie verhinderte die Möglichkeit eines raschen Preisabbaus. Trotz dieser Hindernisse gab der Preisindex während der Weltwirtschaftskrise in Deutschland um 21,9% nach.[693]

Zusammenfassend kann die „Planmarktwirtschaft“ als ein unrealistisches, weniger auf wissenschaftlichen Erkenntnissen fußendes, als vielmehr „esoterisches“ Konzept gelten.[694]

2. Universalistische Ständeordnung

Das bekannteste und einflußreichste Modell einer korporativistischen Ordnung entwickelte die sog. „universalistische Schule“. Vertreter anderer Ständekonzeptionen betrachteten die universalistische Ständeordnung als Referenzsystem, auf das sie zumindest kritisch in ihren Abhandlungen reagierten. Der „Schulmeister“ der Universalisten war der in Wien lehrende Professor für Nationalökonomie

---

[689] Vgl. dazu *Pätzold* 1993, S. 239.
[690] Ebd., S. 56.
[691] Vgl. *Eulenburg* 1902, S. 366ff.
[692] *James* 1988, S. 162.
[693] Ebd., S. 163f.
[694] Vgl. *Brintzing*er 1996, S. 65ff

Othmar Spann, der mit „Haupttheorien der Volkswirtschaftslehre" das damals meistgelesene wirtschaftswissenschaftliche Werk schrieb.[695] Während andere Nationalökonomen an der Wiener Universität vor nur wenigen Studenten Vorlesungen hielten, konnte *Spann* die größten Vorlesungssäle füllen. Mit seinem Versuch, Romantizismus und Idealismus in seinem System des „Universalismus" wieder zu reaktivieren, gewann er viele Schüler und Anhänger. Akademische Nationalökonomen wie *Walter Heinrich*, *Wilhelm Andreae* und *Jakob Baxa* folgten begeistert ihrem Lehrer und verfeinerten dessen philosophischen und sozioökonomischen „Vorgaben" in zahlreichen Schriften.[696] *Spann* besaß trotz seines abstrakt angelegten Gedankengebäudes auch im konkreten „politischen Kampf" großen Einfluß. Nationalsozialistische „Wirtschaftsfachleute" wie *Max Frauendorfer* und *Hans Buchner* waren ebenso eindeutig durch ihn beeinflußt wie große Teile der NSDAP in Österreich.[697] Der Höhepunkt seines Einflusses war die Gründung des *Instituts für Ständewesen* 1933, das durch den Großindustriellen *Fritz Thyssen* in Düsseldorf finanziert wurde.[698] Dieser hatte für das Unterfangen die Zustimmung *Adolf Hitlers* erhalten. Da der Universalismus in dem Institut offizielle Doktrin war, glaubten die Spannianer, direkten Einfluß auf die nationalsozialistische Elite und damit auf die politische Richtung des Deutschen Reiches gewinnen zu können. Dies war ein Trugschluß, wie sich bald herausstellte.[699] Im folgenden werden *Spann* und seine Anhänger zusammen behandelt, da keinerlei nennenswerte Unterschiede zwischen ihnen auszumachen sind.

a) Die Gliederung der Stände auf geistiger Grundlage

Die Spannianer stellen die Anschauung des Universalismus als fundamentales Gegenstück zum Individualismus dar:[700]

---

[695] Zu Leben und Werk vgl. *Pichler* 1988, S. 48ff., und *Schneller* 1970, S. 14ff. Das Werk „Haupttheorien der Volkswirtschafslehre" wurde 28mal (insgesamt über 100 000 Exemplare) aufgelegt. Für die letzte Zahl: *Zimmerman* 1954, S. 118.

[696] Zur *Spann*-Schule vgl. *Schneller* 1970, S. 30ff. Vgl. zum ständestaatlichen Denken *Spanns* auch *Gauger* 1990.

[697] Bei den nationalsozialistischen „Wirtschaftstheoretikern" *Hans Buchner* und *Max Frauendorfer* spürt man deutlich den universalistischen Einschlag, den ihre ständischen Ordnungsvorstellungen besitzen. Sie bestimmten das Wesen der Wirtschaft ebenfalls als „ein System von zielbezogenen Mitteln" und definierten Stände in erster Linie als „Geistige Gemeinsamkeit", was beide aber nicht daran hinderte, im Gegensatz zu *Spann* einer eher biologistischen, völkischen Weltsicht anzuhängen. Vgl. *Buchner* 1930 und *Frauendorfer* 1933.

[698] Die Gestapo löste 1935 das Institut auf. Vgl. *Barkai* 1998, S. 113ff.

[699] Seit 1934 mußte sich das Institut Angriffe der Nationalsozialisten, vor allem der Deutschen Arbeitsfront (DAF) erwehren. Vgl. *Barkai* 1998, S. 114f.

[700] *Spann* unterscheidet nicht zwischen Politik und Wissenschaft. Entsprechend ist die Wissenschaft des Universalismus für die Spannianer (im Verhältnis zu der des Individualismus)"[o]bjektiv statt subjektiv; apriorisch statt relativistisch (...); deduktiv statt induktiv; intu-

- Im Individualismus wird das Materielle höher bewertet als das Geistige; es herrscht materielle Wohlfahrt und innere/geistige Verarmung. Das Wesen des Universalismus ist dagegen dadurch gekennzeichnet, daß das Geistige höher bewertet wird als das Materielle. Der Metaphysik kommt dabei die größte Bedeutung zu.
- Im Individualismus wird der Einzelne als geistig autarkes Wesen gedacht; der Einzelne geht dem Ganzen vor. Im Universalismus besitzt dagegen das Ganze Vorrang vor dem Einzelnen; der Einzelne erhält erst durch das Ganze seinen Lebenssinn. [701]
- Im „Herrschaftsbereich" des Individualismus gelten alle Menschen (eines Staatsgebietes) als gleich(-wertig); daher ist nur *eine* Regierung vonnöten, Masse und Zentralstaat sind die Folge. Im Universalismus besteht dagegen organische, d.h. wertmäßige Ungleichheit.[702] Der Einzelne ist in eine kleine geistige Gemeinschaft eingegliedert, die wiederum von immer größeren geistigen Gemeinschaften umfaßt wird.

Die Spannianer sehen sich als Kämpfer für eine Ordnung, die wieder die „wahre Wertehierarchie" repräsentiert und in der sich der Einzelne wieder als ein Glied des „kosmischen Ganzen" versteht. Diese Ordnung kann ihrer Ansicht nach staatsrechtlich nur ein ständisch gegliedertes System sein. Mit einem sol-

---

itiv statt empirisch-sensualistisch (...); Gliederungs- und Zweckwissenschaft statt mechanische Kausalwissenschaft; durchsetzt mit Irrationalität statt reiner Herrschaft des Rationalen; metaphysisch statt a-metaphysisch (...); reine Sittlichkeit statt utilitaristischer (...)". (*Spann* 1922, S. 101.) *Spanns* Methodologie wurde reichlich kritisiert. *Eucken* legte *Spanns* schwere wissenschaftliche Fehler offen, die dessen Universalismus zu einer Pseudowissenschaft machen. (Vgl. Eucken 1947, S.45ff.) Der der ontologischen Schule nahestehende *Weippert* weist entgegen dem Anspruch der Spannianer darauf hin, daß deren Universalismus ganz und gar nicht irrational und antiindividualistisch sei. Der Universalismus stehe zwar nicht in der Tradition der „Aufklärung", sei aber als Abkömmling des Idealismus ebenso rationalistisch und individualistisch. Beide hingen einer „Vernunftsmetaphysik" an. (*Weippert* 1932, S. 140ff.) In eine ähnliche Richtung geht *Heuss'* Kritik. Er ist ebenfalls der Meinung, daß Universalismus und Individualismus nur zwei Seiten der gleichen Medaille sind. Er zeigt dies kurz anhand *Leon Walras'* Gleichgewichtssystem, das – obwohl dem methodologischen Individualismus folgend – gerade viele Merkmale besitzt, die *Spann* als „universalistisch" deklariert. (*Heuss* 1994, S. 150) Als Bestätigung der These *Heuss'* können auch *Spanns* Anleihen bei *Ludwig von Mises*, dem überzeugten Individualisten gelten, wenn es darum ging, die Unmöglichkeit der vollkommenen Planwirtschaft nachzuweisen – eine Anleihe, die Spann aufgrund der scharfen Trennung zwischen Individualismus und Universalismus nicht hätte vornehmen dürfen.

[701] Daß dies automatisch zu der Frage führte, ob nicht die Menschheit die Oberganzheit sei, hat auch *Spann* gespürt. Rein logisch mußte er dem zustimmen. Aus politischen Gründen wollte er sein Denken und Handeln aber nicht an der Ganzheit „Menschheit" orientieren. Da er mit seinem „wissenschaftlichen System" die Wahrheit verkünden wollte, die aber natürlich nicht seiner politischen Ansicht widersprechen durfte, stellte er diese Ansicht zwar als richtig, aber zugleich auch als zu abstrakt dar.

[702] *Spann* 1922, S. 63f. und 210f.

chen System könne der dem Universalismus entsprechende Grundsatz „viele Teilstände und Volkskreise, viele Teilregierungen und Standesgewalten“ realisiert werden.[703] Mit dem Ständestaat können aber auch „Freiheit“ und „Bindung“ zu einem *Dritten Weg* verbunden werden. Aus ordnungstheoretischer Sicht sieht das Konzept der Universalisten tatsächlich eine zweifache Synthese aus zentraler und dezentraler Koordination vor. Wie diese aussieht, soll nun dargestellt werden.

Spann gliedert entsprechend der Ansicht, daß das Geistige dem Materiellen vorangeht, die gesellschaftlichen Gruppen in „Gemeinschaften“ nach ihrer „geistigen Schaffenskraft“:[704] Seiner Meinung nach

- handelt es sich bei dem größten Teil der Bevölkerung, wie Handwerker, Bauern und Arbeiter, um „niedere Handarbeiter“,[705]
- umfassen die „höheren Arbeiter“ die im Kunstgewerbe Tätigen und „darstellende Geistesarbeiter“,[706]
- versammeln sich die „Genies“ in der Gruppe der „schöpferisch geistigen Arbeiter“,[707]
- leisten die „Wirtschaftsführer“ als vierter Stand zwar nichts schöpferisches im geistigen, wohl aber im organisatorischen und ökonomischen Sinne,[708] und
- gehören „Staatsmänner“, „Kriegsführer“ und „Priester“ zu den „Staatsführern“.[709]

Spann bildet aus den Einzelgliedern Stände, die er zu einer werthierarchischen Ordnung zusammenfügt. „Niedere Handarbeiter“, „höhere Arbeiter“ und „Wirtschaftsführer“ stellen den „Wirtschaftsstand“,[710] die „geistigen Arbeiter“ den „schöpferischen Lehrstand“ und die „Staatsführer“ den „politischen Stand“ dar. Er unterteilt den „politischen Stand“ noch in den „Stand Staat mit Kriegertum und Beamtentum“ und den „Priesterstand oder die Kirche“.[711] Dem „politischen Stand“, so *Spann*, kommt nach dem Kriterium des Geistigen die höchste Wertigkeit zu. Der „Wirtschaftsstand“ besitzt zwar die gleiche Wichtigkeit, von der Wertigkeit sei er aber nachgeordnet, da er sich in erster Linie mit materiellen Dingen beschäftigt. All diese Stände gehören als Glieder jedoch einer weiteren, der eigentlichen Ganzheit an. *Spann* bezeichnet die auf diese Weise gegliederte Ganzheit als „Gesellschaft“. Sie besitzt Vorrang vor ihren Teilen, den verschiedenen Ständen. Interessant ist in diesem Zusammenhang, daß *Spann* für die

---

[703] Ebd., S. 219.
[704] Der Stand ist für *Spann* „Ausdruck der Ganzheit in seinem Besonderen”. Ebd., S. 222.
[705] Ebd., S. 234f.
[706] Ebd., S. 235f.
[707] Ebd., S. 236ff.
[708] Ebd., S. 238f.
[709] Ebd., S. 240f.
[710] Ebd., S. 243.
[711] Ebd.

Ganzheit als solches nicht den Begriff „Staat" verwendet, sondern daß der „Staat" ihm zufolge ein eigener, zu anderen Gliedern abgrenzbarer Stand ist.[712] Wie alle anderen Stände steht der Staat „wesensmäßig" für einen ganz bestimmten Aufgaben- und Personenkreis mit eigener „Souveränität" und „Sachlichkeit". Der universalistische, der „wahre Staat" ist nach Ansicht *Spanns* der Höchststand, der die Ganzheit repräsentiert, ohne sie selbst zu sein („Einheitserscheinung"). *Spann* und seine Anhänger teilen dem Staat die „äußere" und die „innere Politik" als dessen arteigene Aufgaben zu.[713] Damit ist ihre Ständeordnung durch das typische Merkmal aller korporativistischen Ordnungen gekennzeichnet, nämlich der angestrebte Dualismus von Politik und Wirtschaft. Im Individualismus sei der „wahre" Aufgabenkreis des Staates durch den omnipotenten Zentralstaat überschritten worden.[714] Auf seinem ureigensten Aufgabengebiet weise der individualistische Staat daher erheblich Schwächen auf. *Spann* prophezeit daher für die künftige Ständegesellschaft, daß sie den Staat quantitativ abbauen wird, um ihn qualitativ zu stärken („Stand schluckt Staat").

Die primäre Aufgabe des Staates liegt nach Ansicht der Spannianer nicht darin, „stoffliche Dinge", wie es in erheblichem Maße im gebundenen Kapitalismus geschieht, sondern „Kapital höherer Ordnung" bereitzustellen.[715] Der Gedanke des „Kapitals höherer Ordnung" tauchte bereits vor *Spann* in den Werken des Romantikers *Adam Müller*,[716] aber auch in der wirtschaftswissenschaftlichen Literatur auf. In *Lorenz von Steins* und *Albert Schäffles* Werken findet er sich er als Lehre von der Produktivität der immateriellen Güter.[717] Diese Lehre besagt, daß der Staat der Privatwirtschaft zwar materielle Mittel entnimmt, indem er aber mit ihnen „immaterielle Güter" für die Privatwirtschaft produziert, steigert der Staat wiederum indirekt die Produktion materieller Güter seitens der Privatwirtschaft. Der Staat soll sich nach dieser Lehre aus der Produktion materieller Güter heraushalten und sich auf die organisatorische, ordnende Leistung beschränken. Ähnlich ist die Lehre vom „Kapital höherer Ordnung" zu verstehen. Es geht den Universalisten aber weniger darum, die Produktion der materiellen Güter zu steigern, als um eine Grundvoraussetzung reibungslosen Wirtschaftens überhaupt.[718] Als „Kapital höherer Ordnung" gelten „jene Leistungen, die ‚durch Gesetze, Recht, Verwaltung, Erziehungsvorsorgen der organisatori-

---

[712] Ebd., S. 256ff. Zum „Wesen des Staates" als „Stand über den anderen Ständen" auch *Heinrich* 1931a, S. 31ff.

[713] *Spann* 1922, S. 257f. dazu auch: *Heinrich* 1931a, S. 31ff.

[714] *Spann* 1922, S. 68f. und 70f.

[715] Für solche Zwecke hat die Staatswirtschaft die Mittel bereit zu stellen. Staatswirtschaft bedeutet vor allem Steuereinnahmen Da das Aufgabenfeld des Staates nach Wunsch der Spannianer reduziert werden soll, würde auch automatisch der Staatsbedarf sinken. Zur Gestaltung des universalistischen Steuerwesens vgl. *Andreae* 1927, S. 91ff und 116ff.

[716] Zu *Müller* und dessen Lehre vgl. *Langner* 1988.

[717] Vgl. *Dobretsberger* 1932a, S. 110f.

[718] *Heinrich* 1931a, S. 107ff.

schen Arbeit des Staates (...) dem wirtschaftlichen Zusammenwirken auf Schritt und Tritt zur Verfügung gestellt' werden".[719] Ohne „Kapital höherer Ordnung", so die Spannianer, ist Wirtschaften gar nicht möglich. Es sei vornehmlich die Aufgabe des Staates, dieses Kapital zur Verfügung zu stellen. Der Staat habe die organisations- bzw. ordnungspolitischen Aufgaben, die Teile zu gliedern, die Spannung zwischen den Gliedern auszugleichen und notfalls „zu richten" („Oberleitung des Staates"). Nur falls volkswirtschaftlich bedeutende Lücken entstehen oder ein Stand in seiner Aufgabenbewältigung versagt, habe der Staat nach Ansicht der Spannianer über seine arteigenen Aufgaben hinauszugehen und auszuhelfen.[720] Dies soll nach ihrem Willen aber möglichst nur kurzzeitig erfolgen. Ob der Staat tatsächlich einmal übernommene Aufgaben ohne weiteres wieder abgibt und ob nicht evtl. soziale Widerstände dies verhindern, untersuchten sie nicht.

b) Die Gliederung des Wirtschaftsstandes

Jeder Stand soll, wie bereits erwähnt, grundsätzlich seine eigene „Souveränität" und „Sachkompetenz" besitzen, jeder Stand soll sich selbst in seinem Aufgabenkreis verwalten. Um zu verdeutlichen, was das für den ökonomischen Bereich bedeutet, muß noch näher auf den Wirtschaftsstand eingegangen werden (von *Spann* nur grob, von *Heinrich* differenziert gezeichnet). Für den wirtschaftlichen Stand, dem Stand, der von allen Ständen ,dem Materiellen' am nächsten ist, seien vier Organisationsprinzipien von großer praktischer Bedeutung:[721]

- Das Prinzip der „Gleichartigkeit der Ziele" („unmittelbares Erzeugungsziel", z. B. Wohnungsbau),
- das Prinzip der „Sektionen" (organisatorische Gliederung in Unternehmer, Angestellte und Arbeiter),
- das Prinzip der „Gleichartigkeit der Wirtschaftsmittel" (Berufsart, „Rohstoffgemeinsamkeit") und
- das Prinzip der „Gleichheit der Betriebsgrößen".

Das Verbändewesen *jeder* realen Wirtschaft, auch das des Kapitalismus, so *Heinrich*, besitze eine Struktur, die entsprechend den Organisationsprinzipien gestaltet sei. Er glaubt prinzipiell zu erkennen, daß sich – trotz eines sich in Wirklichkeit herauskristallisierenden Gemisches dieser Grundsätze –[722] das Wirtschafts- und Verbändewesen in den *historisch-konkreten* Ordnungen vorrangig nach dem Prinzip der Zielgleichartigkeit („vorgeordnete Verbandsbil-

---

[719] Ebd., S. 78.
[720] *Spann* 1922, S. 258.
[721] *Heinrich* 1931a, S. 117.
[722] Ebd., S. 136.

dung") gliedert.[723] Wenn im gebundenen Kapitalismus diese „wahren Grundsätze" schon zu erkennen sind, müsse sich, so *Heinrich*, erst recht die ständische Ordnung an sie halten. Er gibt damit die Zielgleichheit als „vorgeordnetes" Gliederungsschema für den wirtschaftlichen Stand vor. Er schränkt jedoch ein, daß nicht beabsichtigt sei, das gesellschaftliche Leben in ein Korsett zu zwängen. Die jeweiligen Stände sollten vielmehr individuell nach der „jeweils führenden Sacherfordernis" – unter weitgehender Einhaltung der „vorgeordneten Verbandbildung" – gebildet werden.[724] Dies soll bedeuten, daß die einzelnen Gliederungskriterien für jeden einzelnen Stand ein unterschiedliches Gewicht besitzen. Sowohl die Differenziertheit als auch die Stufenanzahl innerhalb der einzelnen Stände könne von Wirtschaftszweig zu Wirtschaftszweig variieren.[725]

Heinrich kann sich folgende Standardstufen, die dem Prinzip der „Gleichartigkeit der Ziele" entsprechen, vorstellen:[726] Das wirtschaftliche Ständehaus, das den gesamten Wirtschaftsstand darstellt, zerfällt in Wirtschaftszweige, für die jeweils ein Gesamtverband gebildet wird. Jeder einzelne Gesamtverband gliedert sich, zweigspezifischen Kriterien folgend, in mehrere Spitzenverbände („Fachgruppen"). Jeder einzelne dieser Spitzenverbände besteht wiederum aus mehreren Oberverbänden, den „Zünften" oder „Berufsständen i.e.S.". Den einzelnen Berufsständen gehören mehrere „Betriebs- und Branchenverbände" („Teilfachstände" und „Fachstände") an, die aus den einzelnen Betrieben bestehen. Auf diese Weise wird das Wirtschaftsleben pyramidenförmig gegliedert. Ein Beispiel verdeutlicht die angestrebte Ordnung:[727] In dem wirtschaftlichen Ständehaus sind die Gesamtverbände der Land- und Forstwirtschaft, des Gewerbes, Verkehrswesens, Versicherungswesens, Handels und des Leihwesens (Banken, Börsenwesen usw.) vertreten. Dem Gesamtverband des Gewerbes, der noch in Industrie (Großgewerbe) und Handwerk (Kleingewerbe) untergliedert ist, gehört z.B. der Spitzenverband der Lebensmittelindustrie an. Ein Oberverband dieses Spitzenverbandes ist z.B. der Verband der Obstverwertung, zu dem u.a. sämtliche Marmeladenfabrikanten zum Branchenverband zusammengeschlossen sind. Ob die anderen Wirtschaftszweige noch weiter oder weniger untergliedert werden, hängt von ihren jeweiligen Eigenarten ab. Im folgenden wird zunächst auf die Funktion des Ständehauses (1) eingegangen, um dann die weitere Untergliederung (2) zu untersuchen.

(1) Eine große ökonomische Bedeutung soll dem wirtschaftlichen Ständehaus zukommen. Prinzipiell beabsichtigt *Heinrich*, das Ständehaus, wie alle an-

---

[723] Dies ist wieder ein Beispiel für den ständigen Versuch, mittels pseudowissenschaftlicher Vorgehensweise die „wahre" Rangfolge der in der Realität vorkommenden Grundsätze nachzuweisen. Ebd., S. 136f.

[724] Ebd., S. 137.

[725] Ebd., S. 140.

[726] Da die Gliederung die Grundlage des ganzen Werkes ist, wird sie auch auf sehr vielen Seiten wiederholt. Zusammengefaßt ist sie im Anhang II, Tafel I. und II.

[727] Ebd., Anhang II, Tafel I.

deren Verbändeorgane, aus Unternehmern, Angestellten und Arbeitern zu bilden. Den Vorsitz des Ständehauses soll ein Staatsvertreter inne haben, um auf diese Weise sicherstellen zu können, daß bei allen Beschlüssen die Perspektive und das Interesse der Ganzheit Berücksichtigung findet.[728] Es ist sogar vorgesehen, daß er ein Veto gegen die Beschlüsse der Standesvertreter einlegen kann. Die Arbeit des Ständehauses selbst soll sich vornehmlich in Ausschüssen abspielen, um die „Sachverständigkeit“ zu wahren.[729] Wie die einzelnen „Sektionen“ an der Willensbildung beteiligt werden, hängt laut *Heinrich* von der „Sachfrage“ und dem damit zusammenhängenden „sachgemäßen Vorrang“ ab.[730] D.h., bei Entscheidungen, die die Produktion betreffen, hätten die Unternehmer Vorrang vor den Arbeitern. Bei sozialpolitischen Fragen soll hingegen Parität herrschen. Grundsätzlich nehme die Vorrangig- und Nachrangigkeit einer der „Sektionen“ aber mit zunehmenden „Allgemeinheitsgrad“ der Maßnahmen ab, da auf volkswirtschaftlicher Ebene alle Wirtschaftssubjekte betroffen sind. *Heinrich* kann sich daher vorstellen, daß im wirtschaftlichen Ständehaus die „wichtigeren Entscheidungen überwiegend in paritätischen Ausschüssen fallen werden“.[731] Insbesondere das Vetorecht des Staatsvertreters muß unter Berücksichtigung des eigentlichen Ansinnens der Spannianer an dieser Stelle als kontraproduktiv bewertet werden. Mit der Möglichkeit, dem Ständehaus den Staatswillen aufzuzwingen, besteht unzweifelhaft die Gefahr, daß die sonst von den Universalisten so betonte ständische Selbstverwaltung eingeschränkt und das Ständehaus zu einem Instrument des Staates verkommen wird.

Es ist vorgesehen, daß im Ständehaus Vertreter der Gesamt- und Spitzenverbände mit denen des Staates zusammenkommen, um Kompetenzen abzustecken und den Rahmen vorzugeben, den die einzelnen, nachgeordneten Verbände mit (Wirtschafts-)Leben auszufüllen haben.[732] Als solche allgemeinen wirtschaftlichen Aufgaben obliegen gemäß *Heinrich* dem Ständehaus das „wirtschaftliche() und berufsständische() Sonderrecht“. Darunter versteht er große Teile des Zivil- sowie des Wirtschaftsrechts, die „Verwaltung des Münz-, Maß- und Gewichtswesens“, „die gesamte Sozialpolitik“ inklusive des Versicherungswesens, die „Organisation und Verfassung der Wirtschaft“, die Aufteilung und Aufbringung der Stände- und Staatssteuern, das „wirtschaftliche Schlichtungswesen“, die „wirtschaftliche Facherziehung“, die Regelung des Patentwesens, zu der er auch die rechtliche Einschränkung und Regelung von Erfindungen zählt, das Arbeitsrecht und „Kollektivvertragswesen“ sowie das Zollwesen

---

[728] Ebd., S. 172ff.

[729] Ebd., S. 160.

[730] Ebd., S. 174.

[731] Ebd.

[732] Ebd., S. 182. „Das wirtschaftliche Ständehaus ist das oberste Organ der wirtschaftlichen Selbstverwaltung und verkörpert die Verbandspersönlichkeit der Wirtschaft als Gesamtstand oder Körperschaft dem Staate und den übrigen Ständen gegenüber.“ Ebd., S. 180. Vgl. auch *Heinrich* 1931b, S. 473ff.

und die Handelspolitik.[733] Eine weitere Aufgabe besitze das wirtschaftliche Ständehaus in der Investitions- bzw. Kreditlenkung. Nach *Heinrichs* Willen soll das Kreditwesen dezentralisiert und reorganisiert werden („Verständischung der Kreditpolitik"), um eine größere Stetigkeit zu sichern.[734] Unter dem Dach der Notenbank sind Fachbanken für jeden Wirtschaftszweig vorgesehen. Dadurch ist beabsichtigt, den Kapitalabfluß zwischen den einzelnen Zweigen zu verhindern und das Kapital branchenmäßig zu „verwurzeln", um Zinssätze zu gewährleisten, die der monetären Lage des jeweiligen Wirtschaftszweiges entsprechen.[735] *Heinrich* sieht ferner vor, die Kredite der Fachbanken an Unternehmen durch das Ständehaus genehmigen zu lassen, damit das Gemeinwohl gewahrt bleibt.

(2) Die „Zünfte", Spitzenverbände oder eventuell sogar die Gesamtverbände sollen zu „Bezugs- und Absatzorganisationen" ausgebaut werden, um „zwischen den großen Wirtschaftszweigen selbst, zwischen den Spitzenverbänden, vor allem aber auch zwischen den im Ablauf der Erzeugung aufeinanderfolgenden Geschäftszweigen (Fachstände und Teilfachstände) [zu] vermitteln."[736] Neben dem primären Ziel der Universalisten, Gemeinschaften bilden zu wollen, kommt hier das „technokratische Argument", die Hoffnung auf Rationalisierungseffekte ins Spiel. Es soll nicht mehr für den anonymen Markt, wie *Heinrich* meint, „ins Dunkle" produziert, sondern durch bilaterale Marktstrukturen die kaufkräftige Nachfrage und das mengenmäßige Angebot aufeinander abgestimmt werden, wovon er sich größere Gleichmäßigkeit des Wirtschaftsablaufs verspricht. Unproduktive Kosten, die durch Konkurrenz und Handel entstehen, könnten eingespart, Fehlinvestitionen, die aus der Unübersichtlichkeit des Wirtschaftslebens resultieren, vermieden, kurz: die Koordination des Wirtschaftsprozesses exakter abgestimmt werden.[737] Durch die Organisation der Volkswirtschaft nach körperschaftlichen Gesichtspunkten, so *Heinrich*, würden sämtliche Betriebe und Verbände derart miteinander verflochten, daß Monopolpreise verhindert und „gerechte" Preise und Löhne realisiert werden könnten. Der Wirtschaftsprozeß werde zudem dadurch verstetigt. Um das vorherige Beispiel wieder aufzugreifen, kann sich *Heinrich* solche unmittelbaren Verhandlungen „zwischen Landwirtschaft und Lebensmittelindustrie" vorstellen. Es ist aber von Wirtschaftszweig zu Wirtschaftszweig verschieden, auf welcher Verbandsstufe (Gesamtverband, Spitzenverband oder „Zunft") dessen Angehörige bestimmte Transaktionen bündeln. Er erhofft sich, daß wenigstens auf der Ebene der „Zünfte" (z. B. Obstverwertung), kartellähnliche Gebilde realisiert werden. Der Unternehmer habe dann, je nachdem in welchem Ausmaß und auf welcher

---

[733] Ders. 1931a, S. 198ff.
[734] Ders. 1928, S. 339f.
[735] Ebd., S. 340.
[736] *Heinrich* 1931a, S. 210ff.
[737] Ebd., S. 211. Vgl. auch ebd., S. 218f.

Ebene die Marktseite bzw. der Wirtschaftszweig zusammengefaßt wird, den ihm verbleibenden Spielraum mit privater Initiative auszufüllen. *Heinrich* gibt zu, daß dieser recht eng werden kann. Wenn die „Zunft" Steuern, „sozialpolitische Leistungen", Einkaufspreise und -bedingungen für die Produktionsfaktoren (inkl. Arbeitsentgelt und -ordnung) sowie Verkaufspreise und -bedingungen für die erzeugten Güter festlegt, könne die unternehmerische Initiative nur noch auf die technische und organisatorische Verbesserung der Produktion und die qualitative Verbesserung der Produkte zielen.[738] Aber, so rechtfertigt *Heinrich* die mögliche straffe Organisation, die Ausgestaltung sei die alleinige Entscheidung der „Zunft" und des nächsthöheren Verbandes. Wenn eine straffe Organisation für bestimme Zünfte gewählt werde, sei diese Form auf den Willen der dieser Zunft angehörigen Wirtschaftssubjekte und des nächsthöheren Verband zurückzuführen. Eine solche Organisation sei der Zunft dann nicht aufgezwungen worden.

Mit ihrer Ständeordnung wollen die Universalisten einen *Dritten Weg* schaffen, der Freiheit und Bindung vereinigt. Die ständische Wirtschaft, so ist *Spann* überzeugt, begeht nicht den Fehler der „freien Verkehrswirtschaft", ohne Ganzheiten auskommen zu wollen, noch den Fehler des Kommunismus, ohne Glieder auskommen zu wollen.[739] Der Staat werde zentral steuernd eingreifen, indem er die großen Wirtschaftsglieder bildet und für einen Ausgleich unter ihnen sorgt. Zentral lenkend könne aber auch das Ständehaus eingreifen, wenn es in der Lage ist, Kredite zu genehmigen oder zu verweigern. Grundlage der universalistischen Wirtschaftsordnung bleibt aber die dezentrale Koordination. Der Wirtschaftsprozeß werde durch ein „Sicheinspielen" (*Dobretsberger*) der Verbände gestaltet. Staat wie Ständehaus könnten die dezentrale Koordination nur beeinflussen, nicht aber einen Produktionsplan zentral setzen. Die Universalisten erblicken eine Synthese der beiden Prinzipien noch auf einer anderen Ebene ihrer Wirtschaftsordnung. Während die einzelnen Verbände relativ lose und beweglich über die Preise verbunden sein sollen, sei innerhalb der Glieder eine relativ starke Bindung beabsichtigt. *Spann* drückt dies wie folgt aus:

> „[D]ennoch hat die ständische Wirtschaft sowohl ein Stück ‚Kommunismus' wie ein Stück ‚Verkehrswirtschaft' gleichsam als logische Schicht in sich. Durch verhältnismäßige Zielgleichheit im Kreise der Zunftgenossen (...) und darauf begründetet Genossenschaftlichkeit enthält sie ein Stück nichtutopischer, weil nur verhältnismäßig ‚kommunistische' Wirtschaft; durch Beweglichkeit, freie Auseinandersetzung der Glieder enthält sie ein Stück ‚freien Verkehr', aber nicht in dem utopischen Sinne zufällig zusammentreffender, selbstwüchsiger Wirtschaftsatome, sondern als Erscheinungsform und Verwirklichungsweise von Ganzheiten".[740]

[738] Ebd., S. 233. Zu seinem Verständnis von Wettbewerb vgl. Ebd., S. 230f.
[739] *Spann* 1921, S. 343. Zur universalistischen Kritik am Bolschewismus vgl. *Andreae* 1931, S. 178ff.
[740] *Spann* 1921, S. 346.

c) *Fazit*

Die universalistische Ständeordnung kann wie folgt zusammengefaßt werden:

- Der Staat gründet für jeden Wirtschaftszweig eine eigene Organisation; diese baut sich – von unten nach oben betrachtet – von den einzelnen Unternehmen/Betrieben über die „Betriebs- und Branchenverbände", den „Zünften" bis zu den „Spitzen-" und „Gesamtverbänden" auf. Die Spitze der Organisation bildet das wirtschaftliche Ständehaus.
- Grundlage der Wirtschaftsordnung ist die dezentrale Koordination. Die Organisationen der Wirtschaft, z. B. die „Zünfte", treten im Rahmen ihrer Transaktionen zentral miteinander in Verhandlungen über Preise und Mengen. Den Einzelunternehmen verbleiben nur Residualaufgaben. Staat und Ständehaus können das Wirtschaftleben zentral, aber „nur" mittelbar z. B. durch die Kontrolle der Kreditvergabe lenken. Beide Institutionen sind durch einen Staatsvertreter miteinander verbunden, der den Vorsitz im Ständehaus innehat.

Diese zweifache Synthese zentraler und dezentraler Koordination ist sicherlich einer der gedanklich systematischsten und geschlossensten *Dritte Wege*, die in den 20er und 30er Jahren entwickelt wurden. Aber gerade die Geschlossenheit und Systematik der Ordnung ist das Hauptproblem der universalistischen Ordnung. Ihr liegt ein, wie *Eucken* es nennt, „neuer Glaube an eine prästablisierte Harmonie" zugrunde, eine Harmonie, die sich einstellt, sobald eine Ordnung geschaffen wird, die den „wahren" transzendenten Ideen entspricht.[741] Von der komplexen Realität, die nie reibungslos funktioniert, abstrahierten die Spannianer. Es werden Probleme, wie z. B. solche, die sich bei den Verhandlungen zwischen den „Zünften" ergeben können, oder solche, die mit dem Vetorecht des staatlichen Vertreters im Ständehaus verbunden sind, nicht thematisiert. Eine wirklich aussagekräftige Preistheorie wird ebensowenig entwickelt wie die geforderte „Sachsouveränität" kritisch hinterfragt werden. So weist *Landauer* das technokratische Argument zugunsten der Sachlichkeit der Stände als wirklichkeitsfremd und unpolitisch zurück:

> „Bei den Plänen (...) ist verkannt, daß das Technische an der Wirtschaft nicht die ganze Wirtschaft ausmacht, sondern daß nach Klärung der technischen Einzelheiten, die von Sachverständigen vorgenommen werden muß, die Interessengegensätze der Klassen und Berufsgruppen zutage treten, die einen höchst bedeutungsvollen und nach mancher Ansicht sogar den wichtigsten oder gar alleinigen Gegenstand der gesellschaftlichen Machtkämpfe, also der Politik bilden, und die nicht von Sachverständigen als solchen, sondern nur von Politiker entschieden werden können. Die Politik aus der Wirtschaft auszuschalten, ist also unmöglich, weil man den Wirtschaftsfragen nicht ihren Machtcharakter nehmen und sie in rein technische Probleme verwandeln kann. Man kann nur dadurch, daß man die Entscheidung der wirt-

---

[741] *Eucken* 1952, S. 148.

schaftlichen Fragen dem ‚politischen' Parlament wegnimmt und einem Sachverständigenkollegium überträgt, die Sachverständigen in die Rolle des Politikers drängen."[742]

Gerade das Ausblenden möglicher Probleme, gerade dieses wirklichkeitsfremd optimistische Weltbild ist wohl der Grund, warum *Spann* mit seinem Universalismus eine so große und überzeugte Anhängerschaft gewinnen konnte. Der Philosoph *Arnold Gehlen* sieht in solcher „abstrakten und literarischen Politik" eine Flucht aus der realen Welt. Sie tritt nach *Gehlen* immer dann auf, wenn die wirklichen Ereignisse fundamental enttäuschen. Und enttäuscht waren die Anhänger *Spanns*. Ihre Verzweiflung über die verheerende Niederlage Deutschlands und Österreichs im Ersten Weltkrieg ließ sie Zuflucht suchen in *Spanns* Verheißung von einem „Idealstaat (...), um den Haß gegen das Vorhandene ins Allgemeine und Mittelbare zu erheben."[743] Eine realistische Option für die Zukunft war damit aber nicht gegeben.

3. „Neue Wirtschaft", „Gemeinwirtschaft", Industriegemeinschaften und Wirtschaftsdemokratie

a) „Neue Wirtschaft", Gemeinwirtschaft und Industriegemeinschaft

Während des Krieges projizierten verschiedene Nationalökonomen das Phänomen des zunehmend in den Wirtschaftsablauf intervenierenden Staates auf die künftige Gestalt der Wirtschaftsordnung. In der einsetzenden Diskussion[744] wurden mehrere Aspekte angesprochen, die in der Weimarer Republik eine große Rolle spielen sollten. Viele Volkswirte waren bereits damals von dem historischen Übergang vom Kapitalismus zum Sozialismus oder einer ähnlichen Wirtschaftsordnung überzeugt. Beispielsweise *Johann Plenge*, *Edgar Jaffé*, Werner *Sombart*, *Waldemar Zimmermann* sahen mit dem Beginn des Krieges und den „Ideen von 1914" das Ende der individualistischen Wirtschaft und Gesellschaft gekommen.[745] Sie teilten den ‚konstruktivistischen' Glauben an die „Organisation" des Wirtschaftslebens. Sie sahen in dem Prinzip der Organisation ein „antiindividualistisches", ein „antikapitalistisches" und damit ein „planwirtschaftliches" Prinzip,[746] ohne daß das Privateigentum an Produktionsmitteln angetastet werden müßte. Die ordnungspolitischen Ansätze, die auch zu Beginn der Wei-

---

742 *Landauer* 1923, S. 123. Später wird *Landauer* den „Corporate State Ideologies" noch ein ganzes Buch widmen: vgl. *Landauer* 1983.

743 *Gehlen* 1986, S. 13.

744 *Zunkel* 1974, S. 31f.; einen kurzen Überblick über die Diskussion bietet auch *Weißmann* 1998, S. 141ff.

745 *Zunkel* 1974, S. 50ff. Vgl. auch *Novy* 1978, S. 105.

746 *Ambrosius* 1981, S. 16ff.

marer Republik die Diskussion über Sozialisierung des Eigentums und Zukunft des Wirtschaftssystems dominierten, stammten jedoch von Praktikern wie *Walter Rathenau* und *Wichard von Moellendorf*.[747]

Rathenau war vor dem Kriege Vorstands- und Aufsichtsratsvorsitzender der AEG, *Moellendorf* war als Angestellter im selben Unternehmen tätig.[748] Beide waren Ingenieure. Wie viele Nationalökonomen vor und nach ihnen nahmen sie von den Natur- und Ingenieurwissenschaften Anleihen.[749] Sie überspitzten die Prägung, die sie durch ihre Ausbildung erhalten hatten, aber zu einem Glauben, die Wirtschaftsordnung könne man am Reisbrett entwerfen. Ihren Konzeptionen der „Neuen Wirtschaft" und der „Gemeinwirtschaft" merkt man dies sehr an. Sie zeichneten ihre Ordnungsbilder „mit Zirkel und Lineal" und konstruierten das Wirtschaftsleben analog zur „perfekte[n] Maschine". *Nörr* beschreibt plastisch die Überbetonung des technischen und die Vernachlässigung des ökonomischen Denkens in bezug auf *Moellendorfs* Konzeption wie folgt: „Wie die Maschine ein nach außen abgegrenztes System bildet, so die Gemeinwirtschaft eine geschlossene Nationalwirtschaft; wie in der Maschine jedes Partikel dem Ganzen und seiner Funktion dient, so in der Gemeinwirtschaft der Einzelne dem Gemeinwohl und gemeinsamen Nutzen; wie die Maschine keine Lücke, kein unkonstruiertes Vakuum kennt, so die Gemeinwirtschaft keinen unorganisierten Spielraum; und wie die Maschine dem Knopfdruck gehorcht, so die nationale Volkswirtschaft dem 'Geschäftsführer der deutschen Wirtschaft'."[750] Die gleiche Beschreibung hätte auch für *Rathenaus* Konzeption gelten können. Er war zudem aufgrund seiner gesellschaftlichen Stellung weitaus bekannter als *Moellendorf* und der eigentliche „Chefkonstrukteur" einer solchen ordnungspolitischen Konzeption.

(1) Die „Neue Wirtschaft"

Die von *Rathenau* 1918 entworfene „Neue Wirtschaft" sorgte zu Zeiten der Sozialisierungskommission für großes Aufsehen. Der Einfluß dieser Konzeption wird bis in die Weltwirtschaftskrise reichen. Der Grund hierfür ist, daß *Rathenau* mit der „Neuen Wirtschaft" ein relativ durchdachtes korporativistisches Gebilde vorstellte, welches privates Wirtschaften mit staatlicher Organisationspoli-

---

[747] Beide hatten bereits während des Krieges „ordnungspolitische Praxiserfahrungen" sammeln können, indem sie Kriegsgesellschaften gründeten, deren Aufgabe es war, Ressourcen für Kriegszwecke aufzubringen und zu verteilen. Eine ähnliche Ordnung, allerdings nur für die Übergangswirtschaft schlägt auch der liberale Publizist *Georg Bernhard* vor. *Bernhard* 1918, besonders S. 133ff. Zu den verschiedenen, am Anfang der Weimarer Republik diskutierten „Arten und Stufen der Sozialisierung" vgl. *Eulenburg* 1920.

[748] *Schmieder* 1965, S. 182. Zu *Moellendorf* vgl. *Winterberger* 1996, S. 376.

[749] Vgl. dazu *Mirowski* 1989.

[750] *Nörr* 1994, S. 438.

tik zu verbinden gedenkt. Das Privateigentum braucht danach nicht angetastet zu werden. Laut *Rathenau* zwingt die politisch-ökonomische Situation der Nachkriegsepoche dazu, die kapitalistische Wirtschaft umzugestalten:

- Der Krieg gegen Deutschland werde mit wirtschaftlichen Mitteln in Friedenszeiten aufrechterhalten. Die internationalen Wirtschaftsbeziehungen bleiben daher weiterhin eingeschränkt.[751]
- Die Komplexität der modernen Massengesellschaft werde durch grundlegende Phänomene wie die der Arbeitsteilung, der unternehmerischen Konzentrationsprozesse oder der Vermögenskonzentration und des Niederganges des breiten Mittelstandes stark erhöht.

Er untermauert seine Interpretation durch eine grundsätzliche Skepsis gegenüber „Wirtschaftskämpfen". Seiner Meinung nach werden Ressourcen durch ökonomische Konkurrenz verschwendet, wodurch Volkseinkommen und Wachstum gefährdet seien.[752] Während dies in der Vorkriegszeit hingenommen werden konnte, sei die Situation nach dem Krieg sehr viel ernster. Die Wirtschaft könne unter diesen Umständen nicht mehr „Privatsache", sondern nur noch „Gemeinschaftssache" sein.[753] *Rathenau* zieht nach dem Motto ‚In der Not müssen alle Schichten zusammenrücken' die Konsequenz daraus, daß neben einer sittlichen Erneuerung des Volkes die gesamte Wirtschaft nach einem einheitlichen Prinzip zu organisieren sei.[754] Was ihm konkret vorschwebt, vergleicht er mit einer „Anordnung, als ob ein einzelner, sei es Milliardär, Bank oder Staat, in den Gesamtbesitz unserer Industrialwirtschaft gekommen wäre und es unternommen hätte, sie zu einem Gesamtwerk zu ordnen."[755] An dem Willen, die Volkswirtschaft wie ein einzelnes Unternehmen zu behandeln, die Wirtschaftsordnung in eine „große AEG" umzuwandeln, entzündet sich auch die Kritik. Dies ist ein Grund dafür, warum sich *Moellendorf* nicht vollständig zu den Vorstellungen *Rathenaus* bekennt.

Um die Zukunft sinnvoll zu gestalten, entwickelt *Rathenau* eine privatwirtschaftliche Ordnung, „doch keine ungezügelte mehr, wie in der Vergangenheit."[756] Er ist überzeugt, nur mittels einer durchorganisierten, geplanten Privatwirtschaft könne die Produktivität gesteigert und können die Kosten gesenkt werden, denn nur ein solches System ermögliche erhöhte Rationalität und Effizienz der Gütererzeugung. Die „Neue Wirtschaft", so *Rathenau*, muß durch einen einheitlichen Willen, einen einheitlichen Gedanken organisiert werden. Nur so können seiner Meinung nach die typischen Merkmale der freien Privatwirtschaft – Fehlallokation und Produktion unnützer Güter und Dienstleistungen – vermieden werden. Das Marktverfahren sei dazu nicht in der Lage, schon aus

---

[751] *Rathenau* 1918b, S. 11f. und 14f.
[752] Ders. 1918a, S. 87f. und 1918b, S. 38ff.
[753] Ebd., S. 5.
[754] *Rathenau* 1918b, S. 27f.
[755] Ebd., S. 61.
[756] Ebd., S. 27.

dem Grunde, daß keinerlei Transparenz bestehe. Weder die „Abnehmer-Zulieferer-Probleme“ noch die exakte Ausrichtung der Produktion auf die Nachfrage sei im Rahmen der Verkehrswirtschaft möglich. Auch die Standortwahl der einzelnen Unternehmer, so seine feste Überzeugung, könne erst in einer „Neuen Wirtschaft“ rationaler gestaltet,[757] die Reibungen zwischen den Produktionsstufen und zwischen den Unternehmen der gleichen Stufe vermieden und der Handel, der seiner Ansicht nach zu viele Kosten unproduktiver Art entstehen läßt, beschränkt werden.[758]

Aufgrund seines technizistischen Weltbildes kommt in seinem Plan allein den „formgebundenen Institutionen“ und „Organisationen“ eine besondere Bedeutung zu, wenn es gilt, eine effizientere Wirtschaftsordnung zu errichten. Er verfolgt das Ziel, durch Gesetze und mit sonstigen organisatorischen Mitteln, die einzelnen Betriebe und Unternehmen zusammenzufassen: Die „gleichartigen Betriebe“ der Industrie, des Handwerks und des Handels sollen in „Berufsverbände“ (horizontale Gliederung), die vor- und nachgelagerten Verbände zu „Gewerbeverbände“ (vertikale Gliederung) zusammengeschlossen werden.[759] Sie alle müßten staatlich anerkannt werden, wodurch ihnen das „Recht zur Selbstverwaltung“ zukäme. In seiner Konzeption besitzen die Berufsverbände die weitaus größere Bedeutung. *Rathenau* erläutert zwar nicht, welche branchenmäßigen Berufsverbände er sich konkret vorstellt,[760] er beabsichtigt aber, ihnen jeweils die Form einer Aktiengesellschaft zu geben, deren Anteile die zu den Verbänden zusammengeschlossenen Unternehmen nach dem „Leistungsverhältnis“ halten.[761] Die intra-korporative Koordination der Berufsverbände soll wie in einem Syndikat ablaufen. In den Aufgabenbereich des Berufsverbandes fiele das Recht, Betriebe stillegen zu lassen, einen Plan zur Ablauforganisation aufstellen zu dürfen sowie Normierungen und Typisierungen zwecks Massenproduktion zu veranlassen.[762] Die wichtigste Aufgabe sei darin zu sehen, daß einzig dem Berufsverband das Recht zustehen wird, die Produktionsmittel zu beschaffen und die produzierten Güter zu verkaufen. *Rathenau* sieht vor, daß der Berufsverband die Güter von den Einzelunternehmen zum Selbstkostenpreis plus einer Prämie kauft und sie an die ebenfalls als Berufsverbände organisierten Abnehmer verkauft.[763] Diese inter-korporativen Transaktionen werden in seiner Konzeption durch die Gewerbeverbände koordiniert. Sie haben dann zwischen

[757] Ebd., S. 38ff.
[758] Ebd., S. 41ff und 46ff
[759] Ebd., S. 56.
[760] Das „applizierende Handwerk“, der Kleinhandel, das Grundstücksgewerbe, die Gast- und Schankwirtschaft sollen von dem staatlichen Organisationsschema ausgenommen werden und den Gemeinden überlassen bleiben, da diese „Branchen“ eng mit den Gemeinden verknüpft sind. Hier sollen die Gemeinden marktregulierend eingreifen. Ebd., S. 67.
[761] Ebd., S. 57.
[762] Ebd., S. 58f.
[763] Ebd., S. 62f.

den einzelnen Berufsverbänden zu vermitteln, indem „Bedarfsfragen", Warenbeschaffung, Preise, Lieferzeiten, Zahlungsweisen, Arbeitsvermittlung usw. in ihrem Rahmen geklärt werden.[764] Durch entsprechende Verhandlungen, so *Rathenau*, könnten Angebot und Nachfrage in exakte Übereinstimmung gebracht werden.

Ganz jedoch traut *Rathenau* der „Selbstverwaltung" nicht. So plant er, staatliche Vertreter in die Verwaltung der Berufsverbände zu entsenden, um den intermediären Bereich wirksam überwachen zu können.[765] Er schlägt auch vor, den Konsum durch indirekte Steuern, vor allem Luxussteuern zu lenken sowie gleiche Start- und Bildungschancen durch eine hohe Erbschaftssteuer zu gewährleisten.[766] Dennoch verwahrt er sich gegen die Anschuldigungen, er wolle einen Staatsozialismus einführen. „Die neue Wirtschaft wird (...) keine Staatswirtschaft sein, sondern eine der bürgerlichen Entschlußkraft anheimgestellte, die freilich zum organischen Zusammenschluß, zur Überwindung innerer Reibungen und zur Vervielfältigung ihrer Leistung und Tragkraft staatlicher Mitwirkung bedarf."[767]

Seine Vorstellungen bleiben äußerst vage. Weder behandelt er die inter- und die intra-korporativen Koordination ausgiebig, noch beschäftigt er sich intensiv mit Angebot und Nachfrage auf dem Konsumgütermarkt. Ist die zeitgenössische Kritik des Kölner Nationalökonomen *Christian Eckert*, daß *Rathenau* vollkommen unbestimmt lasse, wer eigentlich entscheidet, was konsumiert und was somit auch produziert werden soll,[768] auch übertrieben, so ist dem Hinweis auf die ungenügende Behandlung dieses Problems bei *Rathenau* durchaus zuzustimmen. Denn wie sollen die Nachfrager auf dem Konsumgütermarkt organisiert werden, ohne daß für sie die Gefahr besteht, monopolistisch ausgebeutet zu werden? *Eckerts* Kritik ist auch insoweit berechtigt, als *Rathenau* weder ein Spitzengremium vorsieht, also eine Art Wirtschaftsrat, noch erläutert, wie die Leitungsorgane der Berufsverbände seiner Meinung nach zusammengesetzt sein sollen.[769] Welchen Einfluß sollen die Kapitalbesitzer, welchen die Angestellten und Arbeiter, welchen der Staat in den Verbänden besitzen? *Rathenaus* langjähriger Weggefährte *Moellendorf* versuchte mit seiner „Gemeinwirtschaft", diese Frage zu beantworten und dadurch den Aufbau einer korporativistischen Ordnung zu konkretisieren.

---

764 Ebd., S. 63f.

765 Ebd., S. 58. *Rathenau* sieht des weiteren eine Gewinnabgabe der Verbände an den Staat vor.

766 Ders. 1918a, S. 90ff. und S. 132ff.

767 *Rathenau* 1918b, S. 75.

768 *Eckert* 1933, S. 338f. und 340.

769 Ebd., S. 339f.

(2) Die Gemeinwirtschaft

Moellendorf arbeitet nach dem Ersten Weltkrieg im Wirtschaftsministerium. In seiner Funktion als Unterstaatssekretär beeinflußt er mit seinen ordnungspolitischen Ideen *Rudolf Wissell*, der dem ersten Weimarer Kabinett fünf Monate als Wirtschaftsminister angehört.[770] Beide, jeweils einem anderen politischen Spektrum zuzurechnenden Persönlichkeiten, mißtrauen (wie *Rathenau*) der Wettbewerbsfreiheit. Beide wollen aber auch (wie *Rathenau*) der Verstaatlichung nicht das Wort reden, sondern Selbstverwaltungskörperschaften unter Staatsaufsicht schaffen.[771] *Moellendorf* sieht in seinen Schriften den Korporativismus als ideale Verwirklichung der Gemeinwirtschaft und „Planwirtschaft" an. Darunter versteht er „die zugunsten der Volksgemeinschaft planmäßig betriebene und gesellschaftlich kontrollierte Volkswirtschaft".[772] *Wissell* dagegen sieht in einer solchen Ordnung „lediglich" den ersten Schritt, um dem eigentlichen, damals als nicht realisierbar eingeschätzten Ziel, dem Sozialismus, näher zu kommen.[773]

Welches Ziel auch beide letztlich verfolgen, ihre zielkonforme Wirtschaftsordnung verorten sie im Korporativismus, einem Wirtschaftssystem, das sich ihrer Ansicht nach zwischen den Ordnungen des „alle bindenden Planes und des Niemand bindenden Marktes" befindet.[774] Wenn beide ihre Konzeption als „Planwirtschaft" bezeichnen, hat dies nichts mit einer Zentralverwaltungswirtschaft zu tun. *Wissell* betont, daß es ihnen nicht darum gehe, „den Markt auszuschalten", sondern sie ihm einen „Regler" geben wollen, „weil die Selbststeuerung zu langsam arbeitet."[775] Als „Regler" sind die Korporationen vorgesehen. Sie sollen die Wirtschaftssubjekte veranlassen, die volkswirtschaftliche Produktivitätsreserven im Sinne des Gemeinwohls auszuschöpfen. Das ist hier mit „Planwirtschaft" gemeint. *Moellendorfs* „Richtlinien" von 1919 sehen den Aufbau einerseits regionaler und andererseits fachlicher Verbände vor, welche beide im Reichswirtschaftsrat zusammengefaßt werden sollen. Grob sähe dies wie folgt aus: Die Arbeiter eines Bezirks wählen den Bezirksarbeiterrat, der wiederum Vertreter in den Bezirkswirtschaftsrat entsendet und den Reichsarbeiterrat wählt.[776] Die Unternehmer eines Bezirkes sind in einer Kammer zusammengefaßt, die den Bezirksunternehmerrat wählt. Der Bezirksunternehmerrat

---

[770] *Hornung* 1990, S. 46f.

[771] Polemisch-spöttisch setzt sich *Calwer* 1919 aus liberaler Sicht mit der *Moellendorf*-Konzeption auseinander.

[772] *Moellendorf* 1932, S. 109.

[773] *Wissell / Striemer* 1921, S. 73f. Beide schreiben auf S. 73: „Für eine solche Zwischenstufe zwischen der heutigen, lediglich von Privatinteressen dirigierten Wirtschaft und einer lediglich von den Gesamtinteressen geleiteten sozialistischen Wirtschaft ist nicht nur die wirtschaftliche, sondern auch die politische Möglichkeit gegeben."

[774] *Moellendorf* 1932, S. 169.

[775] *Wissell / Striemer* 1921, S. 47.

[776] *Moellendorf* 1932, S. 241ff.

wählt den Reichsunternehmerrat und entsendet ebenfalls Vertreter in den Bezirkswirtschaftsrat. Aufgabe dieser paritätisch zusammengesetzten Bezirkswirtschaftsräte soll es sein, die wirtschaftlichen Interessen des Bezirkes wahrzunehmen, Statistiken zu erstellen und Tarifverträge auszuhandeln.[777] Daneben fallen ihnen noch öffentlich-rechtliche Aufgaben, wie Gesetzesentwürfe für ihren Bezirk, zu. Wichtiger sind aber die fachlich gegliederten Verbände. Alle Unternehmen einer Wirtschaftsgruppe, z. B. der chemischen Industrie, werden nach seinem Plan zu Wirtschaftsfachverbänden zusammengefaßt.[778] Es ist beabsichtigt, in den fachlich gegliederten Verbänden, den Grundsatz ‚eine Stimme pro Arbeiter bzw. Unternehmer' aufzugeben. Basis der Fachverbände wären die Einzelunternehmen. Sie erhielten entsprechend der Anzahl der Arbeitskräfte, die sie beschäftigen, einen Stimmrechtsanteil an den Verbänden.[779] Nach Auffassung *Moellendorfs* bildet sich jeweils aus den Fachverbänden gleicher Wirtschaftszweige paritätisch ein Wirtschaftsbund, z. B. der der Industrie.[780] Den gesamten Aufbau der Gemeinwirtschaft krönt der Reichswirtschaftsrat. Die Regierung, der Reichsarbeiterrat, der Reichsunternehmerrat und die Wirtschaftsbünde entsenden jeweils Vertreter in diesen, um über wirtschafts- und sozialpolitische Gesetze sowie Maßnahmen zur Sicherung des sozialen Friedens und zur Steigerung der Produktion zu beschließen.[781]

Wissell weist den Fachverbänden die Aufgabe zu,[782]

- Statistiken über die Produktions- und Absatzdaten zu erstellen,
- die Produktionsfaktoren zu beschaffen,
- für jeden Verband eine zentrale Fertigungsstelle für die Produktion und Kalkulation zu bilden,
- den Absatz zu zentralisieren und
- Bilanzierungsrichtlinien festzulegen.

Die Organisationsform geht über das einfache Kartell hinaus. *Wissell* sieht vor, daß die Fertigungsstelle die Produktionsmenge auf die Betriebe entsprechend den Kosten zu verteilen hat. Umso günstiger die Betriebe arbeiten, desto mehr dürfen sie produzieren. Er glaubt dadurch, einen Anreiz zum Wettbewerb zu geben.[783] Denn jedes Unternehmen werde gezwungen sein, die Kosten zu senken, um möglichst mit großen Aufträgen berücksichtigt zu werden. Wichtig sei, daß in der Gemeinwirtschaft nicht mehr die Unternehmer entscheiden, wieviel und wo produziert wird, sondern daß diese Aufgabe nun in die Kompetenz der über den Unternehmen und Betrieben stehenden Fertigungsstelle fällt. *Wissell* frohlockt: „Es erfolgt also auf diesem Wege einer planmäßigen Zusammen-

[777] Ebd., S. 242.
[778] Ebd., S. 243.
[779] *Wissell / Striemer* 1921, S. 36.
[780] *Moellendorf* 1932, S. 243ff.
[781] Ebd., S. 244f.
[782] *Wissell / Striemer* 1921, S. 37.
[783] Ebd., S. 40f.

fassung der Wirtschaftsbetriebe eine ‚Sozialisierung' der Unternehmer in der Weise, daß sie die Bestimmung über das, was produziert werden soll, nicht mehr besitzen."[784] *Moellendorf* und *Wissell* erhoffen sich als Folge der Zusammenfassung der Einzelunternehmen zu Fachverbänden Synergieeffekte und Rationalisierungen. Die dadurch freigesetzten Arbeiter könnten aufgrund der ebenfalls gesunkenen Preise wieder eingestellt werden, da diese zu einer erhöhten Nachfrage nach Gütern und damit auch nach Arbeitern führen.[785]

Sowohl im Vorstand als auch im Aufsichtsrat der Verbände sollen Unternehmer, Arbeiter, Kunden und Vertreter des Staates vertreten sein. *Moellendorf* und *Wissell* erhoffen sich dadurch, egoistische Antriebe der einzelnen Verbände zu verhindern.[786] Auf diese Art und Weise könnten die einzelnen Verbände miteinander vertikal verschachtelt werden. Es könne die monopolistische Preistreiberei schon im Ansatz durch Verhandlungen der jeweiligen Nachfrager und Anbieter in den einzelnen Vorständen der Verbände verhindert werden. Der Marktverkehr, so *Wissell*, werde dann durch eine „Vertragswirtschaft" ersetzt.[787] Ebenso könne der Staat seine Oberaufsicht über das Geschäftsgebaren der einzelnen Verbände und der gesamten Wirtschaft effektiv wahrnehmen.

Moellendorf und *Wissell* beschäftigten sich zwar intensiver mit der Organisation der intra-korporativen Koordination, als es *Rathenau* tat, wirklich konkret wurden sie, was die Abläufe betrifft, aber eben so wenig wie bei der interkorporativen Koordination. Auffallend ist, daß sie sich in ihrem Glauben an die Organisierbarkeit des Wirtschaftsprozesses wie *Rathenau* einer grundlegenden Analyse der funktionellen Zusammenhänge (Angebot, Nachfrage) des Wirtschaftslebens enthielten. *Novy* weist zurecht daraufhin, daß sie in ihrer ordnungspolitischen Konzeption die Marktkräfte weitgehend vernachlässigten, obwohl sie diese gar nicht vollkommen ausschalten wollten.[788] Dies gilt besonders für die Nachfrage. Eine Preistheorie fehlt: Die Bildung der Preise unter den Bedingungen des „Pankartellismus" (*Heimann*) wird nicht untersucht. Man machte sich in diesem Zusammenhang auch keine größeren Gedanken über die schwierige Aufgabe, die unterschiedlichen Abnehmerkreise so zu organisieren, daß die Nachfrageseite in dem jeweiligen Verband ein gleichberechtigter Verhandlungspartner ist.[789] *Novy* sieht daher die Gefahr, daß die Konsumenteninteressen durch die besser organisierbaren Arbeiter- und Unternehmerinteressen majorisiert werden, da beide Gruppen ein Interesse an hohen Preisen hätten. Monopolpreise könnten das Resultat sein. Inwieweit der Staat in der Lage ist, die jeweili-

---

[784] Ebd., S. 41.

[785] Ebd., S. 48ff.

[786] Ebd., S. 50ff. und S. 52ff. *Moellendorf* 1932, S. 244. Im Gegensatz zu *Wissell* schwankt *Moellendorf* in seinen Ausführungen zu der Frage, ob bereits den Verbänden oder erst dem Reichswirtschaftsrat Staatsvertreter angehören sollen.

[787] *Wissell / Striemer* 1921, S. 42.

[788] *Novy* 1978, S. 167f.

[789] Ebd., S. 163f.

gen vom Anbieter vorgelegten Kalkulationen nachzuprüfen und ihnen eine eigene gegenüberzustellen, ist im voraus nur schwer bestimmbar.

(3) Die Industriegemeinschaften

Rathenaus Einfluß reichte bis in die Zeit der Weltwirtschaftskrise. Konkretisiert und modernisiert wurde damals seine ordnungspolitische Konzeption durch den Soziologen *Roderich von Ungern-Sternberg.* Er faßt wie *Wissell* und *Moellendorf* seinen Entwurf unter den Begriff „Planwirtschaft". Für ihn geht die Weltwirtschaftskrise auf das „freie" Marktverfahren und dessen, wie er meint, zwangsläufige Folgen, die Disproportionalitäten zwischen den einzelnen Wirtschaftszweigen, zurück.[790] Weder Lohnsenkungen noch produktive Kreditschöpfung konnten seiner Ansicht nach bei diesem Problem helfen, sondern nur eine „einheitliche Willensbildung" und „rationale Koordination und Kooperation der verschiedenen Bestandteile der Wirtschaft". Erfolgen sollte dies ebenfalls derart, daß sämtliche Unternehmen eines Wirtschaftszweiges zu „Zwangsgemeinschaften" zusammengefaßt werden.[791] Er stellt sich „Großgemeinschaften" des Kapitals und Kredites, der Industrie, der Landwirtschaft und des „inländischen Warenvertriebs" vor.[792] *Ungern-Sternbergs* erhofft sich wahre Wunderdinge von einer solchen Wirtschaftsordnung:

„1. Als Ergebnis der Zusammenfassung aller belangreichen wirtschaftlichen Tatsachen und Vorgänge bei der Zentraldirektion der einzelnen Industriezweige, also einer Inventuraufnahme größten Stils, wird sich der technische und betriebswirtschaftliche Zustand des gesamten Industriezweiges mit voller Klarheit und Übersichtlichkeit in bezug auf Produktionskapazität, Produktionskosten usw. überblicken lassen, - ein Ergebnis, das im Rahmen der freien Konkurrenzwirtschaft und im Zustand des Privatmonopolismus niemals, trotz aller Anläufe, erreicht werden konnte.
2. Als Folge der Spezialisierung und Rationalisierung wird eine außerordentlich große Steigerung der industriellen Produktivität und eine bedeutende Senkung der Produktionskosten zu erzielen sein. Der Arbeitsaufwand pro Wareneinheit wird um vieles geringer werden.
3. Kann eine Steigerung der wirtschaftlichen Wohlfahrt und der Lebenshaltung breiter Bevölkerungsschichten bewirkt werden, weil die Erzeugung von Gegenständen des täglichen Gebrauchs ausgerichtet wird auf die möglichst ausgiebige Befriedigung des Massenkonsums. Es bedarf wohl keines weiteren Nachweises, daß hiermit ein großer Fortschritt erzielt werden würde und außerdem der Weg zu einem weiteren Ausbau der Industriewirtschaft, zu einer Weiterentwicklung der Produktivkräfte und zu immer größerer Krisenfestigkeit angebahnt sein würde.
4. Eine sehr viel größere Krisenfestigkeit der Industriewirtschaft wird erzielt werden können, weil die Kapitalinvestitionen und die jeweilige Größe der Produktion auf Grund von zuverlässigen Anhaltspunkten erfolgen werden, von Unterlagen, die eine bessere Beurteilung der

---

[790] *Ungern-Sternberg* 1932, S. 47.
[791] Ebd., S. 48
[792] Ebd., S. 49f.

wirtschaftlichen Angemessenheit und Zweckmäßigkeit von Neuinvestierungen und Betriebserweiterungen gewährleisten, als das im Zustand der Atomisierung des einzelnen Wirtschaftssubjektes möglich ist."[793]

Speziell der „Industriewirtschaft" gilt sein Interesse: „Die Reichsregierung wäre auf Grund eines entsprechenden Reichsgesetzes zu ermächtigen, die Firmen eines Industriezweiges zu einer Produktions- und Absatzgemeinschaft zu vereinigen und sie der Oberleitung einer Zentraldirektion zu unterstellen."[794] Er beläßt es nicht bei einer Forderung, sondern liefert auch gleich den entsprechenden Gesetzesentwurf mit. Die Gemeinschaften sollen die Form einer Aktiengesellschaft oder GmbH erhalten,[795] deren Teilhaber die Unternehmen des Zweiges und der Staat werden. *Ungern-Sternberg* intendiert, ökonomisches Denken und Gemeinwohlorientierung durch die Anteilmehrheit des Staates (vorgesehen sind 55%) im jeweiligen Aufsichtsrat zu verbinden.[796] Mögliche Konflikte zwischen Vertretern der Unternehmer und des Staates und deren Folgen thematisiert er nicht.

Seine Konzeption sieht folgendes vor: Privateigentum wird beibehalten. Die Produktionsleitung geht prinzipiell auf die Zentrale der einzelnen Industriegemeinschaften über. Die Zentrale hat Sorge dafür zu tragen, daß

- ein Produktionsplan aufgestellt wird,[797]
- die Aufbau- und Ablauforganisation der gesamten Gemeinschaft rationalen Kriterien entspricht,[798]
- die verwendete Technik dem neuesten Stand entspricht,[799]
- Rohstoffe und Vorprodukte zur Produktion zentral beschafft werden,[800]
- die Produktionsquoten an die einzelnen Unternehmen entsprechend der Leistungsfähigkeit vergeben werden,[801]
- ein Konto für jedes Werk eingerichtet wird, auf welchem Kosten und Erlöse gegenübergestellt werden,[802] und

---

[793] *Ungern-Sternberg* 1932, S. 103.
[794] Ebd., S. 65.
[795] Für folgende Industriezweige sah *Ungern-Sternberg* Zentralstellen vor: Bergbau, Industrie der Steine und Erden, Eisen und Metallgewinnung, Herstellung von Eisen-, Stahl- und Metallwaren, Maschinen-, Apparate- und Fahrzeugbau, Elektrotechnische Industrie, Feinmechanik, Optik, Chemische Industrie, Textilindustrie, Papierindustrie, Vervielfältigungsgewerbe, Lederindustrie, Kautschukindustrie, Musikindustrie, Spielwarenindustrie, Nahrungsmittelindustrie, Bekleidungsgewerbe, Baugewerbe, Wasser, Gas- und Elektrizitätsgewinnung. Ebd., S. 74.
[796] Ebd., S. 65ff.
[797] Ebd., S. 64
[798] Ebd., S. 75ff.
[799] Ebd.
[800] Ebd., S. 71.
[801] Ebd., S .74f.
[802] Ebd., S. 79.

- die notwendigen Außenhandelsgeschäfte über die gemeinschaftseigene Außenhandelszentrale ablaufen.[803]

Die betriebswirtschaftliche Rationalität, auf die *Ungern-Sternberg* großen Wert legt, werde mittels einer einheitlichen Kalkulationsgrundlage aller zur gleichen Zentrale gehörenden Unternehmen und dem Recht der Zentrale, die Buchhaltung der einzelnen Unternehmen kontrollieren zu dürfen, gefördert.[804] Die Werke seien auf die Produktion nur eines Gutes zu spezialisieren, um eine genauere Kalkulation (Wegfall der ungenauen Umrechnung der Gemeinkosten) und eine höhere Leistungsfähigkeit (Massenproduktion) erreichen zu können.[805]

Ungern-Sternberg möchte trotz der Organisation des Wirtschaftslebens nicht auf den ökonomischen Egoismus verzichten. Für ihn ist das Gewinnmotiv besonders als Anreiz zur „statisch" wie „dynamisch effizienten Produktion" notwendig. Indem die Zentrale den Preis an den Vollkosten (plus Gewinnmarge) des noch zur Nachfragedeckung notwendigen Werkes orientiert, welches das entsprechende Gut zu den jeweils höchsten Kosten erzeugt, entsteht für diejenigen Werke, die zu niedrigeren Kosten produzieren, eine „Differentialrente".[806] Um höhere Gewinne zu erwirtschaften, müßten die Kosten gesenkt werden (unter der Annahme, daß der Angebotspreis des Grenzbetriebes unverändert bleibt). *Ungern-Sternberg* glaubt, damit einen Anreiz zur Ausnutzung optimaler technischer Möglichkeiten gegeben zu haben. Allerdings besagen gesunkene Kosten in solch einer Gemeinschaft noch nichts über tatsächliche Preissenkungen, um damit die Vorteile der Kostenersparnis an die Konsumenten weiterzugeben, was für ihn der eigentliche Grund seiner Konzeption ist. Denn solange sich der Preis an den Herstellungskosten des Grenzbetriebs orientiert und dieser keine Rationalisierungen vornimmt, da er die mit dem Preis gesicherte Gewinnmarge als ausreichend empfindet, kann die Zentrale die Preise nicht senken, auch wenn die anderen Betriebe immer günstiger produzieren. Es müßte also ein Druck auf den Grenzbetrieb ausgeübt werden, ihn zu mehr Leistung anzureizen.

In diesem Zusammenhang stellt *Ungern-Sternberg* fest: „Ein kaufmännischer Wettbewerb [im Sinne von Marktverdrängung, d. V.] zwischen den einer Zentrale unterstellten Firmen darf weder auf den inländischen noch auf den ausländischen Märkten stattfinden."[807] Ein Wettbewerb zwischen am Markt etablierten Unternehmen um die Nachfrage sei zu verbieten. Damit läßt er nur noch Wettbewerb durch neu in den Markt eintretende Unternehmen zu. Doch auch hier plant *Ungern-Sternberg* scharfe Restriktionen, auch wenn er mit den folgenden Grundsätzen eine andere Intention (Förderung der Konkurrenz) verfolgt. Neugründungen von Werken dürfe dann *nicht* zugestimmt werden, wenn „1. Der

[803] Ebd., S.90f.
[804] Ebd., S. 73f., S. 80f.
[805] Ebd., S. 81.
[806] Ebd., S. 77f.
[807] Ebd., § 5 Abs. 8 des Gesetzentwurfs.

Bedarf an den betreffenden Erzeugnissen vollauf gedeckt ist, (...) 2. die Produktionskosten des neuen Werkes für die herzustellende Erzeugnisse die durchschnittliche Höhe der Produktionskosten der anderen Werke übersteigt oder 3. sonstige volkswirtschaftlich bedeutsame Bedenken gegen Neugründungen im betreffenden Industriezweig vorliegen."[808]

Mit diesen Vorschriften werden aber unüberwindbare Markteintrittsbarrieren errichtet. Bei elastischer Nachfrage ist der Bedarf gerade vom Marktpreis abhängig. Der Bedarf ist in diesem Fall immer „vollauf gedeckt". „Sonstige volkswirtschaftliche Bedenken" stellen einen „Gummiparagraphen" dar, der stets gegenüber potentiell Eintretenden negativ verwendet werden kann. Wettbewerbsdruck sowohl zwischen etablierten Unternehmen als auch zwischen diesen und Newcomern ist also nicht zwangsläufig gegeben. So bleibt nur ein künstlicher, innergemeinschaftlicher Druck. Da zumindest im Ernstfall davon ausgegangen werden kann, daß die Unternehmer sich dem potentiellen Wettbewerbsdruck zu entziehen versuchen, müßten die sich mehrheitlich in der Zentrale befindenden Staatsvertreter Sorge dafür tragen.

Ungern-Sternberg schwebt tatsächlich etwas entsprechendes vor, wenn man sich einem anderen von ihm angedachtes Anreizverfahren zuwendet. Damit die technischen Neuerungen nicht nur zur Gewinnerhöhung, sondern auch zur Preissenkung genutzt werden, schlägt er vor, Ausschüsse seitens der Zentrale zu gründen, die sich mit Forschung und Entwicklung neuer technischer Verfahren, aber auch mit betriebswirtschaftlichen Fragen beschäftigen sollen.[809] Indem sich diese Ausschüsse im Auftrag der Zentrale dem „schlechtesten Werk" zuwenden und dieses unter Strafandrohung zur Kostenersparnis anhalten oder gar stillegen dürfen,[810] werde ein ständiger Druck auf die anderen Werke ausgeübt, der mit der Gefahr verbunden ist, das teuerste Werk zu werden. Die eigene Initiative könne dem zuvorkommen. Aber dieser künstliche Wettbewerbsdruck basiert in erster Linie auf der Mehrheit der Staatsvertreter in den Gremien der Industriegemeinschaften. „Diese unmittelbare Beteiligung des Staates an einzelwirtschaftlichen Entscheidungen", stellt *Blaich* zu Recht fest, „bedeutet jedoch den ersten Schritt auf dem Wege der Umwandlung der Wirtschaftsordnung von einer marktwirtschaftlichen Form in ein System staatlicher Planung und Lenkung des Wirtschaftsprozesses."[811]

Ungern-Sternbergs Konzeption liefert ein noch genaueres Bild einer intrakorporativen Koordination, als das von *Moellendorf* und *Wissell*. Die Frage, wie aber die inter-korporative Koordination ablaufen soll, wie die einzelnen Gemeinschaften miteinander ihre Transaktionen abwickeln, erörtert er nur unzureichend. Obwohl er die Bedeutung der Preisfunktion ausdrücklich für seine in-

[808] Ebd., S. 71f.
[809] Ebd., S. 75ff.
[810] Ebd., S. 76.
[811] *Blaich* 1970, S. 63.

dustriegemeinschaftliche Ordnung hervorhebt, deutet er nur an, daß die Produktionsgemeinschaften, die auch Absatzgemeinschaften sind, möglichst in direktem Kontakt zu Konsumgenossenschaften der verschiedensten Art treten sollen.[812] Er beabsichtigt damit, Informations- und Machtasymmetrien zum Nachteil der Verbraucher zu verhindern, da sich nun zwei Organisationen mit Monopolcharakter gegenüberstehen, die aufgrund der mit der Zusammenfassung einhergehenden Transparenz einen guten Überblick über die Produkte hätten.[813] Mögliche Probleme, die eine solche Preisbildung mit sich bringtt (einschließlich der Probleme, die bei der Organisation der Nachfragseite bestehen), tauchen bei *Ungern-Sternberg* nur am Rande auf. Die Frage nach der Organisierbarkeit der Nachfrageseite in einer dynamischen Umwelt (starre Organisation versus neu geschaffene Faktorkombinationen) stellt sich ihm gar nicht.

(4) Fazit

Die in diesem Abschnitt abgehandelten konzeptionellen Ordnungen lassen sich wie folgt kurz zusammenfassen:

- Das Privateigentum bleibt (formal) bestehen; die einzelnen Unternehmen eines Wirtschaftszweiges werden zu „Berufsverbänden, „Fachverbänden" oder „Industriegemeinschaften" zusammengeschlossen. Diese Korporationen erhalten den Charakter von Zwangssyndikaten, d.h. in ihre Kompetenz fällt die Aufgabe der Produktionsentscheidung.
- Die anbietenden Verbände verhandeln direkt mit den nachfragenden Verbänden über Preis und Menge des entsprechenden Gutes.
- Der Staat entsendet Vertreter in die Entscheidungsgremien der Zwangskorporationen, um so die wirtschaftlichen Vorteile, die man mit einer solchen Ordnung zu erzielen glaubt, auf das Gemeinwohl ausrichten zu können.

Walter Rathenau hat die äußere Form dieser verschiedenen Ordnungen vorgegeben. Die Probleme, die schon mit seiner „Neuen Wirtschaft" verbunden waren, konnten seine „Nachfolger" auch mit ihren Konzeptionen nicht lösen. Als Fazit läßt sich festhalten, daß die intra-korporative Koordination, von *Rathenau* bis *Ungern-Sternberg* immer ausgeklügeltere Züge annahm, daß aber alle Vertreter, von denen in diesem Abschnitt die Rede war, die inter-korporative Koordination des Wirtschaftsprozesses vernachlässigten. Dieses Problem war es auch, auf das *Eduard Heimann* bereits frühzeitig, zu Zeiten der Sozialisierungsdebatte bald nach dem Ersten Weltkrieg, kritisch hinwies. Die damals populären Sozialisierungskonzeptionen im allgemeinen und die Selbstverwaltungsideen im speziellen hätten zu der entscheidenden Frage der Wirt-

---

[812] *Ungern-Sternberg* 1932, S. 89f.
[813] Ebd.

schaftsordnung, der Frage nach ihren Abläufen und Funktionsverfahren, nichts beisteuern können: Die Selbstverwaltungstheoretiker sähen die Wirtschaft lediglich als ein „Problem mechanischer Organisation“ und die „Preisbildung in laienhafter Weise als einen bloßen Verteilungsvorgang; (...) nirgends wird sie [die Wirtschaft, d. V.] (...) in Bewegung gedacht; nirgends wird das Problem ihrer Einfügung in den von der kaufkräftigen Nachfrage jeweils gewünschten Wirtschaftsplan gestellt.“[814]

b) Wirtschaftsdemokratie

Nach den Mißerfolgen der Sozialisierungsbestrebungen zu Beginn der Weimarer Republik verloren die freien Gewerkschaften bis 1924/25 ca. zwei Millionen Mitgliedern. Um dem weiteren Exodus zu begegnen und die Attraktivität der Gewerkschaften zu steigern, wurde auf Vorschlag des damaligen Vorsitzenden *Theodor Leipart* das Konzept „Wirtschaftsdemokratie“ entworfen.[815] Im Gegen-

---

[814] *Heimann* 1922, S. 178. *Heimann*, der am Anfang der Weimarer Republik unter dem Einfluß *Rathenaus*, den er in der Sozialisierungskommission kennen- und schätzengelernt hatte, stand, wollte diese Lücke schließen. Er kombiniert daraufhin *Rathenaus* Ideen mit der Kritik von *Mises* und *Max Weber* an den Sozialisierungskonzeptionen zu einer eigenen ordnungspolitischen Vorstellung. Seine Grundidee besteht darin, daß der Wettbewerb und die freie Preisbildung sowohl für den Konsumgüter- als auch für den Produktionsmittelmarkt erhalten bleiben soll. Dieser Wettbewerb, so *Heimann*, sei aus rational-ökonomischer Sicht notwendig und aus gemeinschaftsbildender Sicht „harmlos”. Der „gemeinschaftssprengende Wettkampf der privaten Erzeuger” untereinander sollte aber „durch Zusammenfassung nach festen Regeln geschlichtet werden”. Er hält damit grundsätzlich an den gemeinwirtschaftlichen Monopolen fest, möchte jedoch gleichzeitig deren Ermessensspielraum bei der Preisbildung durch politische Maximen beschränken. (Ebd., S. 184) Weder dürften die Monopole ihre Macht ausnutzen, um Monopolrenten zu erzielen, noch darf die Preispolitik der zusammengefaßten Wirtschaftszweige bei Wegfall des Gewinnmaximierungsprinzip im Intervall zwischen Monopolpreis und Konkurrenzpreis „indeterminiert” sein. Denn damit fehle der „gemeinnützigen Verbandswirtschaft” ein Signal, das über die Richtung und Dringlichkeit der Nachfrage informiere. Rationales Wirtschaften sei dann nicht möglich. *Heimann* versucht, diese Problematik zu umgehen, indem er gesetzlich für alle Korporationen den Konkurrenzpreis vorschreiben möchte. „Was also der freie Wettbewerb selbsttätig bewirkt, das führt der gemeinschaftliche Monopolist bewußt herbei; die Regel seines Verhaltens läßt sich dahin zusammenfassen, daß er der Nachfrage gleichsam versuchsweise und als Grundlage für weitere Vorgänge denjenigen Preis vorschlägt, der seine Kosten deckt, sich aber im übrigen völliger Zurückhaltung befleißigt und den Preisgeboten der Nachfrage einfach folgt, statt seinerseits Preisforderungen zu stellen.” (Ebd., S. 186) Preisveränderungen auf dem Konsumgütermarkt, so *Heimann*, pflanzen sich in den „Beschaffungsmarkt”, auf dem die Nachfrager wieder konkurrieren, weiter, so daß auch auf ihm der „Spielraum für die Preisvereinbarung” eingeengt ist. (Ebd., S. 188f.) Dieser Konzeption, die *Löwe* als erstes Modell einer sozialistischen Marktwirtschaft bezeichnete, bleibt *Heimann* aber nicht lange treu. *Löwe* 1968, S. 209.

[815] *Weinzen* 1982, S. 28.

satz zu den liberalen Nationalökonomen interpretierten die Gewerkschaftler Wirtschaftsdemokratie nicht von der Nachfrageseite her als Konsumentensouveränität, sondern Wirtschaftsdemokratie konnte ihrer Meinung nach nur bedeuten, daß die Gesamtheit der am Wirtschaftsprozeß Mitarbeitenden an der Produktionsdisposition beteiligt ist.[816] *Johannes Herzig*, ein Schüler von *Gerhard Albrecht*, erkannte in seiner, der Wirtschaftsdemokratie gewidmeten Dissertation zwei Richtungen, wie „Wirtschaftsdemokratie" innerhalb der Gewerkschaften interpretiert wurde: Die erste vertrat *Paul Hermberg*. Er war der Ansicht, daß Wirtschaftsdemokratie eine Zukunftsforderung ist, die erst verwirklicht werden könne, wenn eine „gesamtgesellschaftliche Wirtschaftsführung" geschaffen worden ist.[817] Die zweite Richtung, der u.a. auch *Leipart* anhing, empfand die Wirtschaftsdemokratie als Gegenwartsforderung, als aktuelle Forderung nach gleichberechtigter Teilnahme der Arbeiter an der kapitalistischen Wirtschaftsführung.[818] Zwischen den Vertretern beider Vorstellungen gab es eine breite Diskussion. Nach einer dreimonatigen Debatte einigten sich die Gewerkschaftler darauf, daß „Demokratisierung der Wirtschaft" der Weg zum Ziel „Wirtschaftsdemokratie" sein soll.[819] Mit der „Demokratisierung der Wirtschaft" sollten „die in der Gegenwart vorhandenen Möglichkeiten, sich auf die Wirtschaft Einfluß zu verschaffen",[820] ausgenutzt und erweitert werden. Mit dem Erreichen der „Wirtschaftsdemokratie" sei der Prozeß ‚Demokratisierung' beendet. Einen recht detaillierten Entwurf arbeitete *Fritz Naphtali* aus, der damit zum herausragenden Exponenten dieses Transformationskonzeptes wurde.

Naphtali will den Umwandlungsprozeß auf bereits bestehende „Fremdkörper" innerhalb des Kapitalismus stützen. In seiner Analyse stellt er fest, daß der „organisierte Kapitalismus", der „Vormarsch der öffentlichen Wirtschaft" und die sonstige nichtkapitalistische Wirtschaft günstige Punkte seien, an denen die „Demokratisierung der Wirtschaft" anzusetzen kann.[821] Natürliche Monopole und private Betriebe, die dem notwendigen Massenkonsum dienen, sollen in zunehmendem Maße verstaatlicht,[822] „Selbsthilfebestrebungen", wie Genossenschaften und gewerkschaftliche Eigenbetriebe gestärkt werden.[823] Sein Ziel ist

---

[816] *Herzig* 1933, S. 10ff.

[817] Ebd., S. 17. Damit meinte *Hermberg* eine zentrale Planstelle. Vgl. *Hermberg* 1926.

[818] *Herzig* 1933, S. 18.

[819] Ebd., S. 19.

[820] Der Gewerkschaftler *August Ellinger*, zitiert nach: *Herzig* 1933, S. 19. Für viele Sozialisten war aber die Eigentumsform das Merkmal, das eine Wirtschaftsordnung primär prägt. Ohne Verstaatlichung des Eigentums konnten ihrer Ansicht nach keine entscheidenden Verbesserungen erzielt werden. Der Sozialist *Georg Heimer* versucht, eine Verbindung zwischen berufsständischer Ordnung, Marktsozialismus und Wirtschaftsdemokratie herzustellen. Vgl. *Heimer* 1932, S. 422ff.

[821] *Naphtali* 1928, S. 26f. Zum Verhältnis „Öffentliche Wirtschaft und kapitalistisches Wirtschaftssystem" vgl. auch *Naphtali* 1930, S. 1ff.

[822] *Naphtali* 1928, S. 71.

[823] Ebd., S. 93ff. und S. 108ff.

es, mit Hilfe von nichtkapitalistischen Elementen das Wirtschaftsleben umfassend zu regeln.

Besondere Aufmerksamkeit schenkt *Naphtali* dem Konzentrationsprozeß innerhalb der kapitalistischen Wirtschaft. Vor allem wenn durch Großbetriebe Marktmacht entstanden sei, wachse das Unternehmen aus der rein privaten Sphäre hinaus und werde zu einer Angelegenheit des Staates.[824] Organisationsformen wie Kartelle, Syndikate, Trusts und Konzerne leisteten dieser Tendenz Vorschub, einer Tendenz, die *Naphtalie* nicht rückgängig machen, sondern fördern möchte: „Die Zusammenfassung der einzelnen Industriezweige zu einheitlichen nationalen Gruppen ist zur Erhaltung und Erreichung der höchsten Intensität der Produktion zu begrüßen."[825] Großorganisationen mit Marktmacht hält er für ideale Instrumente, um den Wirtschaftsprozeß beeinflussen zu können. Der Gesamtheit, die für ihn immer gleichbedeutend mit der Arbeiterschaft ist, müsse aber ein größerer Anteil an Kontrolle und Führung der Großorganisationen zugestanden werden. Das Privateigentum stellt *Naphtali* nicht in Frage, vielmehr soll nach seiner Ansicht „nur" das private Verfügungsrecht darüber beschränkt und in den Dienst der Gemeinschaft gestellt werden:

- Es ist beabsichtigt, der Arbeitnehmerschaft ein Mitspracherecht in der Geschäftsleitung der Monopole einzuräumen, damit diese von innen beeinflußt werden können.[826]
- Die „Wirtschaftseinheiten" eines Wirtschaftszweiges werden zu Selbstverwaltungskörperschaften zusammengeschlossen, „in deren Hand die Produktionsführung für alle Dinge liegt, die über den inneren Betrieb hinaus das Gesamtgewerbe und die Gesamtwirtschaft betreffen".[827] Die Körperschaften sollen paritätisch zusammengesetzt sein.
- Es soll, damit die Gefahr des Monopolpartikularismus gebannt wird, die öffentliche Kontrolle der Monopole ausgebaut werden.[828] Auch der Beirat des Monopolamtes soll paritätisch aus Vertretern der Unternehmer und Arbeiter bestehen.

Naphtali bezieht sich bei seinen Ausführungen über die Selbstverwaltungskörperschaften auf die Erfahrungen mit den nach Art. 165 Abs. 2 der Reichsverfassung bestehenden Selbstverwaltungskörpern im Kali- und Kohlebergbau. Zwar gebe es noch eine Vielzahl an Verbesserungsmöglichkeiten – er denkt u.a. an die Leitungskompetenzen – dennoch schätzt er deren bisherige Arbeit positiv ein.[829] Er sieht in ihrer Organisation ein Paradebeispiel eines korporativen Aufbaus. Die Demokratisierung der Wirtschaft habe an diesem Versuch anzuknüpfen. Die Unternehmen eines Wirtschaftszweiges seien zu Selbstver-

---

[824] Ebd, S. 36f. und S. 45.
[825] Ders., zitiert nach *Weinzen* 1982, S. 38.
[826] Ders. 1928, S. 50.
[827] Ders., zitiert nach *Weinzen* 1982, S. 38.
[828] Ders. 1928, S. 49f.
[829] Ebd., S. 54f.

waltungskörperschaften, durchaus mit regionalen Untergliederungen, zusammenzuschließen, die in einem Reichswirtschaftsrat gipfeln.[830] Die Körperschaften setzen – so sieht er seinem Plan vor – Verkaufspreise fest und beaufsichtigen die Produktions- und Absatzpolitik der Unternehmen.[831] Und in die Organe der Korporationen entsenden die weiterhin existierenden Gewerkschaften Vertreter der Arbeiterschaft, um sich so Einfluß auf diese „überbetriebliche Wirtschaftsführung" zu sichern.[832] Der Staat erhält die Oberaufsicht über den Wirtschaftsrat.[833] Da *Naphtali* die Arbeiterschaft als Garant des Gemeinwohls ansieht, würde auf diese Weise auch die Gesamtheit Vertreter in die Korporationen entsenden.[834]

Walter Weddigen hob den konzeptionellen Unterschied der Wirtschaftsdemokratie im Vergleich zur *Spannschen* Ständeordnung hervor. Während bei *Spann* weiterhin die Unternehmer, wenn auch im Verband, den Produktionsprozeß primär planen, müßten sie sich in *Naphtalis* Plan diese Aufgabe mit der Arbeiterschaft teilen.[835] *Weddigen* zieht auch berechtigte Kritik aus diesem Unterschied: Gebe es schon bei *Spanns* Ständestaat enorme Probleme, so würden sie in der Wirtschaftsdemokratie noch eklatanter hervortreten. Da *Napthali* den Arbeitern Mitbestimmungsrechte bei den Produktionsentscheidungen zusichern möchte, werde jegliche Unternehmerinitiative erstickt. Eine Erstarrung des Wirtschaftslebens sei die Folge. Diese Kritik teilt *Weddigen* mit *Adolf Weber*, dem größten Kritiker der Wirtschaftsdemokratie. *Weber* kommt zu dem Schluß, daß sich die Arbeiter in der Wirtschaftsdemokratie ungebunden fühlen würden. Ihnen würde jede Disziplin zur harten Arbeit, dem Merkmal einer Unternehmerpersönlichkeit, abgehen.[836] Weder die unternehmerische Entschlußkraft, noch Risikofreudigkeit und Arbeitsfreude kämen zum Tragen. Chaos und wirtschaftlicher Niedergang würden daraus folgen. Auch kann sich *Weddigen* keine friedliche Einigung zwischen den beiden Gruppen vorstellen. Es sei wahrscheinlicher, daß der Staat in immer regelmäßigeren Abständen und schließlich dauernd eingreifen müsse. Für *Albrecht*, einen weiteren Kritiker dieser Konzeption, ist die Entwicklung hin zu sukzessive „mehr" Staat die logische Konsequenz, die der Forderung nach einer Wirtschaftsdemokratie inhärent sei. Konsequente Demokratisierung könne nur die Implementation einer „Gesamtwirtschaftsführung durch den die Wirtschaftsinteressen des Proletariats repräsentierenden Staat sein, dessen wesentliche Funktion (...) die Gestaltung und Führung der Wirt-

[830] Ebd., S. 55ff.
[831] Ebd. Geschwiegen wurde von der interkorporativen Kooperation.
[832] Ebd., S. 56.
[833] Ebd., S. 51f. und S. 57.
[834] Ebd., S. 67.
[835] *Weddigen* 1933a, S. 91ff. und 1934, S. 19f.
[836] *Weber* 1930, S. 79ff. *Pohle* verweist auf den Umstand, daß das Endziel der Demokratisierung der Wirtschaft, die Wirtschaftsdemokratie, gleichbedeutend mit einer sozialistischen Planwirtschaft sein soll. *Pohle* 1931, S. 295ff.

schaft ist".[837] Die Verfügungsmacht über das Eigentum würde vollständig auf den Staat übergehen.

Was den korporativen Aufbau betrifft, geht *Naphtali* nicht konkret darauf ein, in welchem Ausmaß die Wirtschaft entsprechend geordnet werden soll. Teilweise stellt es sich so dar, als ob dieses Vorhaben für die gesamte Wirtschaft, für alle Wirtschaftszweige umgesetzt werden soll; an anderer Stelle will er dies nur „auf geeigneten Gebieten" bewerkstelligen. *Weinzen* ist daher zuzustimmen, daß *Naphtali* den Aspekt der Selbstverwaltungskörper ausweichend behandelt.[838] Der Verzicht auf eine klare Stellungnahme schwächt seine Konzeption schon im Ansatz. Problematisch wurde die Strategie der Demokratisierung und das Konzept von Selbstverwaltungskörperschaften in der Weltwirtschaftskrise. In Zeiten, in denen große Arbeitslosigkeit herrscht, kommt es den Arbeitnehmern in erster Linie darauf an, ihre Arbeitsplätze zu sichern.[839] In der Krise verstummten deshalb die Stimmen, die eine Wirtschaftsdemokratie mit intermediären Körperschaften forderten. Stattdessen wurden Interventionen direkt durch den Staat gefordert. *Naphtali* paßte sich dieser Tendenz an, indem er sich 1931 mit staatlicher Kapitallenkung beschäftigte. Er gelangte damit zwangsläufig in die Nähe des neuen Gewerkschaftsplans „Umbau der Wirtschaft".[840] Spätestens mit diesem u.a. von *Walter Pahl* vorgelegten Gewerkschaftsprogramm wurde die Konzeption der Wirtschaftsdemokratie zugunsten interventionistischer Wirtschaftsordnungen auch in Arbeiterkreisen bedeutungslos.

4. Die Entwicklung nach 1933/34

Nach 1933 hatten es die Anhänger korporativistischer Konzeptionen schwer. In Zeiten, in denen eine Partei den Staat okkupiert hatte und eine totalitäre Herrschaft ausübte, die kaum Freiräume duldete, galten Konzeptionen, die eine Selbstverwaltung der Wirtschaft vorsahen als obsolete Ideen.[841] Zwar übernahm der real existierende Nationalsozialismus von der Werksgemeinschaftsbewegung das Element der Werksgemeinschaft, den staatsfreien Charakter der Stände konnte der Nationalsozialismus aber nicht dulden.[842] Zwangskartellierungen und sonstige Zusammenfassungen der Marktparteien erfolgten, um einen Transmis-

---

[837] *Albrecht* 1929b, S. 225.
[838] *Weinzen* 1982, S. 46.
[839] Ebd., S. 120.
[840] Vgl. *Naphtali* 1931, S. 472ff.
[841] Vgl. die Bewertung der „Ständeideologie der Systemzeit" durch *Beyer* 1941. Viele Beobachter erhofften sich vom Nationalsozialismus eine ständische Wirtschaft und wurden enttäuscht. Einer von ihnen, *Hans Reupke*, versuchte vor 1933, eine solche Ordnung im Programm und den Schriften des Nationalsozialismus zu erkennen. Vgl. *Reupke* 1931.
[842] *Barkai* 1998, S. 129.

sionsriemen des staatlichen Lenkungswillens zu schaffen. Das deutlichste Beispiel hierfür war die staatliche Festlegung der Löhne, die sich damit nicht, wie in allen korporativistischen Konzeptionen vorgesehen, in freier Verhandlung der Arbeitnehmer und Arbeitgeber (jeweils für ihren Wirtschaftszweig) bildeten. Viele Anhänger korporativistischer Konzeptionen hatten ursprünglich den Nationalsozialismus begrüßt, da sie sich erhofften, ihre Konzeptionen könnten nach 1933 Wirklichkeit werden. Nachdem sie feststellen konnten, daß die Nationalsozialisten andere Ziele verfolgten, versuchten sie sich in unterschiedlicher Weise auf die neue Situation einzustellen. *Albrecht* arbeitete Anfang der 40er Jahre in der „Arbeitsgemeinschaft *Erwin von Beckerath*" mit, in der sich vornehmlich liberale Vertreter und Anhänger eines gemäßigten Interventionismus trafen, um über die Wirtschaftsordnung der Nachkriegszeit zu beraten.[843] Dieser Kreis wollte vornehmlich der privaten Initiative wieder stärkeres Gewicht im Wirtschaftsleben verleihen. *Weddigen* interpretierte Anfang der 40er Jahre seine ordnungspolitische Konzeption als eine besondere, gemäßigte Form der damals viel diskutierten Wirtschaftslenkung.[844] Die Differenzen zwischen seiner Konzeption und der nationalsozialistischen Wirklichkeit waren aber unüberbrückbar. *Nell-Breuning* geriet in Konflikt mit dem Nationalsozialismus, erhielt Publikationsverbot und spielte erzwungenermaßen zwischen 1933 und 1945 keine besondere Rolle mehr in der ordnungspolitischen Diskussion.[845] *Spann*, der bis 1938 glaubte, den Nationalsozialismus beeinflussen zu können, wurde nach dem Anschluß Österreichs an das Deutsche Reich kurzzeitig inhaftiert, sein Mitstreiter *Heinrich* in ein KZ eingewiesen. Nach ihrer Freilassung wurden beide mit Lehrverbot belegt.[846]

Konzeptionen korporativistischer Ordnungen hatten 1933 – bereits vor der Machtergreifung durch die Nationalsozialisten – den Höhepunkt ihrer Popularität überschritten. Und nach 1945 lebten sie nicht wieder auf. In einigen Werken zur Sozialpolitik wurde die „Ständische Sozialordnung" zwar noch erwähnt, in der ordnungspolitischen Diskussion spielten sie aber keine Rolle mehr. Lediglich *Nell-Breuning* stritt in den 50er Jahren noch tapfer mit den Ordoliberalen um die ‚richtige' Wirtschaftsordnung.[847] Die vormals so einflußreichen Richtungen der Werksgemeinschaftsidee und des Universalismus sind kaum noch existent. In den 70er Jahren kam zwar für eine kurze Zeit noch einmal das Schlagwort von der „Wirtschaftsdemokratie" auf, die reale ordnungspolitische Entwicklung konnte es aber auch nicht nachhaltig beeinflussen.[848] Abarten korporativistischer Konzeptionen, die eher verfahrensorientiert als ordnungspolitisch ausgerichtet waren, sorgten Ende der 60er Jahre mit der „konzertierten Aktion"

---

[843] Vgl. *Blumberg-Lampe* 1986, S. 26. Und *Rieter/Schmolz* 1993, S. 96.
[844] Vgl. Abschnitt D.III.1.
[845] *Klein* 1989, S. 45. Vgl. ferner *Janssen* 2000, S. 597.
[846] *Janssen* 1998, S. 578.
[847] *Nell-Breuning* wirkte bis ins hohe Alter. Vgl. zum Kapitalismus-Problem ders. 1974.
[848] Vgl. *Heseler* 1986 und *Wagener* 1980.

und in den 80er Jahren unter dem Schlagwort des „Neokorporatismus" für kurze Zeit für eine breitere Diskussion, auch in der Wissenschaft, ohne aber wieder den Einfluß gewinnen zu können, den solche Ideen in der Weimarer Republik besaßen.[849]

Was bleibt als Fazit festzuhalten? Seit Bestehen der modernen arbeitsteiligen Wirtschaft ist keine Wirtschaftsordnung mehr korporativistisch (im hier verstandenen Sinne) organisiert gewesen. Dies liegt daran, daß eine solche Ordnung, wenn sie implementiert werden würde, zwischen zwei Polen hin und her pendelt: (1) zwischen der Gruppenanarchie auf der einen und (2) einer bestimmten Form des Interventionismus oder sogar einer Vorform der zentralen Planwirtschaft auf der anderen Seite. Über diese Gefahr ist viel geschrieben worden. Sie soll anhand von Argumenten zweier „Kronzeugen" des 'Korporativismusbooms' zur Zeit der Weimarer Republik verdeutlicht werden:

(1) *Carl Landauer* mutmaßt, daß Stände, wenn sie (im hier verstandenen Sinne) gebildet werden, nicht nur Teile des Staates, sondern ihn ganz schlucken würden. Nach *Landauers* Auffassung steckt hinter dem Streben nach einer solchen Ordnung stets der Gedanke, den Staat zugunsten der „Wirtschaftsführer" zu entmachten. Ein Staat, der über keine „wirtschaftliche Hausmacht" verfüge und dessen wirtschaftspolitische Kompetenz zu einem Großteil auf die Stände übergegangen sei, mache sich von den „Wirtschaftsführern" in höchstem Grade abhängig. Denn die Wirtschaftsführer besäßen mit ihren Korporationen direkte Macht über die wirtschaftlichen Kräfte, die für die meisten Menschen das lebensnotwendigere, unmittelbarere Gebiet darstellten. Staat wie Individuum könnten, um zu überleben, nicht auf die wirtschaftlichen Kräfte verzichten.[850] Eine direkte Durchsetzung des Staatswillens ist nach Ansicht *Landauers* dann aber nicht möglich. Um einigermaßen zum Ziel zu gelangen, müßte der Staat die Realisation seines Willens mit politischen Zugeständnissen erkaufen. Die politische Instanz, so *Landauer*, würde sich so in zunehmendem Maße der wirtschaftlichen Instanz unterordnen. Die Macht wäre vom Staat auf die Verbände übergegangen.

Eucken befürchtet, daß in Ständen organisierte Wirtschaftszweige ihre Macht zu monopolistischer Preispolitik ausnutzen werden, wenn der Staat ihnen weitgehend freien Lauf läßt.[851] Auch die Mitwirkung der Arbeiterschaft an diesen Verbänden schwäche diese Tendenz nicht ab. Im Gegenteil: Der Hoffnung auf deren branchenübergreifende Solidarität stehe die monopolistische Möglichkeit gegenüber, durch hohe Produktpreise hohe Löhne zu erhalten. Vor dem Hintergrund der historischen Erfahrungen mit ständischen Ansätzen und der theoretischen Erkenntnis, daß das Gleichgewicht bei der Marktform bilateralen Monopols unbestimmt ist, fällt sein Urteil ernüchternd aus: „Je mehr Selbstver-

---

[849] Vgl. dazu *Reutter* 1990, S. 11ff.
[850] *Landauer* 1923, S. 132ff. Vgl. auch ders. 1925, S. 153ff.
[851] *Eucken* 1952, S. 146.

waltungskörper vorhanden waren, um so leichter bildete sich aus ihrem Gegen- und Nebeneinander ein gruppen-anarchistischer Zustand."[852]

(2) Wenn der Staat den Ständen öffentlich-rechtlichen Charakter verliehen hat, bliebe als einzige Möglichkeit, um gegen gruppenegoistische, den Staat schwächende Umtriebe vorzugehen, die Korporationen in Institutionen staatlicher Lenkungsmaßnahmen umzuwandeln. Die Tatsache, daß der Nationalsozialismus keine korporativistische Wirtschaftsordnung im hier verstandenen Sinn realisierte, kann dahingehend interpretiert werden, daß er eine sich selbst verwaltende, in Ständen organisierte Wirtschaft als Gegenmacht zum zentralistischen Staat, besser: zur Staatspartei, empfunden hatte. So wurden nach 1933 „die Selbstverwaltungskörper (...) ausführende Organe zentraler Planstellen".[853]

Über die Gestalt und die Auswirkungen korporativistischer Systeme gibt es eine derartig große Anzahl an „neuerer" Literatur, daß deren kritischer Inhalt hier nur noch kurz angerissen werden soll:[854] Weder wird mit dem Korporativismus das Problem der Gemeinschaftsbildung noch das einer effizienteren Allokation und Distribution gelöst. Zwar würde bei Realisation einer dieser Konzeptionen die Homogenität innerhalb der Korporationen steigen, genau die entgegengesetzte Entwicklung würde aber zwischen den organisierten Wirtschaftszweigen eintreten. Besonders in der universalistischen Wirtschaftsordnung und den Konzeptionen, die *Rathenaus* „Neuem Staat" zum Vorbild haben, würden die Konflikte zwischen den Korporationen verschärft werden. Auch sind die allokativen Vorteile, die dem Korporativismus im Vergleich zur Wettbewerbsordnung eigen sein sollen, nicht stichhaltig. Im Gegenteil sind die Korporationen eher als „Verteilungskoalitionen" (*Olson*) zu sehen. Im Rahmen des korporativistischen Verhandlungssystems werden sich die Verbände daher in erster Line auf Fragen der Distribution konzentrieren. Die Gefahr, die dabei eklatant groß wird, ist die, daß innerhalb eines solchen Systems die Tendenz zu einem „Nullsummenspiel" sehr leicht gegeben ist, d.h. ein Spiel, in dem der eine Verhandlungspartner nur gewinnen kann, was der andere verliert.[855] Inderterminiertheit und Labilität des Allokationsergebnisses, das jederzeit wieder in Frage gestellt werden kann, sind weitere wahrscheinliche Folgen. *Streit* begründet dies wie folgt: „Was den Verhandlungsprozeß angeht, lässt er sich theoretisch in die Kategorie der kooperativen Verteilungsspiele einordnen. Solche Spiele haben unter realistischen Bedingungen keine eindeutige Lösung (Kern). Charakteristisch sind vielmehr für derartige Spiele strategisch bestimmte Verzerrungen hingegebener Informationen, Täuschungen und Drohungen, nicht technisch bedingte, sondern zum Ritual gehörende Entscheidungsverzögerungen, die notorisch aufgeblähten Stäben und Bürokratien sowie nur zu häufig Unvorhersehbarkeit beim

---

[852] Ebd.
[853] Ebd.
[854] Vgl. von vielen *Gäfgen* 1987, *Streit* 1991, S. 252 und ders. 1988.
[855] *Gäfgen* 1987, S. 10f.

Ergebnis."[856] Demnach ist es auch wahrscheinlich, daß ein solches System die Tendenz besitzt, Protektionismus und Wettbewerbsbeschränkung zu fördern, was in der Regel Produktivitätseinbußen nach sich zieht. „Was das Tauschergebnis angeht, sind (...) Sondervorteile in der einen oder anderen Form zu erwarten. (...) Ordnungspolitisch relevant ist dabei, daß ökonomische Sondervorteile nur zu häufig einen Verkrustungsprozeß des Marktsystems fördern dürften." Diese Stichworte sollen genügen, um zu mutmaßen, daß auch in Zukunft die Verwirklichung korporativistischer Ideen unwahrscheinlich ist.[857]

---

[856] *Streit* 1991, S. 253.
[857] Ebd.

III. *Dritte Wege* mit interventionistischer Ausrichtung

Sämtlichen *Dritten Wegen mit interventionistischer Ausrichtung* war der Primat der Politik gemeinsam. Den politisch bestimmten Zielen des Staates wurde grundsätzlich Priorität vor denen der privaten Wirtschaftssubjekte eingeräumt, ohne daß aber das Marktverfahren beseitigt werden sollte. Zentraler Plan wie Marktverfahren wurden zumeist als (sozialtechnologische) Instrumente behandelt,[858] die der Staat einsetzen sollte, um *seine* Ziele verwirklichen zu können.[859] In den Bereichen, wo der dezentralen Koordination ein *generelles* Versagen bezüglich. der Zielkonformität attestiert wurde,[860] sollte der Staat wirtschaftspolitisch eingreifen, um das Wirtschaftsleben zu lenken. Dabei könne er originär ökonomische wie gesellschaftspolitische Ziele verfolgen. Es genüge für diese Zwecke nicht, Wettbewerbsfreiheit oder bestimmte Marktstrukturen herzustellen. Der Staat habe vielmehr die prozessualen Voraussetzungen zu schaffen, unter denen sich die Preise frei bilden können. Die sich dezentral ergebende Allokation sollte durch bewußten Einsatz verschiedener wirtschaftspolitischer Mittel „von oben" gelenkt werden, z. B. indem der Staat Einfluß auf die Meinungsbildung der Marktakteure und die Preise nehmen sollte, sei es durch zentralisierte Informationspolitik oder durch struktur- oder konjunkturpolitisch orientierte Marktdatenmanipulationen. Markt und dezentrale Dispositionsfreiheit sollten aber innerhalb des vom Staat gesetzten Rahmens unbedingt erhalten bleiben.

Gerade in den dauerhaft vorgesehenen Lenkungsmaßnahmen des Staates stimmten die unterschiedlichen Konzeptionen der *Dritten Wege mit interventionistischer Ausrichtung* überein. Mit ihnen sollte das Flickwerk von Interventionen im gebundenen Kapitalismus zu einer „Wirtschaftspolitik aus einem Guß" verwandelt werden.

Als interventionistische Konzeptionen sind drei ordnungspolitische Entwürfe zu bezeichnen, die sich hinsichtlich Lenkungsintensität, primärer Begründung des staatlichen Eingreifens und vor allem in der Mischung der Eigentumsformen unterscheiden. Die erste Richtung wurde anschaulich als „nationaler Interventionsstaat" oder „Plankapitalismus" bezeichnet. Die Vertreter dieser Konzeption wollten Privateigentum und private Initiative grundsätzlich bestehen lassen und wiesen beiden Merkmalen sogar eine bedeutende Rolle zu. Unterschiedliche Auffassungen innerhalb dieser Konzeption bestand in der Frage nach der

[858] Die „Deutschen Sozialisten" und die Gewerkschaftler, die einen „Umbau der Wirtschaft" planten, verbanden mit der zentralen Planung auch starke weltanschauliche Hoffnungen.

[859] Die staatlichen Ziele wurden durchaus auch holistisch verstanden, d.h. Ziele, die nicht (alleine) durch das Zusammenspiel der Einzelkomponenten zu verwirklichen sind, sondern deren Realisation des Eingreifens eines die Ganzheit darstellenden Organs bedürfe. Anstelle des Staates wurde auch von Gemeinwesen oder Gesamtheit gesprochen.

[860] Generelles Versagen bezieht sich hier auf den Konzeptionscharakter der *Dritten Wege* und setzt sich damit von temporären Krisenerscheinungen und der korrigierenden Wirtschaftspolitik ab.

Dosierung der konkreten Mittel, die der Staat zur Lenkung einsetzen sollte, und, verbunden mit dieser Frage, in welcher Form die dezentrale Koordination erfolgen sollte (Abschnitt 1).

Gewisse Ähnlichkeiten mit dem „Plankapitalismus" besaß die Konzeption, die Vertreter des *Allgemeinen Deutschen Gewerkschaftsbundes* in der Weltwirtschaftskrise entwickelten. Ihr Plan „Umbau der Wirtschaft" sah vor, das allokative und distributive Ergebnis der kapitalistischen Wirtschaft durch staatliche Maßnahmen zu beeinflussen. Das eigentliche ordnungspolitische Ziel war nicht die Synthese aus Kapitalismus und Sozialismus. Für sie stellte ein *Dritter Weg* nur einen Zwischenschritt in Richtung af den „reinen" Sozialismus hin dar. Dies ist auch der Grund dafür, warum sie in der Mittelwahl über die des reinen Plankapitalismus hinausgingen. Hinsichtlich der quantitativen Ausdehnung der Staatswirtschaft stellten sie Ansprüche; Ansprüche, die sie wiederum ordnungspolitisch in die Nähe zum „Deutschen Sozialismus" brachten (Abschnitt 2).

Der dritte Ansatz ist der des „staatlich gelenkten Marktsozialismus". Für seine Verfechter konnte nur die Überführung weiter Teile der Produktionsmittel in Staatseigentum Basis lenkender Maßnahmen sein. An eine Beseitigung des Marktverfahrens als wirtschaftliche Koordinationsprinzip dachten auch die Marktsozialisten nicht (Abschnitt 3).

1. „Nationaler Interventionsstaat" und „Plankapitalismus"

Die Konzeptionen des „nationalen Interventionsstaates" und des „Plankapitalismus" tauchten zu Beginn der 30er Jahre während der Weltwirtschaftskrise auf. Sie ähnelten sich in ihrer Grundstruktur. Beide stellten eine Antwort auf die Probleme der „reinen Verkehrswirtschaft" im Zeitalter des Laissez-faire und der widersprüchlichen, „korrigierenden Wirtschaftspolitik" während des gebundenen Kapitalismus dar. Das Wirtschaftsleben sollte gemäß beiden Konzeptionen durch staatliche Maßnahmen nach einheitlichen Richtlinien gelenkt werden. Im Unterschied zur „Befehlswirtschaft" war aber vorgesehen, die kapitalistische Marktwirtschaft als Fundament bestehen zu lassen oder sogar noch zu fördern, damit sich so Volkswirtschaft wie Staat der marktlichen Dynamik zunutze machen kann.[861] Die Konzeption des „nationalen Interventionsstaates" unterschie-

[861] *Blaich*, der 1970 dem „Plankapitalismus" einen Artikel widmete, faßt unter diesem Begriff in erster Linie Konzeptionen, die ich als korporativistische Ordnungen bezeichnet habe. Er stützte sich dabei auf *Paul Schröder*, der seine Ordnungsvorstellung ebenfalls „Plankapitalismus" genannt hat. Folgerichtig sind für *Blaich* auch die ständischen Ideen der *Spann*-Schule plankapitalistische Wirtschaftsordnungen. Dagegen ließe sich nichts einwenden, wenn sämtliche Ordnungsvorstellungen, die als plankapitalistisch bezeichnet werden, den gleichen Ordnungsprinzipien folgten. In dieser Hinsicht gibt es aber in *Blaichs* Aufsatz einen Widerspruch. Denn während in den eben genannten Ordnungen vornehmlich die Stände / Korporationen Planinstanzen darstellen, soll eine solche bei der ebenfalls von *Blaich* als „Plankapitalismus"

den sich von der des „Plankapitalismus“ in der Frage nach der Dosierung der wirtschaftspolitischen Mittel, mit welchen der Staat Einfluß auf den Wirtschaftsablauf nehmen soll. Während im Entwurf des „Plankapitalismus“ vornehmlich staatliche Lenkungsmaßnahmen diskutiert wurden, stellte der „nationale Interventionsstaat“ einen Versuch dar, gleichzeitig die private Initiative *und* den Staat zu fördern. Art und Umfang der staatlichen Eingriffe gemäß der Konzeption des „nationalen Interventionsstaats“ lassen sich nach *Nell-Breuning* als „Wirtschaftssteuerung“ und im „Plankapitalismus“ als „Wirtschaftslenkung“ bezeichnen. *Neuling* unterscheidet entsprechend zwischen Lenkung mit „leichter Hand“ und Lenkung der „straffen Regelung“[862]. „Nationaler Interventionsstaat“ und „Plankapitalismus“ stellten die Wurzel zweier ordnungspolitischer Stämme dar, die beide erst nach 1933 ausreiften und ihren Höhepunkt in der akademischen Diskussion um eine „Gelenkte Volkswirtschaft“,[863] „Wirtschaftslenkung“[864] oder „planvolle Wirtschaft“[865] erreichten.

a) Der „nationale Interventionsstaat“

In seinem Vortrag vor dem Verein zur *Wahrung der gemeinsamen wirtschaftlichen Interessen in Rheinland und Westfalen* („*Langnamverein*“), dem vornehmlich Industrielle angehörten, diskutierte *Carl Schmitt* 1932 Auswege aus dem Dilemma, daß sich einerseits ein Wirtschaftsstaat herausgebildet hatte, in dem anstelle des „sich selbst regulierenden Mechanismus der freien Wirtschaft“ zu einem erheblichen Teil der Staat getreten sei, der als pluralistischer Parteienstaat andererseits nicht in der Lage sei, sich dieser verantwortungsvollen Aufgabe bewußt anzunehmen.[866] Die Lösung dieses Problems müsse dem veränderten Verhältnis zwischen Staat und Wirtschaft Rechnung tragen.[867] Eine Rückkehr zu

---

aufgeführte Ordnung *Meyer zu Schwabedissens*, der den Begriff ebenfalls verwendete, beim Staat liegen. Dort soll der Staat das Wirtschaftsleben lenken. Korporationen besitzen in dieser Konzeption keine wirtschaftspolitische Bedeutung. Bei der Darstellung des Ansatzes von *Meyer zu Schwabedissen* wechselt *Blaich* stillschweigend seine Vorgehensweise, nicht mehr nach Ordnungskriterien, sondern nach Begriffen zu kategorisieren. Das Vorgehen, jede Wirtschaftsordnung, in der Privateigentum und überindividuelle Planung besteht, unter den gleichen Begriff zu subsumieren, erscheint mir nicht sinnvoll, sondern verwirrend. Entsprechend ist auch *Blaichs* Abgrenzung gegenüber anderen Ordnungsvorstellungen nicht sehr genau. So identifiziert er *Ritschl*, „Die Tat”, *Landauer* usw. als Vertreter der Zentralverwaltungswirtschaft. Vgl. *Blaich* 1970, S. 43ff.

[862] Vgl. *Nell-Breuning* 1949, S. 292f. und *Neuling* 1943, S. 21.

[863] *Peter* 1941, S. 3.

[864] *Neuling* 1943 und *Preiser* 1941.

[865] *Jessen* 1937, S. 49.

[866] *Schmitt* 1933a, S. 361ff.

[867] Ebd., S. 111. Das neue Verhältnis zwischen Staat und Wirtschaft stellt für *Schmitt* zum einen den „theoretischen Ausgangspunkt” und zum anderen die „neue Staatsaufgabe” dar. Es

Zeiten, in denen es den totalen Staat noch nicht gab, ist seiner Ansicht nach nicht möglich. Er schlägt daher vor, den „totalen Staat“ der Weimarer Republik, der „total in einem rein quantitativen Sinne, im Sinne des bloßen Volumens“ ist, durch einen „totalen Staat“ abzulösen, der „total im Sinne der Qualität und Energie“ ist.[868] Der bestehende *schwache* „totale Staat“ soll durch einen *starken* „totalen Staat“ abgelöst werden. Nach seiner Meinung kann nur ein solcher, den neuen Verhältnissen angepaßter starker Staat zugleich seine Vorrangstellung über die Wirtschaft sichern und der Wirtschaft wieder einen staatsfreien Raum gewähren; nur ein solcher Staat, der einen eigenen Herrschaftswillen besitzt, kann die ungezügelten, unsystematischen Interventionen in einen längerfristigen Wirtschaftsplan transformieren. Sein starker „totaler Staat“ hat weder etwas mit einem traditionellen autoritären, über der Wirtschaft „schwebenden“ Staat zu tun, noch kann man ihn gleichsetzen mit dem, was allgemein unter totalitärer Herrschaft verstanden wird.[869] *Schmitt* beabsichtigt nämlich gleichzeitig, „eine Abhebung des Staates von den nichtstaatlichen Sphären“ durchzusetzen und die private Initiative auf den Staat auszurichten. Die „staatsfreien Zonen sind für ihn nicht konstituierend, denn sie stehen unter dem Vorbehalt, daß in ihnen keine ‚staatszersetzende' Aktivität entfaltet wird. Ein weiter Mantel, der letztlich alle Eingriffsmöglichkeiten des Staates deckt.“[870] In *Schmitts* Ableitung des „totalen Staates“ spielt die enge Verzahnung zwischen staatlicher und wirtschaftlicher Sphäre die entscheidende Rolle. Er geht das Problem aus staatsrechtlicher Sicht an. Es fehlt die ökonomische Seite. Diese Lücke schließt die Idee des „nationalen Interventionsstaates“.

Der Kölner Professor *Müller-Armack* verfolgt aufmerksam die damaligen politischen und wissenschaftlichen Zeitströmungen.[871] Er teilt mit *Schmitt* nicht

---

ist der Versuch, „den Wirtschaftsstaat staatstheoretisch zu fassen”. (Ebd., S. 116.) Dadurch, daß *Schmitt* den Begriff des „totalen Staates“ zum einen zur Diagnose und zum anderen zur Therapie verwendet, hat es große Verwirrung bei den Lesern und Deutern seiner Werke gegeben.

868 *Schmitt* 1933a, S. 361. Der Vortrag *Schmitts* im *Langnamverein* lautete „Gesunde Wirtschaft im starken Staat”. Leicht verändert ist er als *Schmitt* 1933a abgedruckt worden. Dazu auch *Bentin* 1972, S. 107ff. und S. 110ff. Zur „Begriffsgeschichte des „totalen Staates” vgl. ebd., S. 105ff.

869 Ebd., S. 114f.

870 Ebd. , S. 112. Auch wenn *Schmitt* einer Gesellschaftsordnung anhing, in der der privaten Initiative genügenden Raum gelassen wird, liegt bei ihm das Schwergewicht seines politischen Wollens eindeutig beim Staat. *Bentin* sieht die Konzeption des „totalen Staates” zwischen der „totalen Politisierung der Wirtschaft und Gesellschaft und einer partiellen Entpolitisierung” schwanken. Ebd., S. 161.

871 Darauf deuten die philosophischen, ökonomischen und politischen Elemente hin, die er zu den „Entwicklungsgesetzen des Kapitalismus“ zusammenfügte und die damals alle den neuesten Erkenntnisstand darstellten. Auch beschäftigte er sich schon früh mit dem „totalen Staat“ und der damals neuartigen Bewegung des Faschismus. Vgl. zu *Müller-Armacks* Verständnis des „totalen Staates” auch *Kowitz* 1998, S. 158ff.

nur dessen Diagnose über den Zustand der Weimarer Republik und dessen Ansicht über das Politische, er erkennt auch schon früh die besondere Art des *Schmittschen*, erstmals 1931 in die Diskussion eingeführten „totalen Staates". Er sieht den „nationalen Interventionsstaat", ähnlich wie *Schmitt* den starken „totalen Staat", als optimale Möglichkeit aus dem ordnungspolitischen Dilemma, das die Wandlungen der konkreten Wirtschaftsordnung verursacht hätten, herauszukommen. *Müller-Armack* geht wie *Schmitt* von der Gegebenheit des in die Wirtschaft intervenierenden Staates aus. In *Müller-Armacks* theoretischer Erklärung wird seine geistige Abhängigkeit von *Schmitt* deutlich. Das Politische und das Wirtschaftliche folgen seiner Ansicht (und der *Schmitts*) nach jeweils einer eigenen prinzipiellen Logik. Beide Sphären bestehen aber in der Wirklichkeit nicht nebeneinander, sondern sind eng miteinander verzahnt. Dabei wird laut *Müller-Armack* „die Reichweite des Wirtschaftlichen von einer politisch-wirtschaftlichen Gesamtkonstellation bestimmt".[872] In der „Gesamtkonstellation" manifestiert sich für ihn die „Funktionsteilung von Politik und Wirtschaft", die konkrete Wirtschaftsordnung.[873] Der Grund, daß die konkrete Wirtschaftsordnung in der Geschichte ständig wechselt, kann seiner Meinung nach nicht in ökonomischen Faktoren, z. B. der Marktlage gesucht werden. Vielmehr kann er den eigentlichen Bestimmungsgrund dafür nur im geschichtlich wechselnden Inhalt des Politischen erblicken. Veränderungen der „Gesamtkonstellation" gehen nach *Müller-Armack* nur auf sich spontan vollziehende Änderungen des dominierenden Inhalts des Politischen zurück.[874] Um diese Position mit einem ökonomischen Beispiel verständlicher zu machen: Während es im freien Kapitalismus weder Staat noch Marktteilnehmern in den Sinn gekommen sei, einem in wirtschaftliche Schwierigkeiten geratenen Unternehmen durch Stützungsaktionen zu helfen, sei dies im gebundenen Kapitalismus ein normales Vorgehen. Der Inhalt des Politischen wird in der Weimarer Republik nach Meinung *Müller-Armacks* durch die bedeutende Rolle bestimmt, die dem Staat und dessen Aktivitäten zugemessen werden. Eine Rückkehr zum freien Kapitalismus mit dessen striktem Gegensatz „Staat-Gesellschaft" ist für ihn zum damaligen Zeitpunkt unmöglich. Der Interventionsstaat sei der Fixpunkt, von dem jeder Reformvorschlag auszugehen habe.[875]

Andererseits glaubt *Müller-Armack* auch nicht, daß der Interventionsstaat in eine sozialistische Gesellschaftsordnung transformiert werden kann. Dazu sei weder der politische Wille vorhanden, noch sei es wahrscheinlich, daß ein Interventionsautomatismus dahin führe. Die Weltanschauung des „Sozialismus" fuße auf der sozioökonomischen Dichotomie von Arbeit und Kapital. Der Interventi-

[872] *Müller-Armack* 1932, S. 102.
[873] Ebd., S. 101f. und 107f. und 120ff.
[874] Ebd., S. 111.
[875] Ebd., S. 120ff. und S. 126.

onsstaat habe aber dieses „Spannungsmoment" zerstört.[876] Arbeiter und Unternehmen seien gleichermaßen an den Interventionen und damit dem Staat interessiert. Die „internationale Solidarität" weiche in zunehmendem Maße der „nationalen Solidarität". Als politisches Ziel habe damit der Sozialismus ausgespielt. *Müller-Armack* erteilt auch vorsichtig der Warnung vor dem unbewußten „Automatismus" eine Absage, daß bei nichtzielkonformer Reaktion der Marktakteure eine Intervention durch weitere unterstützt werden müßte, bis schließlich die privaten Wirtschaftseinheiten in ihrer Entscheidungsfreiheit so stark eingeengt seien, daß de facto Sozialismus herrsche. Gegen *Mises*, der bekanntermaßen diese These aufgestellt hat, wendet er ein, daß die bisherigen Staatstätigkeiten nur Ergänzungen der „privaten Wirtschaftsweise" sind.[877] Eine Ausdehnung der Interventionen bis zu dem Punkt, an dem der Staat den gesamten Wirtschaftsprozeß lenken müßte, sei potentiell möglich, aber keineswegs realistisch. Er hält es für viel wahrscheinlicher, daß diese Grenze, die Sozialismus bedeutet, nicht überschritten wird. Solange die Grenze eingehalten wird, seien Interventionen mit der Marktwirtschaft vereinbar, wenn es auch problematisch sei, einen entsprechenden „Gleichgewichtspunkt" zu finden.[878]

Müller-Armack sieht den damaligen Interventionsstaat vielmehr als Übergang zum „nationalen Interventionsstaat". Dafür müsse aber im Vergleich zur Weimarer Republik die Richtung der Einflußnahme umgedreht werden. Nicht mehr die Wirtschaft dürfe den Staat, sondern der Staat müsse die Wirtschaft führen. *Müller-Armack* fordert wie *Schmitt*, daß sich der Staat die Hegemonie gegenüber der Wirtschaft sichert und einen eigenen, von den wirtschaftlichen Kräften unabhängigen Staatswillen begründet, um sich von der Einflußsphäre der wirtschaftlichen Interessengruppe befreien und die Wirtschaft entpolitisieren zu können.[879] Ihm schwebt – mit einem expliziten Hinweis auf den Faschismus in Italien – vor, daß der Staat die nationale Wirtschaft „umfasst" und sie korporativ organisiert. Der Wunsch, gleichzeitig die Wirtschaft zu entpolitisieren und staatlich zu umfassen, mutet zunächst paradox an. Um dies zu verstehen, muß man sich vor Augen führen, was *Müller-Armack* unter Politik versteht. Wie bei *Carl Schmitt* hat auch für ihn die Forderung, die Wirtschaft solle entpolitisiert werden, nichts mit einem Rückzug des Staates im Sinne des liberalen Gesellschaftsmodells zu tun. „Entpolitisierung", so wie beide es meinen, bedeutet eher, daß der Staat sein Territorium und die Gesellschaft zu befrieden hat. Diese Forderung ist in erster Linie gegen den pluralistischen Parteienstaat gerichtet, in dem sämtliche menschlichen Lebensbereiche angeblich parteipolitisch dominiert werden und der zu einem erheblichen Teil für die politische wie ökonomische Krise verantwortlich gemacht wird. Innerhalb eines befriedeten Staates gibt es

---

[876] Ebd., S. 122f.
[877] Ebd., S. 124.
[878] Ebd., S. 125.
[879] Ebd., S. 126f.

gemäß dieser Ansicht keine „hohe Politik", keine Politik im Sinne der expliziten Freund-Feind-Scheidung mehr.[880] Pluralismus in diesem Sinne habe dann aufgehört zu existieren. Um dieses zu erreichen und damit die Krisen gleichsam überwinden zu können, bedarf es ihrer Meinung nach einer klaren Entscheidung über den staatspolitischen und wirtschaftspolitischen Weg, den es in Zukunft zu gehen gilt. *Schmitt* und *Müller-Armack* wollen mit der „Entpolitisierung der Wirtschaft" keine Unabhängigkeit der Wirtschaft vom Staat konstituieren. Sie soll Dienerin des Staates sein. *Müller-Armack* weist entschieden daraufhin, daß der wirtschaftlich hegemoniale Staat die Wirtschaft spezifisch beeinflussen kann und ggf. soll.[881] So soll ihm zufolge „eine Einschaltung des Staates zur Anregung, Subventionierung und wenn nötig zur selbständigen Durchführung der Produktion ins Auge gefasst" werden.[882] Auf diese Weise ist es dem Staat möglich, die Wirtschaft auf seine Ziele auszurichten und „eine bessere Ausbalancierung des gesamten Wirtschaftskörpers (...) [zur] Herstellung einer größeren konjunkturellen und sozialen Widerstandsfähigkeit" zu verwirklichen.[883]

Allerdings empfiehlt *Müller-Armack*, daß sich der Staat möglichst auf „das Gebiet der Gesetzgebung und Organisierung der Nation" beschränken soll, denn die wirtschaftliche Aktivität selbst soll Aufgabe der privaten Wirtschaftssubjekte sein.[884] Deren „Betätigungsradius" vergrößert sich laut *Müller-Armacks* sogar durch die „Umfassung" im Vergleich zum gebundenen Kapitalismus. Hierzu sei ein starker „totaler Staat" prädestiniert, da dieser, nicht an parlamentarische Kompromisse gebunden, in der Lage sei, politisch einheitliche Ziele zu setzen, um auf diese Weise den unsystematischen Interventionismus durch abgestimmte Wirtschaftspolitik aufzuheben. Die zahllosen, vom Pluralismus herrührenden staatlichen Eingriffe, die häufig gegensätzlichen Ziele folgten, könnten, so *Müller-Armack*, auf solche beschränkt werden, die der dann allgemeingültigen politischen Grundidee folgen.[885] Müßten die bestehenden Maßnahmen auch durch einige neuere Eingriffe ergänzt werden, so erhofft er sich tendenziell, dieses „Streben (...) könnte zu einem kräftigen Abbau führen", indem „Verspreizungen unter diesen Eingriffen insgesamt" vermieden werden, [886] um so der dringend notwendigen privaten Einzelinitiative wieder mehr Raum zu geben, als dies im gebundenen Kapitalismus der Fall war. Denn bei aller Betonung des Politischen kann nach seiner Ansicht das Gemeinwesen auf keinen Fall auf große Einzelpersönlichkeiten, besonders Unternehmer, verzichten. Unter ausdrücklichem Verweis auf den Faschismus wird nach *Müller-Armacks* Bekunden mit dem „nationalen Interventionsstaat" „die Sphäre [des] freien Handeln[s] auf ei-

[880] *Carl Schmitt* 1932, S. 10f.
[881] *Müller-Armack* 1932, S. 127.
[882] Ders. 1933, S. 54.
[883] Ebd., S. 57.
[884] Ders. 1932, S. 127.
[885] Als Beispiel: *Müller-Armack* 1932, S. 127, 215.
[886] *Gottl-Ottlilienfeld* 1932, S. 79f.

ner neuen Stufe der Entwicklung als Ausdrucksform eines starken staatlichen Lebens wieder zu Geltung kommen."[887]

Den Versuch *Müller-Armacks*, die Staatsinterventionen zu reduzieren, wollen *Jürgen Lange v. Kulessa* und *Andreas Renner* nicht erkennen. In ihrem aus extrem liberaler Motivation geschriebenen Artikel stellen sie fest: „In den 'Entwicklungsgesetzen' interpretiert er [*Müller-Armack*, d. V.] die Durchdringung des Wirtschaftsprozesses durch staatliche Einflußmaßnahmen als ein unabänderliches Phänomen, ohne daraus die Notwendigkeit einer Beschränkung staatlicher Interventionen abzuleiten."[888] Der letzte Teil dieser Aussage ist falsch. Sehr wohl besitzt nach *Müller-Armack* alles Handeln zumindest latent einen politischen Sinn, aber gerade daraus erhoffte er sich, nachdem sich eine politische Richtung durchgesetzt hat, ein bewußtes Setzen weniger staatlicher Ziele: „Gerade durch die Steigerung der Staatsmacht bis zu einem Punkt, an dem sie sich nicht mehr durch äußerliche Ausdehnung vor sich zu betätigen braucht, gewinnt der Staat einen neuen Abstand zum Wirtschaftlichen, der es ihm ermöglicht, die bisher so ungehemmte Tendenz zur Steigerung der Interventionen einzudämmen und auch der privaten Tätigkeit wieder ihr Recht werden zu lassen."[889] Daß staatliches Umfassen der Gesellschaft nicht tatsächlich zu mehr Entfaltungsraum für die private Initiative führen muß, sondern in das Gegenteil umschlagen kann, ist aber eine richtige Aussage.

Die Konzeption des „nationalen Interventionsstaates" kann in Stichworten kurz durch folgende Merkmale zusammengefaßt werden:

- Bildung eines eigenständigen, von der Gesellschaft unterscheidbaren Staatswillens, Stärkung des Staates und Zerstörung des politischen und lobbyistischen Pluralismus,
- staatliche Gesamtentscheidung über politische und wirtschaftliche Ordnung, Ausrichtung sämtlicher wirtschaftspolitischer Maßnahmen auf das Leitbild, Reduzierung der wirtschaftspolitischen Maßnahmen,

---

[887] *Müller-Armack* 1932, S. 127. Mit ihrer Forderung nach einem starken Unternehmertum besaßen *Müller-Armack* wie auch *Carl Schmitt* eine gewisse Nähe zum wirtschaftsliberalen Lager. Seit längerer Zeit wird *Müller-Armack* dem wirtschaftsliberalen Lagern zugeordnet. Die „liberalen Seiten" von *Carl Schmitt* wurden erst seit Ende der 80er Jahre aufgedeckt. Zu *Müller-Armack* vgl. *Blum* 1969, S. 95ff. und *Starbatty* 1994, S. 239ff. Zu *Carl Schmitt* vgl. *Haselbach* 1991, S. 41ff., *Hansen* 1988, S. 9ff und das gesamte Werk von *Cristi* 1998, das diesem Thema gewidmet ist. Beide unterscheiden sich von den Liberalen in der Frage nach der Bedeutung, die sowohl *Müller-Armack* als auch *Schmitt* dem Politischen einräumten. Das Politische stellt nach *Müller-Armack* eine Grundtatsache dar, die in der Geschichtlichkeit des Menschen begründet liegt. Die in der Offenheit der Geschichte begründete Ungewißheit, mache es unmöglich, nach rein rationalen Gesichtspunkten Entscheidungen zu treffen, da deren Wirkungen nicht vorhersehbar seien (*Müller-Armack* 1932, S. 198f.). Vgl. dazu auch *Lange v. Kulessa/Renne* /1998, S. 96ff.

[888] Dies. 1998, S. 85.

[889] *Müller-Armack* 1933, S. 48.

- Entfesselung der privaten Initiative, Stärkung der dynamischen Kraft des Unternehmers bei gleichzeitiger Eingliederung der Wirtschaft in den Staat vor allem durch „Ordnungspolitik".

b) Der Plankapitalismus

Franz Meyer zu Schwabedissen, Emil Lederer und *Robert Friedländer-Prechtl* glaubten, eine Antwort auf die Weltwirtschaftskrise zu finden, indem sie in ihren ordnungspolitischen Vorstellungen „planwirtschaftliche Elemente" mit der kapitalistischen Wirtschaftsordnung kombinierten. Was das konkret bedeutet, wird im folgenden kurz anhand der Konzeptionen der beiden erstgenannten Autoren dargestellt.

Für den Industriellen und „Reformer" *Meyer zu Schwabedissen*, der sich in der *Studiengesellschaft für Geld- und Kreditwirtschaft* engagierte,[890] ist sein „Plankapitalismus" eine logisch Folgerung aus den politischen und ökonomischen Ereignissen, die sich nach Beendigung des Ersten Weltkrieges ergeben haben. Er sieht eine neue Epoche kommen, eine Epoche, welche die des Laissez-faire ablöst. Die neue Epoche, so *Meyer* in Hinblick auf die während der Weltwirtschaftskrise einsetzende Praxis der Staaten, könne nur die „Epoche der Wirtschaftspolitik" sein. „Wirtschaftspolitik verstanden als eine auf wissenschaftlicher Grundlage ruhende planmäßige Gestaltung der Volkswirtschaft".[891] Auch Deutschland kann sich seiner Meinung nach dieser Entwicklung nicht verschließen. Er fordert eine „sozial-kapitalistische Planwirtschaft", ähnlich der Ordnung des Faschismus'. Keinesfalls möchte er eine „bürokratische Befehlswirtschaft" schaffen. Er bejaht im Gegenteil ausdrücklich das Privateigentum an Produktionsmitteln und die freie Unternehmerinitiative. Die Ordnung, die er schaffen möchte, vereine „kapitalistische Freiheit mit sozialistischer Bindung" und sei eine Synthese aus „individualistischer Privatwirtschaft und kommunistischer Planwirtschaft".[892]

Meyer zu Schwabedissen konkretisiert seine Idee, indem er darlegt, wie er sich die Implementation vorstellt: Zunächst benötigen die Träger der Wirtschaftspolitik eine Leitidee, deren Realisation sie als notwendig erachten.[893] Diese Leitidee muß laut *Meyer* eine Antwort sein auf die deutschen Außenhandels- und Kapitalverkehrsprobleme mit dem Ausland.[894] Durch „planmäßige Devisenbewirtschaftung und planmäßige Regelung von Ein- und Ausfuhr" soll „die Aktivität der Handelsbilanz ohne Arbeitslosigkeit" aufrecherhalten wer-

[890] Zum Studienkreis und den wirtschaftspolitischen „Reformern" vgl. *Janssen* 1998, S. 396ff.
[891] *Meyer zu Schwabedissen* 1931, S. 3ff.
[892] Ebd., S. 35 und S. 29.
[893] Ebd., S. 44.
[894] Ebd., S. 38.

den.[895] Als zweites gilt es, von Parteien und Verbänden unabhängige Organe der wirtschaftspolitischen Planung zu schaffen. Er möchte weniger einen autoritären Staat schaffen als vielmehr, „daß aus den besten Sachverständigen des Landes eine staatliche, überparteiliche Plankommission, ein Generalstab der Volkswirtschaft, gebildet wird, welcher den Plan aufstellt und an Hand eines solchen Planes alle Maßnahmen auf dem Gebiet der Handels-, Finanz- und Sozialpolitik kontrolliert."[896] Die von ihm auf diese Weise intendierte Ausrichtung aller wirtschaftspolitischer Maßnahmen auf die volkswirtschaftliche Leitidee macht deutlich, daß „Planwirtschaft" für ihn nichts mit einer Zentralverwaltungswirtschaft zu tun haben muß, sondern „lediglich" eine Art Rahmenplan für die öffentlichen Aktivitäten darstellt, die den privaten Sektor lenken sollen. Der Rahmenplan untergliedert sich in weitere aufeinander abgestimmte Teilpläne. Mit einem „Agrarplan" soll Deutschland in die Lage versetzt werden, landwirtschaftliche Importe zu substituieren,[897] mit einem „Industrieplan" sollen exportorientierte Industrien und Industrien, die volkswirtschaftlich notwendige Importe ersetzen, steuerlich entlastet werden,[898] mit einem „Plan für den Geldhandel" sollen Investitionen gelenkt und mit einem „Finanzierungsplan" sollen Luxusgüter steuerlich höher belastet werden. Mit dem „Plankapitalismus" sei auf diese Weise die „organische Aktivierung der Zahlungsbilanz" möglich, da somit „alle Kräfte der Volkswirtschaft auf Senkung der Einfuhr und Steigerung der Ausfuhr" konzentriert werden können.[899]

Meyer sieht vornehmlich verhaltensbeeinflussende Mittel zur Lenkung vor: Steuern, kredit- und geldpolitische Maßnahmen.[900] Er hält aber auch eine Emissions- und Investitionskontrolle für dringend notwendig.[901] Mit einer solchen beabsichtigt er, die Investitionen in bestimmte Branchen zu verringern und auf diese Weise andere mit mehr Kapital zu versorgen. *Meyer* stellt die seiner

---

895 Ders. 1933, S. 58.

896 Ders. 1931, S. 39. *Friedländer-Prechtl*, dessen populärwissenschaftliches Buch „Wirtschaftswende" angeblich *Gregor Strasser* und damit die nationalsozialistische Wirtschaftspolitik nachhaltig beeinflußt haben soll, weist dem Staat die Aufgaben des „Lenkers", „Anregers", „Zielsetzers", „Reglers" und „Helfers" zu. Der Staat soll Grenzen setzen, „innerhalb derer den freien Kräften der Allgemeinheit unter eigener Verantwortung jede Entfaltungsmöglichkeit bleibt (...)." (*Friedländer-Prechtl* 1931, S. 193.) Er legt Wert darauf, daß er der Unternehmerinitiative grundsätzlich positiv gegenübersteht. Daher beabsichtige er, keine „universelle Plan-Wirtschaft" schaffen, sondern einen „planwirtschaftlichen Sektor() zur Krisen-Hinderung" in die freie Wirtschaft einbauen zu wollen. Ders. 1933, S. 115f.

897 *Meyer zu Schwabedissen* 1931, S. 39ff.

898 Ebd., S. 43.

899 Ebd., S. 38.

900 Vgl. Ebd., S. 40ff. Er zählte dabei zu den Befürwortern einer aktiven Konjunkturpolitik. Noch stärker plädierte aber *Friedländer-Prechtl* für „volkwirtschaftliche Großarbeiten" und eine „Arbeitsarmee" in Folge kreditfinanzierter Staatsausgaben. Vgl. *Friedländer-Prechtl* 1931, S. 146ff. und 173ff.

901 *Meyer zu Schwabedissen* 1931, S. 43.

Meinung nach notwendige Richtung des Wirtschaftsprozesses dar, ohne zu analysieren, ob die von ihm vorgeschlagenen Mittel die gewollte Wirkung erreichen, ganz davon zu schweigen, welche möglichen Nebenfolgen sich durch die Maßnahmen einstellen könnten. *Erich Carell* kritisiert entsprechend zu Recht, daß es *Meyer* unterlassen habe, erst einmal zu untersuchen, wie sich in einer kapitalistischen, d.h. auf Privateigentum beruhenden Wirtschaftsordnung „das wirtschaftliche Geschehen nach einem aufgestellten Plan vollziehen soll".[902] Er zumindest hält den von *Meyer* aufgestellten Plan für nicht geeignet, die wirtschaftliche Lage Deutschlands zu verbessern. Zu hoffen, daß andere Staaten gleichzeitig auf Exporte ins Deutsche Reich verzichten und mehr Importe aus Deutschland ohne Gegenwehr aufnehmen werden, sei „nicht gut möglich". Wahrscheinlicher sei es, daß Exporte und Importe gleichermaßen sinken werden. Die „eigene wirtschaftliche Lage und die Lage der Weltwirtschaft", so *Carell* abschließend, würde sich „bedeutend" verschlechtern.

In *Emil Lederers* ordnungspolitischer Vorstellung lassen sich ähnliche Probleme finden. *Lederer* lehrte von 1920 bis 1931 zunächst als außerordentlicher Professor für Sozialpolitik und später als ordentlicher Professor für Nationalökonomie und Finanzwissenschaften in Heidelberg, ehe er dann als Nachfolger *Sombarts* an die Berliner Universität wechselte.[903] Bereits zu Zeiten der Sozialisierungsdebatte hatte *Lederer* – als Mitglied der Sozialisierungskommission – gegen die damals in sozialistischen Kreisen weit verbreitete Ansicht Stellung bezogen, der Kapitalismus sei eine marode, planlose, dem Ende entgegengehende Wirtschaftsordnung. Für ihn war der auf dem Marktverfahren beruhende Kapitalismus ein „sehr gutkonstruiertes Wirtschaftssystem."[904] Auch im Laufe der 20er Jahre befaßte er sich im Rahmen seines damaligen, prozeßorientierten Forschungsinteresses mit der Wirtschaftsordnung, speziell dem Einfluß der Monopole auf den Konjunkturverlauf. Die Weltwirtschaftskrise ließ ihn wieder verstärkt auf dem Gebiet der Wirtschaftsordnung forschen.

Der Berliner Professor entwirft eine dem „Plankapitalismus" *Meyer zu Schwabedissens* ähnliche Konzeption. Sie soll jedoch den Weg zur „vollsozialisierten Planwirtschaft" weisen. Nach *Lederer* ist als Zwischenschritt der Einbau „planwirtschaftlicher Elemente" in den Kapitalismus notwendig, da er die Möglichkeit „eines dialektischen Umschwunges", einer „punktgenauen Revolution", die total wirkt, verneint.[905] Er ist vielmehr der Ansicht, daß auf den meisten menschlichen Lebensgebieten Persistenzen herrschen, so daß sich Gesellschaftsstrukturen nur evolutorisch verändern lassen. In der Realität sind nach Meinung

[902] *Carell* 1932, S. 768.
[903] Zu *Lederer* vgl. *Hagemann* 2000, S. 26ff.
[904] *Lederer* 1920, S. 107. „Wenn einzelne Wirtschaftszweige sozialisiert werden, so handelt es sich also nicht darum, daß die ersten Stücke eines umfassenden Planes in ein Chaos hineingebaut werden, (...) sondern darum, daß ein bestehender Wirtschaftsplan ersetzt wird oder umgeformt wird zu einem anderen Wirtschaftsplan." *Lederer* 1919, S. 167.
[905] Ders. 1932a, S. 3f.

Lederers „freie Wirtschaft" und „Planwirtschaft" miteinander vereinbar.[906] Er entwickelt seine Konzeption anhand der funktionierenden „freien Wirtschaft", in der sich gleichgewichtige Märkte einstellen. Er stellt entsprechend fest, daß sich die freie Wirtschaft mittels des Marktverfahren im idealen Fall so verhält, „als ob" ein Plan dahinter stünde.[907] Effizienz und Nachfrageorientierung der Produktion werden durch diesen indirekten Plan für die gesamte Wirtschaft garantiert. Allerdings handele es sich nur um einen „Idealfall". In der tatsächlichen, gebundenen kapitalistischen Wirtschaft stünden viele Hemmungen (z. B. Monopole) diesem indirekten Plan entgegen. Die Wirtschaft entwickele sich chaotisch. Daher sei ein direkter Plan notwendig. Die Richtung, in welche der Plan das Wirtschaftsleben lenken soll, muß nach *Lederer* die gleiche Richtung sein, in die die „Verkehrswirtschaft die Wirtschaft lenken würde, wenn das Marktverfahren richtig" funktioniert. Nur so könne eine effizientere Wirtschaftsordnung erreicht werden.[908] „Man könnte sogar die Paradoxie wagen", so *Lederer*, „daß die planwirtschaftliche Herbeiführung eines Zustandes, wie ihn die freie Konkurrenz schaffen sollte, die beste Etappe zur Überleitung in die ‚gemeinwirtschaftliche Planwirtschaft' wäre."[909] Er hat damit die Richtung vorgegeben, die seine „Planwirtschaft" eingeschlagen soll.

Lederer genügt ein Sektor, um den Kapitalismus „planwirtschaftlich" zu gestalten. Das Geld- und Kreditsystem reicht in alle anderen Bereiche des Kapitalismus hinein, so daß es für ihn das ideale Instrument zur gesamtwirtschaftlichen Planung ist.[910] *Lederer* sieht in der „planwirtschaftlichen Reorganisation" dieses Sektors einen optimalen Ansatz, bereits im Kapitalismus planwirtschaftliche Elemente mit dem Ziel einzubauen, die Wirtschaftsordnung zu transformieren. Alle anderen Sektoren könnten „frei" bleiben.[911] Er stellt aber fest, daß die bisherige Geld- und Notenbankpolitik nicht mehr ausreicht, um die Geldmenge wirksam zu regulieren. Während die Notenbank den Umlauf der Noten reguliere, hätten sich in jüngster Zeit die Privatbanken durch den bargeldlosen Zahlungsverkehr ebenfalls zum Träger der Geldschöpfung entwickelt.[912] Die Weltwirtschaft zeige, daß die alte Politik des Diskont- und Mindestreservesatzes nicht mehr ausreiche, um effektive Wirtschaftspolitik zu betreiben. Er zieht daraufhin den Schluß: „Wenn die Kontrolle der Notenbank nicht mehr die Getriebe

[906] Ebd., S. 6f. und S. 9.
[907] Ebd., S. 7.
[908] „Jeder Eingriff in diesen falschen Automatismus zur Wiederherstellung des ‘richtigen' Zirkulationsprozesses wirkt also wie ein planwirtschaftlicher Eingriff eben im Sinne jenes in den Prozeß freier Konkurrenz hineingedachten Automatismus." Ders., S. 8.
[909] Ebd., S. 9
[910] Ebd., S. 16.
[911] Er stellt fest, „daß die Struktur der Planung es ermöglicht, ungebundene und gefährliche Bewegungen der privaten Aktivität Grenzen zu setzen und gleichzeitig der Wirtschaft hinreichende Freiheit für die weniger zentralen Entscheidungen zu lassen". *Lederer* 1934, S. 236.
[912] *Lederer* 1932a, S. 18.

des Kredites zu erfassen vermag, so muß dieses direkt Objekt der Wirtschaftspolitik werden."[913]

Durch eine Kontrolle der Investition als „Mittel der Bankenpolitik oder der Produktionspolitik" erhofft er sich kurzfristig die Fehlinvestitionen, die nach seiner Überzeugung wesentlich für die Weltwirtschaftskrise verantwortlich sind, korrigieren und somit die Voraussetzungen für einen erneuten Wiederaufschwung schaffen zu können. Diese „Ingangsetzung des Automatismus" soll dadurch gelingen, daß die Kredite und Investitionen in diejenigen Branchen gelenkt werden, die er als „Zugpferd" des Aufschwunges eingeschätzt. Langfristig soll die Investitionskontrolle dazu genutzt werden, den Konjunkturverlauf zu stabilisieren, Strukturwandlungen durch Neuinvestitionen zu lenken und das Wirtschaftswachstum derart zu steuern, daß Kredite ausgeschlossen werden, „deren Zweck nur die Finanzierung von Anlagen ist, nach denen in absehbarer Zeit kein wirklich kaufkräftiger Bedarf bestehen wird."[914]

Als Verfahren mißt *Lederer* zunächst der „repressiven Investitionskontrolle" eine große Bedeutung zu. Die Kontrollstelle „kann dann durch Winke an die Kreditinstitute unschwer eine Umdisponierung, vielleicht auch eine Einschränkung des Kreditvolumens herbei führen."[915] Durch solche Verbote soll die Kreditnachfrage und der durchschnittliche Kreditfuß sinken, wodurch andere Zweige besser mit Kapital versorgt werden könnten. Ob er damit jedoch schon sämtliche seiner Ziele erreichen wird, ist fraglich. Ob mit Investitionsverboten eine positive Lenkung vollzogen werden kann, hätte einer genaueren Untersuchung seitens *Lederers* bedurft. Für beide Arten der Lenkung benötigt der Staat Informationen über (1) das Volumen der Kreditgewährung an die einzelnen Wirtschaftszweige und über (2) die Höhe des substantiellen, d.h. nachfragegestützten Wachstumspotentials der einzelnen Branchen. Das weiß auch *Lederer*. Für ihn handelt es sich dabei um kein unmögliches Unterfangen. Darüber, wie er an diese Daten gelangen möchte und welche Konsequenzen er daraus zu ziehen gedenkt, gibt er keine nähere Auskunft. Einen ähnlichen Punkt kritisiert *Carell*. Er beanstandet, daß *Lederer* nicht aufdeckt, nach welchen anderen, als den „am Markt sich bildenden Rentabilitätsverhältnissen" die Lenkung in einer „preismäßig orientierten Wirtschaft" erfolgen soll. Hier bestehe eine Lücke.[916] *Lederer* bleibt somit wie *Meyer zu Schwabedissen* die Aufdeckung der Probleme, die eine solche Lenkung zumindest betreffen können, schuldig.

Die Konzeption des „Plankapitalismus" kann wie folgt zusammengefaßt werden:

1. Es wird die „freie Wirtschaft" für weite Teile der Wirtschaft bejaht, soweit diese noch vorhanden ist. Der privaten Initiative kommt aber im

[913] Ebd., S. 23.
[914] Ebd., S. 29.
[915] Ebd., S. 25.
[916] *Carell* 1933b, S. 289f.

„Plankapitalismus“ ein geringer Stellenwert zu als beim „nationalen Interventionsstaat“. Es werden keine Angaben zu einer Ordnung der „freien Wirtschaft“ gemacht.

2. Es sind verhaltensbeeinflußende Lenkungsmaßnahmen steuer- und geldpolitischer Art, verbunden mit einer (repressiven) Investitionskontrolle, vorgesehen. Diese werden konkreter dargestellt als beim „nationalen Interventionsstaat“.
3. Die Maßnahmen sollen auf einen staatlichen Plan ausgerichtet werden, der eine Antwort auf die Außenhandels- und Kapitalverkehrs- (*Meyer zu Schwabedissen*) bzw. Konjunktur- und Strukturprobleme (*Lederer*) sein soll.

Die Bilder des „nationalen Interventionsstaates“ und des „Plankapitalismus“ waren in der Weimarer Republik noch recht verschwommen. Sie sind in den Jahren 1931, 1932, also kurz vor der „Machtübernahme“ der Nationalsozialisten entwickelt worden. Beide Konzeptionen strahlten somit fast zwangsläufig noch in die Zeit des Dritten Reiches hinein. *Lederer* verließ Deutschland, *Müller-Armack* und *Meyer zu Schwabedissen* griffen noch am Anfang des Dritten Reiches in die Wirtschaftsordnungsdebatte ein, um sich dann mehr und mehr zurückzuziehen. Annähernd zur gleichen Zeit entstanden Konzeptionen (anderer Nationalökonomen), die eine dem „nationalen Interventionsstaat“ oder dem „Plankapitalismus“ vergleichbare Struktur aufweisen. Die Bilder wurden nun deutlicher gezeichnet. Während um 1933 noch die Konzeptionen in Nachfolge des „nationalen Interventionsstaats“ die Oberhand besaß, änderte sich dies, je näher der Krieg kommt, und die Mehrzahl der Vertreter begann, die Versionen, die dem „Plankapitalismus“ ähnlich sind, zu präferieren. Neben *Alfred Müller-Armack* taten sich als Exponenten solcher Konzeptionen, die eine Wirtschaftslenkung „mit leichter Hand“ beinhalten, Nationalökonomen wie *Hans Teschemacher, Erwin v. Beckerath, Heinrich v. Stackelberg, Jens Jessen, Walter Weddigen* und *Franz Böhm* hervor. *Erich Preiser*, *Hans Peter* und *Willy Neuling* hingen dagegen einer Variante an, in der die staatliche Lenkung eher in Form der „straffen Regelung“ vorgesehen war.[917]

c) Die Nachfolgekonzeptionen des „nationalen Interventionsstaates“

Den ordnungspolitischen Konzeptionen von *Müller-Armack*, *Teschemacher*, *von Beckerath*, *von Stackelberg*, *Jessen, Weddigen* und *Böhm* ist folgendes gemeinsam:

---

[917] Kurze Biographien dieser Personen finden sich im Anhang von *Janssen* 1998, S. 511ff. Zu *Stackelberg* vgl. auch *Möller* 1992, S. 1ff. Interessant ist, daß mit *Müller-Armack, Stackelberg* und *Beckerath* drei Anhänger des „nationalen Interventionsstaates“ als Studenten oder Professoren Verbindung zur Universität Köln hatten.

- Es handelt sich um einen konzeptionellen „totalen Staat“ *Schmittscher* Prägung, d.h. die obengenannten Wissenschaftler gedenken zugleich staatliche Wirtschaftsführung und privates Unternehmertum institutionell und organisatorisch zu stützen, wobei dem Staat der Vorrang gebührt.[918] Ob sie auf *Schmitt* explizit rekurrieren, ist eine andere Frage.
- Der Staat soll die Wirtschaft unterordnen und als autoritärer Träger der Wirtschaftspolitik das Wirtschaftsleben lenken „in dem Sinn, daß er einmal die private Initiative frei schalten läßt, daß andere Mal die Wirtschaft wiederum durch umfassende Aktionen planmäßig in eine bestimmte Richtung drängt.“[919]
- Der totale Staat soll „Wirtschaftsführung“, nicht aber „Wirtschaftsverwaltung“ bedeuten.[920] Es gelte unbedingt, die private Initiative, das Privateigentum und die „kapitalistische Marktwirtschaft als ein in sich selbständiges Wirtschaftssystem“ zu stärken, indem sich der Staat auf wenige (wirtschafts-)politische Ziele beschränkt.[921]
- Die „freie Initiative“ wird als ein Instrument im Interesse der Nation oder des Staates aufgefaßt. Die Nähe zum (italienischen) Faschismus ist unübersehbar, wurde dies doch ausdrücklich in der „Wirtschaftsverfassung“ des italienischen Faschismus, der *Carta del Lavoro*, betont.[922] Das reale Vorbild ihrer Konzeption finden *Müller-Armack*, sein Kölner Kollege *Beckerath* und dessen Schüler *Stackelberg* nach dem Machtwechsel tatsächlich im Faschismus, den sie sehr unternehmerfreundlich, d.h. die private Initiative fördernd, interpretieren;[923] *Jessen*, zeitweilig Professor in Kiel, ist dagegen eher germanisch-genossenschaftlich orientiert und hält den Faschismus für zu etatistisch;[924] *Böhm*, Hochschullehrer in Jena und Freiburg, und der bereits häufiger genannte *Weddigen* stoßen erst relativ spät zu diesem Kreis und äußern sich nicht zu ihren Vorbildern.

---

918 Die Werke *Müller-Armacks* und *Jens Jessens* sollen als Beleg genügen.

919 Auf diese Weise beschreibt *Dobretsberger* treffend die Vorstellungen des Plankapitalismus. *Dobretsberger* 1932b, S. 19f.

920 *Jessen* 1942, S. 12.

921 *Teschmacher* 1933, S. 43, *Müller-Armack* 1932, S. 110. *Meyer zu Schwabedissen* 1931, S. 35 und 29.

922 Art. VII der Carta del Lavoro: „Der korporative Staat hält die private Initative auf dem Gebiet der Produktion für das wirksamste und nützlichste Instrument im Interesse der Nation.” Zitiert nach *Dobretsberger* 1932b, S. 20.

923 Vgl. nur *Beckerath* 1933, S. 350ff., *Müller-Armack* 1933, dessen ganzes Werk durch diese Faszination geprägt ist, und *Stackelberg* 1934, S. 102ff.

924 Vgl *Jessens* Einschätzung des Faschismus in *Jessen* 1935, S. 186ff. Zu Leben und Werk *Jessens* vgl. *Schlüter-Ahrens* 2001, S. 21ff. *Jessen* wird auch mit dem Ordoliberalismus in Verbindung gebracht. Der Grund, warum ich ihn dieser Konzeption zuordne, ist die große Bedeutung, die *Jessen* dem Staat und dem Politischen zuweist. Zur Veränderung seines ordnungspolitischen Standpunktes vgl. *Schlüter-Ahrens* 2001, S. 159ff.

- Es ist beabsichtigt, eine ordnungspolitische Alternative zugleich zur „liberalen Wirtschaft“ und zur „Planwirtschaft“ bzw. zum „Bolschewismus“ zu schaffen. Die „liberale Wirtschaft“ sei anachronistisch wegen der technischen Entwicklung, die zu Großbetrieben führe, und zu individualistisch-egoistisch, d.h. ohne „überindividuelle Gemeinschaftsideen“. Die „Planwirtschaft“ bzw. der „Bolschewismus“ erscheint ihnen als mechanistisch-konstruktivistisch, um die Anforderungen einer dynamischen Wirtschaft erfüllen zu können.

Die einzelnen Konzeptionen können hier nicht ausführlich dargestellt werden. Lediglich zwei Punkte sollen untersucht werden. *Carl Schmitt* hat den Charakter des „Totalen“ in seiner Staatskonzeption damit erklärt, daß sich der Staat der (1) „technischen“ und (2) „ökonomischen Mittel“ bedient, um auf diese Weise seine Macht zu steigern.[925] Was das bedeutet, soll nun näher untersucht werden.

(1) Als wichtiges „technisches Mittel“ sieht *Schmitt* die „Nachrichtenübermittlung, Massenbeeinflussung, Massensuggestion und Bildung einer ‚öffentlichen', genauer: kollektiven Meinung“.[926] Vor allem das Bekenntnis, daß dem Staat auch die geistige Meinungsführerschaft obliegen wird, steckt hinter der Forderung nach einem starken „totalen Staat“. Daß die Kontrolle solcher Mittel in die Hand des Staates gehört, ist Allgemeingut der Nationalökonomen, von denen hier die Rede ist. So tritt *Müller-Armack* nach 1933 für eine Ordnung ein, in der sich „Geschichtsaktivismus“ („heroischer Realismus“) und kapitalistischer Stil hypostasieren. Immer wieder weist er auf die Haltung bzw. den Stil der neuen Epoche hin. „Der statische“ müsse „von einem dynamischen Staatsbegriff abgelöst“ werden.[927] Auch „[d]er Sinn“ der neuen Wirtschaftsaftsordnung liege „im Dynamischen.[928] Er empfiehlt daher dem Staat, das Handeln auf die nationale Idee zu stützen[929] und „über solches Handeln Grund und Legitimität (...) zu setzen“.[930] Ein solcher Mythos stabilisiere und bewege das Gemeinwesen zugleich. Die private Wirtschaft werde dadurch für die staatliche „Suggestion“ empfänglich. Er erhofft sich, daß sich so eine neue, staatstreue Haltung und Gesinnung herausbildet, um Individualismus und Pluralismus überwinden und das Lenkungspotential zentraler „Informations- und Erziehungspolitik“ erhöhen zu können, ohne die Leistungsfähigkeit des einzelnen einschränken zu müssen.[931] Auch die anderen gemäßigten „Interventionisten“ legen das Schwergewicht der wirtschaftspolitischen Maßnahmen, deren sich der Staat in erster Linie bedienen sollte, auf die sog. „führenden Mittel“ (moral suasion), um die

[925] *Schmitt* 1933a, S. 360 und 1933b, S. 367ff. und 370.
[926] *Schmitt* 1933a, S. 360.
[927] *Müller-Armack* 1933, S. 21.
[928] Ebd., S. 40.
[929] Ders. 1932, S. 121f., 125 und Ders 1933, S. 36f.
[930] *Haselbach* 1991, S. 59.
[931] Gleicher Meinung ist *Teschemacher* 1933, S. 39.

unternehmerischen Aktivitäten dem Gemeinwohl unterzuordnen und zu lenken. *Böhm* hält die „psychologische Erziehung“ des Konsumenten am erträglichsten für die Verkehrswirtschaft und den Wettbewerb.[932] Dazu gehört nach *Böhm* auch die Aufgabe, die Werbung der „Kontrolle einer politischen Instanz” zu unterstellen. Zusammenfassend werden in solchen Maßnahmen, um es modern auszudrücken, die wettbewerbskonformsten Lenkungsmittel gesehen. Die Betonung dieser Mittel deutet bereits an, welch hohe Meinung diese Ökonomen von der privaten Initiative haben. Sie soll aber in ‘geordneten Bahnen’ ablaufen.

(2) Wie bereits angedeutet, wollte *Schmitt* mit dem „Dienstbarmachen“ des „ökonomischen Mittels“ keineswegs einer Verstaatlichung das Wort reden. Das wollen auch die Nationalökonomen des „totalen Staates“ auf keinen Fall. Ihnen schwebte mit dem „Dienstbarmachen“ eher vor, die „kapitalistische Marktwirtschaft“ durch eine bewußte Einführung einer Wirtschaftsverfassung zu gestalten.[933] Sie alle wollen die institutionellen Marktbedingungen kohärent gestalten, um auf diese Weise das Wirtschaftsleben zu ordnen. Auch wenn der Staat nicht selbst produziere, sondern „haushalte“, werde dadurch das gesamte Wirtschaftsleben politisches und staatliches Leben. Mit anderen Worten: Die Wirtschaft steht dann im Dienst des Staates. Da aber nicht die gleichen Fehler begangen werden sollen wie im Zeitalter des Laissez-faire, hat der Staat auch Sorge dafür zu tragen, daß die „Dauerordnung“ beibehalten wird. Er wird beauftragt ständig, entsprechend der Leitidee, Ordnungspolitik zu betreiben.[934] Die Feststellung, daß Wirtschaftsverfassung und Ordnungspolitik nicht Aufgabe der privaten Wirtschaftssubjekte sein können, ist die zweite Schlußfolgerung, die die Nationalökonomen, die hier behandelt werden, aus ihrem Streben ziehen, den starken „totalen Staat“ ökonomisch zu fundieren. Die Aufgabe obliegt dem Staat. Während *Müller-Armack*, *Teschemacher*, *Beckerath*, *Stackelberg* am Anfang und *Weddigen* am Ende des Dritten Reiches unter Ordnung vor allem eine etatistische Form eines korporativistischen Systems verstehen, geht es *Böhm* um die Ordnung der „freien Verkehrswirtschaft“.[935]

Beckerath und *Stackelberg* interpretieren den faschistischen *stato corporativo* als einen Versuch, die „anarchistische Monopolwirtschaft in eine ökonomische Ordnung“ zu überführen.[936] Sie führen die Schärfe der Weltwirtschafts-

---

[932] *Böhm* 1937, S. 112.

[933] Vgl. *Müller-Armack* 1933, S. 38ff und 44ff., *Beckerath* 1933, S. 349f. und 1934, S. 6ff. *Teschemacher* 1933, S. 38 und 43 sowie *Böhm* 1937, S. 52f. und S. 58ff. Nach *Böhm* kann man von einer Wirtschaftsverfassung dann sprechen „wenn innerhalb einer Gemeinschaft eine bestimmte Methode und Form des Wirtschaftens kraft politischer Willensentscheidung zum Gebot erhoben wird.” Ebd., S. 54.

[934] *Jessen* 1942, S. 12.

[935] Es kann nach 1933 auch der Rechtswissenschaftler *Ernst Rudolf Huber* zu diesem Kreise gezählt werden. Auch er möchte nicht die „schöpferische Kraft des einzelnen” töten, sondern sie in den Dienst des Volkes eingliedern. Vgl. *Huber* 1934, S. 12.

[936] *Beckerath* 1934, S. 7.

krise auf die Gleichgewichtslosigkeit vieler Märkte zurück. Die Existenz verschiedener Oligopolformen und zweiseitiger Monopole verhindere, daß aus dem freien Spiel der Kräfte ein „mechanisches Equilibrium“ entsteht. „Wenn das Gleichgewicht kein natürliches mehr sein kann“, so folgert *Beckerath*, „vielmehr notwendig ein künstliches wird, dann läßt sich nicht einsehen, weshalb die Bildung dieses ‚artifiziellen Equlibriums‘ nicht den Händen der Privaten entwunden und dem Staate übertragen werden soll.“[937] Der Staat sei aufgrund seiner Gemeinwohlverpflichtung besser dazu in der Lage als die egoistischen Privaten. *Stackelberg* stimmt dem zu. Anhand des Faschismus skizziert er, wie ein solches „artifizielles Equlibrium“ hergestellt werden könne. Mit Hilfe des korporativistischen Systems sei der Staat in der Lage, die entsprechenden Märkte in die Form staatlich überwachter, zweiseitiger Monopole zu überführen.[938] Die beiden Parteien treten dann unter der Aufsicht des Staates in Verhandlung um den Preis. Auf diese Weise mache sich der Staat die „Sachkenntnis“ und das „Sachinteresse der Beteiligten“ zunutze.[939] Die Staatsaufsicht soll gewährleisten, daß im Gegensatz zum üblichen bilateralen Monopol ein politischer Druck auf die organisierten Marktpartein aufgebaut wird, damit sie sich möglichst schnell – ohne Anwendung von Machtmitteln seitens der Verhandelnden – einigen. Auf diese Weise glaubt *Stackelberg*, volkswirtschaftlichen Schaden verhindert zu können. Dem Staat soll es zustehen, bei Nichteinigung oder unbefriedigendem Ergebnis über die Höhe des Preises zu entscheiden.[940] *Stackelberg* hofft aber, daß der Staat möglichst selten eingreifen muß. In der Regel, d.h. falls der Preis nicht aus politischen oder sozialpolitischen Gründen gesetzt wird, entspreche er dem „Normalpreis“ der freien Konkurrenz, also dem Preis, der zum optimalen Gleichgewicht führt.[941] Damit wollen aber weder *Stackelberg* noch *Beckerath* die individuelle Initiative durch eine grundsätzlich korporative Initiative ersetzt sehen. Dies läßt sich u.a. daraus ableiten, daß *Beckerath* die gesetzlichen Bestimmungen, die zur Bildung der Korporationen in Italien erlassen wurden, in diesem Sinne interpretiert. Er hebt hervor, daß dort die Korporationen nicht „ohne Zustimmung der Beteiligten, ‚in die administrative, technische und kaufmännische Führung der Geschäfte‘ unmittelbar eingreifen“ dürfen.[942] Den über Absprachen zustande gekommenen Preis müßten die eigenverantwortlich handelnden Unternehmen als Datum hinnehmen und sich unabhängig voneinander entsprechend ihrer Leistungsfähigkeit mengenmäßig anpassen.

Müller-Armack beschäftigt sich nach 1933 ebenfalls sehr intensiv mit der korporativen Ordnung. Ihn interessiert weniger die damit verbundene Marktordnung als vielmehr die wirtschaftspolitischen Möglichkeiten. Für *Müller-Armack*

---

937 Ders. 1933, S. 349.
938 *Stackelberg* 1934, S. 103ff., *Beckerath* 1934, S. 7ff.
939 *Stackelberg* 1934, S. 104f.
940 Ebd., S. 105, *Beckerath* 1933, S. 359.
941 *Stackelberg* 1934, S. 105.
942 *Beckerath* 1934, S. 10.

sind die Korporationen in erster Linie ein staatliches Organisationsmittel, um die Wirtschaft im Interesse des Staates zu lenken.[943] *Stackelbergs*, *Becheraths* und *Müller-Armacks* „nationale Interventionsstaaten" mit ihrem korporativen Aufbau stellen keine dezentralisierte korporativistische Ordnungen dar. Sie entwerfen jeweils einen dekonzentrierten, d.h. einen Staatskorporativismus.[944] Dies wird aus der Stellung, die den Korporationen zugewiesen wird, ersichtlich. Sie sind den Konzeptionen zufolge lediglich staatliche Instrumente. Der Staatscharakter der Verbände sowie die mit den Korporationen einhergehende Transparenz dieser Ordnung, ermöglicht es ihrer Meinung nach, die Korporationen als Transmissionsorgane zu verwenden, um wirtschaftspolitische Maßnahmen effektiver zu gestalten. Der Staat soll durch die Korporationen die beruflichen Interessenvertretungen kontrollieren und die Standesmitglieder indirekt in seinem Sinne erziehen.[945] Die drei Nationalökonomen ziehen zum einen die private Unternehmerinitiative der Initiative der Korporationen und zum anderen den Staatskorporativismus dem selbstverwalteten Korporativismus vor.

Böhm kann mit Korporationen, auch als staatliche Organe, nicht viel anfangen. Orientiert an der damals bestehenden Wirtschaftsordnung, entwickelt er 1937 eine „kombinierte Verfassung" der Wirtschaft.[946] Welcher Markt durch den Wettbewerb und welcher durch den „autoritären Befehl" gesteuert werde, liegt nach *Böhm* im Ermessen des Staates. Um eine „materielle Einheit" des Gesamtsystems zu gewährleisten, sei es aber wichtig, daß der Staat „bei der Durchführung seiner Wirtschaftspolitik eine einheitliche Linie verfolgt."[947] *Böhm* argumentiert wie alle anderen hier behandelten Ökonomen nur aus Sicht des Staates.[948] Er empfiehlt dem starken Staat, sich vor allem die positiven Seiten der privaten Initiative und des Wettbewerbs zunutze zu machen.[949] Der Wettbewerb

- verhindere die Möglichkeiten der egoistischen Ausbeutung,
- stelle ein optimales Verfahren dar, um die ökonomisch Tüchtigsten auszulesen,
- ermögliche höchste Flexibilität in bezug auf Nachfrageänderungen und
- realisiere höchste Innovationsfähigkeit.

Schon aus machtpolitischen Gründen könne auf eine innovative Wirtschaft nicht verzichtet werden. Habe sich der Staat dafür entschieden, daß auf einem Markt Wettbewerb herrschen soll, dann, so *Böhm*, müsse der Staat mit

---

943 Ebd., S. 46 und 51f.

944 So wurden solche korporativistischen Ordnungen in der Neokorporativismusdebatte in den 1980er Jahren bezeichnet. Vgl. *Gäfgen* 1987, S. 8.

945 Ebd., S. 51f. Ebenso *Teschmacher* 1933, S. 39f.

946 *Böhm* 1937, S. 75. Der Charakter der „kombinierten Verfassung" der Wirtschaft beschreibt für ihn sowohl die reale, damals existierende Wirtschaftsordnung als auch seine, auf diesem Ausgangspunkt aufbauende Konzeption.

947 Ebd.

948 Zur einer ähnlichen Einschätzung gelangt *Peter* 1939, S. 349ff.

949 Ebd., S. 31f. Ähnlich *Jessen* 1942, S. 9ff.

allen seinen Mitteln den Wettbewerb auch durchsetzen. Private Macht, die dem entgegenstehe, müsse bekämpft werden. Der (Leistungs-)Wettbewerb ist dann ein staatliches Instrument der Wirtschaftsführung und wettbewerbsfeindliches Verhalten eine „Sabotage“ des staatlich gewollten Unterfangens.[950] Zwar sei die Teilnahme am Wettbewerb keine „Rechtspflicht“, aber wohl eine „sozial- und wirtschaftspolitische Ehrenpflicht“. Es gilt daher seitens des Staates mit aller Macht, den Wettbewerb in den Teilen der Wirtschaft durchzusetzen, die keiner Ausnahmeregelung unterliegen. Der Staat müsse die einzig verbleibende Macht sein.

Böhm lehnt es ab, Unternehmen solcher Märkte zu verstaatlichen, in denen z. B. aufgrund eines natürlichen Monopols kein Wettbewerb hergestellt werden kann, oder Wirtschaftszweige, die der Staat „aus nationalen Gründen entwickeln, fördern oder zurückdrängen will“.[951] Die weiterhin in Privateigentum befindlichen Unternehmen dieser Märkte oder Branchen sollen lediglich staatlich kontrolliert und reguliert werden. Dies soll zunächst durch ständige und regelmäßige „Fühlungsnahme“ des Staates mit den jeweiligen Unternehmern geschehen. Sollte dadurch aber der „Marktgehorsam“ nicht gesichert werden können, so *Böhm*, bleibe dem Staat als letzte Möglichkeit nur die Ersetzung des Unternehmers durch staatliche Kommissare oder gar die Enteignung.[952] Sowohl die – bekanntlich nur schwer realisierbare – „als-ob“-Preispolitik der natürlichen Monopole als auch die Betreibung der aus Gemeinschaftssicht lebensnotwendigen Branchen müsse durch staatliche Investitionspolitik begleitet werde.[953] Er schließt sich dem Grundsatz des damaligen Preiskommissars *Joseph Wagner* an: „Das Maß des Eingreifens kann entscheidend bestimmt werden durch die Kreise der Wirtschaft selber. Je disziplinierter sie in ihrer Gesamtheit ist, und den Forderungen der Staatsführung Rechnung trägt, umso mehr kann sie auf sich selber gestellt den Verlauf des wirtschaftlichen Geschehens bestimmen.“[954]

Was bleibt als Fazit? Für *Müller-Armack* war die Wirtschaftsordnung stets Ausdruck eines Stils. Ihm ging es daher in erster Linie eher darum, den neuen (wirtschafts-)politischen Stil auszudrücken, als um eine genau Beschreibung dessen, was er sich ordnungspolitisch vorstellt. Er hat richtig erkannt, daß Korporationen in einer modernen Gesellschaftsordnung mit dem Gegensatz von zentralem Staat und arbeitsteiliger Wirtschaft in erster Linie dazu nützen, die Wirtschaft zu formieren und auf den Staat auszurichten, um so dessen Macht zu stützen.[955] Die Gefahr, daß sie allerdings auch ein Mittel sein können, die von ihm so geschätzte Unternehmerinitiative einzuschränken, hat er vernachlässigt. *Beckerath* und *Stackelberg* überschätzten die ökonomischen Möglichkeiten des

---

950 Ebd., S. 122.
951 Ebd. 1937, S. 161 und S. 171ff. Ebenso *Teschmacher* 1933, S. 41
952 *Böhm* 1937, S. 174ff.
953 Ebd., S. 162ff. und 166f.
954 Ebd., S. 87.
955 So auch *Breuer* 1993, S. 103f.

Staatskorporativismus gewaltig. In Italien hat er sich damals bis auf dem Arbeitsmarkt auf keinem anderen Markt durchgesetzt. Auch überschätzten sie die Möglichkeiten, den modelltheoretischen Gleichgewichtspreis durch organisatorische Maßnahmen zu realisieren. *Böhms* Konzeption war dagegen der Weg, der am ehesten mit der privaten Unternehmerinitiative und dem Marktverfahren vereinbar ist. Anders als die ordoliberalen Konzeptionen sollte sich aber der Staat in *Böhms* Konzeption nicht nur auf Ordnungspolitik beschränken. *Böhm* gestand dem Staat zu, aus kapital-, kultur- und gesundheitspolitischen Gründen Einfluß auf den Konsum und damit auf die wettbewerbliche Allokation zu nehmen. Neben der oben beschriebenen und von ihm präferierten Informationspolitik schlug er als Mittel Konsum- und Sparzwang, Besteuerung sowie Verbote von Gütern vor auch im Vorfelde der Produktion, was als Investitionskontrolle interpretiert werden kann.[956] Dies gilt für ihn besonders für die Bereiche, die nicht dem Wettbewerb unterliegen oder unterliegen sollen. Für ihn wie für die anderen bleibt aber die private Initiative das wirksamste ökonomische *Instrument* des starken „totalen Staates".[957]

d) Die Nachfolgekonzeptionen des „Plankapitalismus"

Die Nationalökonomen *Hans Peter*, *Willy Neuling* und *Erich Preiser* beschäftigen sich Ende der 30er und Anfang der 40er Jahre – bei allen wirtschaftspolitischen Unterschieden – intensiv mit „Wesen und Methoden der Wirtschaftslenkung". Wenn der Tübinger Professor *Peter* auch ein großer Kritiker der „freien Wirtschaft" ist und daher dem Wettbewerb weniger zutraut als *Böhm*, beschreibt er die „gelenkte Volkswirtschaft" dennoch ähnlich wie *Böhm*: Die Volkswirtschaft bestehe aus „marktlosen" Bereichen, in denen der „direkte Befehl an den einzelnen" herrscht, und aus Bereichen, in denen Märkte existieren. „Soweit Märkte bestehen, wird einerseits durch Schaffung von Voraussetzungen gelenkt, unter denen die Wirtschaft ein bestimmtes Ziel erreichen muß, wenn der einzelne sich durch seinen Erwerbstrieb leiten läßt, während andererseits auch hier ein bestimmtes Verhalten vorgeschrieben sein kann, und das sowohl für den Anbie-

956 *Böhm* 1937, S. 112f.

957 *Jessen* betont, daß der Staat nicht auf Persönlichkeiten, Privateigentum und das Marktverfahren verzichten kann. Der Staat habe die Wirtschaft zu führen, nicht zu verwalten. Andererseits dürfe es auch kein Laissez-faire geben. Damit der Wettbewerb sich nicht gegen die „Volksgemeinschaft" richtet, soll dieser den Verbrauch lenken und die Investitionen kontrollieren. *Jessen* betont mit der Zeit immer stärker in seinen Werken die private Initiative und weist immer deutlicher darauf hin, daß sich der Staat bei den Kontrollen und Lenkungsmaßnahmen zurückhalten soll. Am Ende seines Lebens nimmt er sogar fast eine ordoliberale Position ein. *Jessen* 1937, S. 49ff. und ders. 1942, S. 9ff. Zur Wandlung des *Jessenschen* ordnungspolitischen Standpunktes vgl. *Schlüter-Ahrens* 2001, S. 159ff.

ter wie für den Nachfrager."[958] Während aber *Böhm* der Meinung ist, daß die staatlichen Ziele größtenteils durch den geordneten Wettbewerb erreicht werden können, glaubt *Peter* nicht an eine solche Ziel-Mittel-Kette. Seiner Meinung nach müsse dem marktlosen Bereich der größte Anteil einer Volkswirtschaft zukommen.

Neuling, Professor in Hamburg und Dresden, betont dagegen das marktwirtschaftliche Fundament der „gelenkten Volkswirtschaft". Er sieht die „gelenkte Volkswirtschaft" zwischen den Polen der „reinen Marktwirtschaft" und der „Verwaltungswirtschaft" eingeordnet. Für ihn ist

> „Wirtschaftslenkung die Bemühung, alle Kräfte der Wirtschaft auf den autoritär aufgestellten Gesamtwirtschaftsplan auszurichten, der die Erfüllung der vordringlichen Aufgaben sichern und die minder dringlichen Bedürfnisse ausscheiden soll, ohne daß dabei die Elemente der Marktwirtschaft zugunsten der Befehls- oder Zwangswirtschaft ausgeschaltet werden".[959]

Auch *Preiser* stellt klar, daß im System der Wirtschaftslenkung die Marktwirtschaft die Basis bilde. Dem Staat werden aber Aufsichts- und Eingriffsmöglichkeiten zugesprochen, so daß er die Wirtschaft „bewußt auf neue Wege" führen kann: „Ihr Kennzeichen ist die Abkehr vom Prinzip der Selbststeuerung, der Übergang von einer bloß subsidiären Wirtschaftspolitik zur zentralen Wirtschaftslenkung."[960] Große Probleme hat *Preiser*, die „Methoden der Wirtschaftslenkung" von denen der „Zwangswirtschaft" abzugrenzen. Während die Wirtschaftslenkung notwendig sei, um aufgrund der „allgemeinen Knappheit" gemäß des „'Zweiten Gossenschen Gesetzes' Sorge zu tragen, daß kein minder wichtiges Teilbedürfnis vor einem wichtigeren befriedigt wird",[961] also auf der „Notwendigkeit des 'Wirtschaftens' per se" aufbaut, müsse bei der „Zwangswirtschaft" von der „spezifischen Knappheit" ausgegangen werden.[962] Es handele sich bei der „spezifischen Knappheit" um einen „besonderen Grad" an Seltenheit, welcher „bloß vorübergehend und in der Regel auch bloß auf Teilmärkten" bestehe. „In einem großen Umfang konnten Güter, insbesondere Verbrauchgüter, jedoch lediglich im Rahmen von gesamtwirtschaftlichen Sonderfällen, wie z. B. in Kriegen oder bei Naturkatastrophen, knapp werden."[963] Während die „besondere Knappheit" nur temporärer Natur sei, liege die „allgemeine Knappheit" jedem Wirtschaftsplan zugrunde. Entsprechend ziele die Wirtschaftslenkung auf „Einkommensverteilung" und „Einkommensverwen-

---

[958] *Peter* 1941, S. 3. Zur Diskussion um die Wirtschaftslenkung vgl. auch *Janssen* 1998, S. 500ff. und *Blesgen* 2000, S. 125ff. Zu *Preisers* ordnungstheoretischer Diskussion mit *Eucken* vgl. *Blesgen* 2000, S. 133ff.

[959] *Neuling* 1943, S. 21 und S. 22f.

[960] *Preiser* 1941, S. 227f.

[961] *Blesgen* 2000, S. 129.

[962] *Preiser* 1941, S. 242f.

[963] *Blesgen* 2000, S. 129

dung“, die „Zwangswirtschaft“ auf die für die Produktion notwendigen Güter.[964] Den beiden Formen der Knappheit ordnet er Mittel zu. *Weddigen* kritisiert daran, daß z. B. das Mittel der Rationierung, das *Preiser* eindeutig der „Zwangswirtschaft“ zugeschlagen hat, sowohl ein produktions- als auch nachfragepolitisches Mittel sein kann.[965] Für *Weddigen* ist auch mit der Unterscheidung zwischen beiden Knappheitsarten nicht viel gewonnen. Denn „[d]ie Bekämpfung des Mangels ist Aufgabe aller Wirtschaft“.[966] Die „Typen der Wirtschaftsverfassungen“ können daher nicht nach „dem Grade des sie bedingenden Mangels“ gebildet werden.

Weddigen schlägt dagegen eine andere Vorgehensweise vor. Er interpretiert seine bereits zu Weimarer Zeiten aufgestellte dreigliedrige Stufung der Gesellschaft in „Einzelwirtschaft“, „mittelstufige Verbände“, damals von ihm noch Stände genannt, und staatliche Spitze einfach etwas zentralistischer, oder wie er sagt: „kollektivistischer“. „Wirtschaftslenkung“ bedeutet für ihn, daß der Staat die „wirtschaftlichen Führungsgewalten und Verantwortlichkeiten“ auf die drei Stufen aufteilt, um „die organische Synthese von Persönlichkeit und Gemeinschaft“ zu verwirklichen.[967] Die „mittelbare Wirtschaftslenkung“ gebe „Rahmenanweisungen“ an die Mittelstufe, die diese dann gegenüber den Einzelwirtschaften mit Leben zu füllen habe. Die „unmittelbare Wirtschaftslenkung“ wendet sich direkt an die Einzelwirtschaften und kann Formen von „Rahmenanweisungen“ wie auch „bestimmten Weisungen“ annehmen. Die „bestimmten Weisungen“ geben den Einzelwirtschaften „keinen Spielraum“ mehr.[968] Ob damit ein Fortschritt gegenüber der Konzeption von *Preiser* erreicht ist, soll hier nicht diskutiert werden. An die Qualität von *Neulings* oben genannter Definition kommt meines Erachtens auch *Weddigen* nicht heran. Interessant ist in unserem Zusammenhang nur, daß *Weddigen* annimmt, daß im Laufe der Zeit die beiden Formen der „Rahmenanweisung“ überwiegen werden. Auch er hofft, daß die spontanen Elemente der Wirtschaftsordnung nicht ausgeschaltet werden.

Wie oben erwähnt, betonen *Neuling* und *Preiser*, daß das Marktverfahren als Basis der „gelenkten Volkswirtschaft“ bestehen bleiben soll. Die Mittel der staatlichen Lenkungen müßte daher mit dem Marktverfahren weitgehend kompatibel sein. Sofern nicht in bestimmten Bereichen auf Wettbewerb verzichtet werden soll, müssen nach Meinung beider Ökonomen möglichst marktkonforme Mittel zur Lenkung eingesetzt werden. *Neuling* erkennt die Notwendigkeit, die Preisbildung nicht außer Kraft setzen zu dürfen. Daher soll möglichst „nur mittelbar über finanz- und preispolitische Beeinflussung der Einkommens- und Gewinnverteilung und -verwendung auf die Produktion und damit auf die Ent-

---

964 *Preiser* 1941, S. 242f.

965 *Weddigen* 1943, S. 105f. Zu weiterer Kritik an *Preisers* Vorgehen vgl. *Blesgen* 2000, S. 132.

966 Ebd., S. 108.

967 Ebd., S. 109.

968 Ebd., S. 116.

schlüsse der Unternehmer und die Richtung der wirtschaftlichen Entwicklung" gewirkt werden.[969] Die Vorschläge *Neulings* sind als Mittel der „mittelbaren Investitionslenkung" zu interpretieren, weil versucht wird, derartigen Einfluß auf die Nachfrage oder das Angebot des Konsumgütermarktes zu gewinnen, daß sich die privaten Wirtschaftssubjekte weitgehend dem staatlichen Wunsch entsprechend verhalten. Dadurch könnte der Staat „mittelbar" auch den Faktormarkt lenken. *Preiser* ist der Ansicht, daß Investitionskontrollen noch an der Grenze der „mittelbaren Lenkung" sind.[970] Solange es sich um keine Gebote, sondern um konkrete Verbote handele, die dem Unternehmer genügend Spielraum für Entscheidungen lassen, sind sie seiner Meinung nach noch zulässig.[971]

Dahinter steht der Gedanke, daß im Fall der Investitionskontrolle der Kapitalmarkt dezentral koordiniert wird. Ein Verbot von bestimmten Investitionen würde zwar die Kapitalnachfrage reduzieren, so daß der Zins sinken könne, für Unternehmen anderer, nicht vom Verbot betroffenen Märkten würde aber weiterhin Dispositionsfreiheit bestehen bleiben.[972] Problematisch wird es aber, wenn der gesunkene Zins dazu führt, daß weniger Kapital angeboten wird und eine Tendenz zur Selbstfinanzierung entsteht, die in dieser mittelbaren Form noch sehr viel schwieriger zu kontrollieren ist. Eine ergänzende Einführung einer Produktionskontrolle würde die unternehmerische Initiative und die Funktionsfähigkeit der Marktkoordination schwer gefährden und ist daher für eine Friedenswirtschaft kaum denkbar. Das Ziel der Theoretiker, dem Staat auch den Markt als Lenkungsinstrument zunutze zu machen, würde verfehlt werden. *Peter*, *Neuling* und besonders *Preiser* betonen – im Gegensatz zur nationalsozialistischen Praxis –, daß möglichst die Marktkonformität der wirtschaftspolischen Maßnahmen einzuhalten sei. Zusammengenommen unterschätzen sie dennoch die private Initiative und überschätzen das staatliche Potential, den privaten Markt zu lenken. Ihre Hoffnungen auf eine Verbindung des Marktes mit wirksamen staats- und konjunkturpolitische Maßnahmen erfüllten sich in nur sehr begrenzten Maße.

e) Die Entwicklung nach 1945

Die Verfechter beider Nachfolgekonzeptionen waren angetreten, um die ordnungspolitische Alternativen zunächst zur Weimarer Republik, später zur nationalsozialistischen Realität zu entwerfen. Einige wollten auch die herrschende

---

[969] *Neuling* 1943, S. 22, ähnlich *Preiser* 1941, S. 255.

[970] *Preiser* 1942, S. 125. Zur Investitionslenkung vgl. *Carell* 1951, S.435ff.

[971] *Neuling* 1943, S. 22.

[972] Zum Zusammenhang zwischen den wirtschaftspolitischen Mitteln der markt- und systemkonformen Schaffung institutioneller Marktbedingungen und denen des inkonformen Zwanges vgl. *Streit* 1991, S. 254.

Elite wirtschaftspolitisch beraten bzw. beeinflussen.[973] Es war ein chancenloses Unterfangen. Selbst einflußreiche Praktiker wie *Hjalmar Schacht*, der als überzeugter Marktwirtschaftler an der nationalsozialistischen Konjunkturpolitik mitarbeitete und quasi zwischen beiden Arten der Konzeptionen pendelte, gelang es nicht, auf *Hitler* Einfluß zu nehmen. Unglücklich für die Diskussion um die Wirtschaftslenkung war es, daß sie ihren Höhepunkt zu einer Zeit erreichte, zu der angesichts des sich verschärfenden Krieges der Übergang zur Zentralverwaltungswirtschaft unausweichlich erschien.

Böhms Vorschlag, Einzelwirtschaften nicht weiter zusammenzufassen, sondern im Gegenteil Großorganisationen aufzubrechen, wenn sie den Wettbewerb behindern, erwies sich im Lager der gemäßigten Interventionisten als schlagendes Argument und als einzig realistische Option für eine wirtschaftliche Dauerordnung. Das Ansinnen, nicht über Verhandlungen zweier organisierter Marktgruppen, sondern über den Preis das Marktgleichgewicht herzustellen, galt diesen Nationalökonomen am Ende des Dritten Reiches auch als einfachster und sicherster Weg, eine effiziente Wirtschaftsordnung herzustellen. *Müller-Armack, Beckerath, Stackelberg, Jessen* usw. folgten darin *Böhm*,[974] der allerdings Anfang der 40er Jahre seine Ansicht änderte und wieder in das Lager der Nationalökonomen wechselte, die nach einem *Dritten Weg mit liberaler Ausrichtung* suchten.[975] *Müller-Armack*, *Stackelberg* und *Beckerath* wollten im Gegensatz zu ihm auch später die staatlichen Eingriffe nicht auf die Herstellung der Wettbewerbsordnung beschränken. Auch wenn sie kurz vor oder nach 1945 ihre ordnungspolitischen Vorstellungen vom nationalen Pathos und vom „totalen Staat" weitgehend 'gereinigt' hatten, blieben die Grundstrukturen ihrer Konzeptionen weitgehend identisch. Die Konzeptionen des „nationalen Interventionsstaates" stellen eine Vorstufe zur (ursprünglichen) Idee der „Sozialen Marktwirtschaft" dar. Die „Soziale Marktwirtschaft" war ebenfalls als eine „dritte wirtschaftspolitische Form" zwischen zentraler Planwirtschaft und „liberaler Wirtschaft" vor-

---

973 So z.B. Die Schriftreihe „Ordnung der Wirtschaft", die *Böhms* Buch „Die Ordnung der Wirtschaft als geschichtliche Aufgabe und rechtsschöpferische Leistung" eröffnete. Vgl. dazu *Haselbach* 1991, S. 85ff. Offiziell zu Beratungszwecken wurde 1940 die *Klasse IV 'Gruppe Wirtschaftswissenschaft'* der *Akademie für Deutsches Recht* gebildet. Viele, der damaligen Wirtschaftspolitik kritisch gegenüberstehenden Ökonomen arbeiteten dort mit. Die *Klasse IV* war zwar „mit einem klaren Gleichschaltungsauftrag ausgestattet", deren Arbeit war aber tatsächlich „von einem vergleichsweise weniger starken ideologischen als sachlich-pragmatischen Geist getragen". *Janssen* 1998, S. 190.

974 Bei *Beckerath*, *Jessen* und *Stackelberg* zeigte sich dies am mehr oder weniger intensiven Mitwirken in der Arbeitsgemeinschaft *Erwin von Beckerath*, an der auch die späteren Ordoliberalen beteiligt waren. Die Arbeitsgemeinschaft bemühte sich um Konzeptionen für eine Nachkriegswirtschaft, deren Fundament der Wettbewerb sein sollte. Vgl. dazu *Blumberg-Lampe* 1986, S. 24, *Janssen* 1998, S. 193, und *Schlüter-Ahrens* 2001, S. 79f.

975 *Stackelberg* betont in den 40er Jahren, daß er aus ökonomischer Sicht für die „Verkehrswirtschaft" plädiert, was er aber ausdrücklich nicht als Entscheidung gegen staatliche Wirtschaftslenkung verstanden wissen will. *Stackelberg* 1949, S. 199f.

gesehen. Mit ihr sollte ebenfalls ein Ausgleich der einzelnen gesellschaftlichen Gruppen und ein Gemeinschaftsbewußtsein verwirklicht werden.[976] Bei *Müller-Armack*, bei *Beckerath* und bei dem früh verstorbenen *Stackelberg* blieben die überökonomisch-holistischen Ansätze und die Ansicht vom Markt als dienendes Mittel bestehen.[977]

Der „Plankapitalismus“ mündet nach 1945 in den „Freiheitlichen Sozialismus“ und in andere Konzeptionen, die sich durch den Versuch auszeichneten, moderne wettbewerbliche Ordnungspolitik und keynesianischen Interventionismus zu verbinden.[978] Wichtige Vertreter dieser heterogenen Richtung waren „Nachnelsonianer“ wie *Willi Eichler* und *Gerhard Weisser*, der spätere Wirtschaftsminister *Karl Schiller* sowie *Alfred Weber*, *Heinz-Dietrich Ortlieb*, *Hans Ritschl* und eben *Erich Preiser*.[979] Das gemeinsame Band dieser „weltanschaulich offene[n] Gruppe“ war das Anliegen, „der ‘antithetischen Denkform’, die als ‘Anti’ der freien, liberalen Marktwirtschaft die unfreie, sozialistische ‘Zentralverwaltungswirtschaft’ geschaffen hat,“[980] zu entkommen. Dem wirtschaftlichen Liberalismus bestritt man, Alleinvertreter einer marktwirtschaftlichen Ordnung zu sein. Da der Markt entwicklungsoffen sei, bedürfe der Markt aber eines „Sachziels“. Mittels der „Gesellschaftsgestaltung“ sollte ein zentraler Plan aufgestellt werden, der im wesentlichen nur Schwerpunkte festlegen sollte. So „bleibt ein mehr oder weniger breiter Bereich der Wirtschaft, wo die am Wirtschaftsprozeß Beteiligten nach eigenem Ermessen entscheiden können. Der Wettbewerb sorgt für eine geräuschlose Koordination der Interessen - auf der Grundlage der durch den staatlichen Plan fixierten Daten.“[981] Wie die „Plankapitalisten“ der 30er und 40er Jahre stand diese ordnungspolitische Richtung für eine stärkere staatliche Einflußnahme auf den Wirtschaftsprozeß als die der „Sozialen Marktwirtschaft“. Nachdem *Schiller* im Kabinett *Kiesinger* Wirtschaftsminister geworden war, konnte zumindest ein kleiner Teil des „Freiheitlichen Sozialismus“ umgesetzt werden. Allerdings wird heute das Ergebnis des Versu-

---

976 *Müller-Armack* 1990, S. 96. Vgl. auch *Seraphim* 1957, S. 184ff.

977 *Peukert* 1992, S. 153. *Peukert* erkennt richtigerweise in dem letzten Punkt eine „Art ‘große Koalition der Wirtschaftspolitik’“ zwischen den Vertretern der beiden in diesem Abschnitt behandelten Gruppen. Er verkennt aber die prinzipiellen Unterschiede, die ich zuvor herausgearbeitet habe.

978 „Politische Planung”, schreibt einer ihrer Anhänger, „wird dabei hier als eine neue inhaltliche Qualität des politischen Entscheidungsprozesses begriffen, als ein bewußter zukunfts- und zielmittelorientierter Steuerungsprozeß, durch den die ‘Rationalität’ politischen Handelns sowohl auf der input- wie auf der output-Seite des politischen Systems erhöht wird.” *Lompe* 1973, S. 166.

979 Vgl. zum Freiheitlichen Sozialismus im allgemeinen: *Thieme / Steinbring* 1984, S. 57f., sowie *Blum* 1969, S. 26ff. Der Name geht zurück auf *Alfred Weber* 1946. Anzumerken ist, daß nicht selten zwischen den Nationalökonomen, die Anhänger eines Freiheitlichen Sozialismus waren, ordnungspolitische Differenzen vorlagen.

980 *Blum* 1969, S. 27.

981 Ebd., S. 36.

ches, marktwirtschaftliche Selbststeuerung mit staatlicher Globalsteuerung zu kombinieren, vor dem Hintergrund hoher Budgetdefizite und mangelnder konjunkturpolitischer Erfolge als enttäuschend bewertet. Der Druck des Wahlerfolges und der Widerstand sozialer Gruppen war für die Politiker zu groß, wodurch Staatsausgaben nicht nur im konjunturellen Niedergang anstiegen.

2. „Deutscher Sozialismus" und der Gewerkschaftsplan „Umbau der Wirtschaft"

Anfang der 30er Jahre nahmen nationale Kreise vor dem Hintergrund der politischen und ökonomischen Krise Kontakt zu Mitgliedern des „Allgemeinen Deutschen Gewerkschaftsbundes" (ADGB) auf. Es entwickelte sich daraus ein vorsichtiger Gedankenaustausch in Form einiger Artikel und informeller Gespräche.[982] General *Schleicher* hoffte, seine Kanzlerschaft könnte auf einer solchen Querverbindung „antikapitalistischer" Gruppen, linker und rechter Couleur, fußen. Aus diesem Unterfangen wurde nichts. Dennoch ist es interessant, sich die beiden Gruppen etwas näher anzusehen, da die Annäherung zwischen ihnen in erster Linie wirtschaftspolitisch begründet war. Zunächst stelle ich die Vertreter kurz vor, dann werden die ordnungspolitischen Konzeptionen beider „antikapitalistischer Flügel" untersucht und zwar hinsichtlich

- ihrer Oberziele,
- der von ihnen angestrebten Synthese zwischen Plan- und Marktwirtschaft,
- ihrer Vorstellung, wie der zentrale Plan durchzusetzen ist,
- der Rolle, die sie der Stabilitätspolitik (Konjunkturpolitik) zugestehen wollten, und
- ihrer Vorstellungen über Außenhandelspolitik.

Es wird sich zeigen, daß beide Gruppen tatsächlich sehr ähnliche ordnungspolitische Leitideen verfolgten.

a) Die Vertreter

Die „rechten Antikapitalisten", die versuchten, mit ihrem linken Pendant, ins Gespräch zu kommen, bezeichneten sich selbst oft als „Deutsche Sozialisten" und ihre Konzeption als „Deutschen Sozialismus".[983] Neben dem bereits mehr-

[982] Vgl. dazu *Schneider* 1975, S. 140ff. und S. 150ff.

[983] Für *Sombart* besteht – ähnlich für *Mises* – kein wesentlicher Unterschied zwischen „Sozialismus" und „Planwirtschaft". Er definiert „Sozialismus als sozialen Normativismus" (*Sombart* 1934, S. 60). Darunter versteht er eine planmäßig geregelte Wirtschaft. Die Charakterisierung als „sozialistisch" macht er am „Eigentumsrecht" deutlich. Das „freie Eigentumsrecht", nach dem „die Willkür des Einzelnen entscheidet", gehört der „liberalistischen Wirtschaft", das „gebundene Eigentumsrecht", nach dem „das private Eigentum an bestimmten

fach erwähnten *Werner Sombart* ist ein weiterer Exponent dieses *Dritten Weges* der Nationalsozialist *Gregor Strasser.*[984] Er war der sozialrevolutionäre Gegenspieler *Hitlers* und die treibende Kraft, wenn es darum ging, ein gegen die Weimarer Republik gerichtetes Bündnis zwischen rechts und links zu schmieden. Zum „Deutschen Sozialismus" bekannten sich auch die Autoren der Zeitschrift „Die Tat", die während der Weltwirtschaftskrise bei vielen Studenten und Intellektuellen populär war. Im Zusammenhang mit der ordnungspolitischen Seite des „Deutschen Sozialismus" interessieren lediglich die beiden „Tat"-Mitarbeiter *Ferdinand Fried* (Pseudonym für *F. Zimmermann*) und *Ernst W. Eschmann.*[985] Während *Eschmann* eher der nüchterne, wissenschaftlich Arbeitende war, provozierte *Fried* mit seinen irrational überspitzten Schriften Öffentlichkeit wie Wirtschaftswissenschaft.[986] Kaum ein Nationalökonom, der sich mit der Wirtschaftsordnung beschäftigte, nahm nicht auf sein Buch „Ende des Kapitalismus" oder seine zahlreichen Artikel zur Autarkie-Problematik Bezug. Während *Strasser* Gespräche mit Gewerkschaftsvertretern suchte, um eine *„dritte* Front" zwischen Kapitalismus und traditionellem Sozialismus zu bilden, schrieb *Eschmann* für die gewerkschaftliche Monatszeitschrift „Die Arbeit – Zeitschrift für Gewerkschaftspolitik und Wirtschaftskunde", eine Zeitschrift, die das Programm „Umbau der Wirtschaft" unterstützte.[987]

Während der Weltwirtschaftskrise kam es zu schwerwiegenden Auseinandersetzungen innerhalb der beiden traditionellen Organisationen der Arbeiterschaft, der SPD und dem ADGB. Der Konflikt entzündete sich an der Frage, ob Konjunkturpolitik dem eigentlichen Ziel „Sozialismus" im Wege stehe oder nicht.[988] Der Konflikt schwelte in beide Organisationen. Die SPD stand der Konjunkturpolitik mehrheitlich ablehnend gegenüber. Sie erblickte in solchen wirtschaftspolitischen Maßnahmen in erster Linie einen Stabilisator des Kapitalismus. Die Gewerkschaftler waren größtenteils pragmatischer. Sie versuchten, beide Punkte zusammenzubringen. Zum einen stellten sie einen eigenen Plan zur

---

Sachen (...) oder an allen Sachen verboten ist", gehört der „sozialistischen Wirtschaft" an. Jede „liberalistische Wirtschaft" ist nach ihm aber auch eine „Konkurrenzwirtschaft" und jede „sozialistische Wirtschaft" eine „Planwirtschaft" (Ebd., S. 62.).

984 Zu *Sombart* vgl. *Lenger* 1994. Zu *Strasser* vgl. *Moreau* 1984 und *Stachura* 1983.

985 Dem Autorenkreis, der sich seit 1929 um die Zeitschrift „Die Tat" gruppierte, gehörten neben *Fried* und *Eschmann* noch *Giselher Wirsing* und der eigentliche Kopf der Gruppe, *Hans Zehrer*, an. Ihre dezidiert antiliberale und antimarxistische Haltung, ihr Entwurf verschiedener Krisenszenarien, ihre sozioökonomischen Aufsätze und ihr Eliteempfinden ließen die Auflage der Zeitschrift auf 30.000 Exemplare anwachsen. Zum Vergleich: Das liberale Vorzeigemagazin „Der deutsche Volkswirt" erreichte eine Auflage von gut 10.000 Stück. Vgl. *Rieter* 1998, S. 106.Zum Tat-Kreis vgl. aus marxistischer Sicht *Fritzsche* 1976, S. 50ff., zur Auflagenentwicklung S. 55ff. Aus konservativer Sicht zum Tat-Kreis vgl. *Weißmann* 1996, S. 555f.

986 Vgl. z. B. *Röpkes* gereizte Auseinandersetzung mit *Fried*: *Röpke* 1931, S. 87ff.

987 *Schneider* 1975, S. 151.

988 Ebd., S. 96ff.

Konjunkturpolitik, den WTB-Plan auf, zum anderen erarbeiteten sie unabhängig von der SPD eine ordnungspolitische Konzeption mit dem Namen „Umbau der Wirtschaft".[989] Durch die Konjunkturpolitik sollte einerseits die akute Not beseitigt werden, andererseits war beabsichtigt, durch sie längerfristig den organisatorischen „Umbau der Wirtschaft" voranzutreiben, um in Zukunft die mit dem kapitalistischen Wirtschaftssystem in Verbindung gebrachten ökonomischen und sozialen Krisen zu vermeiden. In unserem Kontext interessiert nur der Gewerkschaftsplan „Umbau der Wirtschaft", mit dem das Ziel verfolgt wurde, „den Raum zwischen Kapitalismus und Sozialismus" auszufüllen.[990] Das Programm selbst wurde vom ADGB-Funktionär *Walter Pahl* und vom zum Führungskreis des ADGB gehörenden *Hans Aron* ausgearbeitet.[991] Eine deckungsgleiche Vorstellung zu diesem Programm entwickelte auch *Kurt Mendelsohn*, ein streitbarer, teilweise polemischer Sozialist. Daß eine Querverbindung zwischen rechts und links nicht so unmöglich war, wie es aus heutiger Sicht scheinen mag, wird an *Harald Bräutigam* deutlich. Er, ursprünglich den Gewerkschaften nahestehend, wandelte sich Anfang der 30er Jahre zum Nationalsozialisten und gehörte politisch dem linken Flügel der NSDAP an. Er wird gesondert behandelt, da er seine Konzeption auf einem ökonomisch-theoretisch hohen Niveau fundierte, was ihn von den oben genannten Gruppen deutlich abhob.

b) Die Oberziele

Die Hindernisse, die einem Bündnis zwischen rechts und links nach allgemeiner Meinung im Wege stehen, sind die verschiedenen Weltanschauungen und Oberziele beider politischer Flügel. Der vorliegende Fall scheint diese Ansicht zu bestätigen. Die „Deutschen Sozialisten" beschwören die Kräfte des Irrationalen, des Mythischen.[992] Ziel der Reformen ist weniger ökonomische Prosperität als

[989] Ebd., S. 97.

[990] ADGB 1932, S. 3.

[991] Insbesondere an *Pahl* zeigt es sich, wie eng die Positionen der „Deutschen Sozialisten" und den Anhängern des Gewerkschaftsplanes beieinander waren. *Pahl*, Beauftragter des ADGB beim Freiwilligen Arbeitsdienstes, stellte sich nach 1933 in den Dienst der Nationalsozialisten. Nach 1945 arbeitete er im Bildungswesen des DGBs mit. Auf Druck der SPD trennte sich der DGB in den 50er Jahren von ihm. *Aron* lehnte als einer der weniger Gewerkschaftler Konjunkturpolitik im Kapitalismus ab und befürwortete nur den „Umbau der Wirtschaft". *Schneider* 1975, S. 99.

[992] Es kann hier aber nicht der Vorwurf vieler Kritiker bestätigt werden, daß eine nach rationalen Prinzipien erfolgende Analyse des *Deutschen Sozialismus* unmöglich sei, da dessen Vertreter lediglich Weltanschauung, Lebensgefühl und (Wirtschafts-)Gesinnung vermittelten und kein durchdachtes Bild einer Wirtschaftsordnung darlegten. Es soll nicht geleugnet werden, daß diese Konzeption weder aus irgendwelchen sozialpolitischen noch anderweitig ökonomischen Gründen entwickelt wurde. Gerade das Gegenteil ist hier der Fall. Betont irrational weltanschauliche und politische Motive bestimmten tatsächlich die Ordnung der „Deutschen

vielmehr eine politisch geeinte Nation, ein mächtiger Staat und weitgehende Unabhängigkeit in der Güterversorgung.[993] Die Gewerkschaftler vertreten dagegen die Arbeiterschaft. Sie fordern einen möglichst rationalen Umbau der Wirtschaft, um in einer „krisenfesten", aber dennoch stark wachsenden Wirtschaft primär die Position der „Arbeiterklasse" zu stärken.

Das Auseinanderklaffen beider Positionen muß aber relativiert werden:

- Viele Gewerkschaftler widmen damals ihr politisches Wirken dem „Volk". Ihnen zufolge repräsentieren die Arbeiter das Volk, da diese die überwältigende Mehrheit des Volkes ausmachen. Angestellte gelten in dieser Sichtweise als Arbeiter (Lohnabhängige), der selbständige Mittelstand als potentielles Reservoir der Expropriierten. Eine ähnliche Ansicht vertreten die „Deutschen Sozialisten", die mit etwas anderem Tonfall den Mittelstand zwischen Kapital und Arbeiter („Masse") zunehmend „zerrieben" sehen.
- Die Verfasser des „Umbau[s] der Wirtschaft" kommen der Weltsicht der „Deutschen Sozialisten" noch weiter entgegen. Das Programm geht, wohl unter dem Einfluß *Eduard Heimanns*,[994] einmal mehr nicht von dem traditionell sozialistischen Gegensatz zwischen Arbeiterschaft und Kapitalisten aus. Es ist vielmehr ein Bündnisangebot an die „Zwischenschichten", d.h. den heterogen zusammengesetzten Mittelstand, um gegen den gemeinsamen Feind, das „ausbeuterische, kapitalistische Großeigentum in Industrie und Landwirtschaft", anzugehen.[995] Trotz vor allem argumentativer Unterschiede stimmen sie, was die gesellschaftliche Gliederung des Volkes und die Feinddefinition betrifft, mit den „Deutschen Sozialisten" überein.

Die Übereinstimmung wird deutlicher, wenn man die Übertragung der Oberziele in die ökonomische Sphäre untersucht. Dann zeigt sich, daß es sich bei der von beiden Seiten geforderten „Bedarfsdeckungswirtschaft"[996], in der Nachhaltigkeit, Stetigkeit sowie Gemeinwohlorientierung der Produktion ge-

---

Sozialisten", was auch der Hauptgrund für die mangelnde Kohärenz ihrer Konzeption war. Dies darf aber nicht daran hindern, die Leitideen näher zu betrachten, sofern sich überhaupt eine ordnungspolitische Konzeption ableiten läßt, was der Fall ist. Im Gegensatz z. B. zu *Oswald Spengler* genügte es dieser Gruppe nicht, daß sich lediglich die Gesinnung oder Haltung zu ändern braucht, um ein neues, vom Kapitalismus verschiedenes Wirtschaftssystem entstehen zu lassen. Sie waren vielmehr überzeugt, daß die neue antikapitalistische (und antiökonomistische) Gesinnung gerade die reale Struktur der Wirtschaft beeinflussen, in sie eindringen und neu ausrichten muß. Es läßt sich dabei durchaus eine neue Wirtschaftsordnung erkennen, die als Konzeption eines *Dritten Weges* einzuordnen ist.

993 Vgl. als Beispiel *Eschmann* 1931, S. 444 und *Strasser* 1932a, S. 47. So gesehen ist *Horcks* These, der deutsche Antikapitalismus, also auch der *Deutsche Sozialismus*, sei die ökonomische Seite eines realpolitisch begründeten Antiliberalismus, zutreffend. *Hock* 1960 z. B. S. 62.

994 *Pahl* 1932, S. 246. Zu *Heimanns* Sichtweise vgl. *Heimann* 1932b, S. 75ff.

995 Ebd.

996 *Eschmann* 1932, S. 226, S. 238 sowie S. 240. ADGB 1932, S. 6.

währleistet sein soll,[997] um das gleiche ökonomische Ziel (mit entsprechenden Unterzielen) handelt, von welchem sich die „Deutschen Sozialisten" eine starke, geeinte Nation und die Gewerkschaftler dauerhafte soziale und ökonomische Sicherheit für die Arbeiterschaft erhoffen. Die ökonomische Begründung der Notwendigkeit einer neuen Wirtschaftsordnung basiert auf der von beiden politischen Flügeln mit *Emil Lederer* geteilten Diagnose, daß die ökonomische Krise Deutschlands durch strukturelle Probleme der Abstimmung zwischen dem Industrie- und Landwirtschaftssektor und zwischen der Produktionsmittel- und Konsumgüterindustrie verschärft wurde.[998] Die einzelnen Märkte sind hiernach aufgrund des rigiden Preisverfahrens nicht mehr aufeinander abgestimmt, was auf den planlosen staatlichen Interventionismus sowie das volkswirtschaftlich schädliche Verhalten der ökonomischen Großorganisationen zurückgeführt wird. Die Gewerkschaftler können dies nicht vom ökonomischen und die „Deutschen Sozialisten" nicht vom politischen, d.h. „nationalen Standpunkt" aus hinnehmen. Nur planmäßige Wirtschaftspolitik gibt ihnen zufolge der Wirtschaft ihre Elastizität wieder, wenn diese ein solches Stadium erreicht hat.[999]

Wenn sich die „Deutschen Sozialisten" von den Gewerkschaftlern weltanschaulich auch darin unterscheiden, welche Bedeutung sie dem Irrationalem beimessen, so stimmen sie doch auf der Ebene der Oberziele durchaus in weiten Bereichen überein.[1000] Die Übereinstimmung gilt erst recht für die Ziele, die sie von den Oberzielen ableiten, und den Mitteln, mit denen sie die Ziele zu erreichen glauben.

c) *Der Einbau der privaten Marktwirtschaft in die staatliche Planwirtschaft*

Die „Deutschen Sozialisten" wie die Gewerkschaftler bezeichnen ihre Konzeption gerne mit dem Begriff der „Planwirtschaft". Ob sie damit staatliche Lenkung des Wirtschaftsprozesses oder Planmäßigkeit der staatlichen Wirtschaftspolitik fordern, ist in der Sekundärliteratur umstritten. Unumstritten ist, daß beide Gruppen mit dem Begriff eine Wirtschaftsordnung meinen, die im Kontrast zur angeblichen Planlosigkeit und Anarchie der freien kapitalistischen Marktwirtschaft stehen soll. Für *Sombart* ist Planwirtschaft die Antipode zur „wilden, chaotischen, ungeordneten, plan- und sinnlosen Wirtschaft" des Kapitalismus.[1001] Für *Mendelsohn* „ist die Welt des Kapitalismus" eine „Welt des Widerspruchs, der Gegensätze, der Sinnlosigkeit, der Anarchie der Produktion, die immer wieder nach Perioden der Aufwärtsentwicklung schwerste Rückschläge,

[997] *Sombart* 1934, S. 318, ADGB 1932, S. 8.
[998] *Lederer* 1932c, S. 210ff., *Eschmann* 1931, S. 445ff., ADGB 1932, S. 7ff.
[999] Vgl. *Eschmann* 1931, S. 444.
[1000] *Bräutigams* Oberziele vereinen die Positionen beider Gruppen.
[1001] *Sombart* 1932, S. 19 und 1934, S. 278.

furchtbarste Krisen und Notzeiten im Gefolge hat".[1002] Mit Ausnahme *Bräutigams* erkennen weder die „Deutschen Sozialisten" noch die Gewerkschaftler die Preisbildung als einen Ordnungsfaktor des Wirtschaftslebens an.[1003] Obwohl auch in dem Ordnungsbild, das sie zeichnen, noch spontane Kräfte wirken, führen für beide Gruppen nur *gesetzte* Ordnungen zur „Ordnung". Dem entspricht auch, daß sich beide Gruppen im Gegensatz zu *Bräutigam* nicht mit den inneren Funktionsbedingungen und -problemen der Preisbildung und ihrer Lenkungsmaßnahmen auseinandersetzen.[1004] Sie sind sich ihrer Sache so sicher, daß sie die äußere Gestalt ihrer Wirtschaftsordnung und mögliche Mittel der Lenkung ohne große Begründung in ihre Schriften einführen. Sie fühlen sich nicht bemüßigt, auf irgendwelche potentiellen Probleme einzugehen.

Wie sollen nun aber der „Deutsche Sozialismus" und der „Umbau der Wirtschaft" aussehen? Festzustellen ist zunächst, daß sowohl die „Deutschen Sozialisten" und *Bräutigam* als auch die Gewerkschaftler keineswegs an eine staatliche Zentralverwaltungswirtschaft denken. Sie betonen im Gegenteil, daß es sich jeweils um eine dualistisch privatwirtschaftlich-staatswirtschaftliche und marktwirtschaftlich-lenkungswirtschaftliche Wirtschaftsordnung handeln soll. Trotz des Begriffs „Planwirtschaft" ist beabsichtigt, Markt und Privateigentum nicht auszuschalten. *Sombart* erklärt, daß die „freie Individualwirtschaft" auch im „Deutschen Sozialismus" weiter bestehen werde, *Eschmann* kündigt an, nicht gegen Eigentum und private Initiative zu sein, und im Programm „Umbau der Wirtschaft" betonen die Verfasser, daß sie „nur" dort, wo sie keine Möglichkeit mehr sehen, die „innere Verbindung zwischen Arbeit und Eigentum" wiederherzustellen, Staatseigentum einführen wollen. Sie alle entwickeln einen *Dritten Weg*, der eine Synthese zwischen staatlicher und privater Initiative, zwischen Staats- und Privatwirtschaft, zwischen Markt und Zentralplan sein soll. Das ordnungspolitische Leitbild, das „Deutsche Sozialisten", Gewerkschaftler und *Bräutigam* skizzieren, sieht in groben Zügen (1) einen „planwirtschaftlichen", staatlichen Produktionsmittelsektor und (2) einen dezentral koordinierten, privatwirtschaftlichen Konsumgütersektor vor.

(1) Es ist vorgesehen, den staatlichen vom „freien" Sektor streng zu trennen, so daß sich beide Sektoren nicht wie im gebundenen Kapitalismus Konkurrenz machen, wenn sie sich auf den gleichen Märkten betätigen. Die zentralen Pläne zur „Gesamtorganisation der Wirtschaft zugunsten des Staates" werden durch verschiedene direkte und indirekte Instrumente durchgesetzt, je nachdem ob der jeweilige Sektor weiterhin dezentral oder zentral koordiniert wird. Es ist

---

1002 *Mendelsohn* 1932, S. 5.

1003 Auf die Frage, ob die Ansicht der „Deutschen Sozialisten", daß es sich einerseits beim Kapitalismus um eine anarchistische Wirtschaftsordnung handelt, die andererseits eine nicht wieder kommende Epoche ökonomischer Prosperität geschaffen hatte, nicht widersprüchlich ist, soll hier nur hingewiesen werden.

1004 Lediglich *Bräutigam* beschäftigt sich intensiv mit der Funktion der Marktpreise und deren Zustandekommen. Vgl. *Bräutigam* 1932, S. 9ff.

nicht nur geplant, die einzelnen Bereiche des staatlichen Sektors innerhalb einer solchen „Planwirtschaft“ qualitativ neu, d.h. planmäßig zu ordnen und abzustimmen. Der staatliche Sektor soll auch quantitativ erheblich erweitert werden. Beide Gruppen sowie *Bräutigam* schließen sich mehrheitlich der Meinung *Carl Landauers* an, daß „Planwirtschaft“ ohne eine staatliche „Hausmacht“, ohne „Kommandobrücke“ nur mit großen Reibungsverlusten zu verwirklichen sei,[1005] da es anderweitig keinerlei Möglichkeit gebe, auf ein Wirtschaftssubjekt von innen heraus direkten Einfluß zu nehmen. Sie ziehen einträchtig daraus den Schluß, ohne jeweils auf einander Bezug zu nehmen, daß es erforderlich sei, die sog. „Schlüsselbranchen“ zu verstaatlichen, um dadurch „das wirtschaftliche Geschehen in seinen großen Zügen so zu bestimmen“,[1006] wie es die Planinstanz vorsieht. Der Staat besitze so direkte Lenkungsmacht über wesentliche und wichtige Teile der Wirtschaft. Mit den „Schlüsselbranchen“ sollen auch indirekt die privaten Unternehmen gelenkt werden. Mit dem monopolistisch-staatlichen Sektor werde die Möglichkeit geschaffen, das privatwirtschaftliche Angebot bzw. die dafür notwendigen Kosten gesamtwirtschaftlich zu beeinflussen. Den privaten Sektor lenkt der Staat, indem er durch die Schlüsselpositionen, die sein Sektor innehat, die Preise wichtiger Produktionsmittel oder Vorleistungen – für die Privatwirtschaft – setzt. Der Staat kann danach seinen Sektor direkt, den privaten Sektor indirekt lenken.

(2) In Landwirtschaft, Handwerk, Handel und der polypolistischen, meist mittelständischen verarbeitenden Industrie besteht laut *Pahl* noch die „innere Verbindung von Arbeit und Eigentum an Produktionsmitteln“, so daß in diesen Fällen das Privateigentum bestehen bleiben soll.[1007] Der „Tat“-Kreis präferiert die rechtliche Form der Personengesellschaft und möchte die Macht der Kapitalgesellschaften reduzieren.[1008] Und nach *Sombart* sollen im privatwirtschaftlichen Bereich auf Grundlage des Marktverfahrens und der „Leistungskonkurrenz in unverfälschter Form“ Unternehmen und Haushalte aus freien Stücken disponieren dürfen.[1009] Gerade auf die private Initiative möchte er nicht verzichten. Allerdings hat die Restriktion zu gelten, daß „man sie [die private Initiative, d. V.] auf so viele Personen wie möglich ausdehnt und damit ihren Wirkungsbereich im einzelnen so viel als möglich einengt.“[1010] *Sombart* malt diese Erkenntnis zwar durch Zuhilfenahme vorkapitalistischer Bilder aus, unbewußt beschreibt er jedoch nichts anderes als eine reale Annäherung an den neoklassischen Zustand der vollkommenen Konkurrenz, der bekanntlich eine gemäßigte Wettbewerbssituation darstellt, da keiner der Marktakteure die Macht besitzt,

---

[1005] ADGB 1932, S. 10; *Pahl* 1932, S. 245; *Mendelsohn / Pahl* 1930, S. 650ff; *Eschmann* 1931, S. 447

[1006] *Pahl* 1932, S. 247.

[1007] ADGB 1932, S. 15.

[1008] *Eschmann* 1931, S. 455.

[1009] *Sombart* 1934, S. 309f und 311.

[1010] Ebd., S. 306.

den Preis zu ändern. Diese Struktur gelte es auch in einer sich verändernden Wirtschaft durchzusetzen. Er stimmt mit den Gewerkschaftlern überein, daß „staatliche Kontrolle" durch ein Monopolamt notwendig sei, das „diese Betriebe in die staatliche gelenkte Gesamtwirtschaft straff einordnet."[1011] Beteiligungsfinanzierungen werden unter staatliche Aufsicht gestellt, und vorgesehene Fusionen müssen dem Monopolamt gemeldet werden, da Kapitalgesellschaften und deren Verschmelzungen sowie Konzernstrukturen die Gefahr von Monopolen heraufbeschwören, deren Monopolgewinne für die zahlreichen Fehlinvestitionen verantwortlich seien.[1012] *Mendelsohn* will dieses Vorhaben durch eine Reform des Aktienrechts unterstützen: Durch neue Publizitätsvorschriften, Prüfungspflicht und eine „Verschärfung der Verantwortlichkeit von Vorstand und Aufsichtsrat wie der neuen Wirtschaftsprüfer" hofft er, daß auch auf diese Weise lenkend eingegriffen werden kann.[1013] Ob ihm für den privaten Sektor auch das wettbewerbspolitische Konzept einer bestimmten Marktstruktur oder die Konzeption der Wettbewerbsfreiheit vorschwebt, ist aus seinen Schriften nicht genau herauszulesen. Beide Konzeptionen wurden damals noch nicht fein getrennt.[1014] Allein *Bräutigam* nimmt positiv zur Wettbewerbsfreiheit (ohne Bezugnahme auf eine bestimmte Marktform) in diesem Bereich Stellung, indem er konkret darauf hinweist, daß – sich dabei auf *Schumpeters* „Theorie der Entwicklung" stützend – durch das Zusammenspiel des (begrenzten) Privateigentums und der Konkurrenz die zur Bedarfsbefriedigung notwendigen Bedingungen und die für die wirtschaftliche Entwicklung notwendigen Leistungsanreize gegeben sind.[1015] Als Voraussetzung hat der Staat das Seine zu tun und die machtpolitischen Einflüsse der Privaten in der Wirtschaft auszuschalten.[1016]

Die ordnungspolitischen Konzeptionen der „Deutschen Sozialisten", der Gewerkschaftler und *Bräutigams* stimmen fast vollkommen überein. Unterschiede gibt es in der Frage, ob die Konzeption bereits das Endziel ist, oder ob die dualistische Wirtschaftordnung eine Übergangsordnung zum eigentlichen Ziel „Sozialismus" darstellt. Während die „Deutschen Sozialisten" und *Bräutigam* in der gemischt privatwirtschaftlich-staatswirtschaftlichen Ordnung ihren „Deutschen Sozialismus" verwirklicht sehen, kann ein solches Wirtschaftssystem für die Gewerkschaftler nur der Anfang sein. In ihrem Programm verwischen sich aber häufig Übergangs- und Zielordnung, so daß nicht mehr zu erkennen ist, welche Teile der Übergangsordnung noch verändert werden sollen und welche bereits ihre endgültige Gestalt besitzen.[1017]

[1011] *Pahl* 1932, S. 249.
[1012] *Mendelsohn* 1931, S. 376ff. und ders. 1932, S. 17f. sowie *Sombart* 1934, S. 322f.
[1013] *Mendelsohn* 1931, S. 378.
[1014] Vgl. Abschnitt D.I.2.
[1015] *Bräutigam* 1932, S. 136f.
[1016] Ebd., S. 134f.
[1017] ADGB 1932, S. 3.

d) *Das staatliche Lenkungsverfahren*

Den hier angeführten Ökonomen und Publizisten ist die Form des Staatseigentums nur Mittel zum Zweck. *Eschmann* lehnt „Sozialisierung um der Sozialisierung willen" explizit ab, da die „Einführung einer bestimmten Wirtschaftsform" ohne Inhalts- und Richtungsvorgabe sinnlos und nachteilig sei.[1018] *Pahl* stimmt ihm zu. „Die Verstaatlichung", so seine Meinung, „ist nur ein Werkzeug, das nutzlos bleibt, wenn es nicht gehandhabt wird."[1019] Dies impliziert keinen Verzicht auf Verstaatlichungen. Im Gegenteil erscheint ihnen staatliches Eigentum an Produktionsmitteln ein ideales Mittel, ein Instrument zu sein, um den Wirtschaftsprozeß nach staatlichen Zielen zu beeinflussen. Drei Problemkreise interessieren in diesem Zusammenhang: 1.) Auf welche personellen Ressourcen muß sich der Staat stützen, damit es sich dem damaligen Verständnis nach um eine „Planwirtschaft" und nicht wie bisher um punktuellen Ad-hoc-Interventionismus handelt.[1020] 2.) Welchen organisatorischen Charakter besitzt die zentrale Planung des Staates? 3.) Welches sind die „Schlüsselsektoren", mit deren Hilfe der Staat die gesamte Wirtschaft lenken soll?

1.) Zunächst gelte es, eine Planstelle zu installieren. Diese soll beim Staat liegen. Nur er, so „Deutsche Sozialisten" und Gewerkschaftler übereinstimmend, sei in der Lage, die Aufgaben einer „Kommandohöhe" zu übernehmen, da nur er sich einen gesamtwirtschaftlichen Überblick verschaffen könne. Beide sind sich einig darin, daß dies natürlich noch nicht ausreichen kann, um effektiv zentral zu planen. Vielmehr muß in weiten Teilen der parteipolitische Pluralismus und die Zersplitterung der staatlichen Träger der Wirtschaftspolitik beseitigt werden,[1021] um unabgestimmte Interventionen zu vermeiden. In der Frage, welcher gesellschaftliche Personenkreis nun prädestiniert ist, den Staat zu führen, gehen die Meinungen beider Gruppen auseinander. Während die „Deutschen Sozialisten" im Mittelstand die Wurzel des Personenkreises zu erkennen glauben, welcher die Spaltung des Volkes in „Kapital" und „Masse" überwinden und den Staat nach nationalen Prinzipien führen kann,[1022] trauen die Gewerk-

---

[1018] *Eschmann* 1932, S. 231.

[1019] ADGB 1932, S. 11.

[1020] „Deutschen Sozialisten" und die Anhänger des Gewerkschaftsplanes konnten sich wie alle Vertreter einer *Dritten-Wegs*-Konzeption der folgenden Aussage *Bräutigams* anschließen: „Der große Mangel aller bisherigen 'Planung' liegt aber darin begründet, daß es sich dabei immer nur um auf Einzelgebiete sich erstreckende Teilpläne handelt, und daß auch diese Maßnahmen fast niemals planend-vorausschauend, sondern meistens unter dem Zwange der Not des Augenblicks durchgeführt werden." *Bräutigam* 1932, S. 118.

[1021] *Eschmann* 1932, S. 234f. Zu den verfassungspolitischen Vorstellungen der „Tat" vgl. *Fritzsche* 1976, S. 185ff.

[1022] Zum Mittelstand wurden Angestellte, selbständige Bauern, Handwerker, Kleinhändler und Kleinunternehmer gezählt. *Frieds* interessante Ausführungen zum Mittelstand wurden qualitativ noch von *Heimanns* Untersuchung dieser heterogenen Schicht übertroffen. Auffallend ist aber, daß beide, obwohl unterschiedlicher (ordnungs-)politischer Ansicht, den Mit-

schaftler die Rolle des gemeinwohlorientierten Staatslenkers nur Persönlichkeiten zu, die der Arbeiterklasse entstammen. Nur Personen aus einem solchen Kreis garantieren nach Meinung der Gewerkschaftler, daß „gemeinwirtschaftliche Gesinnung" die Planrichtung bestimmt, und daß ein solcher Machtapparat nicht zur Ausbeutung verwendet wird.[1023] Mittelstand oder Arbeiterschaft werden als die gesellschaftlichen Schichten gesehen, die ein besonderes Verständnis für das holistisch aufgefaßte Ganze hätten, das durch die Rekrutierung der zukünftigen Eliten aus diesen Schichten für die Wirtschaftspolitik nutzbar gemacht werden kann. Überindividuelle Kosten und Zwecke könnten durch sie mehr Berücksichtigung erfahren. Beider Gruppen zufolge sei durch solche, aus relativ einheitlichen Schichten stammende Eliten die personelle Voraussetzung gegeben, um den Mangel des unsystematischen Interventionismus in der Wirtschaftspolitik beseitigen zu können.

2.) Nach *Eschmann* gibt der „Generalstab der Wirtschaft" die Richtung des Wirtschaftens vor und kontrolliert die „Plandurchsetzung".[1024] Bei dieser Richtungsvorgabe handelt es sich aber nicht um einen „universalen" Plan mit einer linearen Befehlsstruktur, sondern eher um eine Art Rahmenplan („Leitlinien"), der „sich in (...) wenigen großen allgemeinen Regelungen verwirklicht", um „neue Grundbedingungen" zu schaffen.[1025] Sämtliche Maßnahmen der „staatlichen Entscheidungsträger" sind danach nach einem einheitlichen Gesichtspunkt koordiniert. Der Staat soll, seine Aktivitäten auf den Plan ausrichtend, mittels planmäßiger Anreize und Sanktionen auf die gesamtwirtschaftliche Produktion Einfluß nehmen, ohne aber die marktwirtschaftliche Grundstruktur des „freien" Sektors zu beseitigen oder - wie *Sombart* es weitergehend genannt haben würde - die vor- und hochkapitalistischen Elemente aufzuheben.[1026] Der Gewerkschaftsplan weist in die gleiche Richtung. Er sieht vor, daß entsprechend den sektoralen Planungsbereichen Planinstanzen vorzusehen sind, die der zentralen Planstelle untergeordnet werden. *Pahl* schlägt ein Bankenamt, ein Außenhandelsamt, ein Verwaltungsamt für die (sonstige) öffentliche Wirtschaft sowie das oben bereits erwähnte Kartell- und Monopolamt vor.[1027] Entsprechend einer zentralen Vorgabe arbeitet dann die zentrale Planstelle zusammen mit den Planungsstellen der einzelnen Planbereiche Teilpläne aus: „Die Planstelle wird (...) mit Hilfe des Bankenamtes volkswirtschaftliche Kreditverteilungspläne

telstand soziologisch und historisch ähnlich einschätzen. Vgl. *Fried* 1931, S. 82ff. und 97ff. sowie *Heimann* 1932b, S. 80ff.

[1023] ADGB 1932, S. 3. Wie erwähnt, wird allerdings während der Weltwirtschaftskrise ebenfalls häufig vom Volk als Bezugspunkt gesprochen: Ebd., S. 29f.

[1024] *Eschmann* 1932, S. 241.

[1025] Ebd., S. 234f.

[1026] Von solch einer Planwirtschaft fordert *Sombart*, daß sie 1.) total sein muß, d.h. daß sie 2.) einheitlich sein muß, d.h. von einer einheitlichen Stelle erfolgen, und sie 3.) sie muß mannigfaltig sein, was „Ziel und Richtung", „Wirtschaftsform und –system" und die „Mittel der Durchführung" betrifft. *Sombart* 1932, S. 25ff und 1934, S. 279ff.

[1027] ADGB 1932, S. 28. *Pahl* 1932, S. 245.

mit Hilfe des Bankenamtes volkswirtschaftliche Kreditverteilungspläne aufstellen, mit den Organen des Außenhandelsmonopols die Richtlinien für den Außenhandel festlegen, mit dem Kartell- und Monopolamt die Grundzüge der Kartellpolitik festlegen."[1028] Dazu ist noch ein Teilplan für die (sonstige) öffentliche Wirtschaft („sonstige Schlüsselsektoren") vorgesehen, die zu einem großen Teil ebenfalls als Lenkungsinstrument eingesetzt werden soll. Über Direktiven oder gar rationale Kriterien, die den Plänen Einheit und Inhalt gäben, schweigen sich *Sombart* und die „Tat"-Mitarbeiter genauso wie die Gewerkschaftler aus. Nur *Bräutigam* nennt zumindest formale Kriterien der Planung. Die Planung hätte stets auf

- den Gesichtspunkt der Konkurrenzfähigkeit auf dem Weltmarkt,
- den der „Dringlichkeit des Bedarfs, gemessen an den Preisen",
- den der „Dringlichkeit des Bedarfs, sozialpolitisch gesehen" und
- den Gesichtspunkt der „Auswirkung auf Arbeitslosigkeit und Beschäftigung" zu achten.[1029]

3.) Ein Problem, das auftritt, wenn der Staat die Privatwirtschaft durch seine monopolistischen „Schlüsselunternehmen" lenkt, ist, daß das eigentlich Entscheidende dieser Lenkungsweise nicht die Branchen, sondern die mit ihnen verbundenen Funktionen sind. Denn wirksam kann der Staat sich diese nur zunutze machen, wenn er mit den Branchen auch ein Monopol auf die entsprechenden Funktionen erhält. Ob ökonomische Komplexität und Evolution diesem Ansinnen nicht Hemmnisse entgegensetzen, ist sicherlich eine berechtigte Frage.[1030] Als resistent gegenüber solchen Problemen gelten den Nationalökonomen und Publizisten zwei Branchen: a) der Banken- und Kreditsektors und b) das Grundstoff- und Verkehrswesen.

a) Da das Geld- und Kreditsystem in alle Sektoren der modernen Wirtschaft hineinreicht, scheint es das ideale Instrument zu sein, um planmäßig auf die Allokation der Privaten einzuwirken. Wer diesen Sektor beherrscht, beherrsche die ganze Wirtschaft. Für diese Meinung war *Bräutigams* Aussage repräsentativ, „je mehr sie [die gesamtwirtschaftliche Planung, d. V.] sich in der Hauptsache auf eine Lenkung und Beeinflussung des Geldkapitalstroms, also auf eine Investitionslenkung und Investitionskontrolle beschränkt, desto weniger werden darüber hinausgehende direkte Eingriffe in den Preismechanismus und die ,freie Initiative' notwendig werden (...)."[1031] Während *Mendelsohn* und *Strasser* zunächst nur vorsichtig an eine schärfere Kontrolle dieses Sektors denken,[1032] gehen die anderen einen Schritt weiter. Sie sprechen sich unverhohlen

[1028] ADGB 1932, S. 29.
[1029] *Bräutigam* 1932, S. 120.
[1030] Vgl. *Novy* 1978, S. 177ff.
[1031] *Bräutigam* 1932, S. 119.
[1032] *Mendelsohn* 1932, S. 63 und *Strasser* 1932a, S. 14. *Kroll* dagegen behauptet, daß sich auch *Strasser* für eine Verstaatlichung des Bankwesens einsetzte. *Kroll* 1958, S. 133. Meines Erachtens ist dies nicht korrekt.

für die Verstaatlichung des Banken- und Kreditsektors, wenigstens der großen Institute, aus. Allerdings mutet diese Forderung gegenwärtig radikaler an, als sie es damals war. Denn bereits während der Weltwirtschaftskrise besaß der Staat wegen verschiedener Stützungsaktionen einen sehr großen Anteil am Kapital der Großbanken.[1033] Gerade auf die Kreditvergabepraxis in Verbindung mit den Fehlinvestitionen, welche die Banken an den Rand des wirtschaftlichen Ruins führten, beriefen sich die Vertreter in ihren Forderungen, den Kapitalstrom planmäßig lenken zu lassen.

Wie der konkrete Neubau des deutschen Kreditwesens erfolgen soll, darüber gehen die Meinungen auseinander. *Mendelsohn* und *Strasser* beschäftigen sich - wie erwähnt - „nur“ mit der staatlichen Kontrolle des Bankensektors, *Bräutigam* spricht sich dagegen vehement für eine „Verstaatlichung der Kapitalbildung“ aus, da sie eine Gemeinschaftsangelegenheit sei.[1034] Organisatorisch ist beabsichtigt, eine Staatsbank zu gründen, die jährlich eine aus Steuern aufgebrachte Kapitalsumme vom Reich erhält.[1035] Sie soll Kredite für langfristige Investitionen zuteilen, während kurzfristige Finanzierungen weiterhin der Reichsbank, den verstaatlichten und den restlichen privaten Banken obliegen soll.[1036] Die Kooperation zwischen Staats- und Reichsbank erfolge durch eine ebenfalls neu zu gründende Dachorganisation, der „Deutschen Zentralbank“ als „Sammel- und Verteilungsstelle“, die regional und sektoral zu untergliedern sei, um eine gleichmäßige Kreditversorgung nach gesamtwirtschaftlichen Aspekten zu gewährleisten.[1037] Für *Eschmann* ist die öffentliche Hand zwar „Inhaberin und Garantin des Systems von Sparkassen, Hypothekenbanken und Kreditinstituten,“ aber man sollte sich den Bankensektor nicht so sehr als einen monolithischen Block vorstellen. Er beschwichtigt, daß „die einzelnen Institute selbständig und eigenverantwortlich“[1038] sein werden und durchaus in Konkurrenz zueinander treten sollen. *Eschmann* unterscheidet sich mit dieser Forderung nach einem marktsozialistisch organisierten Bankensektor von den anderen hier behandelten Vertretern einer dualistischen Wirtschaftsordnung, welche gerade eine Zusammenfassung des gesamten Kredit- und Geldwesens fordern.[1039] Widersprüchlich mutet aber *Eschmanns* gleichzeitige Forderung nach staatlicher Investitionslenkung an. Soll die dezentrale Koordination nicht nur eine theoretisch Forderung bleiben, so bliebe dem Staat zur Lenkung dieses Sektors nur die „normale“ Zentralbankpolitik und staatliche Direktiven. Dafür müßten aber un-

[1033] „1932 stammten 91 Prozent des Kapitals der Dresdner Bank, 70 Prozent des Kapitals der Commerzbank und 35 Prozent des Kapitals der Deutschen Bank aus Mitteln der öffentlichen Hand.“ *James* 1988, S. 306.
[1034] *Bräutigam* 1932, S. 89ff.
[1035] Ebd., S. 91ff.
[1036] Ebd.
[1037] Ebd., S. 120f. und 125ff.
[1038] *Eschmann* 1931, S. 454f.
[1039] Vgl. *Sombart* 1934, S. 300, und *Fried* 1932b, S. 265ff.

terschiedliche, unabhängige Stellen des Staates die hoheitliche Kontrolle und die Unternehmerfunktion übernehmen. Ansonsten wäre die dezentrale Planung nur noch eine hohle Phrase. Da alles weitere zu den marktsozialistischen Ordnungsformen im nächsten Kapitel erörtert wird, werde ich auf *Eschmanns* Ordnungsbild des Bankensektors nicht weiter eingehen. Der Bankensektor bleibt dem staatlichen Bankenamt unterstellt, wie auch immer der Sektor organisatorisch gestaltet werden soll. Das Bankenamt hat dann die „olympische" Aufgabe , die Mehrzahl der Kapitalströme zu lenken.

Wenn es darum geht, die Art und Weise der staatlichen Kreditvergabe zu beschreiben, bleiben die Theoretiker der Gewerkschaften vollkommen vage, die „Tat"-Autoren und *Sombart* werden schon etwas konkreter und noch detaillierter schildert *Bräutigam* seine Vorstellungen. Aus dem verschwommenen Bild, daß die „Deutschen Sozialisten" zu dieser Frage zeichnen, läßt sich erkennen, daß sie die „Manipulation des Zinssatzes" vorsehen. Von der Kreditverweigerung bis zur Zinsdifferenzierung nach einzelnen Regionen, Sektoren und Unternehmen soll die Palette der Mittel reichen, um den Kapitalstrom zu dosieren und so die Daten zu verändern, an die sich die frei disponierenden Wirtschaftssubjekte, entsprechend ihrer Wahrnehmung, anzupassen haben.[1040] Vor lauter Begeisterung über ihre organisatorischen Ideen scheinen sie aber zu vergessen, daß die Beibehaltung des Zinsverfahrens spontane Elemente impliziert und daß im Monopolfall das staatlichen Kreditwesen nicht unabhängig von der Kreditnachfrage ist. Für *Bräutigam* kann das Vorhaben, die freie Zinsbildung in der zukünftigen Wirtschaftsordnung bestehen zu lassen, nicht genügen, um rationales Wirtschaften zu gewährleisten. Ein Marktzins dürfe auf jeden Fall nur für das kurzfristige, (in Teilen noch private) Kapital, nicht aber für Kredite gelten, die einem langfristigen Investitionszweck (Erneuerungs- und Erweiterungsinvestitionen) dienen.[1041] Die Staatsbank habe langfristige Kredite als zinsloses Darlehen zu verteilen.[1042] Die Kredite dürfen gemäß seiner Vorstellung aber nur an im Wettbewerb befindlichen Industrieunternehmen vergeben werden, wodurch die Kreditvergabepraxis auch zu einem wichtigen Mittel der Wettbewerbspolitik werde. Dahinter steht der Gedanke, daß die Staatsbank nur im Falle von Wettbewerb die Preise ermitteln kann, welche Unternehmen Kapital aufgrund einer gesteigerten Nachfrage benötigen, um Fehlinvestitionen zu vermeiden. Diese von ihm angedachte Vergabepraxis beinhaltet keinerlei Gebote, sondern nur Verbote und ist seiner Meinung nach mit dem Marktverfahren vereinbar.

[1040] *Eschmann* 1932, S. 241.

[1041] *Bräutigam* glaubt, nachweisen zu können, daß die Zinsbildung rationales Wirtschaften verhindert, indem er Monopol- und Zinsbildung miteinander verbindet (Vgl. *Bräutigam* 1932, S. 15ff.). „Zinsknechtschaft" und Monopolismus, so *Bräutgam* schlußfolgernd, können nur beseitigt werden, wenn die Kapitalbildung für langfristige Investitionszwecke verstaatlicht wird. Ebd., S. 89ff.

[1042] Ebd., S. 91ff.

b) Den Vertretern einer dualistischen Wirtschaftsordnung genügt der verstaatlichte Banken- und Kreditsektor alleine nicht. Ihrer Ansicht nach soll als ein weiteres Fundament der Volkswirtschaft auch der monopolisierte Grundstoff- und Versorgungsbereich sowie das Verkehrswesen der privaten oder gemeindlichen Verfügungsgewalt entzogen werden.[1043] Während die (vermachtete) Privatwirtschaft Kohle, Eisen, Zement und Benzin aus Profitstreben zu Monopolpreisen anbiete, hätten die Gemeinden bisher ihr Monopol auf Elektrizität und Gas als zusätzliche „Steuerquelle" betrachtet.[1044] Dadurch seien überhöhte Preise entstanden, die aufgrund der ökonomischen „Schlüsselstellungen" zur Ineffizienz der gesamten Wirtschaft und zur geringen Bedarfsdeckung erheblich beigetragen haben.[1045] Damit soll in Zukunft Schluß sein. In diesem Sektor, so *Eschmann* und die Verfasser des Gewerkschaftsplanes, geht es um ein möglichst preisgünstiges Angebot, so daß hier auf Kapitalbildung, d.h. Gewinnerzielung bzw. Eigenkapitalverzinsung, wie auf fiskalische Zwecke verzichtet werden soll.[1046] *Eschmann* ist sich mit *Pahl* darüber einig, daß durch den Übergang dieser Zweige in Staatseigentum die Möglichkeit genutzt werden muß, deren Produktpreise zu senken, bis sie gerade noch kostendeckend sind.[1047] Beide Autoren gehen nur sehr dürftig darauf ein, aber dennoch kann davon ausgegangen werden, daß sie durchaus der Planstelle zugestehen wollen, ihr Monopol im Grundstoffbereich auch dazu zu nutzen, beim Angebot die Preise nach einzelnen Abnehmerzweigen der verarbeitenden Industrie zu differenzieren und diese auch auf diese Weise indirekt zu lenken.

Sowohl *Eschmann* als auch *Pahl* sehen neben dem staatlichen Sektor, der die „ökonomischen Grundbedingungen" gewährleisten soll, einen weiteren staatlichen Sektor, einen, der Teile der verarbeitenden Industrie umfaßt, vor. Dieser soll die Funktion besitzen, planmäßig Kapital zu bilden.[1048] Zu diesem Teil zählen beide Autoren Unternehmen, die aufgrund ihrer Monopolstellung oder „anderer Gründe", wie Spezialproduktionen in hohem Maße volkswirtschaftliches Kapital akkumulieren.[1049] Damit beabsichtigen sie, Monopole oder monopolartige Unternehmen mit großem Wachstumspotential in Staatseigentum zu überführen, um dem Staat auch in Zukunft wirtschaftlich großen Einfluß zu

---

[1043] *Strasser* 1932a, S. 17, und *Fried* 1932b, S. 464ff. *Fried* schlug ferner vor, sämtliche Unternehmen, die Monopolmacht ausüben, zu verstaatlichen. *Bräutigam* schlägt folgende Vorgehensweise vor: 1. Verstaatlichung dieser Industrie gegen Entschädigung; 2. Die jeweiligen Bezieher (verarbeitende Industrie, Händler) werden zu Genossenschaften zusammengeschlossen; 3. Die Genossenschaften leiten die entsprechende Industrie, der Staat behält die Oberaufsicht. *Bräutigam* 1932, S. 141.

[1044] *Eschmann* 1931, S. 447ff.; ADGB 1932, S. 10ff.

[1045] *Eschmann* 1931, S. 448.; ADGB 1932, S. 10f.

[1046] *Eschmann* 1931, S. 449f.; ADGB 1932, S. 13.

[1047] *Eschmann* 1931, S. 450; *Pahl* 1932, S. 248.

[1048] *Eschmann* 1931, S. 453f.; *Pahl* 1932, S. 248.

[1049] *Eschmann* 1931, S. 452f.; *Pahl* 1932, S. 248.

sichern.[1050] Es kommt in diesem Fall staatlichen Eigentums beiden nicht mehr auf eine (abgegrenzte) Branche mit einem „relativen Funktionsmonopol“, sondern auf Unternehmen mit großem Wachstumspotential, unabhängig von der Produktionsrichtung, an. *Eschmann* nimmt dies zum Anlaß, das Wirtschaftsleben dieses Sektors weitgehend dezentral planen lassen zu wollen.[1051] Der Staat soll sich in dem Sektor seiner Meinung nach auf die Eigentümerrolle beschränken.

Nach den bisher vorgestellten Ansichten ist beabsichtigt, daß der Staat einen Teil seiner eigenen Unternehmen zentral lenkt. Diese Unternehmen nehmen wiederum durch ihre Monopolstellung auf den marktwirtschaftlichen Sektor Einfluß, indem sie Preise „setzen“ können. Neben dem monopolistisch ausgenutzten Eigentum des Staates sind aber auch noch nachfrageorientierte Maßnahmen als Lenkungsinstrumente vorgesehen.

e) *Die Konjunkturpolitik*

Eine besondere Bedeutung kommt während der Weltwirtschaftskrise der damals viel diskutierten Stabilitätspolitik zu. Gewerkschaftler und „Deutsche Sozialisten“ entwickeln sich Anfang der 30er Jahre zu konsequenten Befürwortern aktiver Konjunkturpolitik. Sie glauben mit dieser, kurzfristig die Krise mildern und langfristig die bestehende Wirtschaftsordnung in Richtung einer „Planwirtschaft“ transformieren zu können. *Sombart* engagiert sich im Umkreis der sog. Reformer, welche zur Marktorthodoxie alternative Maßnahmen vorschlägt,[1052] der „Tat“-Kreis unterstützt den *Wagemann*-Plan, den sie als „halben Weg zur Planwirtschaft“ begrüßen,[1053] und *Strasser* hält eine aufsehenerregende Rede im Reichstag, in welcher er positiv auf den von den Gewerkschaften verkündeten WTB-Plan rekurriert.[1054] Mit den Gewerkschaftlern sind sich die „Deutschen Sozialisten“ auch einig über die weitere Vorgehensweise. Auf Basis einer zu schaffenden Binnenwährung, die die Ausübung autonomer Wirtschaftspolitik

---

[1050] Daneben sollten noch die Wehrbetriebe verstaatlicht werden. *Sombart* 1934, S. 301.

[1051] *Eschmann* 1931, S. 453.

[1052] Vgl. zum Kreis der Reformer *Janssen* 1998, S. 396. Nach *Sombart* fußt die Idee der Arbeitsbeschaffung „auf dem Grundgedanken, daß zwar die Idee der Planung die gesamte Wirtschaft beherrschen muß, daß aber innerhalb des Gesamtplanes der freien Initiative der Wirtschaftssubjekte ein breiter Raum gelassen werden muß." (*Sombart* 1933, S. 163.) Im selben Artikel gibt er auch einen kurzen Überblick über die seiner Meinung nach notwendigen Maßnahmen, um die Weltwirtschaftskrise zu bekämpfen.

[1053] *Fried* 1932c, S. 935f. Zum vom Präsidenten des Statistischen Reichsamtes *Ernst Wagemann* aufgestellten Plan zur Überwindung der Weltwirtschaftskrise vgl. *Regul* 1981, S. 421ff.

[1054] Vgl. *Strasser* 1932b, S. 8. *Schneider* 1975, S. 151. Zur staatlichen Arbeitsbeschaffung und zur produktiven Kreditschöpfung vgl. *Strasser* 1932a, S. 12f. Vgl. auch *Kroll* 1958, S. 426ff. Zum gewerkschaftlichen Arbeitbeschaffungsprogramm vgl. *Woytinsky* 1932, S. 405ff., und *Tarnow* 1932, S. 413ff.

sichern soll, bejahen sie kreditfinanzierte Beschäftigungsmaßnahmen. Dahinter verbirgt sich der Gedanke, daß nicht – wie damals vielfach behauptet – Kapital, sondern Geld als Umlaufmittel fehlt, um die vorhandenen Kapazitäten auszunutzen. Beide Gruppen zogen daraus die Konsequenz, daß aktive Konjunkturpolitik mittels Kreditschöpfung betrieben werden müsse.[1055] Um die Gefahr der Inflation zu bannen, sollen diese kreditfinanzierten Staatsausgaben nur für „produktive Zwecke" verwendet werden, d.h. solche Zwecke, die die volkswirtschaftliche Produktion steigern, um so das Güter/Geld-und-Investition/Spar-Verhältnis auf „höherem Niveau" wieder herzustellen. *Fried* zufolge bedarf der dafür notwendige Einsatz der Gelder und der zusätzlich Beschäftigten wiederum eines „großen Aufmarschplanes" des Staates.[1056] Nach *Sombarts* Auffassung sollen

- bäuerliche Siedlungen,
- Ausbau und Vervollkommnung des landwirtschaftlichen Genossenschaftswesens,
- Drainagen, Urbanisierung usw.,
- Straßenbau zur Verbesserung der landwirtschaftlichen Produktion,
- Kanalbau und
- Rationalisierung der landwirtschaftlichen Produktion gefördert werden:[1057]

Sombarts „Grundgedanke besteht darin, den organischen Sektor der Volkswirtschaft zu stärken, dadurch die meisten Arbeitslosen zu absorbieren und als Folge des Ausbaus des organischen Sektors eine weitere Entwicklung der Gesamtwirtschaft zu ermöglichen."[1058] Für ihn mußte erfolgreiche Konjunkturpolitik im organischen Bereich und nicht, wie später bei den Nationalsozialisten, die ihren Schwerpunkt auf die moderne Technik legten, im anorganischen Bereich beginnen. Besonders in der Landwirtschaft sollen neue Arbeitsplätze entstehen, wodurch die Konjunkturpolitik auch zu einem Mittel der „Reagrarisierung" wird. *Sombart* erkennt dabei nicht, daß die staatliche Planung erschwert wird, wenn durch solche Maßnahmen die Beschäftigtenzahl auf dem Lande, dessen Wirtschaft die Form einer polypolistischen Wirtschaft besitzen soll, erhöht wird. Dies alles kann hier aber nur angerissen werden.[1059] Festzuhalten bleibt, daß dem Staat nach den hier vertretenden Meinungen auch die Aufgabe zukommt, nachfrageorientierte Wirtschaftspolitik zu betreiben.

[1055] Zu Sombarts Vorschlägen vgl. *Backhaus* 1989, S. 96ff.
[1056] *Fried* 1932b, S. 457.
[1057] *Sombart* 1934, S. 335.
[1058] *Backhaus* 1989, S. 97. Zu *Sombarts* Konjunkturtheorie vgl. ebd.
[1059] Zur näheren Beschäftigung mit dem Thema sei *Janssen* 1998/2000 empfohlen.

f) Das Außenhandelsmonopol und „Autarkie"

Nach Ansicht der Mehrheit der hier behandelten Autoren können diese Maßnahmen aber nur effektiv gehandhabt werden, wenn die Planungsstelle nach außen ein semi-autarkes Wirtschaftsgebiet verwirklicht, indem diese mittels eines Monopols den Außenhandel nach politischen und gesamtwirtschaftlichen Gründen lenkt. Unterschiede zwischen den politischen Flügel der Vertreter einer dualistischen Wirtschaftsordnung bestehen hinsichtlich der Frage nach der räumlichen Ausdehnung des Wirtschaftsraumes. Während die „Deutschen Sozialisten" einen mittel-südosteuropäischen Großraum vor dem geistigen Auge haben,[1060] zieht der größte Teil der Gewerkschaftler einen gesamteuropäischen Wirtschaftsraum vor.[1061]

Mit dem Schlagwort „Autarkie" wird „Die Tat" zu einer der meist gelesenen, und meist kritisierten, politisch-theoretischen Zeitschriften der Weimarer Republik. Die „Tat"-Autoren glauben, einen Zwang zur Autarkie zu erkennen. Im Zeitalter des gebundenen Kapitalismus, so ihre Überzeugung, wird der Freihandel unbewußt und unsystematisch beschränkt. Dadurch bilden sich langsam Konturen mehrerer Wirtschaftsräume aus, die den Weltmarkt zersplittern.[1062] Der autoritäre Staat hat nach Ansicht der „Tat"-Autoren die Aufgabe, entsprechend dieser historischen Tendenz die außenwirtschaftlichen Beziehungen widerspruchsfrei und bewußt zu gestalten. *Fried* stellt den Grundsatz auf, daß mittels autarkistischer Maßnahmen das „ökonomische Prinzip" durch das „nationale Prinzip" vollständig abzulösen sei.[1063] Über die Interpretation, es bestehe ein Zwang zur Autarkie aufgrund von (unbeeinflußbaren) weltwirtschaftlichen Strukturveränderungen, ist bereits viel geschrieben worden,[1064] ebenso über die Tatsache, daß die hier behandelten Autoren auch nicht „Autarkie" als „Selbstgenügsamkeit" im Sinne von „vollständige[r] wirtschaftliche[r] Selbstversorgung zur Sicherung der Güterversorgung" verstanden wissen wollen.[1065] Ihr eigentli-

---

[1060] Vgl. *Wirsing* 1932. Nach 1933 nahm der Anteil des Handels mit Südosteuropa am Gesamtimport und Gesamtexport tatsächlich signifikant zu. Vgl. *Barkai* 1998, S. 163.

[1061] Vgl. *Pahl* 1931, S. 369; ADGB 1932, S. 26.

[1062] Auch die reale außenwirtschaftliche Entwicklung war für *Fried* primär Folge einer gewandelten Gundhaltung der Menschen. Der autarke Mensch besinne sich auf sich selbst, er „besinnt sich auf den Boden, auf den er gestellt ist, auf die Gemeinschaft, in die er hineingestellt wurde, auf die Familie, auf den Stamm, auf das Volk." *Fried* 1932a, S. 42.

[1063] Ders., S. 19. Die „Deutschen Sozialisten" sahen einen engen Zusammenhang zwischen Autarkie und Planwirtschaft: „Die Autarkie steht zum Freihandel wie die Planwirtschaft zur freien Marktwirtschaft. (...) Infolgedessen ist die Planwirtschaft eine 'Organisierung' der freien Wirtschaft, die Autarkie eine 'Organisierung' des freien Handels, des freien Warenverkehrs auf der Welt." Ebd., S. 9. Aus diesem Zitat wird auch deutlich, was unter wirtschaftlicher Autarkie verstanden wurde: Außenhandelslenkung.

[1064] Vgl. *Niehans* 1945, S. 107ff., *Teichert* 1984, S. 84ff. und *Hock* 1960, S. 53.

[1065] *Niehans* 1945, S. 24.

ches Ziel ist vielmehr „Autarchie", also Selbstherrschaft.[1066] Um Selbstherrschaft zu verwirklichen, erwägen *Sombart* und *Fried*, die Exponenten der Autarkie-Bewegung, den Außenhandel zu lenken – dies aber häufig mit nichtmarktkonformen Mitteln. An dieser Stelle sollen die konkreten Maßnahmen nur genannt werden: Handelsmonopol, Präferenzverträge, bilateraler Tauschverkehr, Waren-Clearing, Kontingente, Devisenbewirtschaftung.[1067] So ziemlich alle bekannten (nicht-tarifären) Instrumente werden diskutiert. Zur näheren (kritischen) Beschäftigung wird ebenfalls auf die vorhandene Literatur verwiesen.[1068] Die Gewerkschaftler lehnen „Autarkie" ab. Sie hinterfragen die Konzeptionen der „Deutschen Sozialisten" aber nicht, ob diese wirklich einen abgeschlossenen, selbstgenügsamen Wirtschaftsraum anstreben, sondern nehmen den Begriff „Autarkie" einfach zum Anlaß, ihre außenwirtschaftspolitische Konzeption als Alternative zu der der „Deutschen Sozialisten" darzustellen.[1069] Die Gewerkschaftler bleiben letztendlich noch unklarer als die „Deutschen Sozialisten" und fordern ähnliche, wenn nicht die gleichen Maßnahmen, wie die „Tat"-Autoren.[1070] Deutlicher als die „Deutschen Sozialisten" stellen aber die Gewerkschaftler die Verbindung zwischen Binnen- und Außenwirtschaftslenkung her, ohne damit aber wirklich zu überzeugen. Entsprechend dem Gesamtwirtschaftsplan sollen die Devisen den Sektoren zugeteilt werden, um auch von dieser Seite

---

[1066] „In sachlicher Beziehung autark würde ich eine Volkswirtschaft nennen", so *Sombart*, „(...) die auswärtigen Handel zu treiben nicht genötigt ist im Hinblick auf ihre Existenz, sondern die nach freiem Ermessen das ein- und ausführt, was ihr gut dünkt." *Sombart* 1932, S. 41 und 1934, S. 287.

[1067] Z.B. *Sombart* 1934, S. 325. *Fried* charakterisiert die außenwirtschaftlichen Aktivitäten wie folgt: „Also etwa eine klare staatliche Außenhandelskontrolle und Aufstellung eines Ein- und Ausfuhrplanes: Berechnung der notwendigen Einfuhr von Rohstoffen und Halbfabrikaten, um den Wirtschaftsbetrieb wieder in Gang zu setzen (...), der notwendigen Einfuhr von Lebensmitteln und Fertigwaren (...), Begrenzung der Einfuhr auf diejenige Höhe, die praktisch durch Ausfuhr deutscher Erzeugnisse bezahlt werden kann. Gleichzeitig Einrichtung eines staatlichen Devisenmonopols: Devisenhandel nur durch die Reichsbank, Angliederung sämtlicher Exportdevisen und Zuteilung der Importdevisen nach dem festgelegten Einfuhrplan, darüber hinaus Einführung eines Devisen-Clearings mit denjenigen Ländern, mit denen im Rahmen des Ein- und Ausfuhrplanes Kontingents- und Präferenzverträge abgeschlossen werden können." (*Fried* 1932d, S. 983f.) Wie der „Bedarf" ex-ante festgestellt werden kann, wird aber genauso verschwiegen wie das Problem des Zusammenwirkens von staatlicher und privater Planung bei der Ein- und Ausfuhr. Der Sozialist Baumann hält darüber hinaus, das Zusammenwirken von „planwirtschaftlichen", d.h. nicht-marktkonformen Mitteln in der Außenwirtschaft und marktkonformen Mitteln in der Innenwirtschaft für nicht zweckmäßig. *Baumann* 1933, S. 94ff.

[1068] *Lederer* lehnte *Autarkie* als außenpolitisches Ziel vehement ab, wobei er sich an *Selbstgenügsamkeit* als Bedeutungsinhalt des Wortes Autarkie orientiert. Er stellte vor allem auf die ökonomischen Gefahren (kein Außenhandel mehr) ab und hält die Autarkieforderung als der deutschen und europäischen Kultur vollkommen konträr. Vgl. *Lederer* 1932b, S. 199ff.

[1069] ADGB 1932, S. 25f.

[1070] *Teichert* 1984, S. 79ff., besonders S. 83.

einen Ausgleich „zwischen Agrarwirtschaft und Industriewirtschaft, zwischen Verbrauchs- und Investitionswirtschaft, zwischen Innen- und Außenwirtschaft“ herbeizuführen.[1071] Auf Konsequenzen, die sich aus einer „Autarkie“ ergeben, wird wenig eingegangen. Die „Deutschen Sozialisten“ z. B. nehmen vielmehr eine Erhöhung der Kosten und ein Sinken des Lebensstandards in Folge der Umstellung der Produktion und der Nichtausnutzung von Standortvorteilen in Kauf, um „höhere Ziele“ zu erreichen.[1072]

Kurz eingegangen werden soll noch auf den Zusammenhang zwischen der Außenhandelslenkung und der Forderung nach einer (von der Goldparität gelösten) Binnenwährung (diese wurde bereits im Zusammenhang mit der Konjunkturpolitik erwähnt). Besonders die „Deutschen Sozialisten“ hoffen mittels der Binnenwährung, nicht nur über die realwirtschaftliche Seite innerhalb ihres Gebietes souverän bestimmen zu können, sondern auch auf monetärem Gebiet unabhängig vom internationalen Kapitalmarkt und -verkehr zu werden.[1073] Ein Aspekt, der, wie wir sahen, von den „Deutschen Sozialisten“ hinsichtlich der konjunkturpolitischen Krisenbekämpfung als wichtig angesehen wird.

Bräutigam gibt Auskunft, was unter einer Binnenwährung zu verstehen ist. Gemäß seiner Vorstellung wird die Binnenwährung die umlaufenden „deutschen Geldzeichen“ bei gleichem Wert (im Verhältnis zur Goldparität) ersetzen;[1074] es wäre verboten, sie aus- und wieder einzuführen; ihr Geltungsbereich als Zahlungsmittel sei auf das Gebiet des Deutschen Reiches zu beschränken. Sie darf nur dort kursieren. „Der Zahlungsverkehr mit dem Ausland“, schreibt er, „erfolgt entweder in Gold und Devisen oder ‚giral’ durch Gutschrift und Belastung der auf Binnenmark lautenden Auslandskonten“.[1075] Importe, deren Bezahlung mit Binnenmark erfolgen kann, sind nach seinem Willen dann grundsätzlich frei. „Über dieses Binnenmarktkonto kann der ausländische Kontoinhaber frei verfügen, also entweder sein Guthaben zum Ankauf und Export deutscher Waren selbst verwenden, oder aber an einen anderen ausländischen Kontoinhaber seines eigenen oder eines dritten Landes übertragen.“[1076] Seine Restriktion lautet wie folgt: Befinden sich Gold und Devisen zusammen von weniger als 500 Millionen Mark im Depot der Reichsbank, dürfen Gold und Devisen nur für Importe unentbehrlicher Güter bereitgestellt werden. Übersteigen sie diesen Wert, sind sie zunächst für den Ausgleich der Auslandsschulden und –zinsen zu verwenden. Erst danach sollen Devisen und Gold für die sonstigen Importe

---

[1071] *Pahl* 1931, S. 362f.

[1072] *Hock* 1960, S. 60f.

[1073] Immer wieder autarchistische Zielsetzungen: „Sinn der Autarkie ist die Wiedergewinnung der Souveränität des Volkes über die Handels- und Kreditbeziehungen zum Ausland, über die vom Erwerbsgedanken zur Bedarfsdeckung wandelnde Volkswirtschaft im Inland.” *Eschmann* 1931, S. 444.

[1074] *Bräutigam* 1932, S. 146ff.

[1075] Ebd., S. 146.

[1076] Ebd., S. 146f.

freigegeben werden. Den privaten Wirtschaftssubjekten wird kein Zwang auferlegt, Waren oder Erzeugnisse zu im- oder exportieren. Die Initiative zum Außenhandel bleibt abhängig vom Willen der Privaten – aber unter der Kontrolle der staatlichen Instanzen. Importe werden in *Bräutigams* Zukunftsbild mittels der Gold- und Devisenbeschränkung, Exporte durch eine Genehmigungspflicht überwacht. Ort des Clearings, der Devisengenehmigung und der Ausgabe der Binnenwährung soll nach *Bräutigam* die Reichsbank sein (andere präferieren eine Außenhandelsstelle), welche somit die Außenwirtschaft nach der politisch gewünschten, innenwirtschaftlichen Richtung lenken könne.[1077]

Praktische Probleme, wie z. B. die Frage, ob diese Art der Außenwirtschaftslenkung nicht zu einem Anfall einer großen Menge an täglichen Geschäftsvorfällen und damit zu schleppender, bürokratischer Bearbeitung führt, untersucht *Bräutigam* nicht. Der Vorsatz, lediglich unentbehrliche Güter (Essentials) für den Import zuzulassen, kann ebenfalls zu ungewollten Nebeneffekten führen. Die Einschränkung auf unentbehrliche Güter beinhaltet sicherlich die Gefahr, daß ein Anreiz zur Leistung verlorengeht, wenn man annimmt, daß entbehrliche Güter (Nonessentials) „feine landwirtschaftliche und gewerbliche Güter" darstellen, die in der Regel das individuelle Ziel der wirtschaftlichen Betätigung darstellen.[1078] Ob dem so ist, hängt natürlich auch davon ab, ob es im Inland gelingt, die ausländischen Nonessentials durch inländische zu substituieren. Dieser Einwand zu *Bräutigams* Vorstellung wird dadurch abgeschwächt, daß der Import von Nonessentials nicht grundsätzlich unterbunden werden sollte, sofern ein Tauschpartner gefunden wird, welcher die Binnenmark als Zahlungsmittel akzeptiert.

g) Fazit

Es zeigte sich, daß „Deutsche Sozialisten", *Bräutigam* und Gewerkschaftler nicht nur den Anspruch erhoben, eine Alternative zu Kapitalismus und Bolschewismus zu schaffen bzw. den Zwischenraum zwischen Kapitalismus und Sozialismus auszufüllen. Ihre ordnungspolitische Konzeption sah auch tatsächlich eine Mischung der Ordnungsprinzipien vor.

- Ihre *Dritten Wege* sollten sowohl Privat- und Staatseigentum als auch Markt und Plan kombinieren. Es sollte keineswegs auf die private Initiative zugunsten der staatlichen Planung verzichtet werden. Es ist aber eine auffallende Schwäche, daß von beiden Gruppen das Zusammenspiel von Markt und hierarchischem Plan nur sehr ungenau untersucht wurde.
- Während vorgesehen war, daß der Staat seine eigenen Betriebe entsprechend des Planes direkt abstimmen und lenken kann, sollte der marktwirt-

[1077] Ebd., S. 146.
[1078] *Rittershausen* 1955, S. 45.

schaftliche Sektor, der weiterhin über den Preis geordnet wird, indirekt beeinflußt werden.[1079] Dies würde dann zum einen über die klassischen Politikbereiche der institutionellen und pretialen Steuerung, wie Ordnungs-, Steuer- und Ausgabenpolitik erfolgen.[1080] Zum anderen war vorgesehen, daß das staatliche Monopol vor allem in den Branchen des Kredit- und Grundstoffsektors dazu verwendet wird, Preise und Zinsen zu setzen. Der eigentlich lenkende Impuls wurde in dem verstaatlichten Bankensektor ausgemacht. Der Staat sollte mit Hilfe eines Systems öffentlicher Banken Quantität und Struktur der Investitionsgüter lenken, um so die einzelnen Bereiche planmäßig aufeinander abzustimmen und zukünftig Disproportionalitäten vermeiden zu können. So könnten über generelle Verbote oder Zinsabstufungen die Investitionen gelenkt werden. Zwar sollte die Verstaatlichung der Grundstoffindustrie zunächst der generellen Senkung der Produktionskosten der verarbeitenden Industrie dienen, nichtsdestotrotz wurde auch in ihr ein potentielles Instrument gesehen, um in den Wirtschaftsprozeß des privaten Sektors einzugreifen; so könnten die Preise dieses grundlegenden Sektors ebenfalls nach Nachfragegruppen differenziert werden.[1081] Ferner sollte eine Anmeldepflicht für neu gegründete bzw. erweiterte Unternehmen und für Fusionen im dezentral koordinierten Sektor eingerichtet werden.

Das Ansinnen von *Sombart*, *Strasser* und des „Tat"-Kreises, mit Hilfe des „Deutschen Sozialismus" Deutschland zu neuem nationalen Glanz zu führen, scheiterte, genauso wie sich die Hoffnung der Gewerkschaftler, die Wirtschaftsordnung umzubauen, nicht erfüllte. Der real existierende Nationalsozialismus unternahm nach 1933 keine Anstrengungen, ganze Wirtschaftszweige zu verstaatlichen. Das Privateigentum blieb bestehen, auch wenn die freie Verfügbarkeit darüber zunehmend durch staatliche Eingriffe eingeschränkt und im Kriege sogar in einigen Gebieten vollkommen aufgehoben wurde.[1082] Den entscheidenden Rückschlag mußten die Vertreter dieser ordnungspolitischen Position bereits 1933/34 hinnehmen, als die damalige Banken-Enquete keine Verstaatlichung des Bankwesens vorsah, da der entsprechende Ausschuß dies ablehnte.[1083] Nach 1945 erlebten Konzeptionen, die einen ähnlichen Ansatz besaßen, noch einmal eine gewissen Popularität, um dann wieder zu verschwinden: „Neosozialistische Ansätze", Vorschläge eines „christlichen Sozialismus" und die Konzeption einer „gelenkten Unternehmerwirtschaft" sowie auch teilweise die der „Marktspal-

---

[1079] Das dritte staatliche Betätigungsfeld, die Konsumsteuerung durch Informationspolitik, werde ich nicht weiter vertiefen. Vgl hierzu *Sombart* 1934, S. 275. Bekannt ist, daß dies das marktkonformste Mittel der Investitionslenkung ist.

[1080] Ebd., S. 276f.

[1081] Nach *Sombart* soll vor allem die bäuerliche und handwerkliche Wirtschaft gefördert werden: Stichwort: Reagrarisierung.

[1082] Vgl. *Müller* 1988, S. 28ff. und 34ff.

[1083] *Barkai* 1998, S. 196ff.

tung" stellten sich eine gemischte Wirtschaftsordnung vor, in der die Urproduktion, das Bankwesen und andere Schlüsselindustrien verstaatlicht werden sollten. Die Verstaatlichung galt wie bei ihren „Vorläuferkonzeptionen" aus der Weimarer Republik als Mittel, um eine möglichst effektive staatliche Lenkung zu gewährleisten.[1084] Sie bereicherten die ordnungspolitische Diskussion kurz nach dem Kriege, länger jedoch nicht.

Wie sind die vorgeschlagenen Ordnungen nun einzuschätzen? Die Einschätzung scheint den mit der modernen Ordnungstheorie aufgewachsenen Nationalökonomen nach 1945 erhebliche Probleme zu bereiten. Wie läßt es sich sonst erklären, daß einer der Hauptprotagonisten des „Deutschen Sozialismus", *Werner Sombart*, von *Hock* als „extremer Planzentralist",[1085] von *Backhaus* dagegen als eine Art Prophet der westlichen Systeme nach 1945 [1086] bezeichnet wird. Was für *Sombart* gilt, kann, wie ich gezeigt habe, auch für die restlichen „Deutschen Sozialisten" und für die Gewerkschaftler, die das Programm „Umbau der Wirtschaft" verfaßt haben, gelten. Beide Interpreten haben zugleich Recht und Unrecht. *Hock* sieht zwar die Gefahren, die in der Konzeption liegen, begeht jedoch den Fehler, deren häufig martialisch verwendeten Begriffe eins zu eins auf die gegenwärtige Ordnungstheorie zu übertragen, ohne die Inhalte der – aus heutiger Sicht – eigenwilligen Sprachregelung *Sombarts* in die heutige Ordnungssprache zu transformieren. *Backhaus* erkennt zwar, daß *Sombart* Planwirtschaft nicht im Sinne von staatlicher Zentralverwaltungswirtschaft verstanden hat, seine Untersuchung krankt jedoch an dem bewußten Versuch, *Sombart* in eine Traditionslinie zu stellen, die geradewegs in die Wirtschaftspolitik nach 1945 führt. Meine Einschätzung seiner Konzeption liegt zwischen diesen beiden Polen. Denn wendet man die Ordnungsprinzipien als Analyseraster an, ohne sich von den Begriffen blenden zu lassen, so entdeckt man trotz aller Irrationalismen und gesinnungsmäßigen Metaphern keineswegs eindeutig eine westliche Nachkriegswirtschaftsordnung, noch eine Zentralverwaltungswirtschaft. *Sombarts* Vorstellung ist eine bestimmte Art des *Dritten Weges*, welcher über die westliche Nachkriegswirtschaftsordnung schon hinausgegangen ist, ohne die Zentralverwaltungswirtschaft bereits erreicht zu haben. Erklärt werden kann dies mit Hilfe von *Euckens* Ordnungstheorie. Den „Deutschen Sozialismus" wie den „Umbau der Wirtschaft" könnte man den Konzeptionen der „Politik partiell zentraler Leitung des Wirtschaftsprozesses" zuordnen. *Eucken* sieht als entscheidend für die Einschätzung solcher Ordnungen die Frage an, wie der „planwirtschaftliche Sektor" der Grundstoffe mit dem „privaten Sektor" der Konsumgüter verbunden ist. Beide bestehen nicht unabhängig voneinander. Vielmehr beeinflußt die Nachfrage nach privatwirtschaftlichen Konsumgütern auch die

[1084] Vgl. zu den Konzeptionen die verschiedenen Stellen der guten Übersicht in *Blum* 1969, z. B. S. 13ff. und S. 129f.
[1085] *Hock* 1960, S. 63.
[1086] *Backhaus* 1989, S. 93.

Märkte der Grundstoffe, und andersherum wirkt das Angebot an Grundstoffen auf den Konsumgütermarkt. Er erkennt zwei Möglichkeiten:[1087] (1) Entweder setzt der Staat die Preise für die Grundstoffe, die „Schlüsselfunktionen“ für die Wirtschaft besitzen, um die die Nachfrage dann konkurriert, dann besteht letztendlich eine „verkehrswirtschaftliche Grundlage“, oder (2) der Staat teilt die Grundstoffe den privaten Unternehmen zu, dann sei eine Zentralverwaltungswirtschaft gegeben. Legt man *Euckens* Einschätzung zu Grunde, dann muß man den „Deutschen Sozialismus“ und das Gewerkschaftsprogramm noch der „Verkehrswirtschaft“, wenn auch an deren Grenze, zurechnen. Eine Zuteilung der Grundstoffe oder Kredite war nicht vorgesehen. Allerdings wäre der Übergang zu einer Zentralverwaltungswirtschaft, in der noch einige wenige Sektoren privatwirtschaftlicher Produktion existieren (aufgrund der staatlichen Wachstumsunternehmen der verarbeitenden Industrie und der z. T. nicht-tarifären Außenwirtschaftsmaßnahmen) nicht mehr weit

3. Staatlich gelenkter Marktsozialismus

Der Grundgedanke des staatlich gelenkten Marktsozialismus wurde Anfang der 30er Jahre entwickelt, nachdem sich verschiedene Sozialisten theoretisch mit *Ludwig von Mises'* These, daß in sozialistischen Ordnungen kein rationales Wirtschaften möglich sei, auseinandergesetzt hatten.[1088] Hauptvertreter des Marktsozialismus waren die Sozialisten *Carl Landauer* und *Eduard Heimann.*[1089] *Heimann*, Professor für Sozialökonomie in Hamburg und Mitglied der SPD, war weltanschaulich durch den Theologen und Philosophen *Paul Tillich* geprägt. Mit anderen Wissenschaftlern gründeten *Tillich* und *Heimann* den „Kairos-Kreis”; der einen „religiösen Sozialismus” schaffen wollte. *Landauer*, ebenfalls Wirtschaftswissenschaftler und SPD-Mitglied, war als Redakteur für die sozial-liberale Zeitschrift „Der deutsche Volkswirt” tätig. Ihre Konzeptionen bauten aufeinander auf. Ordnungspolitische Unterschiede lassen sich kaum ausmachen. Beide waren in bestimmter Hinsicht Kritiker von *Marx* und der

---

[1087] *Eucken* 1952, S. 144f.

[1088] Vgl. *Heimann* 1948, S. 66ff., und *Landauer* 1967, S. 144ff. Interessant ist es zu erwähnen, daß als Vorläufer des Marktsozialismus während der Weimarer Republik die Gebrüder *Strasser* mit ihrem 1925 erschienen Manifest *Der nationale Sozialismus* gelten können. Allerdings ist dort noch keine Vollsozialisierung des Eigentums vorgesehen, sondern ein gemischt etatistischer, partizipatorischer und auch privatwirtschaftlicher Sozialismus. Die Grundstruktur der Wirtschaftsordnung ist dem Marktsozialismus aber ähnlich. Vgl. *Strasser,* O. 1925, S. 201ff.

[1089] Zu Leben und Werk *Landauers* vgl. *Rieter/Schlüter-Ahrens* 1999, S. 354ff. Zum „Deutschen Volkswirt” vgl. *Rieter* 1998, S. 95ff. *Zu Heimann* vgl. *Rieter* 1999, S. 242ff., und *Ortlieb* 1975, S. 1ff. Einen Überblick über *Heimanns* Werk bietet *Kodalle* 1975, S. 3ff. Zum „Kairos-Kreis“ vgl. *Heimann/ Walter* 1993, S. 221ff.

Marxisten. Speziell die Arbeitswertlehre und das lineare Geschichtsbild lehnten sie scharf ab. Allein hierdurch machten sie sich unter den orthodoxen Sozialisten nicht unbedingt Freunde. Aber auch ihre Ordnungsmodelle gaben Anlaß zur Kritik von sozialistischer Seite.

a) *Primat der Eigentumsform – Die Notwendigkeit von Staatseigentum*

Während die „Deutschen Sozialisten“ und die Vertreter des Gewerkschaftsplans „Umbau der Wirtschaft“ die zukünftige Wirtschaftsordnung dadurch schaffen wollen, indem massive „planwirtschaftliche Elemente“ in den bestehenden Kapitalismus eingebaut werden sollen, lehnen die Vertreter des Marktsozialismus gerade diesen Weg als ungangbar ab. Dem Einbau planwirtschaftlicher Elemente in den Kapitalismus gestehen sie nur äußerst geringe Erfolgsaussichten zu. Auch die Wirkungen einer solchen Planung, die sich angeblich nach einer geglückten Implementation einstellen, sind ihrer Meinung nach zu bezweifeln. Sie begründen ihre Zweifel unter Hinweis auf die auf Privateigentum beruhenden Wirtschaftsordnung: (1) *Heimann* vermag nicht zu erkennen, wie das – seiner Meinung nach – eigentliche Ziel der sozialistischen Bewegung, die Herstellung der „soziologischen Einheit des Volkes“, mit einem solchen Vorgehen realisiert werden könnte. Auch wenn ein zentraler Plan das Marktverfahren ergänze, bestehe der gesellschaftliche Gegensatz von Kapital und Arbeit fort. (2) *Landauer* vertritt die Ansicht, daß der privatwirtschaftliche Charakter der Unternehmen grundsätzlich einer effektiven zentralen Planung entgegensteht. Erst mit der „Vergesellschaftung der Produktionsmittel“ sei die Basis gegeben, auf der effektive Planung betrieben werden könne. Nach Ansicht beider könne daher die Transformation in Richtung „Sozialismus“ nicht mit der Modifikation des Koordinationsverfahrens beginnen. Für sie ist die Eigentumsform das entscheidende Prinzip, an welchem ordnungspolitische Reformen anzusetzen hätten.[1090]

Heimann tendiert zu Beginn der Weimarer Republik zu *Rathenaus* ordnungspolitischer Konzeption und hält dementsprechend eine Veränderung der Eigentumsformen für nicht zwingend notwendig. Erst Ende der zwanziger Jahre ändert sich seine Sichtweise.[1091] Der Wandel resultiert aus seiner veränderten

---

[1090] „Sozialismus“ bedeutet ihrer Meinung nach Gemeineigentum an Produktionsmitteln. *Heimann* unterscheidet streng zwischen „Staatseigentum“ und „Gesellschafts- oder Volkseigentum“. Er spielt darauf an, daß die Produktionsmittel im Sozialismus allen, d.h. dem Volk, gehören sollen. Daneben beabsichtigt er, mit dieser Unterscheidung auf die Frage nach den Trägern, die die Unternehmen leiten, hinzuweisen. Während er mit Staatseigentum eine zentrale Staatsregie verbindet, impliziert für ihn „Gesellschafts- oder Volkseigentum“ eine dezentrale Arbeiterverwaltung. (Vgl. auch *Eulenburg* 1920, S. 14ff.)

[1091] Zum Wandel vgl. *Könke* 1990, S. 465ff. Der Grund, warum *Könke*, S. 459, allerdings feststellen zu können glaubt, bei *Heimanns* Werk handele es sich um einen „frühen Beitrag zur Ideengeschichte der sozialen Marktwirtschaft”, ist nicht ersichtlich. *Könke* kommt nur

Einschätzung zielkonformer Mittel, um seine gesellschaftspolitischen Ziele zu verwirklichen. Als Anhänger eines politischen und (teilweise) methodologischen Holismus begreift *Heimann* den Menschen als Gemeinschaftswesen. Hierbei beruft er sich auf *Ferdinand Tönnies'* Unterscheidung von Gemeinschaft und Gesellschaft. Allerdings geht er im Gegensatz zu *Tönnies* davon aus, daß die Gemeinschaft wieder organisch rekonstruierbar, der Übergang zur Gesellschaft also keineswegs irreversibel sei.[1092] Allerdings kann seiner Meinung nach nicht auf die Freiheit verzichtet werden. Er ist im Gegenteil der Ansicht, daß Freiheit und Gemeinschaft zusammengehören. Genauso wenig wie wirkliche Freiheit nicht ohne Gemeinschaft erreichbar sei, sei Gemeinschaft ohne Freiheit zu verwirklichen. Beides sei notwendig.[1093] Dies muß sich nach ihm auch in der Konfiguration der Ordnung ausdrücken. Seine Ordnungsentwürfe sind nur vor dem Hintergrund dieses ethischen Impetus' zu verstehen. Marktverfahren und Privateigentum spricht er freiheitlichen Tendenzen, Gemeineigentum und zentrale Planung gemeinschaftsbildenden Funktionen zu. Während er es anfänglich für sinnvoll erachtet, das Privateigentum in einer „planwirtschaftlichen" Ordnung unangetastet zu lassen, tendiert er seit Ende der 20er Jahre dazu, Marktverfahren und Gemeineigentum in Einklang zu bringen.[1094] *Heimanns* Gemeinschaftssehnsucht ('Sozialismus als Gesinnung') führt ihn so am Ende der Weimarer Republik zu einem Sozialismus als Gesellschaftsordnung.

Landauers Weltsicht ist nüchterner. Er erhofft sich ökonomische Vorzüge aufgrund des lenkungstechnischen Potentials des Staatseigentums. Als Refe-

---

aufgrund dessen, daß *Heimann* eine Synthese von Plan- und Marktwirtschaft anstrebt, zu dieser Schlußfolgerung. Daß dies etwas oberflächlich ist, dürfte nach den bisher dargestellten Wirtschaftsordnungen, die alle eine solche Synthese darstellen, deutlich geworden sein. Dem Begriff „soziale Marktwirtschaft" könnte man zwar zustimmen, um *Heimanns* Konzeptionen zu umschreiben, *Heimanns* „soziale Marktwirtschaft" hat dann aber nichts mehr mit der „Sozialen Marktwirtschaft" der Bundesrepublik zu tun. Da gibt es zu viele Unterschiede, man denke nur an die dominierende Eigentumsform.

[1092] Nach *Tönnies* ist Gemeinschaft eine aus sich selbst gewordene, Gesellschaft eine gemachte Verbindung Einzelner. Während in der Gemeinschaft, der „Wesenwille" zugrunde liegt und das Ganze vor den Teilen ist, basiert nach *Tönnies* die Gesellschaft auf dem „Kürwillen", so daß die Teile vor dem Ganzen sind. *Tönnies* sah in der Gemeinschaft und Gesellschaft Idealtypen, wobei im Laufe der Zeit die erstere immer mehr zurücktritt und letztere immer mehr zunimmt. Vgl. *Tönnies* 1912. Der dem sozial-christlichen Flügel des Katholizismus nahestehende *Theodor Brauer* glaubte zu erkennen, daß aufgrund des außerökonomischen Wunsches *Heimanns*, Gemeinschaften zu bilden, dessen Sozialismus in Wirklichkeit ein Solidarismus, eine „sittliche Idee", also ein taktisch-instrumenteller Sozialismus sei. *Brauer* 1929, S. 72ff. Zur Verbreitung des politischen Holismus im Kreis der religiösen Sozialisten vgl. *Haselbach* 1991, S. 189ff.

[1093] *Heimann* 1932a, S. 8.

[1094] 1929 sah *Heimann* bereits die sozialistische Bewegung nach „sozialer Freiheit" streben, während im Kapitalismus lediglich die „individuelle Freiheit" verwirklicht wurde. Beide Arten der Freiheit gehen seiner Meinung nach auf den Liberalismus zurück, wodurch er den Sozialismus zum Vollender der liberalen Ideale erhob. Vgl. *Heimann* 1929a, S. 139f.

renzmodell für die Bewertung der alternativen Wirtschaftsordnungen dient ihm die „idealtypische Verkehrswirtschaft“. Anders als die herrschende kapitalistische Verkehrswirtschaft mit ihren Monopolen sieht er im Sozialismus die Möglichkeit, sich dem „Idealtypus“ zu nähern und die „bestmögliche Befriedigung der Konsumentenwünsche“ zu gewährleisten.[1095] Die Diskrepanz der realen zur „idealtypischen Verkehrswirtschaft“ kann nach ihm nicht durch Einbau planwirtschaftlicher Organe in die kapitalistische Verkehrswirtschaft beseitigt werden. Dieser Weg, so *Landauer*, sei der weitaus populärere, da sich scheinbar mit ihm das eigentliche Ziel der Reformvorschläge, die „planmäßige Ordnung der Wirtschaft“,[1096] ungleich schneller erreichen lasse, als wenn die Produktionsmittel zuvor in Gemeineigentum überführt werden. Dieser Weg kranke aber daran, daß er nur äußerliche Regulierung und Kontrolle zulasse, ohne unmittelbar über die privatwirtschaftlichen Entscheidungen informiert zu sein.[1097] Der Staat ist daher seiner Meinung nach nicht in der Lage, im voraus die Aktivitäten der Privaten richtig einzuschätzen. Positive direkte Lenkungsmaßnahmen seien so nicht reibungslos durchzuführen. *Landauer* spielt dabei auf die mögliche Reaktion der privaten Wirtschaftssubjekte an, der staatlichen Kontrolle und Regulierung auszuweichen, was – aus staatlicher Sicht – keineswegs zielkonform sein muß. In einer Wirtschaft, in der die privatwirtschaftliche Initiative der eigentliche Antrieb des Wirtschaftens bleibe, ist es für *Landauer* weiterhin problematisch, „daß man dem Unternehmer die Freiheit nimmt, ohne ihm die Verantwortung zu nehmen. Solange die Eingriffe in die Freiheit des Unternehmers nicht zu groß sind, geht das. (...) Die Vorstellung, daß die Kontrolle über einen Wirtschaftsvorgang soviel leichter sei als das Selbstmachen, ist eben von Grund auf falsch und verkennt das Wesen der wirtschaftlichen Tätigkeit.“[1098] Gebe die Zentrale dennoch Anweisungen und komme es dann zur Krise, werde dem Staat die Schuld zugesprochen. Der Staat müsse dann die Unternehmen stützen und ihnen so das Risiko ihres Handelns nehmen, ohne sie in seinem Eigentum zu haben. Für *Landauer* gehören Kompetenz und Verantwortung *für* die Wirtschaftsführung möglichst eng zusammen. Er folgert daraus, daß die Allgemeinheit in einer Verkehrswirtschaft einer ökonomischen Hausmacht bedürfe, um gemeinschaftliche Ziele gegenüber den individuellen durchzusetzen. Während *Heimann* aus ethischen Gründen eine sozialistische Ordnung schaffen möchte,[1099] sind es ökonomische und lenkungstechnische Überlegungen, die *Landauer* die Aufhebung des kapitalistischen Eigentums fordern lassen.

[1095] Diesen Zweck des Wirtschaftens setzt *Landauer* zum Vergleich der Wirtschaftsordnungen voraus. *Landauer* 1931a, S. 15f.
[1096] Ebd., S. 93, und *Landauer* 1931b, S. 493f.
[1097] Ebd., S. 498f.
[1098] *Landauer* 1931b, S. 493f.
[1099] Es ist nun keineswegs so, daß *Heimann* und *Landauer* sämtliche Produktionsmittel zu verstaatlichen gedachten. Genauso wie hierarchische Planung und Marktverfahren ihrer Ansicht nach Instrumente sind, die es gemeinsam zielkonform einzusetzen gilt, verhält es sich

b) *Das Marktverfahren im Sozialismus*

Die Vergemeinschaftung des Kapitaleigentums wird zumeist in einem Atemzug mit der zentralen Planung des Wirtschaftsprozesses genannt. Nicht so bei den beiden Marktsozialisten. *Heimann* und *Landauer* sind zwar der Ansicht, daß in der reformierten Wirtschaftsordnung eine zentrale Planstelle existieren soll, um das Wirtschaftsleben aus gesamtwirtschaftlicher und langfristiger Perspektive beeinflussen zu können. Grundlage der Ordnung müsse aber das Marktverfahren mit realen Preisen bleiben. „Nicht Freiheit des Marktes und nicht Zerschlagung des Marktes, sondern Einbau des Marktes in den zentralistischen Plan, Lenkung des Marktes durch diesen Plan, das ist sozialistische Ordnung“,[1100] versichert *Heimann* in diesem Zusammenhang. Es handelt sich hier um eine bestimmte Art der gelenkten Marktwirtschaft, woraus sich die Einordnung als *Dritter Weg* von selbst ergibt. Ich möchte diese Synthese aus dezentraler und zentraler Planung nun näher untersuchen.

Beide Marktsozialisten nutzen die Erfahrungen, die sie im gebundenen Kapitalismus mit der Trennung von Leitung und Eigentum der Kapitalgesellschaften gewonnen haben. Sie sind dabei grundsätzlich der Ansicht, daß das Marktverfahren eine neutrale Sozialtechnik ist. „Dezentralisation der Wirtschaft“ schreibt *Landauer*, „heißt (beschränkte) Selbständigkeit der einzelnen Betriebsleitung.“[1101] Er meint, daß „Selbständigkeit“ garantiert wird, indem die Verfügungsrechte über die Produktionsmittel auf staatliche, aber dezentrale Einheiten delegiert werden. Dadurch sei (gewinnorientiertes) Handeln nach einem eigenen Plan möglich. Dem schließt sich *Heimann* an. Beide betonen, daß „Selbständigkeit" Einkommensunterschiede der verschiedenen Einheiten impliziert. Sie bejahen solche Unterschiede ausdrücklich, um die Leistungsbereitschaft der Betriebsleiter und der Belegschaft zu stärken.[1102] „Beschränkte Selbständigkeit“ bedeute im Marktsozialismus dreierlei:

---

mit den Eigentumsformen. Vor allem *Heimann* hat diesem Problem einen nach wie vor sehr interessanten Aufsatz gewidmet. Sein Fazit lautete: „Wie zur individuellen Bauernarbeit, das individuelle Bauerneigentum, so gehört zur individuellen Kollektivarbeit das Gemeineigentum der Arbeitenden." D.h. dort, wo sich der Kapitalismus noch nicht ausgewirkt hat, also Eigentum und Arbeit noch vereint sind, dürfe nicht sozialisiert werden. Speziell im Mittelstand (Bauern, Handwerk, Kleinhandel) sei dies der Fall. Die damit garantierte Wirtschaftsfreiheit dieser gesellschaftlichen Gruppen stelle keine Gefahr für den gesamtwirtschaftlichen Plan dar, da sie Träger einer eher stationären Wirtschaft seien. Die Dynamik der Veränderungen und damit auch die Krisen gehen jedoch auf die Großbetriebe zurück. Diese sollen sich nach *Heimann* aber in Gemeineigentum befinden und dem Zentralplan unterstehen. *Heimann* 1932b, S. 88ff.

[1100] *Heimann* 1932a, S. 39.

[1101] *Landauer* 1931a, S. 111.

[1102] Ebd., S. 112. *Heimann* stellt entsprechend fest: „Im Prinzip der freien Preisbildung liegt das Prinzip der Einkommensdifferenzierung, und zwar nach der wechselnden Seltenheit und Nützlichkeit der Leistung." *Heimann* 1932a, S. 19.

- Der „Generalkapitalist, die organisierte Gemeinschaft“, ernennt den Leiter nach Anhörung der Belegschaft,[1103] wodurch letztendlich ein Abhängigkeitsverhältnis zum Staat hergestellt wird.
- Die Selbständigkeit ist weiter begrenzt durch eine nicht näher ausgeführte Verantwortlichkeit der Leiter gegenüber den Betriebsangehörigen.[1104]
- Die Marktdaten schränken die Selbständigkeit der einzelnen Unternehmer auch ein. Diese Art der Beschränkung soll gerade rationales und effizientes Wirtschaften garantieren.

Dezentrale Elemente sind den beiden Marktsozialisten zufolge in einer Wirtschaftsordnung ökonomisch dringend notwendig. *Landauer* hofft, durch die Dezentralisation das Wissensdefizit einer zentralen Planstelle auszugleichen.[1105] *Heimann* möchte damit den mit der Zentralisation einhergehenden Bürokratisierungstendenzen entgegenwirken,[1106] und beide wollen mit der Delegation der Verfügungsrechte das Verantwortungsbewußtsein der einzelnen Wirtschaftssubjekte erhalten.[1107]

Die Beziehungen der dezentralisierten Einheiten zueinander müssen nach ihrer Meinung auf dem Produktionsgüter- und Konsumgütermarkt weiterhin durch den Preis bestimmt werden, der sich relativ frei im Zusammenspiel von Angebot und Nachfrage bildet.[1108] Nur dann könne die „entscheidende Aufgabe der Wirtschaft“ gelöst werden, nämlich „die Ausstattung der einzelnen Produktionszweige mit Arbeit und Kapital in Proportion zu der Stärke des jeweiligen Bedarfs nach den Erzeugnissen der einzelnen Produktionszweige.“[1109] Sie sind

---

[1103] *Landauer* 1931a, S. 113

[1104] Ebd., S. 111. Wie diese Verantwortung institutionell begründet sein soll, ist nicht zu erkennen. Es bleibt nur die Freiwilligkeit und die Einsicht der Betriebsleiter übrig, daß ein enger Kontakt zu den Betriebsangehörigen deren Leistungsbereitschaft steigert. Dies läuft auf eine Art sozialistischen Unternehmenspatriarchen hinaus, wie ihn *Schumpeter* für den Kapitalismus so glänzend beschrieben hat. Ein Unterschied ist hier zum Kapitalismus nicht zu sehen, denn sowohl Freiwilligkeit als auch Einsicht kann auch dort vorhanden sein – oder nicht. Lediglich der Staat als Kapitaleigentümer könnte im Sozialismus einen genügenden und dauerhaften Druck auf den Leiter ausüben.

[1105] *Landauer* 1931a, S. 110.

[1106] *Heimann* 1930, S. 37ff. und 42f.

[1107] *Landauer* 1931a, S. 112; *Heimann* 1930, S. 37ff.

[1108] *Landauer* 1931a, S. 114f. Nach *Heimann* bleibt in einer solchen Marktwirtschaft der „Zusammenhang zwischen der freien Preisbildung auf dem Markte und dem unentbehrlichen Kontrollmittel jeder rationellen Wirtschaft, der Buchführung” bestehen. (*Heimann* 1932a, S. 12.) Diese Konzeption wird von *Mandelbaum* und *Meyer* „reiner Marktsozialismus” genannt. Durch die „Herausnahme bestimmter Sphären aus dem Marktverkehr” ließe sich der Marktsozialismus bis in Richtung Verwaltungssozialismus modifizieren. Vgl. *Mandelbaum/ Meyer* 1934, S. 237f.

[1109] *Heimann* 1930, S. 42. Vorteile des Marktes sind nach *Heimann* die Verwirklichung des Konsumentensouveränität, die schnelle Anpassungsfähigkeit der Wirtschaftssubjekte, die funktionierende Dringlichkeitsanzeige durch die Preise und der antibürokratischer Effekt. Als Überblick vgl. *Kodalle* 1975, S. 18

davon überzeugt, daß der Markt ohne weiteres für den Sozialismus nutzbar gemacht werden könne.[1110] Ähnlich wie z. B. *Müller-Armack* sind *Heimann* und *Landauer* der Meinung, daß der Markt zunächst nur ein neutrales Selektionsinstrument ist, das zwar grundsätzlich rationales Wirtschaften garantiert, dessen konkrete Form und „inhaltliche" Richtung aber von den jeweiligen politischen und technischen Daten abhängt, in die er eingebettet ist.[1111] Nach ihrer Vorstellung würden die verschiedenen Unternehmen, die sich zwar alle in staatlichem Eigentum befinden, die aber alle dezentral geleitet werden, auf dem Markt zueinander in Konkurrenz treten. Sie sollen unterschiedliche Gewinne erwirtschaften, an denen die jeweilige Belegschaft partizipiert, um die Leistungsbereitschaft hoch zu halten.[1112] Der Gewinn, der an den Faktor Kapital (den Investor) entfällt, ist dann an die Zentrale abzuführen. Für beide Marktsozialisten stand damit einhergehend fest, daß die Geldrechnung als einheitlicher Maßstab ebenso erhalten bleiben soll wie die Zinsrechnung.[1113] Denn: der Zins wird zum einen für die (kalkulatorische) Bewertung des Eigenkapitals sowie zum anderen als Preis des „Fremdkapitals" benötigt. *Heimann* und *Landauer* legen dabei das Schwergewicht auf die Bedeutung des Kredits. Dieser, so betonen sie, ist notwendig, damit Unternehmen in Antizipation späterer Umsätze Produktionsketten aufbauen können. Die Entscheidung über Investition und Kreditaufnahme soll gemäß ihrer Ansicht auch im Marktsozialismus prinzipiell dezentral getroffen werden. Um zu ermitteln, so beide fortführend, ob sich eine erweiterte Produktion überhaupt lohnt, benötige das Unternehmen zur Orientierung einen Preis für den „unentbehrlichen Betriebsstoff Kredit".[1114] Einen entsprechenden Preis stellt bekanntermaßen der Zins dar. Daraus ziehen sie den Schluß, daß auf den Zins nicht verzichtet werden kann. Für Sozialisten ist dies eine bemerkenswerte Feststellung, galt der Zins den meisten von ihnen doch als verwerflich, als ein „arbeits-

---

[1110] Für *Landauer*, der sich bereits 1923 mit den „Grundprobleme[n] der funktionellen Verteilung des wirtschaftlichen Wertes" beschäftigt hatte, ist es sogar „unerläßlich, die Bedeutung der Einzelgüter für das Ergebnis der Produktion zu ermitteln, so daß erst für den einzelnen Prozeß und dann für die gesamte Wirtschaft jede Einheit einer Güterkategorie bezeichnet werden kann mit einer bestimmten Bedeutungsgröße, welche ihren Nutzen in dem Prozeß ausdrückt". *Landauer* 1931a, S. 116.

[1111] 1963 erläutert *Heimann* dies so: „Der Markt spiegelt (...) Regierung und Gesellschaft wider und verzeichnet Änderungen, die auferlegt werden oder spontan erwachsen, aber er hat keine eigene Kraft. Daher müssen Reformen die Struktur, die die Daten des Marktprozesses festlegt, reformieren und nicht den Markt, der sie nur widerspiegelt." *Heimann* 1963, S. 116.

[1112] Z.B. *Landauer* 1931a, S. 111f. „Es wird auch empfohlen, jedem Arbeiter innerhalb gewisser Grenzen die Wahl frei zu lassen, ob er mehr festen Lohn oder mehr Gewinnanteil haben will." Ders. 1932a, S. 133.

[1113] *Heimann* 1932a, S. 12ff., 18f. und 23ff.; *Landauer* 1931a, S. 114. Gerade wenn das Rentabilitäts- und Wirtschaftlichkeitsprinzip nicht vollkommen gelten soll, so *Heimann*, müsse man die Kosten der Vernachlässigung zugunsten außerökonomischer Zwecke genau kennen, um beides gegeneinander abwägen zu können.

[1114] *Heimann* 1932a, S. 23.

loses Einkommen", das den wertschaffenden Arbeitern vom Lohn abgezogen wird. *Landauer* und *Heimann* erkennen aber auch die Bedeutung des Zinses, die dieser als Anreiz zum freiwilligen, individuellen Sparen besitzt. Beide wollen auf die Freiwilligkeit des Sparens nicht verzichten.[1115] Damit, so beteuert *Heimann*, wird nicht, wie mehrere Sozialisten glaubten, der Kapitalismus wieder eingeführt. Dieser sei ausschließlich durch private Produktionsmittel gekennzeichnet.[1116] Da „private" Ersparnis im Sozialismus nur für gemeinschaftliche Produktionsmittel verwendet werden könne, sei die Skepsis dem privaten Sparen gegenüber unbegründet.[1117]

c) Der zentrale Plan im Marktsozialismus

Die Idee, Wettbewerb auf den verschiedenen Märkten bestehen zu lassen, forderte selbstverständlich Reaktionen im sozialistischen Lager heraus. Einige Sozialisten diffamierten solche Vorstellungen nur als „liberalistisch",[1118] ohne sich intensiv mit den Marktsozialisten auseinanderzusetzen, andere gingen in ihrer Kritik schon weiter. Ein Beitrag in der Zeitschrift „Neue Blätter für den Sozialismus" weist z.B. darauf hin, daß mit der Verstaatlichung des Eigentums keinesfalls schon die Ursache der kapitalistischen Krisen beseitigt sei. Denn die Ursache dafür beruhe auf der Markttechnik.[1119] Würde der Wirtschaftsprozeß einer sozialistischen Gesellschaftsordnung ausschließlich durch den Markt, also dezentral koordiniert werden, dann hätte der Sozialismus ebenfalls mit Instabilitäten und Krisen zu kämpfen. Ganz wie bei *Paul Schröder* wird hier von *Meyer* den Preisen lediglich die Funktion einer ex-post-Koordination zugestanden, womit sie alles andere als ein guter Orientierungsmaßstab sind: „Der Markt ist also unter dem Gesichtspunkt der Überschaubarkeit der Gesamtwirtschaft retrospektiv."[1120]

Die Marktsozialisten reagieren auf solche Kritik. Ihnen ist klar, daß mit der Beseitigung des Privateigentums zwar „die soziologische Einheit des Volkes" erreicht wird, daß aber trotz öffentlicher Betriebe vieles der Wirtschaftsordnung des Kapitalismus ähneln würde.[1121] Ein solcher „reiner Marktsozialis-

1115 Vgl. *Heimann* 1932a, S. 25ff.; *Landauer* 1931a, S. 121.
1116 *Heimann* 1932a, S. 27.
1117 Ebd.
1118 *Frieder* 1932, S. 64.
1119 *Meyer, F.* 1930, S. 317.
1120 Ebd., S. 319.
1121 Die formale Einheit ist durch das Gemeineigentum zwar hergestellt, das Bewußtsein dazu aber nicht notwendigerweise. Und auf letzteres kommt es an. So wird auch im Marktsozialismus den Verantwortlichen nichts anderes übrig bleiben, als mittels Informationspolitik kontinuierlich die Betriebsgemeinschaft und die Identifikation mit derselben zu propagieren. Auf ein gewichtiges Argument könnte sich die sozialistische Informationspolitik stützen: Dadurch,

mus“ würde auch von Krisen und Marktversagen befallen sein. Die einzelnen Unternehmen handeln im Marktsozialismus nach ihrem Gewinninteresse, und somit, falls sich dieses an den Preisen und Kosten orientiert, „subjektiv rational“.[1122] Ihnen sei aber unbekannt, „was die anderen Unternehmen des gleichen Wirtschaftszweiges vorhaben“ und was „die Pläne der Abnehmerindustrie“ sind.[1123] Den Unternehmern bzw. Betriebsleitern fehle nach Meinung beider die wirtschaftliche Voraus- und Gesamtschau, um Art und Umfang der Investitionen in objektiverem Maße rational bestimmen zu können, weil ihr Orientierungsmaßstab, der Preis, sich erst als Ergebnis von Transaktionen bilde. Da somit in den dezentralen Plänen der am Markt agierenden Unternehmen weder gesamtwirtschaftliche noch langfristige Perspektiven ausreichend zur Geltung kommen können,[1124] sind die Unternehmer nach dieser Logik nicht in der Lage, Folgen von Innovationen und Investitionen abzuschätzen, die gegenwärtig aus ihrer beschränkten Sicht rational, in Zukunft aber eine soziale, ökonomische und ökologische Belastung darstellen können.

Um den Problemen des Marktes entgegenzuwirken, „ergibt sich der Ruf nach (...) Planmäßigkeit.“[1125] *Heimann* und *Landauer* sehen im zentralen Plan genauso wie im Markt vornehmlich ein Instrument. Beide Instrumente könnten innerhalb eines zielkonformen Ordnungsrahmens dermaßen angeordnet werden, daß sie sich nicht widersprechen, sondern ergänzen, wenn nur die Preis- und Verteilungsgesetze berücksichtigt würden, denn „[b]eide Wirtschaftsformen“, so *Landauer*, „stehen unter denselben Gesetzen. Die gleichen Vorgänge sind für beide wichtig.“[1126] Der Markt gewährleiste die Anpassung von Angebot und

daß dem Staat die Disposition über den Kapitalgewinn zustehen soll, könnte den Arbeitern deutlich gemacht werden, daß sich hinter dem Staat die politische Gesamtheit befindet, zu der auch sie gehören. Der Kapitalgewinn würde nicht mehr irgendwelchen „Kapitalisten“ zustehen, die ihn durch „Ausbeutung der Arbeiter“ erwirtschaftet haben, sondern er bliebe letztendlich bei den Arbeitern, wenn er auch zwischenzeitlich auf die Gesamtheit übergehe, um für die Einzelnen Arbeitsplätze zu schaffen. So argumentierten auch *Heimann* 1932a, S. 39f. Mit diesem Argument könnte, da ist beiden zuzustimmen, die psychologische Zustimmung – bei gleicher ökonomischer Leistungsfähigkeit beider Systeme – eher geschaffen werden als im Kapitalismus, sofern die Arbeiter es schaffen, über sich als Individuum hinauszudenken.

[1122] Für *Streit* ist objektive Rationalität in einer evolutorischen Wirklichkeit nicht realisierbar. Objektive Rationalität sei erreicht, wenn „in Entscheidungssituationen (...) der subjektive Erwartungsnutzen maximiert wird, und zwar auf Grundlage einer kardinalen Nutzenfunktion, einem vollständigen Satz von Handlungsmöglichkeiten sowie einem entsprechenden Satz von Wahrscheinlichkeitsverteilungen für die erwartbaren, vollständig definierten Handlungsergebnisse.” Nur Formen subjektiver Rationalität seien möglich. „Sie entstehen, indem die Komplexität von Entscheidungsproblemen reduziert wird” und entsprechend gehandelt wird. Was zumeist ein Werturteil impliziert. *Streit* 1991, S. 231.

[1123] So klar argumentierte *Landauer* aber erst 1967. *Landauer* 1967, S. 150. Auch *Heimann* 1948, S. 74.

[1124] *Heimann* 1932a, S. 35ff.

[1125] Ebd., S. 35.

[1126] *Landauer* 1928, S. 1003.

Nachfrage, die zentrale Planung Verstetigung und Langfristigkeit. Diese Erkenntnis stellt nach *Landauer* aber keine Neuheit dar, ist doch für ihn „jedes Wirtschaftssystem immer nur eine Mischung von Prinzipien, nicht ein Prinzip allein (...)“[1127] Als neuartige Chance begreift er aber die reale Möglichkeit, zentrale Wirtschaftspolitik im Marktsozialismus systematisch zu planen und realisieren. Garanten hierfür sollen nach *Landauer* sein:

- eine nach der Entscheidung für den Marktsozialismus sich entwickelnde „wirtschaftspolitische Tradition“,[1128] wodurch die Wirtschaftspolitik konsensfähig wird;
- ein Sachverständigenrat,[1129] der, obwohl *Landauer* Anhänger des Parlamentarismus ist, unabhängig von parteipolitischem Gezänk über die Richtung der Wirtschaftspolitik und der dafür vom Parlament bereitgestellten Mittel entscheiden soll;
- die Zentralisation der wirtschaftspolitischen Entscheidungen und die Verstaatlichung des Eigentums,[1130] welche Transparenz der Wirtschaftspolitik und des Wirtschaftslebens ermöglichen soll, um so einen wirkungsvollen zentralen Plan aufstellen zu können.

Zusammenfassend weisen *Landauer* und *Heimann*, jeder mit einem etwas anderen Schwergewicht, der Zentrale als Aufgabe zu, Konjunktur-, Wachstums-, Struktur-, und Ordnungspolitik zu betreiben, um heute gängige Begriffe zu verwenden.[1131] Es soll ein gesamtwirtschaftlicher Plan erstellt werden, der ein Investitionsprogramm umfaßt.[1132] Als Mittel der zentralen Prozeßlenkung sind ein zentrales Kreditmonopol und eine zentrale Kapitalbildung vorgesehen, wodurch das qualitative und quantitative Ausmaß wie das Tempo des Wachstumsprozesses bestimmt werden könne. Die Zentrale soll eine Verstetigung des Wachstumsprozesses und des „Kaufkraftstromes“ gewährleisten. Disproportionalitäten zwischen Produktions- und Konsumgütersektoren gelte es zu verhindern, das Spar-Invesititons-Gleichgewicht zu sichern.[1133] *Heimann* weist der Zentrale die Aufgabe zu, die Kapitalbildung so vorzunehmen, daß technischer

---

[1127] *Landauer* 1931a, S. 115.

[1128] Ebd., S. 156.

[1129] Ebd., S. 157. In einer entwicklungsoffenen Wirtschaft, in der es keine sicheren Ziel-Mittel-Beziehungen gibt, bedarf es bekanntlich (zusätzlich) politischer Entscheidungen über allgemeine Normen, auf deren Grundlage der Sachverständigenrat sachlich, d.h rational, arbeiten kann. Die Bedeutung des Sachverständigenrates basiert natürlich auf der wirtschaftspolitischen Konzeption und Tradition, die sich nach *Landauer* noch herauszubilden hat.

[1130] Ebd., S. 161.

[1131] Damals wurde jedoch nur selten zwischen Konjunktur-, Wachstums- und Strukturpolitik unterschieden.

[1132] Eine naturalwirtschaftliche Kontrollrechnung soll im Plan die Geldrechnung ergänzen, um die einzelnen Zweige nicht nur wert-, sondern auch mengenmäßig aufeinander abstimmen zu können. Ebd., S. 122.

[1133] Ebd., S. 123f. *Heimann* 1932a, S. 34f.

Fortschritt und Arbeitsplatzentstehung für freigesetzte Arbeitskräfte aufeinander abgestimmt sind.[1134]

Der Zentrale fällt die schwierige und weit gefächerte Aufgabe der Investitionslenkung und der Kapitalbildung zu. Verleiht das Staatseigentum der Zentrale bereits die Möglichkeit, durch die Auswahl der Betriebsleiter auf die dezentralen Pläne der einzelnen Unternehmen Einfluß zu nehmen, so besteht das sonst wichtigste Recht der Zentrale im Kreditmonopol. Dieses Monopol soll nicht die Kreditvergabe verhindern, die auf freiwilligen Spareinlagen basieren. Es ist vielmehr beabsichtigt, mit dem Monopol Kreditschöpfung zu betreiben als „das wichtigste Mittel, um eine Ausdehnung des Produktionsapparats zu bewirken".[1135] Bei der externen Finanzierung der Unternehmen handele es sich jedoch um keine direkte, sondern um eine indirekte Lenkung. Weder das Eigeninteresse noch der Markt soll aufgegeben werden. Es war beabsichtigt, beide Elemente in einen gesamtwirtschaftlichen Plan einzufügen und mittels finanzieller Be- und Entlastungen sowie weiterer staatlicher Datensetzungen zu lenken. Wie dies nach *Heimann* und *Landauer* auf dem Kapitalmarkt geschehen soll, ist leicht einsehbar. Aufgrund des Kreditmonopols kann die Zentrale ohne Rücksicht auf Konkurrenz den Preis für die Kreditvergabe an einzelne Zweige und Unternehmen, aber auch den Anreiz zum Sparen nach gesamtwirtschaftlicher Notwendigkeit festlegen. Die Unternehmen, die, wie *Landauer* betont, nicht gegen ihren Willen zu Investitionen gezwungen werden sollen,[1136] müßten dann selbst entscheiden, ob sich eine Kreditaufnahme noch rechnet, genauso wie die Haushalte weiterhin zwischen Konsum und Sparen zu wählen haben. Die eigentliche Grundlage, zumindest der Idee nach, bleibt das Marktverfahren. An die Kreditvergabe ist keine imperative Outputvorgabe geknüpft; die Entscheidung, was und wieviel produziert wird, verbleibt bei den Unternehmen. Dennoch wird die Produktion indirekt gelenkt. Aus heutiger Sicht würde man die vorgesehene zentrale Lenkung als marktkonform bezeichnen. Auch die weiteren Maßnahmen, mit denen die Wirtschaftsakteure gelenkt und die staatliche Kapitalbildung erhöht werden sollen, z.B. systematisch eingesetzte Verbrauchssteuern, widersprächen der Konformität nicht.[1137]

[1134] *Heimann* 1932a, S. 36.
[1135] *Landauer* 1931a, S. 121.
[1136] Ebd., S. 123.
[1137] Zu den weiteren Maßnahmen vgl. ebd., S. 124.

Das „Lohn- und Akkumulationsproblem“ innerhalb der einzelnen Unternehmen soll nach Ansicht *Landauers* im Sozialismus nicht die Angelegenheit von (privaten) Kapitalisten, sondern in die Zuständigkeit der Zentrale fallen.[1138] Durch das Gemeineigentum könne im Marktsozialismus das große Problem einer Kreditkontrolle gelöst werden, was in einer auf Privateigentum beruhenden Wirtschaftsordnung nicht möglich sei: das Problem der Gewinnverteilung und Selbstfinanzierung der einzelnen Unternehmen. „Er [der Zentralstaat] kann auch die Selbstfinanzierung der Unternehmen in der Hauptsache kontrollieren. Der Staat ist Eigentümer aller wichtigen Betriebe: Er kann bestimmen, wieviel von dem Gewinn er ausgeschüttet erhalten will.“[1139] Der Staat, so *Landauer*, bestimmt auch in Zusammenarbeit mit der Belegschaft über die Gewinnbeteiligung und den Lohn, womit er auch über die Höhe des thesaurierten Gewinns entscheidet. Darüber hinausgehende freiwillige Einschränkungen bleiben der Entscheidung der Belegschaft und des jeweiligen Leiters überlassen. Die Punkte, welche die Zentrale beim Handeln als Eigentümer beachten sollte, gibt *Landauer* wie folgt vor:

> „Der Staat hat (...) Kontrolle zu üben, daß die Deckung des Ausdehnungsprogramms genügend sicher ist, damit nicht unerwünschte konjunkturelle Wirkungen sich ergeben. Außerdem hat er darüber zu wachen, daß nicht etwa eine Minderheit, die auf stärkeres Gegenwartseinkommen angewiesen ist, von einer Mehrheit vergewaltigt wird, der vor allem an besseren Zukunftsaussichten liegt.“[1140]

In seiner Funktion als „Generalkapitalist“ erhält der Staat somit auch die Möglichkeit, direkt und imperativ den Wirtschaftsprozeß zu lenken.

Das Gemeineigentum soll der Zentrale noch auf eine andere Weise zugute kommen. Denn genauso wenig wie *Landauer* der staatlichen Kreditkontrolle im Kapitalismus Aussichten auf Erfolg zutraut, glaubt er an eine wirksame Monopolbekämpfung innerhalb der kapitalistischen Verkehrswirtschaft. Nur durch das Gemeineigentum könne die Zentrale einen Überblick darüber besitzen, ob durch Konzentrationsprozesse Monopolmacht entsteht, die es zu verhindern gelte.[1141] *Landauers* paradoxes Ergebnis: Erst mit der Verstaatlichung der Unternehmen sei wirkliche und dauerhafte Konkurrenz garantiert. Die Frage, ob *Landauers* Absicht, die Produktionschancen der Unternehmen einer gleichen Branche durch kapitalpolitischer Umverteilung auszugleichen, nicht zu sehr von dem sta-

---

[1138] Ebd., S. 132ff. Auch hier ist es sich nach *Heimann* kein Problem, daß die mittelständischen Unternehmen nicht verstaatlicht werden sollen. Als Relikte der „kleinbetrieblichen Demokratie” seien sie viel zu unbedeutend, was die Kapitalakkumulation betrifft, als daß sie durch Eigenfinanzierung den gesamtwirtschaftlichen Plan der Zentrale gefährden könnten. *Heimann* 1932b, S. 89.
[1139] *Landauer* 1931a, S. 122.
[1140] Ebd., S. 133.
[1141] Ebd., S. 130.

tischen Gegensatz zwischen Monopol und Konkurrenz ausgeht, ist wohl positiv zu beantworten. *Heimann* berücksichtigt dagegen in seinen Werken die ökonomische Dynamik und wird sich nach 1945 zu *Schumpeters* evolutorischer Ökonomik bekennen.[1142] Er spricht sich wettbewerbspolitisch für das Konzept der Wettbewerbsfreiheit aus. Ob dieses Konzept aber mit seinem sozialistischen Modell zu vereinbaren ist, untersucht er nicht.[1143]

Die Konzeption des staatlich gelenkten Marktsozialismus kann wie folgt zusammengefaßt werden:

- Überführung der (industriellen) Unternehmen in Gemeineigentum, um die „soziologische Einheit des Volkes" und Lenkungseffektivität zu gewährleisten.
- Dezentrale Koordination der Wirtschaft durch das Markt- und Preisverfahren sowie durch die „(beschränkte) Selbständigkeit" der einzelnen Unternehmen.
- Monopol des Zentralstaates bei der Benennung der Betriebsleiter, der Investitionslenkung und der Kreditschöpfung sowie Besitz weiterer Möglichkeiten der wirtschaftspolitischen Einflußnahme.
- Garantie der parteipolitischen Unabhängigkeit der Wirtschaftspolitik durch einen Sachverständigenrat, der über Richtung der Wirtschaftspolitik entscheidet (nur *Landauer* äußert sich dazu).

d) Fazit

Heimann und *Landauer* mußten noch 1933 Deutschland verlassen. Der Marktsozialismus besaß nach der Machtübernahme durch die Nationalsozialisten in Deutschland selbstverständlich keinerlei Realisierungschancen mehr. Nach 1945 kämpften *Heimann* und *Landauer* weiter für einen *Dritten Weg* und waren weiterhin der Meinung, es sei „ein Irrglaube der Fanatiker", wenn „unser Zeitalter eine Entscheidung im Sinn eines Entweder-Oder zu treffen habe zwischen Marktwirtschaft und öffentlicher Wirtschaftslenkung".[1144] Beide bekannten sich aber nicht mehr zum Marktsozialismus. So hatte *Heimanns* interdisziplinärer Ansatz, der über das rein Ökonomische hinausging, durch seinen Schüler *Heinz-Dietrich Ortlieb* eher Einfluß auf die Konzeption des „Freiheitlichen Sozialismus". Und *Landauer* beschäftigte sich in erster Linie mit den Planungsmöglichkeiten in den westlichen Ländern. Erst *Ota Šik* und seine Anhänger Ende der 60er/Anfang der 70er Jahre und einige Intellektuelle zur Zeit der zugrunde ge-

---

[1142] Vgl. *Heimann* 1963, S 125ff.

[1143] Aufgrund der Tatsache, daß der Staat in sozialistischen Marktwirtschaft der „Generalkapitalist" ist, besteht in solchen Ordnungen stets das Gefahr, daß die dezentralen Einheiten nicht unter strikten Budgetrestriktionen stehen, wodurch keine optimieren des Wirtschaftsprozesses möglich sein wird. Vgl. *Körner* 1990, S. 571.

[1144] *Landauer* 1951, S. 99.

henden DDR setzten sich wieder für einen Marktsozialismus ein.[1145] Beide Strömungen waren aber nicht erfolgreich. Das Desinteresse an der marktsozialistischen Konzeption hatte natürlich Gründe – auch solche ökonomischer Art.

Im Marktsozialismus sind mit der Mischung aus indirekter und direkter Lenkung einige Probleme verbunden. Wenn der Wirtschaftsprozeß ausschließlich indirekt gelenkt wird, den Betriebsleitern also eine große Selbständigkeit gewährt wird, ist es um die Lenkungsmöglichkeiten der Zentrale nicht wirklich besser gestellt, als sie potentiell im Kapitalismus wären. Durch das Gemeineigentum könnte sich die Zentrale einen besseren gesamtwirtschaftlichen Überblick verschaffen. Wie die Wirtschaftssubjekte auf die staatlich manipulierten Preise reagieren, kann jedoch nicht vorausgesehen werden. Die Zentrale müßte ein „stochastisches Element" in die Lenkung einkalkulieren, da der Wirtschaftsprozeß prinzipiell dezentral koordiniert wird und das Ergebnis nicht ex-ante in konkreter Form bekannt sein kann.[1146] Ein allzu konkretes Allokationsergebnis dürfte nicht angestrebt werden. Ob sich eine solche Wirtschaftszentrale das dezentrale Wissen der Wirtschaftssubjekte besser zunutze machen kann, ist fraglich. Denn bei konsequenter Selbständigkeit der Unternehmen besteht schon aufgrund der unterschiedlichen Planungshorizonte der Unternehmen die Schwierigkeit, den zentralen Plan auf sie abzustimmen. Ein weiteres Problem kommt hinzu, wenn die Betriebe unvorhergesehen ihren Produktionsplan innerhalb des ursprünglich angedachten Zeitraums ändern.[1147]

Bei direkter, imperativer Lenkung besteht andererseits die Gefahr, daß der Druck des Staates die Selbständigkeit der Betriebsleiter aufweicht und mit der Zeit beseitigt. Weniger im staatlichen Kreditmonopol, wie *Adolf Weber* angenommen hat,[1148] als vielmehr im Staatseigentum der im Wettbewerb stehenden Betriebe besteht die Hauptgefahr, die ursprünglich marktsozialistische Ordnung in Richtung einer modifizierten Zentralverwaltungswirtschaft zu transformieren. Der Staat besitzt, indem er die Betriebsleiter auswählt und die Innenfinanzierung der Unternehmen disponiert, über die dafür notwendigen Instrumente. In einer kapitalistischen Wirtschaftsordnung endet die Ausdehnung der (äußeren) staatlichen Interventionen an einem bestimmten Punkt, an dem die Funktionsfähigkeit der Verkehrswirtschaft gefährdet wird (von Ausnahmezuständen, wie Revoluti-

---

[1145] *Šik* geht jedoch noch stärker von einem „partizipatorischen Marktsozialismus" aus und verbindet dadurch den Marktsozialismus *Heimanns* und *Landauers* mit dem Konzept der Wirtschaftsdemokratie. Vgl. *Šik* 1979 und vgl. dazu *Leipold* 1984, S. 78ff. Zur Suche nach einem *Dritten Weg* am Ende der Epoche der DDR vgl. *Rochtus* 1999. *Rochtus* interessiert sich aber weniger für die konkreten Konzeptionen eines „demokratischen Sozialismus" als für die Auseinandersetzung zwischen gesellschaftlichen Gruppen der DDR um dessen Implementation. Ein Produkt dieser Zeit ist das Werk von *Bischoff/ Meinard* 1990. Zur neuesten Debatte um einen Marktsozialismus vgl. *Ollman*, 1997.

[1146] Vgl. *Mandelbaum/ Meyer* 1934, S. 250.

[1147] Vgl. Ebd., S. 251ff. und *Nienhaus* 1984, S. 48.

[1148] *Weber* 1933, S. 6ff. und S. 8ff.

onen und Kriegen, abgesehen). Weder den Politikern noch den Privaten ist an einem Übergang zur zielbezogenen gesamtwirtschaftlichen Organisation gelegen. In der marktsozialistischen Ordnung sind diese gesellschaftlichen und politischen Widerstände dagegen nicht vorhanden. Die Trennung zwischen privater und öffentlicher Sphäre wäre bereits aufgehoben, und die Zentrale nicht mehr über die Steuern von der Privatwirtschaft abhängig. Auf einen solchen, durch die Zentrale dominierten Marktsozialismus treffen daher die bekannten Kritikpunkte zu, die schon mehrfach gegenüber der Zentralverwaltungswirtschaft bzw. gesamtwirtschaftlichen Organisation erhoben wurden und daher nicht wiederholt werden sollen.[1149]

[1149] Vgl. *Mises* 1932.

E. Fazit

Die Konzeptionen der verschiedenen *Dritten Wege* waren der Versuch einer Antwort auf das ordnungspolitische Versagen der Weimarer Republik. Mit ihnen sollte der regellose Interventionismus in eine planvolle Wirtschaftspolitik überführt und das bis dahin ungeordnete Wirtschaftsleben nach einheitlichen Prinzipien geordnet werden. Zur Zeit der Weimarer Republik wurde weniger nach einer rationalen Theorie der Wirtschafts- und Ordnungspolitik gesucht, wie es nach 1945 der Fall war, sondern die Nationalökonomen und Publizisten beschäftigten sich eher mit den politischen Voraussetzungen einer „funktionsfähigen" Wirtschaftsordnung. Staatsform und Wirtschaftsform galt es, entsprechend aufeinander abzustimmen. Die Gelehrten und Publizisten, von denen in dieser Arbeit die Rede war, wollten den Einfluß der damals zahlreichen weltanschaulichen und politischen Interessengruppen auf die Wirtschaftspolitik reduzieren. Da sich damals keine einheitliche, die Parteigrenzen überschreitende, konsensfähige wirtschaftspolitische Konzeption herausgebildet hatte, glaubten viele, daß nur von Parteiinteressen enthobene Träger der Wirtschaftspolitik solche Entscheidungen treffen können. Nur sie, deren Handeln nicht auf parlamentarische Kompromisse Rücksicht nehmen mußte, konnten nach damals weitverbreiteter Meinung die privaten Machtgruppen in ihre Schranken verweisen und der interventionistischen Flickschusterei des gebundenen Kapitalismus ein Ende bereiten. Die wirtschaftspolitischen Instanzen müßten gegenüber Partei- und sonstigen privaten Interessen immunisiert werden.[1150] Dieser Gedankengang steckte in der damals vielfach in Verbindung mit den Konzeptionen der *Dritten Wege* erhobenen Forderung nach einem starken Staat, d.h. einen Staat, der einen eigenständigen, staatlichen, von den gesellschaftlichen Kräften unterscheidbaren Willen besitzen sollte.[1151] Unterschiede bestanden zwischen den verschiedenen Wissenschaftlern und Publizisten bzgl. der Frage, welche Trägerschaft, welche Machtressourcen und welches inhaltliche Programm einem starken Staat zuzusprechen sei. Der starke Staat sollte nicht unbedingt jegliche Art von Demokra-

---

[1150] Zu den allgemeinen Möglichkeiten einer solchen Neutralisation vgl. *Carl Schmitt* 1932, S. 100f., und *Bentin* 1972, S. 99ff.

[1151] Um staatlicherseits „planvoll" eingreifen zu können und nicht, wie *Krohn* glaubt, aus politischer Ablehnung der Arbeiterinteressen, wird ein starker, den Parteien und Lobbyisten enthobener Staat gefordert (Vgl. *Krohn* 1978, S. 113ff.). Die Ablehnung auf den Staat Einfluß nehmender Interessengruppen seitens „prokapitalistischer" Gruppen oder Personen betraf auch die Gewerkschaften, aber eben nicht nur, sondern auch Verbände anderer Art. Zudem trat während der Weltwirtschaftskrise auch innerhalb die Gewerkschaften die Demokratieforderung gegenüber der nach einem starken Staat zurück. *Nicholls* sieht entsprechend in der Forderung nach einem „strong state" eine Gemeinsamkeit zwischen den Protagonisten eines „neuen Liberalismus" und SPD-nahen Nationalökonomen wie *Heimann* (*Nicholls* 1994, S. 81.). Das einfache Schema „Liberalismus = Kapitalismus = Konservatismus = Faschismus = Nationalsozialismus", wie es *Krohn* suggerieren will, paßt hier nicht.

tie verneinen. Diejenigen Ökonomen und Publizisten, die politisch dem parlamentarischen System die Treue hielten, trauten dem „pluralistischen Parteienstaat“ aber ebenfalls nur wenig ökonomischen Sachverstand zu. Entweder hofften sie, daß sich die Vielfalt der Gruppen in der zukünftigen Gesellschafts- und Wirtschaftsordnung aufzulösen beginnt, oder sie forderten einen Sachverständigenrat, der über den Einsatz der vom Parlament genehmigten Mittel entscheidet.[1152] Ständen die Träger der Wirtschaftspolitik nicht unter Einfluß parteipolitischer oder lobbyistischer Interessen, könnte durchaus „planvolle“ Wirtschaftspolitik betrieben werden. Die Forderung nach einer solchen Wirtschaftspolitik verbarg sich zumeist hinter dem damals populären Schlagwort „Planwirtschaft“.[1153]

Gemeinsam war den Vertretern eines *Dritten Weges* (außer *Oppenheimer*), daß sie staatliches Eingreifen für notwendig erachteten. Unterschiedliche Auffassungen gab es darüber, welche Formen die Interventionen annehmen sollten. Je nachdem wie sie die geschichtliche Entwicklung hin zum gebundenen Kapitalismus der Weimarer Republik interpretierten und welche Ursachen sie damit für die Mißstände verantwortlich machten, entwarfen sie unterschiedliche ordnungspolitische Konzeptionen. Diese waren als Leitbilder für die Gestaltung von Wirtschaftsordnungen gedacht, die sich nicht nur von bestimmten Formen des Kapitalismus, sondern zugleich vom Sozialismus abgrenzen sollten. Die verschiedenen Konzeptionen einer geordneten Wirtschaft, in der planvoll Wirtschaftspolitik betrieben werden sollte, habe ich entsprechend dem Ordnungskriterium „Dominanz der Wirtschaftsführung“ in drei Gruppen geteilt. Auf diese Weise ließen sich die ordnungspolitischen Ideen in *Dritte Wege mit liberaler Ausrichtung*, *mit korporativistischer Ausrichtung* und *mit interventionistischer Ausrichtung* unterscheiden. Wie bereits erwähnt, geht dieses Vorgehen auf *Norberts Klotens* Beitrag zur Wirtschaftsordnungslehre zurück. Er entwickelte so vom Pol der „idealtypischen Verkehrswirtschaft“, in der die gesamte Koordination über den Markt abläuft und es keine ökonomischen Aktivitäten des Staates gibt, bis zu dem der „idealtypischen Zentralverwaltungswirtschaft“, in welcher der gesamte Wirtschaftsprozeß durch den Zentralstaat geplant wird und es keine „privatwirtschaftliche Betätigung“ gibt, verschiedene realtypische Wirtschaftsordnungen.[1154] Die Diskutanten über einen *Dritten Weg* zur Zeit der Weimarer Republik leiteten ihre Konzeptionen nicht aus abstrakten, modelltheoretisch begründeten Grundsätzen ab. Sie gingen von konkreten Problemen in einem historischen Umfeld aus, welches sie dann politisch unter zu Hilfenahme ihrer wissenschaftlichen Erkenntnisse zu gestalten suchten. Wenn sie sich auf Modelle bezogen, vergaßen sie niemals deren unwirklichen Charakter. Die von ihnen entworfenen Ordnungen hatten einen realtypischen Charakter, obwohl sie nicht

[1152] Vgl. *Landauer* 1931, S. 157.
[1153] Zum Begriff vgl. auch *Harms* 1932.
[1154] *Kloten* 1955, S. 129ff.

über die Stufe des Entwerfens hinausgekommen sind (wenn man so möchte: „idealtypische Realtypen"). Die *Dritten Wege* lassen sich daher den von *Kloten* entwickelten Realtypen zuordnen.

(1) Eine Art einer „realtypischen Verkehrswirtschaft" ist nach *Kloten* die „Verkehrswirtschaft mit Steuern und Wahrnehmung allgemeiner öffentlicher Aufgaben".[1155] Einen solchen Typ einer Wirtschaftsordnung, in welcher der Staat auf ein Minimum beschränkt ist, und der Wirtschaftsprozeß sonst nur über den Markt abläuft, strebte *Franz Oppenheimer* mit seinem „liberalem Sozialismus" an. *Oppenheimer* befürwortete allerdings eine solche Koordination erst dann, wenn die Bodensperre aufgehoben und damit gleiche Startvoraussetzungen gegeben sind.

(2) Als zweite „realtypische Verkehrswirtschaft" führt *Kloten* die „Verkehrswirtschaft mit Marktordnung durch öffentlichen Verband" auf.[1156] Hierunter fallen die ersten Ansätze des „neuen Liberalismus" wie sie *Alexander Rüstow, Wilhelm Röpke, Franz Böhm* und *Gustav Stolper* in der Weimarer Republik und *Walter Eucken* seit Anfang der 40er Jahre vertreten haben. Sie forderten vom Staat, daß er „marktregelnde Eingriffe (...) bei Orientierung an Konkurrenzwirtschaft" vornehmen soll. Eine potentielle Gefahr dieses „etatistischen Wirtschaftsliberalismus" besteht darin, daß sich eine solche Wirtschaftsordnung sukzessive in eine „Verkehrswirtschaft mit Steuern und Wahrnehmung allgemeiner öffentlicher Aufgaben" oder, was noch wahrscheinlicher ist, in eine Form des „gebundenen Kapitalismus" verwandeln kann. Der wirtschaftspolitische Grundsatz „Leistungswettbewerb und Förderung kleiner und mittlerer Unternehmen" würde so auf den Grundsatz des „Leistungswettbewerbes" reduziert, bis auch dieser verschwunden ist, indem die, wenn auch nicht vollkommen marktbeherrschenden, so doch politisch mächtigen Großunternehmen den Staat immer entscheidender zu beeinflussen beginnen. Diese Tendenz wird dadurch gefördert, daß sich der Leistungswettbewerb in der Realität nicht so eindeutig vom Nicht-Leistungswettbewerb trennen läßt, wie es beispielsweise *Böhm* und *Rüstow* annahmen.

(3) *Kloten* bezeichnet zwei Ordnungen als „gelenkte Marktwirtschaft".[1157] Zum einen fällt unter diese Kategorie die „Marktwirtschaft mit Markteingriffen und Produktionslenkung", zum anderen die „Marktwirtschaft mit Markteingriffen, Produktionslenkung und Preisregulierung". Der „gelenkten Marktwirtschaft" sind alle *Dritten Wege mit interventionistischer Ausrichtung* zuzuordnen, wobei Preisregulierungen im Sinn von staatlicher Preisfestsetzung schon damals – wenn überhaupt vorgesehen – eher als temporäre Notmaßnahmen betrachtet wurden. Kaum einer wollte das Marktverfahren außer Kraft setzen. Dennoch besteht die Gefahr – wie die Geschichte gezeigt hat –, daß aufgrund des *Misess-*

[1155] Ebd., S. 131.
[1156] Ebd.
[1157] Ebd., S. 131f.

chen Dominoeffekts ein Übergang zwischen den beiden Formen der Marktlenkung (auch im Fall der „Ausschaltung“ des parlamentarischen Kompromisses) stattfinden kann, wenn der Staat mit allen Mitteln ein Ziel erreichen möchte.

Innerhalb der „gelenkten Marktwirtschaft“ kann auch das von *Kloten* eingeführte Subsidiärkriterium, die „Priorität der Eigentumsformen“, sinnvoll verwendet werden, um die Konzeptionen weiter zu analysieren. Während in denen des „nationalen Interventionsstaates“ und des „Plankapitalismus“ dem Privateigentum Vorrang eingeräumt wird, stellt der „staatlich gelenkte Marktsozialismus“ das Staatseigentum in den Vordergrund. Dagegen ist in den Konzeptionen des „Deutschen Sozialismus“ und des Gewerkschaftsplanes „Umbau der Wirtschaft“ eine „Konkurrenz“ zwischen Privat- und Staatseigentum vorgesehen. Unterstellt man realen Ordnungen eine gewisse Entwicklungsdynamik, so besteht hinsichtlich der *Dritten Wege*, in denen dem Staatseigentum ein großer Umfang eingeräumt wird, die potentiell Gefahr, daß sich diese nach ihrer Realisation *Klotens* „realtypischen zentralgeleiteten Wirtschaften“ annähern, wenn es nicht gelingt, einen marktwirtschaftlichen Bereich aufrecht zu erhalten.[1158] Der „Deutsche Sozialismus“ und der Plan „Umbau der Wirtschaft“ bergen somit die Gefahr in sich, daß sie sich in der Realität zu einer „zentralgeleiteten Wirtschaft mit geringem Sektor privatwirtschaftlicher Güterherstellungen in der konsumnahen Sphäre und mit freier Konsumwahl“ entwickeln könnten. Dem „Marktsozialismus“ ist sogar die Gefahr inhärent, daß sich dieser zu einer „zentralgeleiteten Wirtschaft mit freiem Konsumguttausch“ entwickeln könnte.

(4) Nur schwer lassen sich die *Dritten Wege mit korporativistischer Ausrichtung*, die in der Weimarer Republik eine große Popularität besaßen, in *Klotens* Schema einordnen. Damit dies gelingt, müßte *Klotens* Systematik umfassender interpretiert werden. Die korporativistischen Ordnungen könnten der Kategorie „Verkehrswirtschaft mit Marktordnung durch öffentlichen Verband“ zugesellt werden, sofern man unter Marktordnung nicht nur die Orientierung an der Konkurrenzwirtschaft, sondern auch an einem durchgängigen System bilateraler Monopole versteht. Die korporativistischen Ordnungen können aber auch als „Marktwirtschaft mit Markteingriffen und Produktionslenkung“ interpretiert werden, sofern man unter *Klotens* Kategorie nicht nur Ordnungen mit staatlichen Eingriffen versteht, sondern auch solche darunter faßt, in denen Wirtschaft vornehmlich durch öffentliche, aber nicht staatliche Korporationen gelenkt werden soll. Wie auch immer die korporativistischen Ordnungen eingeordnet werden, es besteht bei ihnen – wenn sie sich überhaupt realisieren lassen – stets die doppelte Gefahr, daß sie entweder, bei zu geringer staatlicher Ordnungspolitik, zu einer monopolistischen Verkehrswirtschaft, oder, bei zu starkem staatlichen Eingreifen, zu einer Form der „realtypischen zentralgeleiteten Wirtschaft“ entarten.

[1158] Ebd., S. 132.

Im Querschnitt der ordnungspolitischen Diskussion schälten sich zwei Arten von Auffassungen über die Wirtschaftsordnung heraus. Entweder bewegen sich die Konzeptionen auf dem Boden der „reinen" Verkehrswirtschaft, in der nach *Kloten* die „privaten Wirtschaftspläne den Wirtschaftsablauf a) alleine oder b) überwiegend determinieren", oder sie waren Varianten einer „gelenkten Marktwirtschaft", in der „der öffentliche Verband seine Zielsetzungen für vorrangig erklärt und sie (...) zu realisieren trachtet, ohne jedoch die private Dispositionsfreiheit der privaten Wirtschaftseinheiten zu beseitigen."[1159] Damit sind die verschiedenen Konzeptionen noch einmal entsprechend *Klotens* Ordnungstheorie gegliedert worden. Sind die vorgestellten Konzeptionen aber nun als verschiedene Formen des *Dritten Weges* zu interpretieren?

Da es sich in erster Linie um eine politische Frage handelt, ist sie nur schwer zu beantworten. Voraussetzung dafür, daß eine (konzeptionelle) Wirtschaftsordnung als *Dritter Weg* bezeichnet werden kann, ist grundsätzlich eine bipolare Sichtweise. D.h., es muß von einer Gegenüberstellung zweier, voneinander eindeutig unterscheidbarer Ordnungen ausgegangen werden, zu denen die betrachtete (konzeptionelle) Ordnung gleichsam eine Alternative bildet. Es ist dabei unerheblich, ob es sich bei den beiden Polen um reale Wirtschaftsordnungen, um typisierte Ordnungen oder um Kategorien wie „Bindung" und „Freiheit" handelt. Bei allen aufgeführten Autoren war damals die bipolare Sichtweise gegeben. Ihre Konzeptionen waren für sie ein Ausweg, um die Probleme des damals als enttäuschend empfundenen gebundenen Kapitalismus (der sich aus dem freien Kapitalismus entwickelt hatte) lösen zu können, ohne gleichzeitig „Planwirtschaft", „Sozialismus", „Bolschewismus" oder wie der andere Pol sonst noch genannt wurde, schaffen zu müssen. Für die nach ökonomischer Reform strebenden Programmatiker handelte es sich bei ihren Vorstellungen um Konzepte, mit denen *Dritte Wege* realisiert werden könnten. In dieser allgemeinen Form ist der Begriff *Dritter Weg* ein Platzhalter für (konzeptionelle) Ordnungen, die zwischen den beiden, die Sichtweise bestimmenden Polen liegen sollen. Bei der damals wie heute geführten Diskussion, ob man einer Konzeption/Ordnung das „Prädikat" *Dritter Weg* zu- oder absprechen kann, handelt es sich um eine Debatte, die sich auf der politischen oder gar weltanschaulichen Ebene abspielt. Im Rahmen einer solchen Diskussion kommt es immer darauf an, welche Merkmale den beiden sich diametral gegenüberstehenden Polen zugesprochen werden. Nur auf dieser Ebene kann daran anschließend überprüft werden, ob es sich bei der Konzeption/Ordnung auch um einen *Dritten Weg* handelt. Ob es sich um 'sinnvolle' Merkmale der beiden Pole und damit um einen 'sinnvollen' *Dritten Weg* handelt, ist damit natürlich genauso wenig geklärt, wie die Frage, ob aus den mit den Merkmalen verbundenen Eigenschaften der beiden Polen ein 'sinnvoller' *Dritter Weg* abgeleitet wurde. Grundsätzlich kommt es bei der Einstufung einer Konzeption/Ordnung als *Dritten Weg* auf die

[1159] Ebd., S. 131.

Kategorien und Merkmale an, nach denen die beiden Pole gebildet wurden, zu denen eine Alternative geschaffen werden soll. Damit ist die 'Minimalauffassung' abzulehnen, daß es nur *einen* 'wahren' *Dritten Weg* geben kann.

Andererseits soll hier nicht die Meinung vertreten werden, in der Realität gebe es ausschließlich *Dritte Wege*. So könnte man z. B. argumentieren, wenn man sich bereits eine Wirtschaftsordnung, in der grundsätzlich, ohne weitere Qualifizierung, Freiheit und Bindung oder staatliche und private Initiative gemischt sind, als *Dritten Weg* vorstellt. Von einem solchen Standpunkt aus, hat es wahrscheinlich den ersten und den zweiten Weg nie in „Reinkultur" gegeben. Der Begriff würde inflationär verwendet werden. Eine wichtige Übereinstimmung aller Autoren, die zur Zeit der Weimarer Republik nach einem *Dritten Weg* suchten, war die Forderung nach einer bewußten „wirtschaftspolitischen Gesamtentscheidung", auf deren Grundlage dann „planvolle Wirtschaftspolitik" zu betreiben sei; auf diese Weise sollten die einzelnen staatlichen Maßnahmen aufeinander abgestimmt werden. Gerade die Eigenschaft der 'Abgestimmtheit' war damals ein wichtiger Unterschied der Konzeptionen, die einen *Dritten Weg* darstellen sollten, zum gebundenen Kapitalismus, in dem 'auch' zwei Prinzipien 'gemischt' wurden, der aber – von *Mises* abgesehen – dem ersten Weg zugeschlagen wurde. Zwei Probleme sind damit grundsätzlich verbunden:

- Obwohl es z. B. in der Bundesrepublik einen breiten Konsens über das Fundament der Wirtschaftspolitik gibt (Beispiel: Vermeidung von Inflation) ist in der Realität mit ihrem sich wandelnden Umfeld die Einhaltung wirtschaftspolitischer Richtlinien erfahrungsgemäß nur schwer zu gewährleisten. Die Notwendigkeit zum Kompromiß zwischen den Parteien, die kurzfristige Erhöhung der Staatsausgaben kurz vor einer Wahl sowie die sozialen Widerstände gegen jegliche ökonomische Reform stellen entscheidende Probleme dar. Selbst wenn in der Wirklichkeit solche wirtschaftspolitischen Konzeptionen offiziell zum normativen Maßstab staatlichen Handelns genommen werden, würde daher der Effekt verschiedener staatlicher Maßnahmen eine Wirtschaftsordnung ergeben, die in dieser Arbeit als gebundener Kapitalismus bezeichnet wurde. Welcher Anteil der Wirtschaftspolitik „geplant" und welcher situativ ist, läßt sich dann nicht mehr hinreichend trennen. Die Träger der Wirtschaftspolitik müßten gegenüber dem Einfluß partei-politischer und wirtschaftlicher Interessen neutralisiert werden. Dies würde aber Entdemokratisierung oder (gesetzliche) Regelbindung der Wirtschaftspolitik bedeuten. Aber auch dies würde in der evolutorischen Welt selbstverständlich kein Garant für „planvolle" Wirtschaftspolitik sein.

- Daß mit dem Vorhandensein eines Planes schon System- und Zielkonformität der staatlichen Maßnahmen gegeben ist, ist natürlich fraglich. So müßten stets die Vorteile dieses Eingriffs mit den Nachteilen in bezug auf Preisverfahren und Innovationsfähigkeit abgeschätzt werden. Dies ist aber in einer ständig neues Wissen generierenden entwicklungsoffenen Welt nur sehr begrenzt möglich, da die Träger der Wirtschaftspolitik niemals über ein entsprechendes vollkommenes Lenkungswissen verfügen können. Wirtschaftspolitische Pläne, in denen ein zu konkretes Allokationsziel vorgeben werden soll, wie es z. B. noch vor kurzem *Lionel Jospin* auf europäischer Ebene versuchte, indem er ein Wachstumsziel der europäischen Volkswirtschaft festlegen wollte, müßten ihr Ziel verfehlen. Pläne, die sich auf einige wenige Interventionsziele – möglich im Sinne „variabeler Leitplanken" für den Markt – beschränken, lassen sich am ehesten realisieren.[1160] Dies um so mehr, wenn mit den Maßnahmen „wünschenswerte Funktionseigenschaften" (*Streit*) sichergestellt werden sollen. Dennoch war das Vorhandensein einer wirtschaftspolitischen Konzeption ein wesentliches Merkmal der Konzeptionen, die einen *Dritten Weg* darstellen sollten und sicherlich im Hinblick auf die Einsicht in wirtschaftspolitische Zusammenhänge ein Fortschritt gegenüber der wirtschaftspolitischen Praxis der Weimarer Republik.

Trotz mehrerer Debatten über den weiteren Weg, den die Gesellschaft zukünftig einschlagen soll, ist eine wirklich öffentliche Breitenwirkung bisher nicht zu verzeichnen. Vielen erscheint sogar die Zeit, in der nach *Dritten Wegen* gesucht wurde, abgelaufen zu sein. Der Kommunismus ist untergegangen, die bipolare Weltordnung verschwunden. Die Tatsache, daß ein einziges System den Wettkampf der Systeme überlebt hat, ist aber die unbedeutendste Ursache für diesen Umstand. Zwar hat der Begriff *Dritter Weg* damit an realpolitischer und -ökonomischer Aktualität verloren, die bipolare Denkweise ist aber nach wie vor vorhanden. Für eine solche Sichtweise ist ein realer Systemgegensatz auch gar nicht vonnöten. Der Gegenpol zum noch existierenden System ist durch die geschichtlichen Erfahrungen ebenso präsent wie die Vorstellungen von Gegensätzen zwischen Kapitalismus und Sozialismus oder Marktwirtschaft und zentrale Planwirtschaft noch in ökonomischen, soziologischen oder politologischen Theorien und Weltanschauungen vorhanden sind. Viel entscheidender ist, daß der Untergang des Kommunismus als Sieg *des* Kapitalismus und *der* Marktwirtschaft gefeiert wurde. Durch den wirtschaftlichen Dauerboom der USA in den 90er Jahren galt – diese Interpretation der Geschichte auf die Spitze treibend – jede ordnungspolitische Konzeption in den sogenannten westlichen Ländern, die eine Alternative zum US-amerikanischen sein will, als diskredi-

---

[1160] Zu dem ganzen Fragenkomplex von Wirtschaftspolitik in einer entwicklungsoffenen Umwelt vgl. *Streit* 1991.

tiert.[1161] Wenn auch gegenwärtig die Entwicklung in Richtung Globalisierung weist, liegt dies aber in keinem Naturgesetz begründet. Es gibt weder *die* Marktwirtschaft noch *den* Kapitalismus. Beide sind – hier ist besonders der neutrale Mechanismus des Wettbewerbes hervorzuheben – an sich ziellos und gestaltbar.[1162] Die Feststellung, Marktwirtschaft und Kapitalismus hätten sich über die ganze Welt verbreitet, braucht keine Einheitlichkeit der Wirtschaftsordnungen zu implizieren. Durch die offene Form sind beide in verschiedener Gestalt vorstellbar. Welche Gestalt sie annehmen und wie in diesem System zwischen Alternativen selektiert wird, hängt nicht zuletzt von den institutionellen Rahmenbedingungen ab. Gerade die Feststellung, daß das Fundament bei so verschiedenen ordnungspolitischen Konzeptionen, wie sie in der Weimarer Republik als *Dritte Wege* entworfen wurden, das Marktverfahren war, weist schon auf vielfältige Gestaltungsmöglichkeiten der Marktwirtschaft hin. Die Entwicklung der Wirtschaftsordnung ist offen. Vielleicht wird schon in naher Zukunft wieder nach einer marktwirtschaftlichen Wirtschaftsordnung gesucht, mit der sowohl die Fehler des ehemals real existierenden Sozialismus als auch die des alten und neuen „Kapitalismus" vermieden werden sollen.

[1161] Damit sollen nicht die immer offensichtlicher werdenden *politischen* Gegensätze zwischen den USA und den europäischen Staaten geleugnet werden.
[1162] So auch *Meyerhoff/Petschow* 1996, S. 180.

F. Literaturliste

DdV	Der deutsche Volkswirt
FA	Finanzarchiv
FAZ	Frankfurter Allgemeine Zeitung
HdStW	Handwörterbuch der Staatswissenschaften
HdWW	Handwörterbuch der Wirtschaftswissenschaften
JbNuST	Jahrbücher für Nationalökonomie und Statistik
MdW	Magazin der Wirtschaft
SchVfSP	Schriften des Vereins für Socialpolitik
SJB	Schmollers Jahrbuch
WA	Wirtschaftsarchiv
WD	Wirtschaftsdienst
ZfgS	Zeitschrift für die gesamte Staatswissenschaft

Abelshauser, W. (1991), Die ordnungspolitische Epochenbedeutung der Weltwirtschaftskrise in Deutschland. Ein Beitrag zur Entstehungsgeschichte der Sozialen Marktwirtschaft, in: *Petzina, D.* (Hrsg.), Ordnungspolitische Weichenstellung nach dem Zweiten Weltkrieg, S. 11-29.

Aberle, G. (1992), Wettbewerbstheorie und Wettbewerbspolitik, 2. Aufl. Stuttgart, Berlin, Köln.

ADGB (1932), Umbau der Wirtschaft. Die Forderung der Gewerkschaften, Berlin.

Albrecht, G. (1928), Arbeitsgemeinschaft, Betriebsgemeinschaft, Werksgemeinschaft, in: JbNuSt 128, S. 530-562.

Ders. (1929a), Werksgemeinschaft, in: HdStW, 4. Aufl., Ergänzungsband, S. 945-960.

Ders. (1929b), „Wirtschaftsdemokratie“, in: JbNuSt, Bd. 130, S. 221-231.

Ders. (1932), Vom Klassenkampf zum sozialen Frieden, Jena.

Ders. (1933), Geschichtliche und soziologische Begründung der berufsständischen Sozialordnung, in: JbNuSt 138, S.19-35.

Ambrosius, G. (1981), Zur Geschichte des Begriffs und der Theorie des Staatskapitalismus und des staatsmonopolistischen Kapitalismus, Tübingen.

Ders. (2000), Von Kriegswirtschaft zu Kriegswirtschaft (1914-1945), in: *North, M.* (Hrsg.), Deutsche Wirtschaftsgeschichte. Ein Jahrtausend im Überblick, München, S. 282-350.

Andreae, W. (1927), Bausteine zu einer universalistischen Steuerlehre, Jena.
Ders. (1931), Staatssozialismus und Ständestaat. Ihre grundlegenden Ideologien und die jüngste Wirklichkeit in Rußland und Italien, Jena.
Appel, M. (1992), Werner Sombart – Historiker und Theoretiker des modernen Kapitalismus, Marburg.
Arons, H. (1928), Staat und Wirtschaft, in: Die Arbeit. Zeitschrift für Gewerkschaftspolitik und sozialistische Wirtschaft 1, S. 1-7.

Backhaus, J. (1989), Werner Sombarts Konjunkturtheorie, in: *Schefold, B.* (Hrsg.), Studien zur Entwicklung der ökonomischen Theorie, Bd. VII, Berlin, S. 77-98.
Bang, P. (1926), Deutsche Wirtschaftsziel, 2. Aufl., Langensalza.
Barkai, A. (1998), Das Wirtschaftssystem des Nationalsozialismus. Ideologie, Theorie und Politik 1933-1945, erweiterte Neuausgabe, Franfurt a. Main.
Barry, N. P. (1989), Political and Economic Thought of German Neo-Liberals, in: *Peacock, A., Willgerodt, H.* (Eds.), German Neo-Liberals and the Social Market Economy, London, S. 105-124.
Baumann, K. (1933), Autarkie und Planwirtschaft, in: Zeitschrift für Sozialforschung, 2, S. 79-103.
Becker, H.P. (1965), Die soziale Frage im Neoliberalismus. Analyse und Kritik, Heidelberg.
Beckerath, E.v. (1933), Wirtschaftsverfassung des Faschismus, in: *Spiethoff, A.* (Hrsg.), Festgabe für Werner Sombart. Zur Siebenziegsten Wiederkehr seines Geburtstages, München, S. 347-362.
Ders. (1934), Die Idee der korporativen Wirtschaft, in: *Dobbert, G* (Hrsg.), Die faschistische Wirtschaft, Berlin.
Beckerath, H.v. (1924), Kräfte, Ziele und Gestaltungen in der deutschen Industriewirtschaft, Jena.
Ders. (1927), Der Inhaltswandel des Kartellbegriffs und seine wirtschaftspolitischen Folgen, in: WD, Heft 30, S. 1119-1122.
Ders. (1932), Politik und Weltkrise, in: SJB 56, S 1-21.
Ders. (1933), Politische und Wirtschaftsverfassung, in: *Spiethoff, A.* (Hrsg.), Festgabe für Werner Sombart. Zur Siebenziegsten Wiederkehr seines Geburtstages, München, S. 258-276.
Behrendt, R. (1933), Wirtschaft und Politik in der „kapitalistischen“ Wirklichkeit. Zur Problematik des Zusammenhanges zwischen Politik und Wirtschaft II, in: SJB 57, 13-48.
Beckmann, U. (2000), Von Löwe bis Leontief: Pionier der Konjunkturforschung am Kieler Institut für Weltwirtschaft, Marburg.
Bentin, L.-A. (1972), Johannes Popitz und Carl Schmitt. Zur wirtschaftlichen Theorie des totalen Staates in Deutschland, München.
Bernhard, G. (1918), Übergangswirtschaft, Berlin.
Berkenkopf, P. (1933), Deutsche Industriewirtschaft, Leipzig.

Berle, A.A., Means, G.C. (1932), The modern corporation and private property, New York.
Beyer, J. (1941), Die Ständeideologie der Systemzeit und ihre Überwindung, Darmstadt.
Bischoff, J./ Menard, M. (1990), Marktwirtschaft und Sozialismus – Der Dritte Weg, Kamburg.
Blaich, F. (1970), „Kapitalistische Planwirtschaft". Ein ordnungspolitischer Versuch zur Überwindung der Weltwirtschaftskrise, in: SJB 90, S. 43-65.
Ders. (1977), „Garantierter Kapitalismus": Subventionspolitik und Wirtschaftsordnung in Deutschland zwischen 1925 und 1932, in: ZfU, 22/1, Wiesbaden, S. 50-70.
Blesgen, D. (2000), Erich Preiser: Wirken und wirtschaftspolitische Wirkung eines deutschen Nationalökonomen (1900-1967), Berlin.
Blum, R. (1969), Soziale Marktwirtschaft. Wirtschaftspolitik zwischen Ordoliberalismus und Neoliberalismus, Tübingen.
Blumenberg-Lampe, C. (1986), Der Weg in die Soziale Marktwirtschaft: Referate, Protokolle, Gutachten d. Arbeitgemeinschaft Erwin von Beckerath 1943-1947, Stuttgart.
Böhm, F. (1933), Wettbewerb und Monopolkampf. Eine Untersuchung zur Frage der rechtlichen Struktur der geltenden Wirtschaftsordnung, Berlin.
Ders. (1937), Die Ordnung der Wirtschaft als geschichtliche Aufgabe und rechtsschöpferische Leistung, Stuttgart, Berlin.
Böhm, M.H. (1920), Körperschaft und Gemeinwesen, Leipzig.
Bohnet, A., Bischoff, I. (1999), Zur Kennzeichnung und Systematisierung von Koordinationsverfahren – ein Literaturüberblick, in: *Cassel, D.* (Hrsg.), Perspektiven der Systemforschung, Berlin, S. 55-74..
Bog, I. (1978), Art. Kapitalismus, in: HdWW, Bd. 4, Stuttgart, S. 418ff.
Bonn, M.J. (1926), Das Schicksal des deutschen Kapitalismus, Berlin.
Bossle, L. (Hrsg.) (1987), Perspektive 2000: der ökonomische Humanismus im Geiste Alexander Rüstows, Würzburg.
Bräutigam, H. (1932), Wirtschaftssystem des Nationalsozialismus, Berlin 1936.
Brand, W. (1931), Hauptpunkte einer universalistischen Organisationslehre, in: Ständisches Leben, 1. Jg., 6. Heft, S. 628-649.
Brauer, T. (1929), Der moderne deutsche Sozialismus, Freiburg.
Ders. (1931), Sozialpolitik und Sozialreform, Jena.
Braunweiler, H. (1925), Berufsstand und Staat, Berlin.
Bremer, S. (1996), Der wirtschaftspolitische Ansatz in der Theologischen Ethik von Halmut Thielicke – Darstellung der Grundposition und vergleichende Gegenüberstellung ökonomischer Ordnungskonzeptionen unter besonderer Berücksichtigung von A. Müller-Armack und A. F. v. Hayek, Münster.
Breuer, S. (1993), Anatomie der konservativen Revolution, Darmstadt.
Briefs, G. (1924), Zur Krisis der Sozialpolitik, in: Kölner sozialpol. Vierteljahresschrift III, H. 1, S. 5-16.

Ders. (1925), Die wirtschafts- und sozialpolitischen Ideen des Katholizismus, in: *Bonn, M.J., Palyi, M.* (Hrsg.), Die Wirtschaftswissenschaft nach dem Kriege. Festgabe für Lujo Brentano zum 80. Geburtstag, Erstes Band: Wirtschaftspolitische Ideologien, München, Leipzig, S. 195-226.

Ders. (1932), Das neue soziale und wirtschaftliche Werden, in: *ders.* (Hrsg.), Die Wandlungen der Wirtschaft im kapitalistischen Zeitalter, Berlin, S. 404-430.

Brintzinger, K.-R. (1996), Die Nationalökonomie an den Universitäten Freiburg, Heidelberg und Tübingen 1918 - 1945. Eine institutionenhistorische, vergleichende Studie der wirtschaftswissenschaftlichen Fakultäten und Abteilungen südwestdeutscher Universitäten, Frankfurt a. Main.

Buchner, H. (1930), Grundriß einer nationalsozialistischen Volkswirtschaftslehre, München.

Bücher, K. (1895), Die wirtschaftlichen Kartelle. Vortrag, in: SchVfSP, Leipzig, S. 138-157.

Bychelberg, U.H. (1932), Merkmale der gebundenen Wirtschaft, in: WD, 41, S.1387-1388.

Calwer, R. (1919), Gebundene Planwirtschaft? Eine Antwort auf die Denkschrift des Reichswirtschafts-Ministeriums, Berlin.

Carell, E. (1932), Rezension zu: Meyer zu Schwabedissen, Fr., Arbeitslosigkeit und Wirtschaftspolitik, in: JbNuSt 137, S. 767-768

Ders. (1933a), Rezension zu: Vogel, Emanuel Hugo, Grundzüge einer sozialorganischen Privatwirtschaftsverfassung, in: JbNuSt. 138, S. 920-921.

Ders. (1933b), Rezension zu: Lederer, Emil, Planwirtschaft, in: JbNuSt 139, S. 289-290.

Ders. (1951), Allgemeine Volkswirtschaftslehre, 5., verbesserte und erweiterte Aufl, München.

Cassel, D. (1984), Wirtschaftspolitik in alternativen Wirtschaftssystemen: Begriffe, Konzepte, Methoden, in: *ders.* (Hrsg.), Wirtschaftspolitik im Systemvergleich. Konzeption und Praxis der Wirtschaftspolitik in kapitalistischen und sozialistischen Wirtschaftssystemen, München, S. 1-19.

Chavance, B., Magnin, E. (2002), Emergence of path-dependent mixed economies in Central Europe, in: *Hodgson, G.* (ed.) A Modern Reader in Institutional an Evolutionary Economics: key concepts, Cheltenham, Northampton, S. 168-200.

Coase, R. H. (1937), The nature of the firm, in: *Stigler, G. J., Boulding, K. E.* (eds.), Readings in price theory, London 1953, S. 331-351.

Colm, G. (1931), Kapitalistische und nichtkapitalistische Elemente in der heutigen deutschen Volkswirtschaftslehre, in: *Harms, B.* (Hrsg.), Kapital und Kapitalismus (Bd. 1), Berlin, S. 105-135.

Conrad, O. (1932), Der Interventionismus als Ursache der Wirtschaftskrise – eine Auseinandersetzung mit Ludwig Mises, in: JbNuSt 137, S. 161-174.

Craemer, R. (1933), Der Kampf um die Volksordnung. Von der preußischen Sozialpolitik zum deutschen Sozialismus, Hamburg 1933.

Cristi, R. (1998), Carl Schmitt and Authoritarian Liberalism. Strong State, Free Economy, Cardiff.

Dempf, A. (1929), Sacrum Imperium. Geschichts- und Staatsphilosophie des Mittelalters und der politischen Renaissance, München, Berlin.

Dessauer, F. (1929), Koorporative Wirtschaft, 2. Aufl. Frankfurt a. Main 1970.

Dobretsberger, J. (1932a), Freie oder gebundene Wirtschaft? Zusammenhänge zwischen Konjunkturverlauf und Wirtschaftsform, München, Leipzig.

Ders. (1932b), „Korporative Wirtschaft" – Kritische Sichtung ihrer Ideologie, in: SJB 56, S. 7-26.

Dönhoff, M. (1997), Zivilisiert den Kapitalismus: Grenzen der Freiheit, Stuttgart.

Dörge, F.-W. (1954), Der neuliberale Interventionismus im Wandel zweier Jahrzehnte, in: *Ortlieb, H.-D.* (Hrsg.), Wirtschaftsordnung und Wirtschaftspolitik ohne Dogma. Fünfzehn Vorträge und Aufsätze, Hamburg, S. 124-137.

Dohse, R. (1974), Der Dritte Weg, Hamburg.

Dürr, E.-W. (1954), Wesen und Ziele des Ordoliberalismus, Winterthur.

Dungern, W.v. (1928), Die berufsständische Selbstverwaltung als Grundlage des kommenden Staates, Berlin.

Ebinger, S. (1988), Alexander Rüstow (1885-1963) und die Soziale Marktwirtschaft, Würzburg.

Eckert, C. (1932), Staat und Wirtschaft, in: Weltwirtschaftliches Archiv, 35, S. 357-385.

Ders. (1933), Planwirtschaft. Rathenaus Forderung, Mussolinis Formulierungen, in: *Spiethoff, A.* (Hrsg.), Festgabe für Werner Sombart. Zur Siebenziegsten Wiederkehr seines Geburtstages, München, S. 330-346.

Ehrenberg, R. (1922), Klassenkampf und Sozialfrieden, Jena.

Eucken, W. (1932a), Staatliche Strukturwandlungen und die Krisis des Kapitalismus, in: Ordo – Jahrbuch für die Ordnng von Wirtschaft und Gesellschaft, 48, 1997, S. 5-24.

Ders. (1932b), Krisen und Autarkie, in: *Petersen, C.* u.a. (Hrsg.), Autarkie? Fünf Vorträge, Berlin, S. 44-50.

Ders. (1942), Wettbewerb als Grundprinzip der Wirtschaftsverfassung, in: *Schmölders, G.* (Hrsg.), Der Wettbewerb als Mittel volkwirtschaftlicher Leistungssteigerung und Leistungsauslese, Berlin, S. 29-49.

Ders. (1947), Die Grundlagen der Nationalökonomie, 5. Aufl., Godesberg.

Ders. (1952), Grundsätze der Wirtschaftspolitik, Bern, Tübingen.

Eulenburg, F. (1902), Die gegenwärtige Wirtschaftskrise, in: JbNuSt 79, S. 366-368.

Ders. (1920), Arten und Stufen der Sozialisierung. Ein Gutachten, München, Leipzig.

Eschmann, E.W. (1931), Übergang zur Gesamtwirtschaft, in: Die Tat, 23. Jg., Heft 6, S. 438-460.

Ders. (1932), Nationale Planwirtschaft: Grundzüge, in: Die Tat, 24. Jg., Heft 3, S. 225-243.

Erhard, L. (1964), Franz Oppenheimer, dem Lehrer und Freund (Rede in der Freien Universität Berlin am 30. April 1964, in: *ders.*, Gedanken aus fünf Jahrzehnten, hrsg. v. *Hohmann, K.*, Düsseldorf, Wien, New York 1988, S. 858-864.

Feldmann, H. (1999), Ordnungstheoretische Aspekte der Institutionenökonomik, Berlin.

Fischer, C. E. (1954), Die Geschichte der deutschen Versuche zur Lösung des Kartell- und Monopolproblems , in: ZfgS 110.3., S. 425-456.

Flechtheim, O.K. (1979), Sozialismus als Dritter Weg?, in: *Gärtner, U., Kosta, J.* (Hrsg.), Wirtschaft und Gesellschaft. Kritik und Alternativen. Festgabe für Ota Šik zum 60. Geburtstag, Berlin, S. 245-265.

Forsthoff, E. (1971), Der Staat der Industriegesellschaft: dargestellt am Beispiel der Bundesrepublik Deutschland, München.

Forrester, V. (1997), L'horreur economique, Paris.

Frauendorfer, M. (1933), Der ständische Gedanke im Nationalsozialismus, München

Fritzsche, K. (1976), Politische Romantik und Gegenrevolution. Fluchtwege in der Krise der bürgerlichen Gesellschaft. Das Beispiel des „Tat"-Kreises, Frankfurt a. Main

Fried, F. (1931), Das Ende des Kapitalismus, Jena.

Ders. (1932a), Autarkie, Jena.

Ders. (1932b), Der Umbau der Wirtschaft, in: Die Tat 24, I, S. 452-467.

Ders. (1932c), Wagemanns halber Schritt zur Planwirtschaft, in: Die Tat 11, II, S. 935-936.

Ders. (1932d), Gestaltung des Zusammenbruchs, in: Die Tat 12, I, S. 957-986.

Frieder, O. (1932), Der Weg zur sozialistischen Planwirtschaft. Geschichte und Verwirklichung einer Idee, Berlin.

Friedländer-Prechtl, R. (1931), Wirtschaftswende. Die Ursachen der Arbeitslosigkeit und deren Bekämpfung, Leipzig.

Ders. (1933), Dynamik und Bilanz der Arbeitsbeschaffung, in: Die Wirtschaftswoche, Sonderheft, in: *Bombach, G., Netzband, K.-B., Ramser, H.-J., Timmermann, M.* (Hrsg.), Der Keynesianismus II. Die beschäftigungspolitische Diskussion vor Keynes in Deutschland. Dokumente und Analysen, Berlin, Heidelberg, New York 1976, S. 99-119.

Funk, L. (1999), Introduction: The Economics and the Politics of the Third Way, in: *ders.* (Hrsg.), The Economics and the Politics of the Third Way. Essay in Honour of Eric Owen Smith, Münster, Hamburg, London, S. 1ff.

Gäfgen, G. (1987), Koorperative Wirtschaftspolitik, neuer Korporatismus und Wirtschaftsordnung, Konstanz.

Gauger, J.-D. (1990), Gemeinwohl durch gesellschaftliche Differenzierung? Bemerkungen zum ständestaatlichen Denken am Beispiel Othmar Spanns, in: *ders.*, *Weigelt, K.* (Hrsg.), Soziales Denken in Deutschland zwischen Tradition und Innovation, Bonn, S. 85-111.

Gehlen, A. (1956), Urmensch und Spätkultur. Philosophische Ergebnisse und Aussagen, Bonn.

Ders. (1986) Moral und Hypermoral, 5. Aufl. Wiesbaden.

Ders. (1993), Anthropologische und Sozialpsychologische Untersuchungen, Reinbek bei Hamburg.

Gerhardt, J. (1930), Unternehmertum und Wirtschaftsführung, Tübingen.

Gerken, L., *Renner, A.* (2000), Die ordnungspolitische Konzeption Walter Euckens, in: *Gerken, L.* (Hrsg.), Walter Eucken und sein Werken. Rückblick auf den Vordenker der sozialen Marktwirtschaft, Tübingen, S. 1-47.

Gerloff, W. (1932), Die Autarkie als wirtschaftliches Problem, in: Petersen, C. u.a. (Hrsg.), Autarkie? Fünf Vorträge, Berlin, S. 13-35.

Giddens, A. (1998), The Third Way. The Renewal of Social Democracy, Cambridge.

Ders. (2000), Die Politik des Dritten Weges, in: *Flassbeck, H.*, *Giddens, A.*, *Wiethold, F.*, *Zwickel, K.* u.a. (Hrsg.), Ein dritter Weg in das dritte Jahrtausend. Von der Standort- zur Zukunftsdebatte, Hamburg, S. 12-25.

Gickler, J. (1932), Der Arbeitnehmer in der berufsständischen Ordnung, in: *Velden, J.v.d.* (Hrsg.), Die berufsständische Ordnung. Idee und praktische Möglichkeit, Köln, S. 103-121.

Goerdeler, K. F. (1938), Die Ordnung der Wirtschaft. Wirtschaftspolitische Bemerkungen zu dem Buch von Franz Böhm, in: Finanzarchiv, N.F. 5, 3, S. 489-497.

Gottl-Ottlilienfeld, Fr.v. (1932), Der Mythos der Planwirtschaft. Vom Wahn im Wirtschaftsleben, Jena.

Grotkopp, W. (1954), Die große Krise. Lehren aus der Überwindung der Wirtschaftskrise 1929/32, Düsseldorf.

Gundlach S.J., G. (1932), Staat, Gesellschaft und Wirtschaft in der individualistischen Aera unter katholischer Sicht, in: *Velden, J.v.d.* (Hrsg.), Die berufsständische Ordnung. Idee und praktische Möglichkeit, Köln, S. 27-44.

Guttmann, V. (1932), Industriepolitik. Kritik der interventionistischen und Begründung einer organischen Auffassung, Jena.

Häuser, K. (1994), Das Ende der historischen Schule und die Ambiguität der deutschen Nationalökonomie in den Zwanziger Jahren, in: *Nörr, K.W., Schefold, B., Tenbruck, F.* (Hrsg.), Geisteswissenschaft zwischen Kaiserreich und Republik. Zur Entwicklung von Nationalökonomie, Rechtswissenschaft und Staatswissenschaft im 20. Jahrhundert, Stuttgart, S. 47-74.

Hagemann, H. (1999), Gerhard Colm, in: *Hagemann, H., Krohn, C.-D.* (Hrsg.), Biographisches Handbuch der deutschsprachigen wirtschaftswissenschaftlichen Emigration nach 1933, München, S. 104-113.

Ders. (2000), Emil Lederer (1882-1939): economical and sociological analyst and critic of capitalist development, in: *Koslowski, P.* (Hrsg.), The theory of capitalism in the german economic tradition: historism, ordo.liberalism, critical theory solidarism, Berlin, S. 26-51.

Halm, G. (1929), Die Konkurrenz. Untersuchungen über die Ordnungsprinzipien und Entwicklungstendenzen der kapitalistischen Verkehrswirtschaft, München, Leipzig.

Hank, R. (1999), Der Dritte Weg zwischen Liberalismus und Opportunismus, in: FAZ, 3. Februar 1999, S. 17.

Hansen, K. (1988), Feindberührung mit versöhnlichem Ausgang – Carl Schmitt und der Liberalismus, in: *ders., Lietzmann, H.* (Hrsg.) Carl Schmitt und die Liberalismuskritik, Opladen, S. 9-14.

Harms, B. (1932), Planwirtschaft und sinnvolle Wirtschaftspolitik, Vortrag, o. O.

Hasse, R. (1997), Was bedeutet die neue ordnungspolitische Kontroverse „Kapitalismus pur“ versus „Soziale Marktwirtschaft“? (Diskussionsbeiträge zur Wirtschaftspolitik der Universität der Bundeswehr Hamburg Nr. 72), Hamburg.

Haselbach, D. (1985), Franz Oppenheimer. Soziologie, Geschichtsphilosophie und Politik des „liberalen Sozialismus“, Opladen.

Ders. (1991), Autoritärer Liberalismus und Soziale Marktwirtschaft: Gesellschaft und Politik im Ordoliberalismus, Baden-Baden.

Hayek, F.A. (1960), The Constitution of Liberty, London.

Hegner, J.-H. (2000), Alexander Rüstow: ordnungspolitische Konzeption und Einfluß auf das wirtschaftspolitische Leitbild der Nachkriegszeit in der Bundesrepublik Deutschland, Stuttgart.

Hehn, J. (2000), Daniel Cohn-Bendit sucht einen „Dritten Weg“, in: Die Welt, 25. Februar 2000, S. 6.

Heilmann, M. (1980), Adolph Wagner – ein deutscher Nationalökonom im Urteil der Zeit: Probleme seiner biographischen und theoriegeschichtlichen Würdigung im Lichte neuer Quellen, Frankfurt a. Main.

Heimann, E. (1922), Mehrwert und Gemeinwirtschaft, Berlin.

Ders. (1926), Die sittliche Idee des Klassenkampfes und die Entartung des Kapitalismus, Hamburg 1947.

Ders. (1929a), Soziale Theorie des Kapitalismus, Theorie der Sozialpolitik, Frankfurt a. Main 1980.

Ders. (1929b), Über Konkurrenz, Monopol und sozialistische Wirtschaft, in: Die Arbeit. Zeitschrift für Gewerkschaftspolitik und sozialistische Wirtschaft, 9, S. 533-539 und S. 617-622.

Ders. (1930), Sozialisierung, in: H.-D. Ortlieb (Hrsg.), Eduard Heimann. Sozialismus im Wandel der modernen Gesellschaft, Berlin, Bonn 1975, S. 30-45.

Ders. (1932a), Sozialistische Wirtschafts- und Arbeitsordnung, Potsdam.

Ders. (1932b), Sozialismus und Mittelstand, in: H.-D. Ortlieb (Hrsg.), Eduard Heimann. Sozialismus im Wandel der modernen Gesellschaft, Berlin, Bonn 1975, S. 75-90.

Ders. (1948), Sozialistische Wirtschafts- und Arbeitsordnung, 2. Aufl. Offenbach.

Ders. (1963), Soziale Theorie der Wirtschaftssysteme, Tübingen.

Heimann, S., Walter, F. (1993), Religiöse Sozialisten und Freidenker in der Weimarer Republik, Bonn.

Heimer, G. (1932), Berufsständische Ordnung und Planwirtschaft, in: Neue Blätter für Sozialismus, 3. Jg, Heft 8, 1932, S. 422-432.

Heinrich, W. (1931a), Das Ständewesen. Mit besonderer Berücksichtigung der Selbstverwaltung der Wirtschaft, 2. Aufl., Jena 1934.

Ders. (1931b), Das wirtschaftliche Ständehaus unter Voraussetzung berufsständischer Organisation der Volkswirtschaft, in: Ständisches Leben, 1. Jg., 5. Heft, S. 457-477.

Ders. (1928), Grundlagen einer universalistischen Krisenlehre, Jena.

Heller, H. (1926), Die politischen Ideenkreise der Gegenwart, Breslau.

Ders. (1933), Autoritärer Liberalismus?, in: *ders.*, Gesammelte Schriften, 2. Bd., Leiden 1971, S. 463-653.

Herdzina, K. (1999), Wettbewerbspolitik, 5. Aufl., Stuttgart

Hermberg, P. (1926), Wirtschaftsführung und Wirtschaftsdemokratie, in: Die Arbeit. Zeitschrift für Gewerkschaftspolitik und sozialistische Wirtschaft 3, S. 145-158.

Hertel, H. (1943), Das dritte Reich in der Geistesgeschichte, Hamburg.

Herzig, J. (1933), Die Stellung der deutschen Arbeitergewerkschaften zum Problem der Wirtschaftsdemokratie, Jena.

Heseler, H. (1986) (Hrsg.), Wirtschaftsdemokratie gegen Wirtschaftskrise: über die Neuordnung ökonomischer Machtverhältnisse, Hamburg.

Heuss, E. (1994), Die Wirtschaftstheorie in Deutschland während der 20er Jahre, in: *Nörr, K.W., Schefold, B., Tenbruck, F.* (Hrsg.), Geisteswissenschaft zwischen Kaiserreich und Republik. Zur Entwicklung von Nationalökonomie, Rechtswissenschaft und Staatswissenschaft im 20. Jahrhundert, Stuttgart, S. 137-158.

Heyde, L. (1927), Werksgemeinschaft, Arbeitsgemeinschaft, Volksgemeinschaft, in: Verhandlungen des 34. Evangelischen-Sozialen Kongresses zu Hamburg, Göttingen, S. 95-106.

Hilferding, R. (1924), Probleme der Zeit, in: Gesellschaft, 1, I, S. 1-17.

Hock, W. (1960), Deutscher Antikapitalismus. Der ideologische Kampf gegen die freie Wirtschaft im Zeichen der großen Krise. Frankfurt a. Main.

Höltschi, R., Rockstroh, C. (1985), Bausteine für Alternativen – Ota Sik's Dritter Weg in ein Wirtschaftssystem der Nachmoderne, Grüsch.

Holzer, M. (1932), Die Tragödie der deutschen Wirtschaft, in: Die Tat, 24. Jg., Heft 2, S. 155-168.

Hornung , K. (1990), Die sozialkonservative Tradition im deutschen Staats- und Gesellschaftsdenken, in: *ders., Weigelt, K.* (Hrsg.), Soziales Denken in Deutschland zwischen Tradition und Innovation, Bonn, S. 30-68.

Huber, E.R. (1931), Das Deutsche Reich als Wirtschaftsstaat, Tübingen.

Ders., (1934), Die Gestalt des deutschen Sozialismus, Hamburg.

Ishida, Y. (1988), Jungkonservative in der Weimarer Republik. Der Ring-Kreis 1928-1933, Frankfurt a. Main.

Jaeger, H. (1988), Die Geschichte der Wirtschaftsordnung in Deutschland, Frankfurt a. Main

James, H. (1988), Deutschland und die Weltwirtschaftskrise 1924-1936, Stuttgart.

Janssen, H. (1998), Nationalökonomie und Nationalsozialismus. Die deutsche Volkswirtschaftslehre in den dreißiger Jahren, Marburg.

Ders. (2000), Nationalökonomie und Nationalsozialismus. Die deutsche Volkswirtschaftslehre in den dreißiger Jahren, 2. Aufl. Marburg

Jessen, J. (1935), Volk und Wirtschaft. Zugleich eine Einführung in das deutsche Wirtschaftsleben, Hamburg.

Ders. (1937), Grundlagen der Volkswirtschaftspolitik, Hamburg.

Ders. (1942), Wettbewerb als grundsätzliche historisch-politische Frage, in: *Schmölders, G.* (Hrsg.), Der Wettbewerb als Mittel volkswirtschaftlicher Leistungssteigerung und Leistungsauslese, Berlin, S. 9-15.

Jostock, P. (1928), Der Ausgang des Kapitalismus. Ideengeschichte seiner Überwindung, München, Leipzig.

Ders. (1932), Der Deutsche Katholizismus und die Überwindung des Kapitalismus, Regensburg.

Jung, E. J. (1930), Die Herrschaft der Minderwertigen, 3. Aufl. Struckum 1991.

Kalmbach, P. (1996), Oppenheimer und der „dritte Weg" zwischen Kapitalismus und Kommunismus, in: *Caspari, V., Schefold, B.* (Hrsg.), Franz Oppenheimer und Adolph Löwe: zwei Wirtschaftswissenschaftler der Frankfurter Universität, Marburg, S. 121-139.

Ders. (1999), Von der Wissenschaft zur Utopie: Franz Oppenheimers liberaler Sozialismus, in: *Kotowski, E.-V., Schoeps, J., Vogt, B.* (Hrsg.), Wirtschaft und Gesellschaft. Franz Oppenheimer und die Grundlegung der Sozialen Marktwirtschaft, Berlin, S. 80-97.

Kapp, K. W. (1936), Planwirtschaft und Außenhandel, Genf.

Karrenbrock, P. (1931), Nationaler Sozialismus? Zur sozialen Programmatik der national-bündischen Bewegung, in: Ständisches Leben, 1. Jg., 2. Heft, 1931, S. 208-228.

Klein, H. (1989), Oswald von Nell-Breuning – unbeugsam für den Menschen; Lebensbild, Begegnungen, ausgewählte Texte, Freiburg.

Klein, M. (1995), Die Transformation von Ordnungen in der dualistischen Theorie und in der Neuen Politischen Ökonomie, Köln.

Kloten, N. (1955), Zur Typenlehre der Wirtschafts- und Gesellschaftsordnung, in: Ordo – Jahrbuch für die Ordnung der Wirtschaft und Gesellschaft, 7, S. 123-143.

Klug, O. (1930), Das Wesen der Kartell-, Konzern- und Trustbewegung. Ein wirtschaftliches und soziologisches Problem, Jena.

Kodalle, K.-M (1975), Politische Solidarität und ökonomischen Interesse. Der Begriff des Sozialismus nach Eduard Heimann, in: Aus Politik und Zeitgeschichte, Beil. zur Wochenzeitung „Das Parlament“, B 26/75, S. 3-31.

Kolb, E. (1988), Die Weimarer Republik, München.

Könke, G. (1990), Planwirtschaft oder Marktwirtschaft? Ordnungspolitische Vorstellungen sozialdemokratischer Nationalökonomen in der Weimarer Republik, in: Vierjah. f. Sozial- und Wirtschaftsgeschichte, Bd. 77, S. 457-487.

Körner, H. (1990), Vom Ende des „Demokratischen Sozialismus“, in: WiSt, 11, S. 571-572.

Kowitz, R. (1998), Alfred Müller-Armack: Wirtschaftspolitik als Berufung. Zur Entstehungsgeschichte der sozialen Marktwirtschaft und dem politischen Wirken des Hochschullehrers, Köln.

Krohn, C.-D. (1978), Autoritärer Kapitalismus, in: *Stegmann, D.* u.a. (Hrsg.), Industrielle Gesellschaft und politisches System. Beiträge zur politischen Sozialgeschichte, Bonn, S. 113-129.

Ders. (1981), Wirtschaftstheorien als politisches Interesse. Die akademische Nationalökonomie in Deutschland 1918-1933, Frankfurt a. Main.

Ders. (1996), Der Philosophische Ökonom: zur intellektuellen Biographie Adolph Lowes, Marburg.

Kroll, G. (1958), Von der Weltwirtschaftskrise zur Staatskonjunktur, Berlin.

Kruse, V. (1990), Soziologie und „Gegenwartskrise“: die Zeitdiagnose Franz Oppenheimers und Alfred Webers, Wiesbaden.

Ders. (1994), Historisch-soziologische Zeitdiagnostik der Zwanziger Jahre, in: *Nörr, K.W., Schefold, B., Tenbruck, F.* (Hrsg.), Geisteswissenschaft zwischen Kaiserreich und Republik. Zur Entwicklung von Nationalökonomie,

Rechtswissenschaft und Staatswissenschaft im 20. Jahrhundert, Stuttgart, S. 375-401.
Kühr, F. (1932), Möglichkeiten einer berufsständischen Ordnung in Deutschland, in: *Velden, J.v.d.* (Hrsg.), Die berufsständische Ordnung. Idee und praktische Möglichkeit, Köln, S. 122-131.

Lammers, C. (1932), Autarkie, Planwirtschaft und berufsständischer Staat? (Vortrag), Berlin.
Lampe, A. (1927), Notstandsarbeit oder Lohnabbau? Kritik der Wirtschaftstheorie an der Arbeitslosenpolitik, Jena.
Landauer, C. (1923) Die Wege zur Eroberung des demokratischen Staates durch die Wirtschaftsleiter, in: Hauptprobleme der Soziologie. Erinnerungsband für Max Weber, 2. Bd., München, Leipzig, S. 111-143.
Ders. (1925), Ideologie des Wirtschaftsparlamentes, in: *Bonn, M.J., Palyi, M.* (Hrsg.), Die Wirtschaftswissenschaft nach dem Kriege. Festgabe für Lujo Bretano zum 80. Geburtstag., Erstes Band: Wirtschaftspolitische Ideologien, München, Leipzig, S. 153-193.
Ders. (1928), Macht und Wirtschaft, in: Der deutsche Volkswirt, 2. Jg., Nr. 30, S. 1003-1006.
Ders. (1931a), Planwirtschaft und Verkehrswirtschaft, München, Leipzig.
Ders. (1931b), Bankenaufsicht – Bankenverstaatlichung, in: Neue Blätter für den Sozialismus, 2. Jg., Heft 10, S. 491-502.
Ders. (1951), Kollektivplanung und Marktwirtschaft in der heutigen Wirtschaftspolitik, in: *Kruse, A.* (Hrsg.), Wirtschaftstheorie und Wirtschaftspolitik. Festgabe für Adolf Weber, Berlin, S. 99-111.
Ders. (1967), das Eindringen marktwirtschaftlicher Vorstellungen in die sozialistische Ideenwelt, in: Hamburger Jahrbuch für Wirtschafts- und Gesellschaftspolitik, Bd. 12, S. 142-159.
Ders. (1983), Corporate State Ideologies. Historical Roots and Philosophical Origins, Berkeley.
Lange-von Kulessa, J., Renner, A. (1998), Die Soziale Marktwirtschaft Alfred Müller-Armacks und der Ordoliberalismus der Freiburger Schule – Zur Unvereinbarkeit zweier Staatsauffassungen, in: Ordo – Jahrbuch für die Ordnung von Wirtschaft und Gesellschaft, 49, S. 79-104.
Langner, A. (1988), Adam Müller 1779-1829, Paderborn, München, Wien, Zürich.
Lederer, E. (1919), Probleme der Sozialisierung. Rede im „Verein für Sozialpolitik am 16. Sept. 1919, in: *ders.*, Kapitalismus, Klassenstruktur und Probleme der Demokratie in Deutschland 1910-1940, Göttingen 1979, S. 155-17.
Ders. (1920), Deutschlands Wiederaufbau und weltwirtschaftliche Neueingliederung durch Sozialisierung, Tübingen.
Ders. (1932a), Planwirtschaft, Tübingen.

Ders. (1932b), Gegen Autarkie und Nationalismus. Rede im „Verein für Sozialpolitik“ am 29. Sept. 1932, in: *ders.*, Kapitalismus, Klassenstruktur und Probleme der Demokratie in Deutschland 1910-1940, Göttingen 1979, S.199-209.

Ders. (1932c), Die Weltwirtschaftskrise – eine Krise des Kapitalismus. Ursachen und Auswege, in: *ders.*, Kapitalismus, Klassenstruktur und Probleme der Demokratie in Deutschland 1910-1940, Göttingen 1979, S. 210-23.

Ders. (1934), Hat der Kapitalismus versagt? Notwendigkeit und Schwierigkeit der Planung, in: *ders.*, Kapitalismus, Klassenstruktur und Probleme der Demokratie in Deutschland 1910-1940, Göttingen 1979, S. 232-238.

Leipold, H. (1984), Wirtschaftspolitische Konzeptionen sozialistischer Marktwirtschaften, in: *Cassel, D.* (Hrsg.), Wirtschaftspolitik im Systemvergleich. Konzeption und Praxis der Wirtschaftspolitik in kapitalistischen und sozialistischen Wirtschaftssystemen, München, S. 69-91.

Lemke-Müller, S. (1988), Ethischer Sozialismus und soziale Demokratie. Der politische Weg Willi Eichlers von ISK zur SPD, Bonn.

Lenel, H.-O. (1989), Walter Eucken, in: *Starbatty, J.* (Hrsg.), Klassiker des ökonomischen Denkens. Von Marx bis Keynes, München, S. 292-337.

Ders. (2000), Zu den Megafusionen in den letzten Jahren, in: Ordo – Jahrbuch für die Ordnung von Wirtschaft und Gesellschaft, 51, S. 1-31.

Lenger, F. (1994), Werner Sombart 1863-1941. Eine Biographie, München.

Liefmann, R. (1927), Kartelle, Konzerne und Trusts, 7. Aufl. Stuttgart.

Lindenlaub, D. (1967), Richtungskämpfe im Verein für Sozialpolitik. Wissenschaft und Sozialpolitik vom Beginn des „Neuen Kurses“ bis zum Ausbruch des Ersten Weltkrieges (1890-1914), Teil 1, Wiesbaden.

Löwe, A. (1930), Lohnabbau als Mittel der Krisenbekämpfung, in: Neue Blätter für den Sozialismus, 1. Jg., Heft 7, S. 289-295.

Ders. (1931), der Sinn der Weltwirtschaftskrise, in: Neue Blätter für Sozialismus, 2. Jg., Heft 2, S. 49-59.

Ders. (1968), Politische Ökonomik, Frankfurt a. Main.

Löwith, K. (1953), Weltgeschichte und Heilsgeschehen, Stuttgart.

Ders. (1986), Von Hegel bis Nietzsche, Hamburg.

Lompe, K. (1973), Aspekte politischer Planung aus Sicht des freiheitlichen Sozialismus, in: *Flohr, H.* u.a. (Hrsg.), Freiheitlicher Sozialismus, 2. Aufl. Bonn/Bad Godesberg, S. 165-186.

Lutz, C. (1990), Die Möglichkeit eines Dritten Weges für Osteuropa, in: Neue Zürcher Zeitung, 7./8. Januar 1990.

Mandelbaum, K, Meyer, G. (1934), Zur Theorie der Planwirtschaft, in: Zeitschrift für Sozialforschung 3, S. 228-262.

Mann, F.K. (1930), Die Staatswissenschaft unserer Zeit, Jena.

Marcon, H. (1974), Arbeitsbeschaffungspolitik der Regierungen Papen und Schleicher. Grundsteinlegung für die Beschäftigungspolitik im Dritten Reich, Bern, Frankfurt a. Main.

Martin, H.-P., Schumann, H. (1997), Die Globalisierungsfalle. Der Angriff auf Demokratie und Wohlstand, 9. Aufl., Reinbek bei Hamburg.

Means, G.C. (1935), Industrial prices and their relative inflexibility, Washington.

Meidner, R. (1979), Unsere Vorstellung vom Dritten Weg, in: *Gärtner, U., Kosta, J.* (Hrsg.), Wirtschaft und Gesellschaft. Kritik und Alternativen. Festgabe für Ota Šik zum 60. Geburtstag, Berlin, S. 363-387.

Meier-Rust, K. (1993), Alexander Rüstow. Geschichtsdeutung und liberales Engagement, Stuttgart.

Mendelsohn, K., Pahl, W. (1930), Der Kampf um die öffentliche Wirtschaft und seine Fronten, in: Handbuch der öffentlichen Wirtschaft, Berlin, hrsg. v. Vorstand des Gesamtverbandes der Arbeitnehmer der öffentlichen Betriebe und des Personen- und Warenverkehrs, S. 636-656.

Ders. (1931), Götzendämmerung, in: Neue Blätter für den Sozialismus, 2. Jg., Heft 8, S. 370-379.

Ders. (1932), Kapitalistisches Wirtschaftschaos oder sozialistische Planwirtschaft?, Berlin.

Meyer, F. (1930), Sozialistische Marktwirtschaft?, in: Neue Blätter für den Sozialismus, 1. Jg., Heft 7, S. 316-319.

Meyer, G. (1932), Neuere Literatur über Planwirtschaft. Zeitschrift für Sozialforschung, 1, S. 379-400.

Meyer zu Schwabedissen, F. (1931), Arbeitslosigkeit und Wirtschaftspolitik, München, Berlin, Leipzig.

Ders. (1933), Der Weg zur neuen Wirtschaft, in: Die Wirtschaftswoche, Sonderheft, in: *Bombach, G., Netzband, K.-B., Ramser, H.-J., Timmermann, M.* (Hrsg.), Der Keynesianismus II. Die beschäftigungspolitische Diskussion vor Keynes in Deutschland. Dokumente und Analysen, Berlin, Heidelberg, New York 1976, S. 55-60.

Meyerhoff, J., Petschow, U. (1996), Nachhaltige Entwicklung als langfristiger Wandlungsprozeß: Konsequenzen für die Wirtschafts- und Umweltpolitik, in: *Gerken, L.* (Hrsg.), Ordnungspoltische Grundfragen einer Politik der Nachhaltigkeit, Baden-Baden, S. 173-222.

Mirowski, P. (1989), More heat than light. Economics as social physics: Physics as nature's economics, Cambridge, New York, Port Chester, Melbourne, Sydney.

Mises, L. (1927), Liberalismus, Sankt Augustin 1927.

Ders. (1929), Kritik des Interventionismus. Untersuchungen zur Wirtschaftspolitik und Wirtschaftsideologie der Gegenwart, Darmstadt 1976.

Ders. (1932a), Gemeinwirtschaft. Untersuchungen über den Sozialismus, unveränd. Nachdr. d. 2. Umgearb. Aufl., München 1981.

Ders. (1932b), Die Legende vom Versagen des Kapitalismus, in: *Kardorff, S.v.* (Hrsg.), Festschrift für Julius Wolff. Der internationale Kapitalismus und die Krise, Stuttgart, S. 23-29.

Mitscherlich, W. (1930), Gebundene Wirtschaft oder Spätkapitalismus? Eine Auseinandersetzung mit Werner Sombarts Wirtschaftsystem des Kapitalismus (II. Teil), in: Schmollers Jahrbuch, 54, S. 985-1057.

Morgenstern, O., Die Grenzen der Wirtschaftspolitik, Wien 1934.

Moellendorff, W.v. (1932), Konservativer Sozialismus, Hamburg, hrsg. v. *Curth, H.*

Mohler, A. (1989), Die Konservative Revolution in Deutschland 1918-1932. Ein Handbuch, Darmstadt.

Möller, H. (1992), Heinrich von Stackelberg – Leben und Werk, in: *Kloten, N.*, *ders.* (Hrsg.), Gesammelte wirtschaftswissenschaftliche Werke, Bd. 1, Regensburg, S. 1-65.

Moreau, P. (1984), Nationalsozialismus von links. Die „Kampfgemeinschaft Revolutionärer Nationalsozialisten" und die „Schwarze Front" Otto Strassers 1930-1935, Stuttgart.

Mueller, F.H. (1980), Heinrich Pesch. Sein Leben und seine Lehre, Köln

Müller-Armack, A. (1932), Entwicklungsgesetze des Kapitalismus. Ökonomische, geschichtstheoretische und soziologische Studien zur modernen Wirtschaftsverfassung, Berlin.

Ders. (1933), Staatsidee und Wirtschaftsordnung im neuen Reich, Berlin.

Ders. (1990), Wirtschaftslenkung und Marktwirtschaft, München.

Müller, E. (1988), Widerstand und Wirtschaftsordnung. Die wirtschaftspolitische Konzeption der Widerstandsbewegung gegen das NS-Regime und ihr Einfluß auf die Soziale Marktwirtschaft, Frankfurt a. Main, Bern, New York, Paris.

Naphtali, F. (1928), Wirtschaftsdemokratie – Ihr Wesen, Weg und Ziel, 4. Aufl. Köln, Frankfurt a. Main 1977.

Ders. (1930), Oeffentliche Wirtschaft und kapitalistisches Wirtschaftssystem, in: Handbuch der öffentlichen Wirtschaft, Berlin, hrsg. v. Vorstand des Gesamtverbandes der Arbeitnehmer der öffentlichen Betriebe und des Personen- und Warenverkehrs, S. 1-12.

Ders. (1931), Kapitalpolitik als Mittel sozialistischer Wirtschaftsgestaltung, in: Harms, B. (Hrsg.), Kapital und Kapitalismus, 2. Bd, Berlin, S. 472-480.

Nell-Breuning, O.v. (1932), Die soziale Enzyklika. Erläuterungen zum Weltrundschreiben Papst Pius XI. über die gesellschaftliche Ordnung, Köln.

Ders., Sacher, H. (1949), Zur Wirtschaftsordnung, Wörterbuch der Politik Heft IV, Freiburg.

Ders. (1950), Berufsständische Ordnung und Monopolismus, in: Ordo – Jahrbuch für die Ordnung von Wirtschaft und Gesellschaft, 3, S. 211-237.

Ders. (1974), Kapitalismus – kritisch betrachtet. Zur Auseinandersetzung um das bessere „System“, Freiburg.

Neuling, W. (1943), Möglichkeiten und Grenzen der Wirtschaftslenkung, in: Finanzarchiv, N. F. 9., S. 22-49

Neurath (1910), Staatskartell und Staatstrust als Organisationsform der Zukunft, in: *ders.*, Durch die Kriegswirtschaft zur Naturalwirtschaft, München 1919, S. 152-155.

Ders. (1916), Die Naturalwirtschaftslehre und die Naturalrechnung in ihrer Beziehung zur Kriegswirtschaftslehre, in: *ders.*, Durch die Kriegswirtschaft zur Naturalwirtschaft, München 1919, S. 174-182.

Ders. (1925), Wirtschaftsplanung und Naturalrechnung: von der sozialistischen Lebensordnung und vom kommenden Menschen, Berlin.

Nicholls, A. (1994), Freedom with Responsibility. The Social Market Economy in Germany 1918-1963, Oxford.

Niehans, J. (1945), Der Gedanke der Autarkie im Merkantilismus von einst und im Neomerkantilismus von gestern, Zürich.

Nienhaus, V. (1984), Kontroversen um Markt und Plan, Darmstadt.

Nörr, K.W. (1988), Zwischen den Mühlsteinen, Tübingen.

Ders. (1994), Auf dem Wege zur Kategorie der Wirtschaftsverfassung: Wirtschaftliche Ordnungsvorstellungen im juristischen Denken vor und nach dem Ersten Weltkrieg, in: *Nörr, K.W., Schefold, B., Tenbruck, F.* (Hrsg.), Geisteswissenschaft zwischen Kaiserreich und Republik. Zur Entwicklung von Nationalökonomie, Rechtswissenschaft und Staatswissenschaft im 20. Jahrhundert, Stuttgart, S. 423-452.

Novy, K. (1978), Strategien der Sozialisierung. Die Diskussion der Wirtschaftreform in der Weimarer Republik, Frankfurt a. Main, New York.

Nutzinger, H. G. (1996), Zwischen Nationalökonomie und Universalgeschichte: Alfred Webers Versuch einer Integration der Sozialwissenschaften, in: *Rieter, H.* (Hrsg.) Studien zur Entwicklung der ökonomischen Theorie XV, Berlin, S. 67-106.

Ollman, B. (1997), Market Socialism. The debate among Socialists, New York, London.

Oppenheimer, F. (1896), Die Siedlungsgenossenschaft. Versuch einer positiven Überwindung des Kommunismus durch Lösung des Genossenschaftsproblems und der Agrarfrage, Berlin.

Ders. (1907), Der Staat, in: *Schoeps, J.H., Silbermann, A., Hans Süssmuth* (Hrsg.), Franz Oppenheimer. Gesammelte Schriften, Bd. 2, Berlin 1996, S. 309 - 385.

Ders. (1913), Die soziale Frage und der Sozialismus. Eine kritische Auseinandersetzung mit der maxistischen Theorie, in: *Schoeps, J.H., Silbermann, A., Hans Süssmuth* (Hrsg.), Franz Oppenheimer. Gesammelte Schriften, Bd. 1, Berlin 1995, S. 615 - 719.

Ders. (1917/18), Das Bodenmonopol, in: *Schoeps, J.H., Silbermann, A., Hans Süssmuth* (Hrsg.), Franz Oppenheimer. Gesammelte Schriften, Bd. 3, Berlin 1998, S. 105 - 110.

Ders. (1919a), Der Ausweg. Notfragen der Zeit, in: *Schoeps, J.H., Silbermann, A., Hans Süssmuth* (Hrsg.), Franz Oppenheimer. Gesammelte Schriften, Bd. 2, Berlin 1996, S. 43 - 83.

Ders. (1919b), Die soziale Forderung der Stunde. Gedanken und Vorschläge, in: *Schoeps, J.H., Silbermann, A., Hans Süssmuth* (Hrsg.), Franz Oppenheimer. Gesammelte Schriften, Bd. 2, Berlin 1996, S. 85-107.

Ders. (1922), Großgrundeigentum und soziale Frage. Versuch einer neuen Grundlegung der Gesellschaftswissenschaft, in: *Schoeps, J.H., Silbermann, A., Hans Süssmuth* (Hrsg.), Franz Oppenheimer. Gesammelte Schriften, Bd. 1, Berlin 1995, S. 1 - 280.

Ders. (1926), Wert und Kapitalprofit, in: *Schoeps, J.H., Silbermann, A., Hans Süssmuth* (Hrsg.), Franz Oppenheimer. Gesammelte Schriften, Bd. 3, Berlin 1995, S. 231 - 286.

Ders. (1933), Weder so – noch so. Der dritte Weg, in: *Schoeps, J.H., Silbermann, A., Hans Süssmuth* (Hrsg.), Franz Oppenheimer. Gesammelte Schriften, Bd. 2, Berlin 1996, S. 109 - 160.

Ortlieb, H.-D. (1975), Eduard Heimann. Sozialökonom, Sozialist und Christ, in: *ders.* (Hrsg.), Eduard Heimann. Sozialismus im Wandel der modernen Gesellschaft, Berlin, Bonn 1975, S. 1-20.

Otte, B. (1932), Wege der berufsständischen Ordnung in deutschen Landen, in: *Velden, J.v.d.* (Hrsg.), Die berufsständische Ordnung. Idee und praktische Möglichkeit, Köln, S. 89-102.

Pätzold, J. (1993), Stabilisierungspolitik, 5. Aufl., Bern, Stuttgart, Wien.

Pahl, W. (1931), Selbsthilfe – Autarkie – Wirtschaftsplanung, in: Neue Blätter für den Sozialismus, 2. Jg., Heft 8, S. 361-370.

Ders. (1932), Die Wirtschaftskrise und die Sozialisierungsfrage, in: Neue Blätter für den Sozialismus, 3. Jg., Heft 5, S. 239-251.

Passow, R. (1927), „Kapitalismus“. Eine begrifflich-terminologische Studie, Jena .

Pesch, H. (1918), Ethik und Volkswirtschaft, Freiburg.

Peter, H. (1941), Zur Frage der theoretischen Grundlagen der Wirtschaftslenkung, in: Finanzarchiv N.F. 9, 1, S. 1-19.

Ders. (1939), Norm und Theorie. Bemerkungen zu den Fragen der „Ordnung der Wirtschaft“, in: Finanzarchiv, N.F. 6, 2, S. 348-366.

Peters, H.-R. (1997), Wirtschaftssystemtheorie und allgemeine Ordnungspolitik, 3. Aufl. München, Wien.

Peukert, H. (1992), Das sozialökonomische Werk Wilhelm Röpkes, Frankfurt a. Main.

Pichler, J.H. (1988), Othmar Spann oder die Welt als Ganzes, Wien, Köln, Graz.
Pieper, A. (1926), Berufsgedanke und Berufsstand im Wirtschaftsleben, 2. Aufl. M. Gladbach.
Pohle, L. (1923), Kapitalismus, in: HdStW, 4. Aufl. Jena, S. 585-602.
Ders., (1931), Kapitalismus und Sozialismus, 4. Aufl., Berlin.
Pollock, F. (1932), Die gegenwärtige Lage des Kapitalismus und die Aussichten einer planwirtschaftlichen Neuordnung. Zeitschrift für Sozialforschung, 1, S. 8-27.
Preiser, E. (1941), Wesen und Methoden der Wirtschaftslenkung, in: Finanzarchiv, N.F. 8, S. 225-273.
Ders. (1942), Wettbewerbspreis und Kostenpreis, in: *Schmölders, G.* (Hrsg.), Der Wettbewerb als Mittel volkswirtschaftlicher Leistungssteigerung und Leistungsauslese, Berlin, 107-129.
Pütz, Th. (1957), Die wirtschaftspolitische Konzeption, in: *Beckerath, E.v., Meyer, F., Müller-Armack, A.* (Hrsg.), Wirtschaftsfragen der freien Welt, Frankfurt a. Main, S. 42-50.

Rathenau, W. (1918a), Von kommenden Dingen, 56. bis 65. Aufl. Berlin.
Ders. (1918b), Die neue Wirtschaft, Berlin.
Reese-Schäfer, W. (1995), Was ist Kommunitarismus?, Frankfurt a. Main, New York.
Regul, R. (1981), Der Wagemann-Plan, in: *Bombach, G., Netzband, K.-B., Ramser, H.-J., Timmermann, M.* (Hrsg.), Der Keynesianismus III. Die geld- und beschäftigungstheoretische Diskussion in Deutschland zur Zeit von Keynes. Dokumente und Analysen, Berlin, Heidelberg, New York, S. 421-447.
Reinert, E. (2000), Karl Bücher and the Geographical Dimensions of Techno-Economic Change. Production based Theory and the Stages of Economic Development, in *Backhaus, J.* (Hrsg.), Karl Bücher: theory – History – Anthropology – Non Market Economics, Marburg, S. 177-222.
Reupke, H. (1931), Der Nationalsozialismus und die Wirtschaft, Berlin.
Reutter, W. (1990), Korporatismustheorien. Kritik, Vergleich, Perspektiven, Frankfurt a. Main, Bern, New York, Paris.
Rieter, H., Schmolz, M. (1993), The Ideas of German Ordoliberalism 1938-1945: pointing the way to a new economic order, in: The European Journal of the History of Economic Thought, Vol. 1, S. 87-144.
Rieter, H. (1994), Historische Schulen, in: *Issing, O.* (Hrsg.), Geschichte der Nationalökonomie, 3. Aufl. München, S. 127-162.
Ders. (1998), Der deutsche Volkswirt 1926 bis 1933. Eine Fallstudie zur publizistischen Umsetzung wirtschaftspolitischer Konzeptionen, in: *Streissler, E.W.* (Hrsg.), Studien zur Entwicklung der ökonomischen Theorie XVII, Berlin, S. 95-154.

Ders. (1999), Eduard Heimann, in: *Hagemann, H., Krohn, C.-D.* (Hrsg.), Biographisches Handbuch der deutschsprachigen wirtschaftswissenschaftlichen Emigration nach 1933, München, S. 242-250.

Ders, Schlüter-Ahrens, R. (1999), Carl Landauer, in: *Hagemann, H., Krohn, C.-D.* (Hrsg.), Biographisches Handbuch der deutschsprachigen wirtschaftswissenschaftlichen Emigration nach 1933, München, S. 345-352.

Ritschl, H. (1931), Gemeinwirtschaft und kapitalistische Marktwirtschaft. Zur Erkenntnis der dualistischen Wirtschaftsordnung, Tübingen.

Ders. (1932), Die Krise des Kapitalismus, in: *ders.*, Die Grundlagen der Wirtschaftsordnungen. Gesammelte Aufsätze zur Lehre von der Wirtschaftsordnung, Tübingen 1954.

Rittershausen, H. (1955), Internationale Handels- und Devisenpolitik, 2. Aufl. Frankfurt a. Main.

Rochtus, D., Zwischen Realtiät und Utopie. Das Konzept des „dritten Weges" in der DDR 1989/90, Leipzig 1999.

Röpke, W. (1923), Wirtschaftlicher Liberalismus und Staatsgedanken, in: *ders.*, Gegen die Brandung, Zürich, Stuttgart 1959, S. 42-46.

Ders. (1929), Art. Staatsinterventionismus, in: HdStW, 4. Aufl., Ergänzungsband, S. 861-882.

Ders. (1931), Die Intellektuellen und der „Kapitalismus", in: *ders.*, Gegen die Brandung, Zürich, Stuttgart 1959, S. 87-107.

Ders. (1942), Die Gesellschaftskrisis der Gegenwart, 6. Aufl. Zürich, Stuttgart 1979.

Ders. (1944), Civitas humana. Grundfragen der Gesellschafts- und Wirtschaftsreform, 4. Aufl. Zürich, Stuttgart 1979.

Ders. (1950) Ist die deutsche Wirtschaftspolitik richtig? Analyse und Kritik, Stuttgart.

Romig, F. (1996), Art. Ortega y Gasset, José, in: *Schrenck-Notzing, C. v.* (Hrsg.), Lexikon des Konservatismus, Graz, S. 415-417.

Rosenstock, E. (1922), Werksaussiedlung. Untersuchungen über den Lebensraum des Industriearbeiters, Berlin.

Rüstow, A. (1928), Monopolkontrolle oder Monopolverhütung?, in: MdW, Bd. 4, Nr. 24, Berlin, S. 913-915.

Ders. (1929), Diktatur innerhalb der Grenzen der Demokratie, in: *Besson, W.* (Hrsg.), Zur Frage der Staatsführung in der Weimarer Republik (Vierteljahreshefte für Zeitgeschichte 7), 1959, S. 85-111.

Ders. (1932), Die staatspolitischen Voraussetzungen des wirtschaftspolitischen Liberalismus, in: *ders.*, Rede und Antwort, Ludwigsburg 1963, S. 249-258.

Ders. (1949), Zwischen Kapitalismus und Sozialismus, in: Ordo – Jahrbuch für die Ordnung von Wirtschaft und Gesellschaft, 2, S. 100-169.

Ders. (1950), Das Versagen des Wirtschaftsliberalismus, 2. Aufl. Düsseldorf.

Rüstow, D. (1981), Alexander Rüstow. Eine biographische Skizze, in: *Lepsius, M.R.* (Hrsg.), Soziologie in Deutschland und Österreich 1918 - 1945, Opladen, S. 369-378.

Rutherford, D. (1996), Institutions in Ecomonics. The Old and the New Institutionalism, Cambridge.

Salin, E. (1932), Wirtschaft und Staat. Drei Schriften zur deutschen Weltlage, Berlin.

Salz, A. (1931), Gefährdung der Demokratie, in: Der deutsche Volkswirt, 10, S. 310-313.

Schaschning, J. (1994), Zeitgerecht – zeitbedingt: Nell-Breuning und die Sozialenzyklika Quadragesimo anno nach dem Vatikanischen Geheimarchiv, Bornheim.

Schlüter-Ahrens, R. (2001), Der Volkswirt Jens Jessen: Leben und Werk, Marburg.

Schmalenbach, E. (1928), Die Betriebswirtschaftslehre an der Schwelle der neuen Wirtschaftsverfassung, in Zeitschrift für handelswissenschaftliche Forschung, 22, S. 241-251.

Ders. (1949), Der freien Wirtschaft zum Gedächtnis, Köln, Opladen.

Schmidt, K.-H. (1994), Merkantilismus, Kameralismus, Physiokratie, in: *Issing, O.* (Hrsg.), Geschichte der Nationalökonomie, 3. Aufl. München, S. 37-62.

Ders. (1997), Gustav Schmoller und die Entwicklung einer sozialpolitischen Schule in Deutschland, in: *Streissler, E.W.* (Hrsg.), Studien zur Entwicklung der ökonomischen Theorie XVI, Berlin 1997, S. 43-79.

Schmieder, E. (1965), Vorwort zu „Seine Leistungen in der Wirtschaft, in: *Harttung, A., Jenne, G., Ruland, M., Schmieder, E.* (Hrsg.), Walter Rathenau. Schriften, Berlin, S. 181-185.

Schmitt, C. (1923), Die geistesgeschichtliche Lage des heutigen Parlamentarismus, 7. Aufl., Berlin 1991.

Ders. (1931), Der Hüter der Verfassung, 3. Aufl. 1985, Berlin.

Ders. (1932), Der Begriff des Politischen. Text von 1932 mit einem Vorwort und drei Corollarien, 3. Aufl. der Ausgabe von 1963 Berlin 1991.

Ders. (1933a), Weiterentwicklung des totalen Staates in Deutschland, in: *ders.*, verfassungsrechtliche Aufsätze aus den Jahren 1924-1954. Materialien zu einer Verfassungslehre., Berlin 1958, S. 359-366.

Ders. (1933b), Machtpositionen des modernen Staates, in: *ders.*, verfassungsrechtliche Aufsätze aus den Jahren 1924-1954. Materialien zu einer Verfassungslehre., Berlin 1958, S. 367-371.

Schmidt-Klingenberg, M. (1997), Wieviel Markt braucht die Wirtschaft?/Das Kapital ist ein Chamäleon, in: Der Spiegel (Nr. 31/28.7.97), Hamburg. S. 76-90.

Schneider, M. (1975), Das Arbeitsbeschaffungsprogramm des ADGB. Zur gewerkschaftlichen Politik in der Endphase der Weimarer Republik, Bonn.

Schneller, M. (1970), Zwischen Romantik und Faschismus. Der Beitrag Othmar Spanns zum Konservativismus der Weimarer Republik, Stuttgart.

Schotte, W. (1932), Der neue Staat, Berlin.

Schröder, P. (1931), Konjunkturtheorie, Arbeitslosigkeit und wirtschaftliche Entwicklung, in: JbNuSt., 134, S. 347-374.

Ders. (1932), Die Überwindung der Weltwirtschaftskrise durch den Plankapitalismus, Jena.

Schüller, A. (2000), Soziale Marktwirtschaft und Dritte Wege, in Ordo – Jahrbuch für die Ordnung der Wirtschaft und Gesellschaft, 51, S. 169-202.

Schütze, D. (1998), Kooperation zwischen Volkswirtschaftslehre und Jurisprudenz: eine Analyse am Beispiel der deutschen Kartelldebatte von 1914, Marburg

Schumann, J. (1992), Grundzüge der mikroökonomischen Theorie, 6. Aufl. Berlin, Heidelberg, New York, London, Paris, Tokio, Hongkong, Barcelona, Budapest.

Schumpeter, J.A. (1919), Die Krise des Steuerstaats, in: *Hickel, R.* (Hrsg.), Rudolf Goldscheid/Joseph Schumpeter. Die Finanzkrise des Steuerstaats – Beiträge zur politischen Ökonomie der Staatsfinanzen, Frankfurt a. Main 1976.

Ders. (1929), Der Unternehmer in der Volkswirtschaft von heute, in: Harms, B. (Hrsg.), Strukturwandlungen der Deutschen Volkswirtschaft (Bd. 1), 2. Aufl. Berlin.

Ders. (1993), Kapitalismus, Sozialismus und Demokratie, 7. Aufl. Tübingen, Basel.

Schwarz, G. (1992), Marktwirtschaftliche Reform und Demokratie – Eine hassliebe? Überlegungen zur Interdependenz der Ordnungen beim Übergang von Kommando- zur Wettbewerbswirtschaft, in Ordo – Jahrbuch für die Ordnung der Wirtschaft und Gesellschaft, 43, S. 65-90.

Schwierskott, H.-J. (1961), Arthur Moeller van den Bruck und die Anfänge des Jungkonservatismus in der Weimarer Republik: eine Studie über Geschichte und Ideologie des revolutionären Nationalismus, Erlangen-Nürnberg.

Seegler, T., Acheer, A.W. (1994), Art. Zentralisierung, in: *Dichtl, E., Issing, O.* (Hrsg.), Vahlens großes Wirtschaftslexikon, 2. Aufl. München, S. 2439-2440.

Seraphim, H.-J. (1957), Kritische Bemerkungen zur Begriffs- und Wesensbestimmung der sozialen Marktwirtschaft, in: *Beckerath, E.v., Meyer, F., Müller-Armack, A.* (Hrsg.), Wirtschaftsfragen der freien Welt, Frankfurt a. Main, S. 184-196.

Šik, O. (1979), Humane Wirtschaftsdemokratie. Ein Dritter Weg, Hamburg.

Ders. (1999), Der „Dritte Weg“ als verbesserte Marktwirtschaft, in: Neue Zürcher Zeitung 11. Dezember 1989, S. 18.

Skwiercz, S.H. (1988), Der dritte Weg im Denken von Wilhelm Röpke, Würzburg.

Sohn-Rethel, A. (1937/41), Das Dilemma der Rationalisierung, in: *ders.*, Ökonomie und Klassenstruktur des deutschen Faschismus: Aufzeichnung und Analyse, Frankfurt a. Main 1973.

Somary, F. (1929), Wandlungen der Weltwirtschaft seit dem Kriege, Tübingen.

Sombart, W. (1927a), Der moderne Kapitalismus. Historisch-systematische Darstellung des gesamteuropäischen Wirtschaftslebens von seinen Anfängen bis zu Gegenwart, Bd. I.1, München 1987.

Ders. (1927b), Der moderne Kapitalismus. Historisch-systematische Darstellung des gesamteuropäischen Wirtschaftslebens von seinen Anfängen bis zu Gegenwart, Bd. III, 2, München 1987.

Ders. (1928), Wandlungen des Kapitalismus, in: WA 28, S. 243-256.

Ders. (1930), Die drei Nationalökonomien. Geschichte und System der Lehre von der Wirtschaft, München, Leipzig.

Ders. (1932), Die Zukunft des Kapitalismus, in: Brocke, B. v. (Hrsg.), Sombarts „Moderner Kapitalismus". Materialien zur Kritik und Rezeption, Berlin 1987, S. 394-418.

Ders. (1933), Zum Problem der Arbeitsbeschaffung, in: *Bombach, G., Netzband, K.-B., Ramser, H.-J., Timmermann, M.* (Hrsg.), Die Wirtschaftswoche, Sonderheft, in: Der Keynesianismus II. Die beschäftigungspolitische Diskussion vor Keynes in Deutschland. Dokumente und Analysen, Berlin, Heidelberg, New York 1976, S. 163-167.

Ders. (1934), Deutscher Sozialismus, Berlin.

Sontheimer, K. (1978), Antidemokratisches Denken in der Weimarer Republik. Die politischen Ideen des deutschen Nationalismus zwischen 1918 und 1933, München.

Spann, O. (1918), Fundament der Volkswirtschaftslehre, 4. Aufl. Jena 1929.

Ders. (1921), Tote und lebendige Wissenschaft. Kleines Lehrbuch der Volkswirtschaft in fünf Abhandlungen, 5. Aufl. Jena 1967.

Ders. (1922) , Der wahre Staat. Vorlesung über Abbruch und Neubau der Gesellschaft, 5. Aufl. Graz 1972

Stachura, P. (1983), Gregor Strasser and the rise of nazism, London.

Stackelberg, H.v. (1934), Marktform und Gleichgewicht, Köln.

Ders. (1949), Möglichkeit und Grenzen der Wirtschaftslenkung, in: Ordo – Jahrbuch für die Ordnung von Wirtschaft und Gesellschaft., 2, S. 193-200.

Starbatty, J. (1990), Die Utopie des verbesserten Sozialismus, in: Neue Zürcher Zeitung, 30. Januar 1990.

Ders. (1994), Ordoliberalismus, in: *Issing, O.* (Hrsg.), Geschichte der Nationalökonomie, 3. Aufl. München, S. 239-254.

Stephan, W. (1973), Aufstieg und Verfall des Linksliberalismus 1918-1933, Göttingen.

Stolper, G. (1926), Politik und Wirtschaft, in: DdV, 1, S. 11-13.

Ders. (1928), Der gefesselte Kapitalismus, in: DdV, 33, S. 1115-1117.

Ders. (1929/30), Die wirtschaftlich-soziale Weltanschauung der Demokratie, Programmrede von Dr. Gustav Stolper auf dem Mannheimer Parteitag der Deutschen Demokratischen Partei am 5. Oktober 1929, Berlin.

Strasser, G. (1932a), Das wirtschaftliche Aufbauprogramm der NSDAP, Berlin

Ders. (1932b), Arbeit und Brot! Reichstagsrede des national-sozialistischen Abgeordneten Gregor Strasser am 10. Mai 1932, München.

Strasser, O. (1925), Aufbau des Deutschen Sozialismus, Leipzig.

Streit, M. (1988), The Mirage of Neo-Corporatism, in: Kyklos 41, S. 603-624.

Ders. (1991), Theorie der Wirtschaftspolitik, 4. Aufl. Düsseldorf.

Stubbe-da Luz, H. (1996), Art. Jouvenel, Bertrand de, in: *Schrenck-Notzing, C. v.* (Hrsg.), Lexikon des Konservatismus, Graz, S. 280-282.

Sultan, H. (1952), Finanzwissenschaft und Soziologie, in: *Gerloff, W., Neumark, F.* (Hrsg.), Handbuch der Finanzwissenschaft, Bd. 1, 2. Aufl. Tübingen, S. 66-98.

Tarnow, F. (1932), Ohne öffentliche Arbeitsbeschaffung geht es nicht, in: *Bombach, G., Netzband, K.-B., Ramser, H.-J., Timmermann, M.* (Hrsg.), Der Keynesianismus III. Die geld- und beschäftigungstheoretische Diskussion in Deutschland zur Zeit von Keynes. Dokumente und Analysen, Berlin, Heidelberg, New York 1981, S. 413-414.

Taubes, J. (1947), Abendländische Eschatologie, Bern.

Teichert, E. (1984), Autarkie und Großraumwirtschaft 1930-1939: außenwirtschaftspolitische Konzeptionen zwischen Weltwirtschaftskrise und Zweitem Weltkrieg, München.

Teschemacher, Hn. (1933), Berufstand im Lichte der Staatslehre und die Rechtsstellung der berufständichen Organisation im Rahmen des Artikels 165 Reichsverfassung, München, Berlin, Leipzig.

Teschemacher, H. (1933), Der deutsche Staat und der Kapitalismus, Stuttgart.

Thieme, J., Steinbring, R. (1984), Wirtschaftspolitische Konzeptionen kapitalistischer Marktwirtschaften, in: *Cassel, D* (Hrsg.), Wirtschaftspolitik im Systemvergleich. Konzeption und Praxis der Wirtschaftspolitik in kapitalistischen und sozialistischen Wirtschaftssystemen, München, S. 45-67.

Thompson, G. (1991), Introduction, in: *Thompson, G.* et al. (eds.), Markets, Hierarchies and Networks, London, Newbury Park, New Dehl, S. 3-19.i

Tönnies, F. (1912), Gemeinschaft und Gesellschaft: Grundbegriffe der reinen Soziologie, 2. Aufl. Berlin.

Ungern-Sternberg, R.v. (1932), Die Planung als Ordnungsprinzip der deutschen Industriewirtschaft, Stuttgart.

Utz, A. (1975), Zwischen Neoliberalismus und Neomarxismus. Die Philosophie des Dritten Weges, Köln.

Vierteljahrsheft für Konjunkturforschung, Bd. 5, Heft 2, 1930.
Vanberg, V. (1997), Die normativen Grundlagen von Ordnungspolitik, in: Ordo – Jahrbuch für die Ordnung von Wirtschaft und Gesellschaft, 48, S. 707-726.
Varian, H. R. (1991), Grundzüge der Mikroökonomik, 2. Aufl. München, Wien.
Vogel, E.H. (1931), Grundzüge einer sozial-organischen Privatwirtschaftsverfassung, Berlin.
Vogt, B. (1999), Franz Oppenheimer und die Grundlegung der Sozialen Marktwirtschaft, in: *Kotowski, E.-V., Schoeps, J., Vogt, B.* (Hrsg.), Wirtschaft und Gesellschaft. Franz Oppenheimer und die Grundlegung der Sozialen Marktwirtschaft, Berlin, S. 243-262.

Wagener, H.-J. (Hrsg.) (1980), Demokratisierung der Wirtschaft: Möglichkeiten und Grenzen im Kapitalismus, Frankfurt a. Main.
Wagenführ, H. (1933), Kartellpreise und Tariflöhne im Konjunkturverlauf, in: JbNuSt. Bd. 198 (Dritte Folge Bd. 83), S. 501 -517.
Wass von Czege, A. (1999), Korreferat zum Referat von Armin Bohnet, Ivo Bischoff. Zur Kennzeichnung und Systematisierung von Koordinationsverfahren, in: *Cassel, D.* (Hrsg.), Perspektiven der Systemforschung, Berlin, S. 75-86.
Weber, A. (1930), Ende des Kapitalismus? Die Notwendigkeit freier Erwerbswirtschaft, 3. Aufl. München.
Ders. (1933), Planwirtschaft, in: Weltwirtschaftliches Archiv, Bd. 37, S. 1-14.
Weber, Al. (1946), Freier Sozialismus – ein Aktionsprogramm, in: *ders, Mitscherlich, A.* (Hrsg.) Freier Sozialismus, Heidelberg.
Weber, M. (1922), Wirtschaft und Gesellschaft. Grundriß der verstehenden Soziologie, 5. Aufl. Tübingen 1980.
Weddigen, W. (1933a), Sozialpolitik. Eine Einführung in ihre Theorie und Praxis, Jena.
Ders. (1933b), Weltwirtschaftskrise und Kapitalismus, in: JbNuSt 139, S. 13-23.
Ders. (1934), Grundriß der Wirtschaftstheorie, Jena.
Ders. (1935), Deutsche Sozialpolitik, Berlin.
Ders. (1943), Wesen und Systematik der Wirtschaftslenkung, in: ZfgS (103), S. 102-119.
Wegner, G. (1993), Kontextsteuerung – Alternative zu Dirigismus und Laissez-Faire?, in: Ordo – Jahrbuch für die Ordnung von Wirtschaft und Gesellschaft, 44, S. 269 - 290.
Weinzen, H. W. (1982), Gewerkschaften und Sozialismus. Naphtalis Wirtschaftsdemokratie und Agartz' Wirtschaftsneuordnung, Frankfurt a. Main, New York.
Weippert, G. (1932), Das Prinzip der Hierarchie, Hamburg.
Weißmann, K. (1996), Art. Tat-Kreis, in: *Schrenck-Notzing, C. v.* (Hrsg.), Lexikon des Konservatismus, Graz, S. 555-556.

Ders. (1998), Der Nationale Sozialismus. Ideologie und Bewegung 1890-1933, München.

Wilken, F. (1928), Der Kreislauf der Wirtschaft (Zirkulation). Die Überwindung der Arbeitslosigkeit durch Fortbildung der Konjunkturen zu einer Wirtschaftserweiterung auf erhöhter Organisationsstufe, Jena.

Winterberger, A. (1996), Art. Moellendorf, Wichard von, in: *Schrenck-Notzing, C. v.* (Hrsg.), Lexikon des Konservatismus, Graz, S. 376-377.

Wirsing, G. (1932) Zwischeneuropa und die deutsche Zukunft, Jena.

Wissell, R., Striemer, A. (1921), Ohne Planwirtschaft kein Aufbau. Eine Aufklärungsschrift, 1. – 5. Tausend Stuttgart.

Wöhlke, M. (1984), Ein Dritter Weg für die Dritte Welt? Nachholende Nationenbildung im Schnittpunkt entwicklungspolitischer und hegemonialer Interessen, Ebenhausen.

Wolfers, A. (1931), Das Kartellproblem im Lichte der deutschen Kartelliteratur, München, Leipzig.

Woytinski, W. (1932), Wann kommt die aktive Wirtschaftspolitik?, in: *Bombach, G., Netzband, K.-B., Ramser, H.-J., Timmermann, M.* (Hrsg.), Der Keynesianismus III. Die geld- und beschäftigungstheoretische Diskussion in Deutschland zur Zeit von Keynes. Dokumente und Analysen, Berlin, Heidelberg, New York 1981, S. 405-412.

Wulff, M. (1990), Die geistigen Grundlagen und Quellen des Ordoliberalismus in den 30er und 40er Jahren, in: *ders, Weigelt, K.* (Hrsg.), Soziales Denken in Deutschland zwischen Tradition und Innovation, Bonn, S. 156-170.

Ziegler, D. (2000), Das Zeitalter der Industrialisierung (1815-1914), in: *North, M.* (Hrsg.), Deutsche Wirtschaftsgeschichte. Ein Jahrtausend im Überblick, München, S. 192-281.

Zimmerman, L.J. (1954), Geschichte der theoretischen Volkswirtschaftslehre, Köln.

Zunkel, F. (1974), Industrie und Staatssozialismus. Der Kampf um die Wirtschaftsordnung in Deutschland 1914-1918, Düsseldorf.

www.ingramcontent.com/pod-product-compliance
Ingram Content Group UK Ltd.
Pitfield, Milton Keynes, MK11 3LW, UK
UKHW021912290926
8980IPUK00015B/1220

9 783631 520680